BoD, Oktober 2019

D1728546

Franz Hessel

Sämtliche Werke in fünf Bänden

Bd. 5

Verstreute Prosa, Kritiken

LITERATUR

Franz Hessel

Sämtliche Werke in fünf Bänden

Herausgegeben von Hartmut Vollmer und Bernd Witte

LITERATUR

Franz Hessel

Sämtliche Werke in fünf Bänden

Band 5

Verstreute Prosa, Kritiken

Mit Zeittafel, Bibliographie und Nachwort herausgegeben
von Hartmut Vollmer

Hartmut Vollmer / Bernd Witte (Hg.):
Franz Hessel: Sämtliche Werke in fünf Bänden
ISBN 978-3-86815-580-8

Bd. 5: Verstreute Prosa, Kritiken. Hg. von Hartmut Vollmer
ISBN 978-3-86815-585-3
1. Auflage 1999 | 2. aktualisierte und erweiterte Auflage 2013

© IGEL Verlag *Literatur & Wissenschaft*, Hamburg, 2013
Alle Rechte vorbehalten.
www.igelverlag.com

Igel Verlag Literatur & Wissenschaft ist ein Imprint der Diplomica Verlag GmbH
Hermannstal 119 k, 22119 Hamburg
Printed in Germany

Die Deutsche Bibliothek verzeichnet diesen Titel in der Deutschen Nationalbibliografie.
Bibliografische Daten sind unter http://dnb.d-nb.de verfügbar.

VERSTREUTE PROSA

Lob Münchens

In breiten Sammelautos, in Stoßtrupps und einzeln dringen die Fremden in die Stadt München ein. Sie sind in alle Preislagen der aus- und inländischen Reiseeleganz gekleidet. Mehr noch als der transatlantischste Zuschnitt mancher Wiener und Balkaner überrascht den Einheimischen seine eigne Oberländertracht, wenn zwischen Lederhose und Wollstrumpf bläßliche Sachsenknie vordringen oder unterm Gamsbarthut ein Kneifer ihn bestrahlt, unter dem eilige und sehr präzise Fragen hervordringen. Ein wenig erschrocken, aber freundlich gibt der Einheimische Bescheid und vermittelt langsam, aber so schnell er kann, zwischen Frauenkirche, Hofbräuhaus, Residenz und denen, die „dahinter" kommen wollen. Und grün, wie junges Laub, leuchten die alten Turmdächer über all denen, die München suchen. Werden sie es finden?

An andern Städten mag man den berühmten Herzschlag der jeweiligen Gegenwart spüren. München ist lebendig, ohne aktuell zu sein. Es hat sich ja auch hier Politisches ereignet, es finden allsommerlich berühmte Festspiele statt, der Glaspalast vereint wie die Moabiter Hallen alle Richtungen der erwachenden und einschlafenden Kunst, und in vielen Läden und Sälen vom ehrwürdigen Hanfstängl bis zum mutigen Goltz gibt es ältestes und jüngstes zu sehen. Aber die Stadt bewahrt ihre segnende und ausgleichende Stille. Es ist, als fühlte sie, daß die Gegensätze, auf die sich die Beteiligten so viel zugute tun, die anderswo zur deutlichen Zweiteilung in das Richtige und das Unmögliche, das „Selbstredende" und das „Ausgeschlossene" führen, gar nicht so bös gemeint sind und daß es am Ende noch auf etwas anderes ankommt, als auf Richtungen, Meinungen und Benennungen. Die Münchener Trambahnschaffner betonen beim Ausrufen der Stationen nicht nach dem Sinn, sondern nach der Musik des Wortes. Der Fremde ärgere sich; sie sind unschuldig; der Rhythmus ist älter als die Tatsachen.

In nächster Nähe des schönen Hildebrandbrunnens steht ein „unmöglicher" Goethe im Bademantel und mit einer Leier versehen, vor der Deutschen Bank. In andern Städten würde das häßlich auffallen. In München schadet es nichts. Die Atmosphäre hat ihn eingeschluckt. Er ist Pförtner geworden; er orientiert wie seine Zeitgenossen, das Max-monument und das Schillermonument, welche nur noch Trambahnhal-testellen sind.

Wie kommt es, daß eine der Hauptstraßen, die Ludwigstraße, trotz Trams und Autos, mit all ihren öffentlichen Bauten aus der fleißigen Zeit des ersten Ludwig so zauberhaft leer wirkt? Daß man auf dieser Straße ganz langsam gehen kann, ohne sich selbst albern vorzukom-men? Ja, und wenn man weiter durch das Tor geht und in die Leopold-straße kommt, kann man geradezu „wandeln". Und fast jeder, der in München einmal jung und „innewendig voller Figur" war, erinnert sich an das nächtelange Auf- und Abspazieren allein oder mit gleichbeweg-ten Freunden und Freundinnen auf dieser Hauptader des berühmten Schwabings. Und unter diesen selben Pappeln wandelte, als sie noch zwischen leeren Feldern hinzogen, zu romantischer Zeit der weise Franz von Baader, und was er dachte und sprach, ist oder wird uns näher als vieles durchaus Moderne.

Wie freundlich nahm dieses Schwabing mit seinen krummen alten und dummen neuen Straßen, mit seinen Wiesen, Pfaden und Ufern alle die Aufregungen hin, die in ihm stattfanden. Es war und ist ein großes Flugfeld für immer neue Aufschwünge, ist Paradies und Hexentanz-platz. In seinen Ateliers werden beständig neue Lebens- und Liebesar-ten „durchaus studiert" und Schicksale probiert mit viel Opfermut und Hingabe an die Sache. Und wieviel Ernstes und Wichtigstes ist hier heimliches Gespräch zwischen noch namenlosen Jünglingen gewesen, was heute bereits die ältesten Professoren und jüngsten Studenten „in-teressiert"! Ich glaube denen nicht, die dieses Schwabing veraltet fin-den, weil ihre Generation oder Saison dort nicht mehr herrscht.

Man sagt, wenn die Künstler „ernst" werden, wenn sie wissen, was sie wollen, dann gehn sie weg von München. Gut für München! Hier bleiben die, die noch nicht reif sind für den Markt, die noch nicht so genau wissen, was sie wollen, die in ungestümem Nehmen und Geben noch nicht wissen, was aus ihnen, was zu ihnen strömt, oder in guter Einsamkeit „versonnen warten, bis der Himmel helfe". Diese Jugend lebt hier, und dann die Älteren, die erfahren haben, daß es nicht allein auf den Erfolg in der gerade jetztesten Zeit ankommt. Und unter diesen Getreuen vereint die segensreiche Stadt die stärksten Gegensätze, die feindlichsten Brüder. Und es ist nachdenklich zu beobachten, wie die Atmosphäre sie einander allgemach ähnlich macht.

Solche Ideen versuchen wir den Freunden aus dem Norden auszudrücken, aber ich weiß nicht, ob es uns gelingt und ob sie nicht doch den Kopf über uns schütteln. Und so getrauen wir uns gar nicht, sie mitzunehmen auf die Auer Dult, die wir heute nachmittag besuchen wollen. Wir verlassen sie vor dem Deutschen Museum, das sie unbedingt sehen müssen, und gehen hinüber in die Budenstadt, wo Seidenspenzer, Paramente, Filigrannadeln, Schildpattdosen, Lederkoller, Holzspielzeug und alte Bücher anzuschauen sind. Man kann auch kaufen davon, zwar durchaus nicht billiger als in den Läden, aber es tut wohl, daß sie immer noch feilgeboten werden auf dem Jahrmarkt. Und nachher gegen Abend können wir hinüber gehen in die engen Gassen der Au, in deren leibhaftige bewohnte Gegenwart ganz alte Zeit herübergerettet ist und die, wenn sie wirklich einmal verfallen sollten, dauern werden in den Worten des Dichters:

„Bemalte Erker, zeitengraue Balken
Und Schindeln rufen auf die Welt von eh ...
Verwunschner Dorfplatz, wo vom Mund des Schalken
Ein Leiersang uns trifft wie tönend Weh."

Aber wir finden unsere Freunde wieder, sie werden den Abend im Prinzregententheater verbringen, sie haben doch noch Billetts bekommen, wir nicht mehr. Keine Billetts zu bekommen, hat immer etwas Erleichterndes. Nun sind wir den Gästen auch nicht mehr verantwortlich dafür, daß die heutige Festspielleistung auf verlangter Bayreuther Höhe steht. Wir gehen langsam durch das Mittelalter der Winkel und Wölbungen steigender und sinkender Straßen hinein in den Bogen der Sendlingerstraße und durch das Tor und finden dann in der Stachusgegend eine wackere Singspielhalle, wo zwischen allerhand „unmöglicher" Familienunterhaltung mit einmal die unbeschreiblich komische Gestalt Karl Valentins auftaucht und uns ruhevoll mit ganz unaktuellen zeitlosen Späßen, wie der Guignol von Lyon, der mondwandlerische Narr von Neapel oder ein Fool Shakespeares, ohne Pointe und Anspielung durch seine pure Gegenwart ebenso selig erschüttert wie die Spießer und Bürgermädchen rings umher ...

Damast und Moder

Anton, ein blutjunger Kunstschüler, war in Venedig und sehr glücklich.

Das kleine Gasthaus, in dem er für eine Lira täglich Bett, Morgenkaffee und Abendsuppe bekam, lag in einer schmalen Seitengasse der Riva dei Schiavoni. Im Ausschank des Gasthauses verkehrten Burschen und Mädchen aus einer Mosaikfabrik, die sich mit dem jungen Fremden anfreundeten, mit ihm um den Wein würfelten und ihn abends mitnahmen, wenn sie die Riva hinunter in den Park gingen, ein Stückchen Erde mit Gras und Blumen mitten in der steinernen Stadt. Antons neue Gefährten waren fast alle gepaart. Damit er nun nicht leer ausgehe, nahm bald die eine, bald die andere seinen Arm. Weil er aber aus Büchern und Berichten wußte, daß die Italiener sehr treu und eifersüchtig sind, führte er seine jeweilige Dame behutsam und enthaltsam wie zum Menuett. Das reizte die Mädchen zu allerlei Mutwillen und plötzlichen Zärtlichkeiten. Und da auch die Burschen seiner großen Jugend und zierlichen Statur wohlwollten, erging es dem Anton in diesem Kreise vortrefflich. Er lernte Venezianisch und alle neuen Lieder, die damals, vor nunmehr zwanzig Jahren, gesungen wurden, unter anderem auch das Lied von der schönen Nina, die sich von dem Barcarole entführen läßt, fort von ihrer „Mamma" in Schmach und Schande auf das hohe Meer.

Das viele Glück machte ihn etwas übermütig, und er dachte: Sind mir die Mosaikmädchen gut, warum sollte ich mich nicht auch ein wenig anderswo umtun. – Und so blieb er einen und den anderen Abend seinem bescheidenen fröhlichen Kreise fern, um dem großen Leben nachzuspüren.

Allein bei seiner geringen Barschaft konnte er nicht viel unternehmen. Er setzte sich nicht auf die Stühle der vornehmen Cafés, sondern blieb auf den Treppenstufen und an den Anlegestellen der Gondeln, ließ alles Verlockende an sich vorüberrauschen, sah alles Reizende in den schwarzen Booten schillernd und knisternd ausgebreitet.

Einmal bemerkte er auf der Piazzetta ein schönes Mädchen. Sie saß auf einer Bank unter der hohen Säule und sah zu den Gondeln hin. Ihre Lippen schienen sich immerfort zu bewegen, als ob sie im lautlosen

Selbstgespräche Worte formte. Sie beachtete seine Aufmerksamkeit nicht. Sie ließ den Wind an ihrem Schleier zerren, ohne eine Hand zu rühren. Und als es dann zu regnen anfing – einen dieser erfrischenden Abendregen, den die heißen Steine geschwind und durstig aufsaugen – und alles Volk in die Kolonnaden eilte, blieb sie ruhig sitzen. Im Weggehn sah Anton sich noch einige Male nach ihr um: sie saß wie erstarrt.

Ein paar Tage später fand er sie wieder an derselben Stelle in derselben Haltung. Er kam etwas näher, hätte sich aber mit dem Anblick des zarten gelblichen Profils begnügt, wenn sie nicht mit einmal das Nina-Lied zu singen angefangen hätte:

„Nina mia, son barcarole."

Da konnte er sich nicht enthalten, einzufallen:

„Nella mia barca, se vuoi venire."

Sie drehte langsam den Kopf, sah ihn mit Augen an, in denen es wie Bernstein glänzte, und fragte hastig:

„Wo ist Ihre Barke?"

Er zeigte auf die Gondeln und bat sie zu wählen. Und schon erhob sich ein Gondoliere, der die beiden beobachtet hatte, und drehte sein Fahrzeug.

Da saß Anton nun auf Kissen neben der Schönen, und sie glitten über wellende Schatten der Mauern und Zierate in den großen Kanal. Sie hielt seine Hände und flüsterte vor sich hin, Worte, die er nicht verstand.

Aber plötzlich neigte sich der Gondoliere zu ihr und fragte: „Wie geht es Carlo?"

Mit rührend flehendem Ausdruck im Blick legte sie den Zeigefinger der rechten Hand an die Lippen, während die Linke eifrig Antons Hand streichelte. Sie lehnte sich dichter an die Nachbarsschulter, seufzte und schmiegte sich Antons Liebkosungen, aber ohne ihn dabei anzusehn. Sie schaute immer ins Leere und sprach weiter mit sich selbst, so daß der verwunderte Liebhaber sie gar nicht zu unterhalten brauchte.

Als sie so eine Weile gefahren waren und die Umrisse der Paläste schon im Dunkel verschwammen – sie waren bereits am Fondaco dei Turchi vorbei und nicht mehr weit vom Arsenal –, da sagte sie leise, ohne ihrem Begleiter das Gesicht zuzuwenden: „Ich habe einen Oheim, der ist hier in der Nähe Pförtner in einem Palazzo. Seine Herrschaft ist auf lange verreist. Der läßt uns ein. Hast du ein paar Lire, so gib sie ihm, wenn er uns öffnet."

Dann neigte sie sich zurück und verhandelte leise zischend mit dem Gondoliere, der seine Hand beteuernd auf Mund und Herz legte. Er wandte die Gondel. Die gezahnte Eisenspitze schwankte, durch das Dunkel blitzend, dem Ufer zu. Das Boot legte an dem farbigen Pflocke vor einem Palaste an, und ein schweigsamer Alter empfing und geleitete die beiden.

Dröhnend war das große Tor hinter ihnen zugefallen. In düstern Gängen und dumpfen Kammern tappten sie durch seltsame Gerüche: Teer und welke Blumen, Hammelfett und Kamillen und schließlich ein betäubendes Gemisch von Moder und starken Parfümen. Eine Fackel flammte auf und hing in einem Eisenring. Anton sah und fühlte Brokatstoffe gebreitet auf Damast, streifte dunklen Samt, trat helle Felle. In zackig gerahmtem Kristallspiegel jagten Licht und Finsternis hintereinander her. Und Barbara – so mußte er die flüsternde Gefährtin nennen – faßte ihn mit ungeduldigen Armen.

Der Erzähler unternimmt es nicht, seinen Leser zu unterhalten mit den Phantasien des Neunzehnjährigen, die aus Kirchen, Prunksälen und Galerien herströmend dies zufällige Brautbett mit überlieferten Seligkeiten beschenkten. Er genoß alle Reize, von der zagen Holdheit der Madonnen Bellinis und Vivarinis bis zur gleißenden und schwellenden Herrlichkeit der Damen des Tizian und Palma Vecchio, von dem Schimmer bunter Engelflügel auf Goldgrund bis zu den aus Finsternissen zuckenden Angstschauern der Pest von San Rocco. – Lag er in kratzendem Staub oder auf zarter Seide. Auf Leinen lag er nicht. – Als nun sein Glück schon ins Mythologische stieg und er sich Schwan der Leda und Wolke der Io fühlte, tasteten die spitzen Finger über ihn fort nach dem Betschemel, auf dem seine Uhr tickte.

„Wie spät?" fragte Barbara. „Um Mitternacht muß ich an der Piazzetta sein."

Ein paar Minuten später standen die beiden an dem hinteren Ausgang des Hauses. In Eile bezeichnete ihm Barbara einen Weg durch Gassen und über Brücken. Dann lief sie fort. „Morgen um dieselbe Zeit", rief sie und verschwand. Nach einigem Irren durch graugestautes und rotflutendes Dunkel fand Anton den Rialto, und von da wußte er seinen Heimweg.

Am folgenden Abend fand er sie an ihrem Platze unter der Säule. Als sie ihn kommen sah, machte sie ihm Zeichen, fernzubleiben, und kam dann geduckt, schleichend und umschauend zu ihm. „Heut gehn wir zu Fuß", sagte sie, nahm seinen Arm, flüsterte ihm fremdartige Kosenamen ins Ohr und summte das Nina-Lied. Bisweilen versuchte er sein Schul-Italienisch und Mosaikarbeiter-Venezianisch anzubringen, aber darauf ging sie nicht ein. Am andern Kanalufer in stillere Gassen gelangt, faßte sie ihn heftiger, und einmal fühlte er am Halse ihre kleinen Raubtierzähne. Der Oheim kam auf ihr Klopfen heraus, und sie fanden ihr Damast- und Moderbett wieder.

Nachdem sie lange an seinem Herzen mit ihren Geistern lachend und schluchzend geflüstert hatte, schlief sie ihm in den Armen ein, und Anton war zu selig, um sie zu wecken. Und als sie endlich auffahrend nach der Uhr tastete, da war Mitternacht schon vorüber. Sie erschrak. „Was tun? Am besten gleich nach Hause. Ich habe Angst."

Er wußte nicht, wovor sie sich fürchtete, und erklärte ritterlich: „Ich verlasse dich nicht." Das machte ihr wenig Eindruck. Ja, als sie auf die Straße kamen, schien es ihr fast gleichgültig zu sein, ob er neben ihr herging oder nicht. Sie eilte dicht an den Mauern entlang, glitt geduckt über die Brücken. Schließlich blieb sie auf einem kleinen Platze vor einer Tür stehn, klopfte und rief: „Angiolina!"

Aber noch ehe geöffnet wurde, sah Anton, wie aus der nächsten Gasse eine Gestalt herbog, dann breitete sich im Lampenschein der öffnenden Frau ein großer Schatten über Barbaras zitternden Rücken und eine mächtige Faust leuchtete auf, im Begriff, auf die Fliehende niederzufallen.

„Porco Madonna!" rief der große Gondoliere.

„Mamma mia", jammerte Barbara und war in das Haus geschlüpft, ehe der Schlag niedersauste.

Jetzt gilt's, dachte Anton, erinnerte sich an seine Box- und Ringkampfkenntnisse und trat dem Feinde entgegen.

„Warum schlagen Sie nach dem armen Kinde?" fragte er mit Pathos.

„Armes Kind du selbst", grinste der Riese und legte dem Kleinen eine gutmütige Pranke auf die Schulter. „Betrogen sind wir Männer alle, so oder so. Und ihre Strafe muß sie haben. Das wird ihr wohltun."

Nun suchte Anton den Schuldigen, den Verführer zu spielen. Aber Carlo lachte ihn aus. Er erklärte, ihn liebgewonnen zu haben um seiner

Jugend und Tapferkeit willen und weil sie doch Schicksalsgenossen wären. Er nahm ihn mit in eine Weinspelunke, in der noch Licht brannte.

Dort erzählte er dem Lauschenden: „Siehst du, kleiner Fremder, dieses Mädchen war mir erst lange Zeit treu. Drei Jahre waren wir zusammen und jetzt im vierten wollten wir heiraten. Jeden Abend um acht Uhr, wenn mein Dienst zu Ende war, holte sie mich an der Piazzetta ab, und wir waren glücklich.

Aber seit einigen Monaten muß ich für einen erkrankten Kameraden den Abenddienst von acht bis zwölf Uhr tun. Darüber wurde Barbara traurig. Sie saß erst die ganze Zeit an der Piazzetta, sah mir nach, wenn ich davonfuhr, und wartete und freute sich, wenn ich bisweilen wiederkam. Wurde ich endlich um Mitternacht frei, dann – ließ sie mich kaum zum Schlafen kommen.

Doch bald ward sie des Wartens überdrüssig. Oft, wenn ich von einer Fahrt zurückkehrte und anlegte, sah ich sie nicht. Sie hatte dann dafür allerhand Gründe bereit, die kranke Mutter, die Freundin, die sie ins Theater mitnahm, und so weiter. Aber ich merkte ihr an, was mit ihr war: Die Arme, sie war es gewohnt, von acht bis zwölf liebkost zu werden. Das Weib ist eine schwache Kreatur! Du bist der erste nicht, den sie angelockt hat, und wirst der letzte nicht sein. – Du sagst, sie saß ganz sittsam still, als du kamst. Nun, die einen locken mit Winken, die andern mit Stille …"

Gondoliere und Kunstschüler schieden als Freunde.

Anton hatte viel gelernt, als er Venedig verließ, unter anderm auch, daß es nicht immer darauf ankommt, um seiner selbst willen geliebt zu werden, daß es schön sein kann, der Leib eines fremden Traumes zu sein.

„Kommandiert die Poesie"

Junge Dichter, eh' ihr nun endgültig plündern, stehlen, einbrechen und unterschlagen müßt, wie es Carl Sternheim kürzlich in diesen grünen Heften mit zwingender Logik bewies, habe ich noch einen letzten leisen Vorschlag: Wollt ihr nicht Gelegenheitsgedichte machen?

Ihr Kohlen-, Stahl-, Papierfürsten mit der Macht der entthronten Monarchen, habt ihr doch auch ihre vornehmen Gewohnheiten übernommen, darunter jenes Gemisch von Luxus und Nächstenliebe, dem der Gönner des Horaz seinen Namen gab. Seid ihr auch richtige Mäzene? Es genügt nicht, daß ihr die ersten numerierten Exemplare besonderer Ausgaben auf Japanpapier kauft. Ihr müßt sie zu euch kommen lassen, die Poeten. Habt ihr nicht Töchter zu verheiraten, Väter zu begraben, Kinder zu taufen, neue Stadtpaläste und Sommervillen einzuweihen, neue Gruben zu eröffnen? Dazu muß, zum Teufel, doch auch etwas gedichtet werden! Es ziemt sich nicht länger, daß das der witzige Vetter oder Neffe übernimmt, der einige Zeilen fertigbringt, die sich hinten reimen, auch nicht, daß ihr gewisse Versfabrikanten in Nahrung setzt, die zu den Melodien der letzten Schlager sogenannte „bezügliche Verse" machen, Theater aus Anspielungen auf den ersten Zahn, den ersten Schwarm und die musikalische Begabung der Braut. Oder Zwinkerndes über des Bräutigams verlassene Jugendliebe. Das geht nicht. Ihr müßt noch schnell vornehm werden, Bürger, ehe es euch nicht mehr gibt! Das Vornehme vermeidet die persönliche Anspielung, das Kneifen in Oberarme oder -beine, das Rockauf- und -zuknöpfen. Werdet noch schnell typisch, wenn's auch langweilig ist.

Ihr aber, Poeten, wenn euch nicht gleich selbst etwas einfällt zur Feier der Berufs- und Familienereignisse eures Brotherrn, lest nach, was etwa mitten in dem barbarischen Jahrhundert des dreißigjährigen Krieges Herr von Hoffmannswaldau dichten konnte auf Geburtstage von Monarchen, Durchreisen durchlauchtiger Prinzessen, Absterben weltberühmter Marschälle und Hofräte. Und nach den Feier- und Traueroden lest seine derben und zierlichen Hochzeitscarmina, die sich „verliebtes Vogelschießen" oder „bestürmte und eroberte Veste" oder ähnlich nennen. Es wird euch anregen. Und welch ein Vorbild für das

Besingen unserer hohen Industrie könnt ihr in Goethes Festdichtung über die ersten Erzeugnisse der Stotternheimer Saline mit dem Dialog der Gnomen der Geognosie und Technik finden! – Die alten olympischen Götter könnt ihr allerdings nicht mehr gut herbemühn zu euren Gönnern. Die meisten von ihnen sind jetzt schon allzu bestimmte Begriffe und Firmenmarken geworden, so daß sie nicht einmal mehr allegorisch funktionieren möchten: Jupiter ist nun wohl endgültig ein Streichholz, Amor eine Pille, Eos, die Morgenröte, ein Putzmittel, Neptun ein Schwimmgürtel usw. Also macht neue Gelegenheitsgötter für eure Mäzene, Zigaretten-, Autoreifen-, Margarinegenien. Dichtet Plakate!

Eurer Kunst wird das nichts schaden. Es macht auch mindestens ebensoviel Spaß, als Erzählungen dem Feuilletoncharakter anzupassen, Kritiken über lyrische Gedichtbücher zu ersinnen oder Essays über sechzig-, achtzig- oder zweihundertjährige Kollegen. Und ist kein größerer Verrat an eurer Muse. Die wird mit euch und über euch lächeln, wenn ihr wieder artig „besingt".

Genieße froh, was du nicht hast

Diesen Spruch (der Gebildete merkt gleich, daß er durch Auslassung einer verständigen Mitte so schön geworden. Oder sollte da schon jemand witzig gewesen sein?) fand ich, Ehrenwort, auf meinem Abreißkalender. Und seitdem habe ich eine neue Weltanschauung. Ich bin auch einer von denen, die sich erst Zeit ließen und nachher nicht auf den Schwung aufpaßten. Aber nun kann mir die Armut nichts mehr anhaben. Ich genieße. Alles, was in den bestaunesten Schaufenstern ausliegt, Aal, Kaviar, Weintrauben so gut wie Ledermäntel, seidne Krawatten, Reithosen, ist mein, ich hülle meine imaginäre Geliebte in alle Sealmäntel, lege ihr die kostbarsten Füchse um den Hals, öffne die heimlichen Ösen ihrer zarten Crêpe-de-Chine-Robe. Lange stehe ich vor Adlon und warte, ein wenig ungeduldig pfeifend, auf alle Herzoginnen, Dollartöchter und Filmsterne, die herauskommen. Ich gehe weder in den „Grafen von Charolais" noch in den von Essex. Mir genügt es, die Renaissancebausche, -koller und -beine der bunten Reklamebilder am Eingang des Kinos anzusehen und zu versinken in die Augen der Großaufnahmen, die „bitte Pupille" machen, und während die unglückliche besitzende Klasse heraus- und hineinschiebt und -stößt, bin ich glücklich. Manchmal warte ich auch neben dem blaßblonden jungen Edelmann – er kennt mich nicht, aber ich ihn – am Tiergartenrand auf die schönste Verkäuferin des Modesalons. Wenn sie frei ist nachher, werden wir beide, das heißt, er und sie, Tee trinken gehen ins Esplanade ... Auf der Reklame im Glasfenster des anrollenden, wartenden Autobusses entziffere ich: „Liebeswerben, das Parfum der Dame. Berauschender Wohlgeruch." Und während ich lese und genieße, ohne in die Arizonaparfümerie gehen und kaufen zu müssen, sind immerhin die beiden andern schon davon. Es tut nichts, ich besaß. Mein seelenverwandter Gegenspieler ist jener rasendgewordene Dielenbesitzer, von dem ich nun in dem Zeitungspapier lese, in welches mir der Bäcker meine schwarze Kartenschrippe eingewickelt hat. Dieser Besitzer „einer jener Dielen, wie sie in den helldunklen Seitenkanälen der Friedrichstraße leider so üppig gedeihen" (so spricht die Zeitung), schmiß neulich allen Schmuck seiner Geliebten, Perlen, Ohrringe, brillantenbesetzte Uhren, in großem Bogen einzeln in den Landwehrkanal. Die Andern, die, die nicht so sind wie er und ich, haben dann einen Taucher hingeschickt, der vor den Augen der gaffenden Menge ins Wasser stieg und tagelang unten im Schlamm suchte. Während er unten ist, starrt das Volk auf seine Leiter und die Luftpumpe. Ich bin mit dabei unter den Straßenjungen, Kindermädchen, Arbeitern, ich starre mit, äußere Meinungen, so berlinisch sachlich mit „da muß er doch" und „da wird er erst". – Aber genug davon. Ich lese weiter. Eine Reklame. Was ist erregender als Reklamen? „Selbst für schöne und geistreiche Frauen bleibt das Rauchen eine Frage der Ästhetik." Ich inhaliere diesen tiefen Gedanken, werde selbst die Schöne und Sensible, die mit manikürtestem Finger silbergraue Asche auf kristallenen Aschbecher abklopft.

Ja, so genieße ich, so rauche ich. Neulich aber habe ich eine wirkliche Zigarette geraucht, und was ich rauchte, war mehr als eine Zigarette. Ich traf meinen reichen Freund Machulke, er stieg gerade aus seinem Privatauto und wollte ins Bristol. Er begrüßte mich mit derbem Wohlwollen. Er gehört zu denen, die einem schon mit Blicken auf die Schulter klopfen. Wir sind Kriegskameraden, duzen uns. Ich freue mich, daß der Chauffeur hören kann, wie Machulke mich duzt. Lässig faßt er in seinen Mantel, die Hand sucht das silberne Zigarettenetui, das ist wohl aber im Rock, die Hand holt statt dessen eine vornehm rotweißgestreifte Pappschachtel hervor und bietet mir Zigaretten an. Ich lese innen:

Massary *Fritzi* Massary.

Die Zigarette, die ich berühre, ist länglich und doch voll, „vollschlank", wie die Heiratsvermittlerinnen es, glaub ich, nennen. Der Gönner sagt: „Rauche das mit Verstand, mein Junge. Es ist eine Zigarette von Rang." Und dann ist er fort.

Ich rauche: Schon beim Anstecken hat die Massary etwas Zündendes, beim ersten tiefen Lungenzug ist sie durchdringend, ohne zu kratzen, die Zunge leicht prickelnd, den Gaumen mit sanfter Gewalt füllend. Ich gehe langsam weiter, habe keinen Blick mehr für Farben, Läden, Menschen. Um mit der Massary allein zu sein, geh ich auf die mittlere Allee und setze mich auf eine Bank. Ich schließe die Augen! Wie sie sich anschmiegt, ohne zu kleben! Wie sanft sie zieht, sie, die ich nie in Wirklichkeit gesehen, nicht einmal von der fernsten Bank des letzten Ranges! Ich öffne die Augen: In bläulichen Wirbeln tanzt sie von mir fort in Wolkenferne und hält mich doch eng umschlungen mit ihren Rauchschleiern. –

Ja, so besaß ich sie mindestens eine Viertelstunde lang. Eine vom Range der Fritzi Massary will in langsamer Andacht genossen sein. Je mehr sie schwand, je mehr Duft ließ sie auf meinen Lippen, in meinem Innern. Und als sie ganz hin war und nur das glimmernde Goldmundstück in meinen glückzitternden Fingern zurückblieb, da wickelte ich es sorgsam in ein goldgelbes Herbstblatt, das von der nächsten Linde auf die Bank gefallen war, und trug es heim. Und zu Haus löste ich die goldne Hülle und streute den Tabak in meine Pfeife. Und jetzt, während ich dies schreibe, rauche ich in meiner einsamen Pfeife die letzten köstlichen Reste der Unvergleichlichen.

Freundesrat

Es gibt wohl kaum einen überzeugteren Junggesellen als unsern Freund Martin. Deshalb ist er auch der Liebling, Beichtvater und Beschützer aller Ehefrauen. Wenn man ihn aber des Schwerenötertums verdächtigt, wehrt er mit einem infam bescheidenen Lächeln ab. Gewisse, etwas kräftige Späße, an denen sich die armen Ehemänner in ihren Freistunden kümmerlich erfreuen, wie Schulkinder an den Späßen über die Lehrer, gehen ihm auf seine sensiblen Nerven. Aber auch von den Männern wird er, wo er geht und steht, mit den Problemen des Ehelebens belästigt. Neulich sitzt er in dem außen unscheinbaren, innen recht behaglichen Gasthaus, das er mit Vorliebe aufsucht, weil die Kellnerin schon weiß, was er gern ißt und welche Zeitungen er liest, und weil da selten ein Bekannter hineinkommt. Er ist ganz versunken in seine Einlaufssuppe und die Lektüre des „8 Uhr-Abendblatts". Er ist glücklich und fern von der Welt, die er doch in Pressequintessenzen einlöffelt.

Mit einmal fühlt er eine Hand auf der Schulter. Wer war doch dies runde Gesicht von blondgeflaumter Ferkelrosigkeit?

„Ja, Martin, lebst du denn auch noch?"

Das vertrauliche Du half dem suchenden Gedächtnis. Diese Anrede konnte nur von einem kommen, mit dem man längst keine Beziehungen mehr hatte. Also entweder Krieg oder erstes Semester. Duzfreunde aus dem Krieg sind in Lokalen meistens als Kellner angestellt. So blieb nur erstes Semester. Als sich dann Georg Volkmar mit dem überlebten Mittagsgruß der Freiburger Studententafelrunde: „Nichts für ungut und Gott für uns alle" am Tische niederließ, war kein Zweifel mehr. Volkmar hatte auch noch dieselbe Art, sich umständlich, mit lautmalerischem Aussprechen der verschiedenen Gerichte, der Zusammenstellung seines Menüs zu widmen.

Er sorgte gastfreundlich für Wein und Unterhaltung, redete nur von sich selbst und am ausführlichsten von seiner Ehe. Martin blieb nichts erspart.

„Meinen Schwiegervater hast du wohl als alten Herrn noch auf dem Schloßberg beim Kommers gesehen. Er war schon damals berühmt wegen seiner schwerbekömmlichen Porterbowle. Später sind wir uns dann nähergekommen. Weißt du, gegen den Alten ist überhaupt nichts einzuwenden, es war wohl mehr der Einfluß der Mutter ... Und in der Verlobungszeit war Elsie so zurückhaltend, daß ich mir gar kein Urteil bilden konnte und einfach auf ‚Engel' setzte. Dazu das herrliche Haus im Grünen, die Terrasse im Mondschein –"

„Ja, ja, Bordeaux und Sternenhimmel", ergänzte Martin ungeduldig.

„Der Jasmin blühte gerade."

„Auch das noch", seufzte der leidende Zuhörer.

„Die Aufmachung, das hatte der Alte raus. Auch bei der Hochzeit bekam man von der Familie noch so viel Hilfsstellung geliefert, aber ..."

Martin fuhr zusammen, so heftig schlug Volkmar auf den Tisch und sah ihm, vorstoßend wie ein Bock, dicht in die Augen.

„Aber schon in Basel mußte sie erst das Silbenrätsel lösen."

„Laß gut sein", suchte Martin einzulenken, „so etwas kann eine schöne Geste der Schamhaftigkeit gewesen sein."

Volkmar ließ sich nicht beirren: „In Venedig", eiferte er, „ärgerte sie sich bei jeder Gondelfahrt über die unordentlich herumschwimmenden Apfelsinenschalen in den Kanälen, und schlug vor, die Arbeitslosen damit zu beschäftigen, zweimal täglich den Unrat aus dem Wasser zu fischen. Als ich sie davon unterrichtete, daß die Fascisten die Arbeitslosigkeit abgeschafft haben, sagte sie, schwarze Hemden seien auf alle Fälle unappetitlich. Für das Malerische hat sie gar keinen Sinn."

„Das kannst du ja übernehmen", begütigte Martin.

„Nein, weißt du, sie ist zu ungebildet. In Rom wollte ich ihr aus Goethes Elegien vorlesen, da sagte sie: ‚Lies lieber nicht: der Goethe soll doch mit den Frauen solch ein Schwein gewesen sein.'"

Martin lachte herzlich.

„Und als einmal auf Nietzsche die Rede kam, erklärte sie: ‚Der Nietzsche, das war auch nur ein Hermaphrodit.' – Ja, du lachst, aber ich leide darunter. Ich ertrage das nicht länger. Ich bin am Ende meiner Kräfte."

Bei diesen Worten schnitt er sein Schnitzel in saftige Streifen.

Es verging einige Zeit, bis er aufblickte.

„Na, und du, wie geht es dir?"

Martin fühlte einen prüfenden und immer kritischer werdenden Blick auf sich gerichtet.

„Du siehst nicht recht wohl aus, mein Alter. Sorgst du auch für dich?"

„Ach, weißt du, unsereins kommt nicht recht dazu", war die etwas matte Antwort, „der leidige Geist macht einem zu viel zu schaffen. Und wenn man wie ich in möblierten Zimmern haust und auf die Pflege von Wirtinnen angewiesen ist – – –"

Georg Volkmar stützte beide Ellbogen auf den Tisch und sah dem Jugendfreunde ins Gesicht:

„Du mußt *heiraten*!"

Beim Zahnarzt

Mit allen Menschen kann ich mich gut unterhalten, nur nicht mit meinem Zahnarzt.

Er weiß das nicht. Er meint, er müsse Konversation machen beim Quälen.

Solange wir vom Wetter reden, geht es noch, da klopft er nur hier und da an meinem Gebiß herum, und ich kann mit halboffenem Munde antworten, wenigstens in Vokalen.

Aber nun geht's los: „Meinen Sie, daß das deutsche Volk einmütig die Forderungen der Entente zurückweisen wird?" Dabei bohrt er mir in eine wehe Wurzel, und ich kann nichts meinen, nur leiden. Bin ich dann von der ersten Maulsperre erlöst, darf nach links ins Rote spucken und will meine Meinung loslassen, da spielt er schon listiglich mit den vielen Zänglein, Nägelchen und Nädelchen auf dem schwebenden Glastisch seiner Politik, dreht irgendein Füllsel für meinen Schmerzensabgrund und redet von was anderem. Inzwischen kann das einmütige deutsche Volk schon wieder mehrmütig geworden sein. Jetzt fängt er vom Film an. Ob ich nicht auch für den Film schriebe? Das sei doch so einträglich.

Gleich darauf schiebt mir der Zahnarzt ein großes Stück Watte in den Mundwinkel, und ich darf nichts sagen, nicht einmal speicheln.

Und bis ich wieder schnaufe und den Wattekloß heraus habe, ist er schon bei einem anderen Thema.

Am ärgsten ist es, wenn das Gespräch auf Malerei kommt!

Ich finde, ein Mann, wie mein Zahnarzt, der immerfort mit eckig geschliffenen, geometrisch scharfwinkligen, elliptischen, kreisrunden Instrumenten in die kubistischen Mondkrater der Zahnhöhlen fährt und dabei in stechendem Lichte Rasseln entfacht, wie nur irgendein Motor, der sollte Verständnis für die Kunst unserer Zeit haben.

Aber nein: dieser Mann hat alle Wände voll süßen Öls und Aquarells. Mag sein, daß ihn ein Teil seiner Kundschaft damit bezahlt hat. Gleichwohl, es repräsentiert seinen Geschmack.

Will ich ihm nun diesen Widerspruch klarmachen, dann fängt der Mensch an, mir die Zähne zu putzen mit einer Masse so rosa und noch viel rosaer als alle Sonnenauf- und -abgänge seiner Galerie. Und danach zeigt er mir im Handspiegel ein Gebiß, so voll altertümlicher Glanzlichter, daß ich beschämt die Zähne einziehe und meinen Posten verlasse.

Die „Füße" von Degas

Eine Degas-Anekdote, die der berühmte Kunstfreund, -schriftsteller und -händler Ambroise Vollard erzählt:

Degas malte in seiner Jugend eine Fußstudie, nichts als die Füße eines Mädchens, die unter der Bettdecke erscheinen. Diese Studie schenkte er dem liebenswürdigen Modell.

Dreißig Jahre später fiel ihm das Bild ein, und er hätte es gern wiedergehabt. Er meinte, es wäre eine seiner besten Arbeiten. Fräulein Lucie, das Modell, würde sie ihm gewiß wiedergeben, wenn er ihr etwas anderes dafür schenkte. Aber erst mußte er diese Lucie wiederfinden! Er *fand* sie wieder. Sie hatte Glück gehabt, hatte einen Maler geheiratet, lebte jetzt als Witwe behaglich von ihrer kleinen Rente und malte selbst in ihren Mußestunden. Er besuchte sie und kam alsbald auf sein Anliegen zu sprechen.

„Sag' mal, erinnerst du dich noch an meine ‚Füße'?"

„Gewiß. Du hast immer drollige Ideen gehabt!"

„Also", fuhr Degas fort, „gib sie mir wieder. Darfst dir dafür in meinem Atelier was anderes aussuchen."

„Recht gern", meinte Lucie, „aber denk' dir, da brachte man mir eines Tages vom Markte ein Bündel Radieschen – herrlich für ein Stilleben … Ich hatte keine Leinwand zur Hand, da nahm ich deine ‚Füße'."

„Du hast auf meine ‚Füße' gemalt?" rief Degas verzweifelt.

Dann mit Fassung: „Na gut, so schenk' mir doch deine Radieschen, ich hab mir immer gewünscht, etwas von dir zu besitzen."

„Recht gerne, lieber Freund, aber …", hier wurde Lucies Stimme stolz, „ich verkaufe *auch* meine Malereien …"

Degas erzählte dies Abenteuer einigen Freunden, die wiederholten es den Bilderhändlern. Und da diese „Füße" von Degas heute dreißigtausend Frank wert sein könnten, gingen die Händler auf die Jagd nach Radieschenstilleben, in der Hoffnung, beim Abkratzen auf *Degas' „Füße"* zu stoßen!

Wickinger und Wicken

Als die beiden Blumenkörbe gebracht wurden, war Frau Anna im Wintergarten. „Wohin darf ich das stellen", fragte der Diener und blickte suchend umher, von den tropischen Moosen über die Chrysanthemenbüsche zu der Narzissenwiese in der Dämmerecke, wohin das winterliche Mittagslicht nicht drang. „Lassen Sie sie mir hier stehen. Ich kann mich noch nicht entscheiden."

In jedem der beiden Körbe stak ein Brief. Die Orchideen schienen den ihren wie mit weißen Handschuhen feierlich zu überreichen. Die blassen Regenbogen der Wicken verheimlichten mit flockigem Gekräusel ihre Botschaft.

Frau Anna hielt beide Billetts in den Händen, und ihr Blick wanderte von einem zum andern. Wie ähnlich die Schriften der beiden Jungen sind, dachte sie. Am Ende sind es Freunde. Habe ich sie nicht vor dem

Fest, auf dem sie sich einzeln an mich heranpirschten, einmal auf der Straße zusammen gesehen?

Was in den Briefen stand, sagte mit fast gleichen Worten Verschiedenes und mit verschiedenen fast gleiches, und beide Schreiber baten um ein Wiedersehen morgen zur selben Stunde. „Jetzt muß ich gar wählen zwischen den Buben!"

Konrad, der Orchideenspender, schrieb: „Das schöne Gespräch, das Sie mir gestern schenkten, will noch nicht verklingen. Mit diesen duftlos dauernden Blumen möchte ich den zu leicht verfliegenden Duft jener Stunde bannen. Darf ich? Darf ich Sie morgen sehen?"

In dem Billett, das die Wicken nicht recht hergeben wollten, stand: „Der Tag löscht die Worte der Nacht aus, heißt es im alten Märchen. Meine Blumen mögen daran erinnern, wie flüchtig die eine Stunde verging. Und so ist meine Bitte, Sie morgen wiederzusehen, fast schon Hoffnung auf ein Wunder!"

Jeder von beiden morgen nachmittag? Was denken sich denn die dummen Buben? Ist das Absicht? Haben die Jungen miteinander über mich geschwätzt? Die eingebildeten Burschen haben sich wohl gegenseitig was vorgeflunkert von ihren frechen Hoffnungen, und so einer den anderen noch gehetzt. Steckt gar eine Wette dahinter? Müssen sie dem lieben Gott vorgreifen? Denen ist wohl um den Erfolg nicht bange! Immerhin, mit Kleinigkeiten geben sie sich nicht ab. Soll ich sie ärgern, und beide zusammen kommen lassen? Das wäre auch für mich am Ende das Erbaulichste. Wie putzig, wenn sie dann einander überbieten mit Reden und Schweigen und arg enttäuscht und doppelt vernarrt sind. Der wilde Konrad wird meine zimperlichen Bergeren und Gueridons kritisieren, gerade so, wie er neulich fand, daß die freundlichen Schnörkel im Salon der Baronin keine Umgebung für mich seien. Was für Teppiche und Tücher wird er hier für mich erfinden, damit ich mich ja in die Seiden hülle, in denen er mich rauben will, der junge Wicking. Aber was wird derweil der Robert tun und sagen? Ich kann mich nur an seine Augen erinnern, seine Worte hab' ich vergessen. Ob er dem Freunde opponieren wird oder ganz still sein? Ich muß sie wohl doch getrennt empfangen. Aber wie komme ich dazu, für den einen zu Hause zu sein, für den anderen nicht! und was wollten doch wohl ihre Briefe bezwecken? Eigentlich sollte ich beiden für morgen absagen und jedem einen Tag in der nächsten Woche geben, damit sie hübsch warten lernen.

Frau Anna sah auf die beiden Blumenkörbe nieder und schien zu überlegen, wie diese Neulinge in ihre Truppen unterzubringen seien. Für die Orchideen fand sie einen Platz zwischen Kallas und Iris. Aber als sie dann wieder vor dem Korb mit den Wicken stand, rief sie laut: „Die hängen ja schon, die süßen Blumen." Sie hob die äußersten Blüten vorsichtig, wie man ein Kinderköpfchen hebt, das im Schlaf über den Bettrand hängt. „Um Gottes willen, ich muß den Buben, den Robert, sehen, ehe sie hin sind", dachte sie. Ich glaube, er hat gesiegt mit seinen welkenden Wicken.

Historische Anekdoten
für die Gebildeten unter ihren Verächtern

„Sie sollten noch einmal mit dem Silberstift drüber gehn", riet ein Kritiker dem von seinen Steinen aufschauenden Verfasser des Gilgamesch. Ergrimmt warf der blaubärtige Assyrer dem Eindringling eine angefangene Keilinschrift an den Kopf.

Schwerverletzt rettete sich der Betroffene ins Freie. Er kränkelte lange, und sein Arzt schickte ihn zur Erholung in die verbündeten Nilstaaten. In einer Nilbucht schiffend entdeckte er die Papyrusstaude. Aus seiner Trommel wanderte sie ins Herbarium. Eines der getrockneten Blätter diente ihm eines Tages fern von den Steinen des heimischen Studios zu Aufzeichnungen. „Nun bedarfs nur noch des Sepia- oder Gallapfelsaftes und eine leichtere Literatur ist auf der Welt", lächelte er, über die alte Kopfnarbe streichend.

*

Karl der Große übte sich bis ins hohe Alter im Schwimmen, Ringen und ritterlichen Übungen, aber sein Gedächtnis hatte seit den Strapazen der Sachsenkriege schwer gelitten. Als ihn einmal sein Sohn, der spätere Kaiser

Ludwig der Fromme, fragte: „Wann wurdest du eigentlich in Rom zum Kaiser gekrönt, Vater?", erwiderte der greise Monarch mit Stirnrunzeln: „Um 800."

*

Als es galt, den Granikos zu überschreiten, an dessen jenseitigem Ufer die Perser standen, sprang *Alexander* als erster in die Fluten. Seine Getreuen wollten den kühnen König zurückhalten.

„Der Würfel ist gefallen", zitierte der Schwimmende, sich ein wenig umwendend.

*

Dante bekam einmal in einem schmutzigen Landwirtshaus, in das ihn seine traurige Verbannung trieb, ein *höllisch* angebranntes Omelette vorgesetzt. „Falsche Anregung", verwies er den verlegenen Gastwirt. „Ich dichte bereits am Purgatorium."

*

„Beruht Ihr Werther auf persönlichen Erlebnissen, Sir?" fragte ein zugereister Engländer den alten Geheimrat *von Goethe*.

„Bis auf den Schluß!" blitzte der Olympier.

*

Götz von Berlichingen mit der eisernen Hand, bekannt durch seine Selbstbiographie und das gleichnamige Goethesche Drama, lag vor der festen Stadt Heilbronn, die er hart berannte. Als in der bedrängten Stadt die Not am höchsten gestiegen war, sandten die verzweifelten Bürger eine Schar von Kindern vor die Tore, um das Herz des grimmen Heerführers zu erweichen. Das erste Kind, das sich ihm schüchtern näherte, ein liebliches Mägdlein, faßte Götz freundlich am Kinn und fragte nach seinem Namen. „Kätchen", flüsterte das Mägdlein. *„Kätchen von Heilbronn"*, schmunzelte der Ritter. „Hm, ich wußte gar nicht, daß wir beide Zeitgenossen sind."

*

Zwei berühmte französische Maler, die wir *Monet* und *Manet* nennen wollen, wetteiferten in der täuschenden Nachahmung der Natur. Eines Tages malte Manet ein Stilleben, auf dessen Früchte der von ihrer Naturähnlichkeit irregeführte Monet sich losstürzte, um sie zu verzehren. Sich an dem Nebenbuhler zu rächen, malte Monet ein Landhaus, das tags darauf Manet vergeblich zu betreten versuchte.

*

Nach der Schlacht bei Sedan holte bekanntlich *Bismarck* den gefangenen Kaiser Napoleon in seinem Wagen ab. Unterwegs suchte er den gebrochenen Cäsaren etwas aufzuheitern, indem er ihm eine seiner gewaltigen Havannen anbot.

„Merci", sagte der Neffe des Korsen, „Ihr Tobak ist mir zu stark, Graf."

Rundfahrt Berlin

Strindberg behauptet, daß niemand seine eigene Frau kennt, weil er sie nur sieht, wenn er selbst dabei ist. In eben diesem Sinne glauben wir Einwohner, unser geliebtes Berlin, mit dem uns soviel Kontakte und Schicksale, soviel Verdruß und plötzliche Zärtlichkeit verknüpfen, nicht zu kennen. Wir eilen zu den uns auferlegten Arbeiten und Vergnügungen, aber in Berlin spazieren zu gehen, das getrauen wir uns nicht.

Um diesem Übelstande für mein Teil abzuhelfen, faßte ich jüngst einen Entschluß, kam auf einen listigen Anschlag: „Ich werde die Stadt geschwind, ehe sie sich's versieht, überraschen als Fremder."

Unter den Linden nahe der Friedrichstraße halten hüben und drüben Riesenautos, vor denen livrierte Herren mit Goldbuchstaben auf den Mützen stehen und zur Rundfahrt einladen; drüben heißt das Unternehmen „Elite", hüben „Käse". Sei's aus Snobismus, sei's aus natürlichem Kleinbürgertum – ich wähle „Käse".

Da sitze ich nun auf Lederpolster, umgeben von echten Fremden. Die andern sehen alle so sicher aus, sie werden die Sache schon von 11 bis 1 erledigen; die Familiengruppe von Bindestrich-Amerikanern rechts von mir spricht sogar schon von der Weiterfahrt heute abend nach Dresden. Mehrsprachig fragt der Führer neuhereingelockte Gäste, ob sie Deutsch verstehen und ob sie schwerhörig sind; das ist aber keine Beleidigung, sondern betrifft nur die Platzverteilung. Vorn hat man mehr Luft, hinten versteht man besser.

Auf weißer Fahne vor mir steht in roter Schrift: Sight seeing. Welch eindringlicher Pleonasmus! – Mit einmal erhebt sich die ganze rechte Hälfte meiner Fahrtgenossen, und ich nebst allen andern Linken werde aufgefordert, sitzen zu bleiben und mein Gesicht dem Photographen preiszugeben, der dort auf dem Fahrdamm die Kappe von der Linse lüftet und mich nun endgültig auf seinem Sammelbild zu einem Stückchen Fremdenverkehr macht. Fern aus der Tiefe streckt mir eine eingeborene Hand farbige Ansichtskarten herauf: Wie hoch wir thronen, wir Rundfahrer, wir Fremden. Der Jüngling vor mir, der wie ein Dentist aussieht, ersteht ein ganzes Album, erst zur Erinnerung, später fürs Wartezimmer. Er vergleicht den Alten Fritz auf Glanzpapier mit dem bronzenen wirklichen, an dem wir nun langsam entlang- und vorüberfahren. Ich sehe fragend zu dem Führer auf, der nichts über den reitenden König sagt. Er beruhigt mich lächelnd: „Da kommen wir später noch einmal hin." Nun gleiten wir die Sonnenseite entlang. Hinter Markisen eleganter Läden lockt Seidenes, Ledernes, Metallenes. – Die Spitzengardinen vor Hiller erwecken ferne Erinnerungen an gute Stunden, an fast vergessenen Duft von Hummer und Chablis, an den alten Portier, der so diskret zu den Cabinets particuliers zu leiten wußte. Aber ich reiße mich los – um gleich wieder eingefangen zu sein. Mitropa, Reisebüro, Schaufensterrausch aus Weltkarten und Globen, Zauber der grünen Heftchen mit den roten Zetteln verführerischer Namen fremder Städte. Ach, all die seligen Abfahrten von Berlin! Wie herzlos hat man doch immer wieder die geliebte Stadt verlassen.

Aber nun muß ich aufpassen. Wir biegen in die Wilhelmstraße ein. Und während mitten auf dem Damm der „Grüne" eine Kapellmeister-Bewegung macht, als ob er allzu lauten Geigern abwinke, verkündet unser Führer in seltsam amerikanisch klingendem Deutsch: Hier kommen wir in die Regierungsstraße Deutschlands. Still ist es hier wie in einer Privatstraße. Und wunderbar altertümlich und einladend wie Kindheitserinnerungen stehen vor der diskreten Fassade, hinter der Deutschlands Außenpolitik gemacht wird, zwei großscheibige Laternen. Was für ein sanftes Öllicht mag darin gebrannt haben zur Zeit, als sie zeitgemäß waren? Friedlich hinter Gartenhöfen wohnen Reichspräsident und Reichskanzler. Aber unser Führer erlaubt mir nicht, in diesen Frieden zu versinken, sondern reißt meinen Blick zu dem mächtigen Gebäudekomplex gegenüber hin und ruft selbst verwundert: Alles Justiz! „Und hier", fährt er fort, „vom Keller bis zum Dache mit Gold gefüllt, das Finanzministerium." Das ist ein Witz, über den nur die richtigen Fremden lachen können. Ich tröste mich an der schönen Weite des Wilhelmplatzes, an des Kaiserhofs flatternden Fahnen, an dem grünen Gerank um die Pergolasparren des Untergrundbahneingangs und an Zietens gebeugtem Husarenrücken.

Ein Gewirr von Türmen, Buckeln, Zinnen und Drähten: die größte Geschäftsstraße der Metropole. Ich verpasse die Erklärungen über ein ehemaliges Kriegsministerium, indem ich ganz benommen Reklameplakate an einem großen Geschäftshause lese: „Angestaubte Ware zu niedrigen Preisen wegen Geschäftserweiterung".

Ich kann überhaupt nicht Schritt halten mit dem Tempo unseres Cicerone. Während er schon beim Völkermuseum ist, denke ich noch an vergangene Karnevalsfeste in der guten Kunstgewerbeschule, die nun nicht mehr im alten Hause wohnt. Er verkündet schon: Vaterland, Café Vaterland, das größte Café der Hauptstadt, und ich sehe noch auf blühende Büsche an einem kleinen Bretterkino, das vorstädtisch verloren zwischen den richtig Grund und Boden ausnutzenden Nachbarn stehengeblieben ist. Und wohin soll ich nun sehen, zu den Ausflüglern in hellen Röcken und Waschkleidern auf der Freitreppe des Potsdamer Bahnhofs oder zu dem berühmten Verkehrsturm auf dem Platz, der wie ein Schiedsrichterstuhl beim Tennis über niedlich kleinen Rasenflächen wacht?

Daß man nicht aussteigen darf, das ist das Schicksal der Fremden. Der Führer erzählt, daß im Postministerium ein Museum sei mit alten Postkutschen und Briefmarkensammlungen. Das hätt' ich gern gesehen. Ich hatte doch auch als Quartaner eine Sammlung. Thurn und Taxis hatte ich und alte Preußen. Gegen was hab' ich die wohl damals getauscht?

Gegen den lichten staubblauen Himmel leuchtet das patinagrüne Flügelpferdchen auf dem Dach des Schauspielhauses. „Bühneneingang". Ihr andern richtigen Fremden, ihr habt da nie gewartet als Schüler auf die hehre Darstellerin der Jungfrau von Orleans. Ihr bekommt nur die beiden Dome gezeigt und eingeprägt, daß der eine der deutsche und der andere der französische ist. Von Schiller erwischt ihr nur ein verlorenes Profil. Er schaut wie immer auf Webers Trauermagazin.

Um die bescheidene adrette Werdersche Kirche dämmern alte Zeiten. Aus welchem Fontaneschen Roman sah man doch auf die Uhr dieser Kirche, damals, als es noch die Moral gab und die guten Weinstuben, in denen die Stammtische der Geistigen waren?

„Die Flüsse hier sind immer Spree", sagt tiefsinnig der Führer und zeigt auf mehrere Wasserarme. Rasch sind wir vorüber an ein paar ganz alten Gassen. Ist das Berlin? Das müßte man wirklich einmal ansehen. Wenn man aussteigen dürfte. Ich nehme mir bestimmt vor, nächstens das mittelalterliche Berlin zu studieren. Da drüben der grimme Roland am Märkischen Museum kann es von mir verlangen. Ach, aber die Engroshäuser und Bürohäuser umher wollen nicht viel wissen von den beiden alten Kirchen, die zwischen ihnen geblieben sind.

Den Großen Kurfürsten auf seiner einsamen Brücke recht zu würdigen, hindern uns johlende Straßenjungen, die uns arme Fremde verspotten und rufen: „Det da drüben is Wasser und die im Auto sin der Zoologsche Jarten." Gedemütigt kommen wir ans Schloß. Etwas zu lange verweilt unser Erklärer bei der Rückseite des früheren kaiserlichen Marstalls und beim Neptunbrunnen. Und als einige meiner Mitfremden das wundervolle Eosanderportal ansehen wollen, zwingt er ihre Blicke hinüber zu den vielen Marmorfalten und Allegorien des Nationaldenkmals. Den großen Dom, an den wir dann müssen, nennt er „sehr hübsch, besonders innen". Aber mir zum Trost ist hier dicht vor uns an der Bordschwelle ein holdes kleines Gefährt gelandet. Auf roten Kinderwagenrädern bauen sich zwei Etagen auf mit Glasscheiben, darin stehen blinkende Nickelmaschinen mit Tellerchen und Löffelchen. Ein Eisverkauf: eine süße Zwergenwirtschaft, durchschimmernd wie Schneewittchens Sarg.

Hinter der Oper grünt die Kuppel der Hedwigskirche wie ein Türkis. Die alte Bibliothek steht freundlich und bequem wie eine Kommode. Vorüber, vorüber. Nun sind wir am Brandenburger Tor. Ich starre auf die leere, immer leerer werdende Mitteldurchfahrt, durch die jetzt niemand mehr fährt. – Wir aber eilen durch den Tiergarten bis nach Charlottenburg, bis zum Kaiserdamm, zur Heerstraße, und mit dem

begreiflichen Stolz des Einheimischen lasse ich die Fremden die Stra-
ßenwunder bestaunen. Als wir dann aber ins weitere Charlottenburg
geraten und vor jene gar so romanische Kirche kommen (in meiner
Kinderzeit stand an ihrer Stelle ein wunderbarer alter einzelner Baum) –
und als der Führer dieses Gebäude als eine der schönsten Kirchen
Deutschlands vorstellt, werde ich wieder bescheiden. Rettend erscheint
die Terrasse des Cafés. Ich fasse mir ein Herz, und steige aus. Die
Freunde im Café machen große Augen, als sie mich von dem Käsewa-
gen heruntersteigen sehen. – Ich nehme mir fest vor, demnächst in Berlin richtig spazieren zu gehen.

Zärtliche Arabeske

Die Frau?

Als Adam träumerisch in den herbstlichen Baum hinaufsah, an dem
die verbotenen Äpfel hingen, sah Eva vom Baum zu ihm und von ihm
zum Baum und sagte dann: „Du möchtest wohl doch gern von ihnen
kosten. Oder was denkst du?"

Adam sagte: „Wenn man lange hinsieht, bekommen auch die Blätter
Apfelglanz. Im Herbst fließt alles zusammen, was im Frühling sich
unterscheidet."

„Das kommt, weil dich sehr nach den Äpfeln gelüstet. Nun siehst du
überall Äpfel."

„Meinst du …?"

„Ich kenne dich. Hast du denn auch gar keine Wißbegier, was uns
geschehen wird, wenn wir davon essen? Woran denkst du den ganzen
Tag? Was hast du denn heut den ganzen Tag getan?"

„Ich habe den Tieren und den Blumen Namen gegeben", sagte er
tiefsinnig und unsicher.

Da hielt sie ihm die braun und goldene Frucht hin.

*

Ich kann mich schwer in die Seele des ersten Mammutjägers zurückversetzen. Aber ich stelle mir vor: als er blut- und schweißtriefend von der ungeheuren Tat in seine Höhle heimkam, sagte seine Frau zu ihm: „Du bist ein Gott!" Er zitterte.

Die Frauen?

Wir wissen so vieles nicht. Sie wissen einiges so bestimmt. Und da wir das auch nicht wissen, müssen sie uns mit der Nase darauf stoßen! In den letzten, in unseren Zeitläuften wissen wir so besonders vieles nicht recht. Was wir denken, ist uns verdächtig, was wir tun, kaum unsere Tat. In der modernen Zeit – wüßt ich nur, was modern ist? – hat es die Frau besonders schwer mit dem ungenauen Mann. Damit er nun endlich wisse, was er tut, wonach ihn gelüstet und was er sich dabei denkt, hat sie ihm schnell, die Gute, die Besorgte, auf eine Weile alles abgenommen. Sie macht es ihm vor. „Siehst du, so ist das. Sieh her, wie gut ich beten und handeln, lieben und denken kann. Weißt du nun endlich, was das ist und wie es gemacht wird?" Die Holde, die Bescheidene, sie weiß, daß er's besser weiß: es ist nur alles bei ihm so langsam oder zu plötzlich. Sie muß ihn immer wieder ein bißchen gebären und ein bißchen begraben. Sie hat von Gott und Teufel den Auftrag, an diese Wirklichkeit ihn zu locken, an die er noch immer nicht ganz glaubt. Die moderne, die von heute, hat's besonders schwer. Was muß sie alles denken und tun und können, – bis er ihr endlich alles wieder abnimmt und dann selig müde auf ihren geneigten Scheitel schaut und auf die Finger, die irgendwas weben!

Vorläufige Liste

Zum nächsten Ersten muß unsere Tilly allerhand anschaffen; sie zieht aus ihrem möblierten Zimmer in eine richtige eigene Wohnung. Tisch und Bett hat sie von einer Tante geerbt. „Was brauch ich denn noch Notwendigstes?" fragte sie uns. Wir denken nach und stellen ihr eine vorläufige Liste auf:

„Du brauchst: eine Tür, um ins Haus zu fallen, einen Wind, um deinen Mantel danach zu hängen, einen Kopf, auf den du den Nagel triffst, an den du deinen Beruf hängen kannst, und ein Haupt, auf das du glühende Kohlen sammelst, einen Scheffel, unter den du dein Licht nicht stellen sollst, eine lange Bank, auf die du alles schiebst, einen Ofen, hinter dem du keinen Hund hervorlocken kannst, einen Hund, auf den du kommst, und einen Knochen, den du neben ihn legst, ein Wässerlein, das du trübst, ein Kind, das du mit dem Bade ausschüttest, und noch ein gebranntes Kind, um das Feuer zu scheuen, einen Balken, der sich biegt, wenn du lügst, Sand, auf den du aber nicht bauen darfst, du mußt ihn in die Augen streuen, grünen Klee, über den du lobst, Leim, auf den du gehst, eine Schnur, über die du haust, einen Ast, um ihn unter dir abzusägen, einen Harnisch, in den du gerätst, eine große Glocke, an die du alles hängst, zwei Stühle, zwischen die du dich setzt;

eine Schlange, die du am Busen nährst, einen Affen, der dich laust, und eine Laus, die dir über die Leber läuft, einen Bock, um ihn zum Gärtner zu setzen, einen Bären zum Aufbinden, ein Schäflein, um es ins Trockene zu bringen, eine Mücke, um sie zum Elefanten zu machen, Säue, vor die du deine Perlen wirfst, Spatzen, um mit Kanonen nach ihnen zu schießen, und Eulen, um sie nach Athen zu tragen, Felle, die dir davonschwimmen;

Berge, um sie zu versetzen, eine Wurst, die du nach dem Schinken schmeißt, Suppe, in der du ein Haar findest, Butter, die du dir vom Brot nehmen läßt, und einen Brotkorb zum Höherhängen, Brei, den viele Köche verderben, Löffel, um die Weisheit damit zu essen, Honig, um ihn andern ums Maul zu schmieren;

Granit, um darauf zu beißen, einen Schelm, der mehr gibt, als er hat, einen Wirt, ohne den du die Rechnung machst, ein Pulverfaß, auf dem du tanzt, ein letztes Loch, aus dem du pfeifst, einen steten Tropfen, der den Stein höhlt, einen rechten Fleck, auf dem du das Herz hast, und Hosen, in die es dir fällt, einen Kamm, der dir schwillt, eine Stelle, an der du sterblich bist …"

„Halt, halt", rief sie. „Genug, genug!"

Aber ihr seht, man könnte die Liste noch lange fortsetzen …

Passagen

In der Avenue des Champs-Elysées zwischen neuen Hotels mit angelsächsischen Namen wurden vor kurzem Arkaden eröffnet, und die neueste Pariser Passage tat sich auf. Zu ihrer Einweihung blies ein Monstreorchester in Uniform vor Blumenparterres und Springbrunnen. Man staute sich stöhnend über Sandsteinschwellen an Spiegelscheiben entlang, sah künstlichen Regen auf kupferne Eingeweide neuester Autos fallen, zum Beweis der Güte des Materials, sah Räder in Öl sich schwingen, las auf schwarzen Plättchen in Straßchiffren Preise der Lederwaren und Grammophonplatten und gestickten Kimonos. In diffusem Licht von oben glitt man über Fliesen. Während hier dem modischsten Paris ein neuer Durchgang bereitet wurde, ist eine der ältesten Passagen der Stadt verschwunden, die Passage de l'Opéra, die der Durchbruch des Boulevard Haussmann verschlungen hat. Wie dieser merkwürdige Wandelgang es bis vor kurzem tat, bewahren noch heute einige Passagen in grellem Licht und düsteren Winkeln raumgewordene Vergangenheit. Veraltende Gewerbe halten sich in diesen Binnenräumen, und die ausliegende Ware ist undeutlich oder vieldeutig. Schon die Inschriften und Schilder an den Eingangstoren (man kann ebensogut Ausgangstore sagen, denn bei diesen seltsamen Mischgebilden von Haus und Straße ist jedes Tor Eingang und Ausgang zugleich), schon die Inschriften, die sich dann innen, wo zwischen dicht behängten Kleiderständen hier und da eine Wendeltreppe ins Dunkel steigt, an Wänden wiederholen, haben etwas Rätselhaftes. „ALBERT au 83" wird ja wohl ein Friseur sein, und „Maillots de théâtre" werden Seidentrikots sein, aber diese eindringlichen Buchstaben wollen noch mehr sagen. Und wer hätte den Mut, die ausgetretne Stiege hinaufzugehn in das Schönheitsinstitut des Professeur Alfred Bitterlin. Mosaikschwellen im Stil der alten Restaurants des Palais Royal führen zu einem Dîner de Paris, sie steigen breit bis zu einer Glastür, aber es ist so unwahrscheinlich, daß dahinter wirklich ein Restaurant sein wird. Und die nächste Glastür, die ein Casino verheißt und etwas wie eine Kasse mit angeschlagenen Preisen von Plätzen sehen läßt, wird die nicht, wenn man sie aufmacht, statt in einen Theaterraum ins Dunkel führen, in einen Keller hinunter oder auf die Straße? Und auf der Kasse lagern mit einmal Strümpfe, schon wieder Strümpfe, wie drüben in der Puppenklinik und vorhin auf dem Nebentisch des Branntweinausschanks. – In den belebten Passagen der Boulevards wie in den etwas leeren der alten Rue Saint-Denis liegen in dichten Reihen Schirme und Stöcke aus: eine Phalanx farbiger Krücken. Häufig sind hygienische Institute, da tragen Gladiatoren Bauchbinden, und um weiße Mannequinbäuche schlingen sich Bandagen. In den Fenstern der Friseure sieht man die letzten Frauen mit langem Haar, sie haben reich ondulierte Massen auf, versteinerte Haartouren. Wie brüchig erscheint daneben, darüber das Mauerwerk der Wände: bröckelndes Papiermaché! ‚Andenken‘ und Bibelots wollen grausig werden, lauernd lagert die Odaliske neben dem Tintenfaß, Adorantinnen in Strickhemden heben Aschbecher wie Weihwasserbekken. Eine Buchhandlung benachbart Lehrbücher der Liebe mit bunten Epinaldrucken, läßt neben den Memoiren einer Kammerzofe Napoleon durch Marengo reiten und zwischen Traumbuch und Kochbuch altenglische Bürger den breiten und den schmalen Weg des Evangeliums gehen. In den Passagen erhalten sich Formen von Kragenknöpfen, zu denen wir die entsprechenden Kragen und Hemden nicht mehr kennen. Ist ein Schusterladen Nachbar einer Confiserie, so werden seine Schnürsenkelgehänge lakritzenähnlich. Über Stempel und Letternkästen rollen Bindfäden und Seidenknäuel. Nackte Puppenrümpfe mit kahlen Köpfen warten auf Behaarung und Bekleidung. Froschgrün und korallenrot schwimmen Kämme wie in einem Aquarium, Trompeten werden zu Muscheln, Okarinen zu Schirmkrücken, in den Schalen der photographischen Dunkelkammer liegt Vogelfutter. Drei Plüschstühle mit Häkelschonern hat der Galeriewächter in seiner Loge, aber daneben ist ein ausgeleerter Laden, von dessen Inventar nur ein Schild übrig blieb, das

Gebisse in Gold, in Wachs und zerbrochen ankaufen will. Hier in dem stillsten Teil des Seitenganges können Personen beider Geschlechter Personal werden, wo hinter der Scheibe eine Wohnzimmerkulisse eingerichtet ist. Auf die blaßbunte Tapete voll Bilder und Bronzebüsten fällt das Licht einer Gaslampe. Bei der liest eine alte Frau. Die ist wie seit Jahren allein. Nun wird der Gang immer leerer. Ein kleiner roter Blechschirm lockt in einen Treppenaufgang zu einer Fabrik von Schirmzwingen, eine staubige Brautschleife verspricht ein Magazin von Kokarden für Hochzeiten und Bankette. Aber man glaubt's ihr nicht mehr. Feuerleiter, Regenrinne: ich stehe im Freien. Gegenüber ist wieder etwas wie eine Passage, eine Wölbung und darin eine Sackgasse bis zu einem einfenstrigen Hôtel de Boulogne oder Bourgogne. Aber da muß ich nicht mehr hinein, ich gehe die Straße hinauf zu dem Triumphtor, das grau und glorreich Lodovico Magno erbaut ist. An den Reliefpyramiden seiner steigenden Pfeiler lagern Löwen, hängen Waffenleiber und verdämmernde Trophäen.

Karsamstagsgeschwätz

Karsamstag. Ein Garten in der Ile-de-France. Am grünen Holztisch in der Mittagssonne bemalen die Frauen Ostereier für unsere Kinder. Tatjana, die Moskowiterin, pinselt auf alle, die durch ihre Hände gehen, das fromme russische X P und erzählt von jungen Buben und alten Herren, Schustern und Großfürsten, die einen auf der Straße küssen durften, wenn die Glocken läuteten. Genauer noch berichtet sie von einem wunderbaren pyramidenförmigen Kuchen aus Topfen, Rosinen und kandierten Früchten, der Pasha heißt oder so ähnlich. Lore, die Schwabingerin, malt auf roten Grund artige gotische Zuckerlämmer, wie sie mit Fahnen in der Weiche zu München in Bäckerauslagen hokken. In ihrer Heimat glauben die Kinder, daß die Ostereier am Karsamstag mit den geweihten Glocken aus Rom gereist kommen. Während sie dann von der Osterkerze spricht und den fünf Weihrauchkörnern, Sinnbildern der heiligen Wundmale, die in Kreuzform der Kerze eingefügt werden, zeige ich unserm Pariser Freund Claude das reizende Osterhasenbuch mit den Bildern von Freyhold und den Versen von Morgenstern, das morgen die Kinder ansehen sollen. Er findet es charmant, wundert sich aber ein wenig über die zoologische Merkwürdigkeit des Tierchens und glaubt, französischen Kindern würde schwer beizubringen sein, daß der Hase die bunten Eier selbst lege. So hat hierzulande ja auch der Klapperstorch sozusagen nie festen Fuß fassen können, und die kleinen Kinder werden weiter wie bisher hinterm Kohl gefunden. „Wo kommt er nur her, euer Osterhase?"

Unser Philologe Gerhart weiß einen mittelalterlichen Vers, in dem es bereits heißt:

„O Osterhaas, o Osterhaas,
leg dyne eier in das grasz",

woraus zu schließen ist, daß man schon in alter Zeit im Namen dieses Wunderwesens den Kindern Eier versteckte. Aber er meint skeptisch, der Hase sei nur eine Sprachentgleisung aus dem Osterhahn, den in Tirol die Kinder in Brezelgestalt vom Paten bekämen und der wiederum seine eierlegende Funktion von einer Osterhenne übernommen habe. Schüchtern wage ich mich mit der Meinung vor, der Hase sei ein Mysterientier und komme als Sinnbild der Fruchtbarkeit unter heidnischen Gräbersymbolen vor. Als Claude lächelt, wird Hannah, die mit ihm in beständigem Liebesstreit lebt, ausfallend: „Die Griechen und wir sind eben nicht so raisonnable wie ihr neuen – Lateiner."

Worauf er erwidert, als simple Huhnprodukte gäben sich auch den französischen Kindern gegenüber die Ostereier nicht aus. Geheimnisvoll langen, wenn man am Festmorgen an ihr Bett kommt, Eltern und Großeltern unter dem „Traversin", der großen Rolle am Kopfende des wohnlichen französischen Bettes, rote und goldene und vielfarbige Eier hervor. Im „ancien régime" wurden mächtige Körbe voll bemalter und vergoldeter Eier in des Königs Schlafgemach gebracht und beim Lever am Ostermorgen verteilte daraus die Majestät an große und kleine Höflinge. Und es waren richtige Kunstwerke unter den bunten Eiern. Maler wie Watteau und Lancret haben sie für ihren Fürsten bepinselt. Diese Künstlersitte sollte man wieder einführen. Welch neue Möglichkeiten: kubistische, expressionistische, surrealistische Ostereier! Claude greift noch weiter in die Geschichte zurück: Im Mittelalter zogen Kleriker,

Studenten der Sorbonne und allerhand junges Volk, nachdem sie vor der Kathedrale von Notre-Dame ihre Laudes abgesungen, in langem Zug mit Fahnen und Trompeten über Plätze und Carrefours, drangen in die Gassen und ließen sich Eier schenken. Ob sie dabei auch Küsse erbeuteten, fromme oder unfromme, ist nicht überliefert. Und in jenen Zeiten waren die Eier besonders österlich und festlich, weil in der Fastenzeit Eieressen ebenso verboten war wie Fleischessen. Man behauptete, dieser Genuß nach der Enthaltsamkeit sei der eigentliche Sinn des Ostereis. Diese gelehrte Erklärung genügt uns nicht, wir, wir wollen tieferen Sinn, da doch das ganze Fest nicht nur hebräisches Passah und christliche Auferstehungsfeier ist, sondern fromm und keck, tiefsinnig und kindisch mit Opfern und Spielen, mit Kirchenglocken und Kinderknarren alljährlich das Wunder des Werdens, welches Leben und Sterben vereint, läutet und wirbelt. Es ist viel Geheimnis in den kleinen bunten Dingern, die unsere Kinder in Zimmerwinkeln und Gartenhecken suchen und finden, und in ihrem Jubel ist noch das Ostergelächter, risus paschalis, das einst auf den Kanzeln sinnenfrommerer Zeiten angestimmt und von der ganzen Gemeinde gelacht wurde. Das möchte Lore wieder eingeführt haben und bekommt weltgeschichtliche Melancholie, als unser Philologe ihr berichtet, es sei schon im 17. Jahrhundert nebst den hübschen Ostermärlein und närrischen Gedichten, mit denen man das Volk, das durch Fasten und Buße betrübt, einst erfreut und getröstet habe, verboten worden, weil es zu Mißbräuchen führte. Wir müssen ihr versprechen, das heilige Osterlachen wieder einzuführen, wenn uns endlich die Welt gehören wird. Bis dahin wollen wir uns begnügen zuzusehen, wie unsre Kinder in holdem Diminutiv die großen Sagen und Offenbarungen bewahren, Befreiung aus Ägyptenland und Heilandsopfer feiern, wenn sie die weißen Zuckerlämmer aus Bäkkers Laden erst streicheln und dann verspeisen und bunte Eier in Händchen halten, die Sinnbilder der ältesten Götter sind. Aber was es mit dem Osterhasen für eine Bewandtnis hat, haben wir noch nicht genau heraus. Wir sind hier auf dem Lande fern allen Bibliotheken, wir bitten Gelehrtere um Aufklärung.

Die zweite Verszeile

Die Überzeugung, ein Dichter zu sein, habe ich, von keiner Skepsis gestört, eigentlich nur als Kind gehabt, und wenn ich später den Mut, etwas Selbständiges, „Schöpferisches" zu schreiben, fand, so war das immer eine Art Wiederfinden dieses kindlichen Selbstvertrauens. Und so muß ich denn, wenn ich nach den Umständen gefragt werde, unter denen mir für das eigene Gefühl zum erstenmal etwas Dichterisches glückte, auf ein Kindheitserlebnis zurückgreifen. Ich ging als achtjähriger Junge durch die Parkanlagen meiner Heimatstadt. Damals kannte ich schon einige Gedichte aus der Sphäre von Matthias Claudius' Abendlied und hatte an Versen eine körperliche Freude wie an Musik, an Sonnenstaubtrichtern, die sonntags früh durch Vorhänge auf den Fußboden der „guten Stube" fielen, an Vogelgezwitscher und an dem seligen Sinken auf der schrägen Ebene des Einschlafens. Ich erfand, erst noch ganz nachahmerisch, einige Verse, mehr einer Klangfolge als einer bildhaften Vorstellung nachhängend. Die erste und die dritte Zeile einer sechszeiligen Strophe wurden konventionell. Aber bei der zweiten – geschah etwas mit mir, der Abendwind war innen in mir, die Vogelstimmen taten mir im Herzmuskel angenehm weh. Ich setze die drei Zeilen her und bitte für die Bekanntgabe von 1 und 3 um Entschuldigung:

> „Langsam sinkt die Sonne nieder
> *Und der Vogel im Gefieder*
> Singet seine Jungen ein."

Von der eigentlichen Bedeutung des Vogelgesanges wußte ich begreiflicherweise noch nichts Bestimmtes. Mir war alles Lied noch Wiegenlied, was das Sinnlose der dritten Zeile erklärt. Die Bewegung der Sonne war eine mehr übernommene als erlebte Vorstellung. Aber die kleine Wortfolge der zweiten Zeile mit ihrer Unregelmäßigkeit in der Satzstellung, der unbestimmten, doppelten syntaktischen Beziehung der Worte „im Gefieder" war mir selbst wunderbar, war nur von mir, und doch geschenkt.

Und seither habe ich mich als Kind dauernd, als Erwachsener aber nur jedesmal, wenn mir etwas einfiel wie dieser „Vogel im Gefieder", für einen Dichter gehalten.

Bei den Kindern von Berlin O

Das Kasperle-Theater lebt noch!

Das beste und dankbarste Publikum hat der Kasperle vom Volksbildungsamt Friedrichshain. Nicht nur, daß es „mitgeht", es spielt mit, es greift in die Handlung ein. Selbst die winzigsten unter den kleinen Leuten, bei denen ich als zugelassener Erwachsener in der Aula des Andreas-Realgymnasiums saß, scheinen mit der Kasperleliteratur so vertraut zu sein, wie das Volk von Athen mit der Sagenwelt, aus der ihm jeweils ein Stück vorgeführt wurde. Sie wissen, wie es weitergeht, und freuen sich doch festlich. Das Warten schon ist schön. Immer wieder zuckt und ruckt der rote Vorhang der kleinen Bretterbühne, hinter der die Pfeifen der Schulorgel rechts und links vorschauen. Da gibt es alle Formen der seligen Aufregung. Kleine Mädchen sitzen still und heiß vor ihren Zöpfchen und Schleifen, manche Jungen fangen an zu raufen, freche rufen: Kasperle, Kasperle!, schüchterne nagen geduckt an den Nägeln. Und ein blasser Altkluger erzählt einem Herrn Lehrer, was er von Kasperle weiß: „Er hat Locken wie eine Frau", sagt er.

Als endlich der Vorhang aufgeht, singen alle erst geduldig das Volkslied mit, das Meister und Meisterin des Spiels, zwei junge, liebenswürdige Menschenkinder, mit Mandolinenbegleitung anstimmen. Dann erscheint – wie in Goethes „Faust" – als erster der Theaterdirektor und fragt die Kinder, was heut gespielt werden soll. Man entscheidet sich für das sinnreiche Spiel von der Zauberflasche, die man immer billiger verkaufen muß, als man sie gekauft hat, und deren letzten Besitzer der Teufel holt.

Kasperle, so strudellockig und übermütig er daherkommt, ist doch ein vernünftiger Berliner. Nachdem er die Flasche gekauft und mit

Hilfe der Kinder für seine Gretl und sich Haus und Hof und Malzbonbons gezaubert hat, bringt er das gefährliche Objekt mit Hilfe der Kinder, die ihm schon einen Käufer wissen, wieder an den Mann. Als ihn dann Gretl Pilze suchen schickt und er fragt: „Wo ist denn hier ein Wald?" überzeugen sie ihn mit siegreicher Illusion, daß das grüne Tuch Wald sei. Er will einen Pilz kosten. Die Kinder warnen: „Giftig, giftig!" Ach nun hat er schon gegessen. Sie rufen: „Gretl!" Und als sie kommt: „Den Doktor holen." Aber der ist im Kino. „Die Zauberflasche vom Zirkusdirektor zurückkaufen." Gretl und die Kinder zaubern mit „Hopdi, Popdi! Eins, zwei, drei!" Kasperle wieder lebendig. Aber wie jetzt die Flasche loswerden? „Seeräuber, Seeräuber", schreien die Kinder, die alles wissen.

Nun kommt eine bemerkenswerte Nuance: Die Flasche kostet nur noch einen Pfennig. „Soll ich dem Seeräuber das vom Teufelholen sagen?" fragt Kasperle die Kinder beiseite. Einige rufen: „Nein, sag's ihm nicht", andre und Kasperle selbst haben moralische Bedenken. Wir sind alle verlegen und besorgt. Als dann Kasperle dem Seeräuber die Wahrheit sagt, löst der zu unser aller Freude den Knoten mit der Erklärung: „Ach, ich komme sowieso in die Hölle. Ich habe schon soviel seegeräubert!"

Und nun kann Kasperle mit seiner Gretl tanzen und die Kinder singen dazu. Und dann wirft er den Kopf zurück und ruft: „Auf – – –", und als er ihn vorschleudert, rufen die Kinder „Wiedersehn!" Und noch draußen die nasse Koppenstraße entlang zaubert die kleine Gesellschaft weiter: „Hopdi, Popdi, eins, zwei, drei!"

Die nicht auf dem Programm stehen

Erfolgshelfer im Varieté

Wenn ihr von euerm Parkettsitz im Varieté hinaufseht in den blauen, weißbewölkten Himmel der Deckenmalerei, bemerkt ihr eine Reihe heller Scheiben, aus denen im Staubtrichter Lichtkegel auf die Artisten fallen. Über den Balkonlogen gibt es beleuchtete Metallapparate zu sehen und in dem Bühnenrahmen Öffnungen wie Schiffsluken. Ich bin zu dem gegangen, der all diese Lichtquellen, das Rampenlicht und die Kronleuchter des Saales, verwaltet. Statt Regisseure und Stars zu interviewen, habe ich den *Beleuchtungsmeister* und seine Getreuen aufgesucht. Er hat mich in seinem Hauptquartier empfangen bei den Apparaten seines Schaltraums. Dort werden Rampen und Saalkronleuchter im Wechsel hell und dunkel gemacht. Von dort gehen Drähte zu den Regulierwiderständen und Telephone zu der Mannschaft dieses Lichtkommandanten. Dann sind wir heimliche Treppen hinaufgestiegen, erst in die Kammer der Widerstände, dann weiter durch das hölzerne Chaos des Dachbodens zu den „Brücken". So heißen die Arbeitsräume der Mannen an den Scheinwerfern, die um die Bewegungen der Artisten den mitwandernden Lichtkreis schaffen. Und während wir umherspazieren, beschreibt er mir, wie der Vorhang hinter den Künstlern rot, schwarz und elfenbeinern auf ihre Kostüme und Nummern abgestimmt wird, wie Schatten unter den Augen und Entstellungen vermieden werden, wie vor jedem neuen Programm lange beraten wird, und dann eine Hauptprobe fürs Licht ist, wo er unten neben dem Kapellmeister sitzt und mit seiner Schar da oben telephoniert. Und dann resümiert er sein Schaffen mit einem richtigen Ausspruch: „Wenn Direktion und Regie das Hirn des Ganzen sind, so ist die *Beleuchtungsmeisterei das Herz.*"

Ich komme hinter die Szene zu den verständigen Leuten, die das törichte Künstlervolk beaufsichtigen, den Strippenziehern, die es dem Clown ermöglichen, scheinbar die Kugeln vom Gestell zu schießen. Hier walten die dem Publikum unsichtbaren Hände, die Reifen und Flaschen zuwerfen und abfangen, und die gelassenen Männer in Arztschürzen und Arbeiterblusen, die das zu laute Geschwätz der Girls dämpfen; sie sollen erst toben, wenn sie draußen auf der Bühne wie Kinder im Freien sind. Und sind die Kinder draußen, werden sie noch weiter verwaltet von den Erwachsenen, die einem vorkommen wie die wahren Amateure des Schauspiels. Sie schieben den Spielenden neues Gerät zu, wenn das vorhandene keinen Spaß mehr macht, sie halten den Hintergrundvorhang an Seilen zurück, damit die Bälle der Unvorsichtigen nicht anprallen. Und wenn sie dann pustend, erschöpft und schwitzend ankommen, die eitlen, talentvollen Kinder, die immer des Guten zuviel tun, werden sie abgetrocknet und eingemummelt von den Hütern.

Es gibt auch sichtbare Helfer und Hüter. Den grotesk angezogenen musikalischen Clown begleitet ein ernster Herr im Gesellschafts- oder Straßenanzug. Er macht selbst ein paar Tricks, die eine gewisse klassische Vollkommenheit haben, aber nur, um die neuen Gefährten zur Geltung zu bringen, er hat seine liebe Not mit dem Gesellen, der soviel glitscht und purzelt, er muß achtgeben, daß der andre nicht heimlich an die Sektflasche geht, er hat Sorgfalt mit Gegenständen, die der Verwöhnte wegschmeißt. Er läßt sich lächerlich machen, besudeln, quälen und wendet sich immer wieder ohne Groll mit leidendem und stolzem Lächeln zu dem Publikum, und seine Handbewegung entfesselt Beifall für den andern. Als Gebrauchsmännchen, als Drohne begleitet er die starke Frau und ist ihr leichter Kavalier. Ehe sie sich an die Arbeit macht, soupiert sie mit ihm. Kurioses Souper; kaum hat sie einen Bissen gegessen, einen Schluck getrunken, so lüstet sie schon, Tischbeine und Stühle zu stemmen und aus allem Gerät Hanteln zu machen. Da muß der Kavalier, der Frauenlaunen kennt, rasch Gläser retten, Teller räumen und dabei möglichst lange die Dehors des glücklichen, verliebten Zechers wahren.

Ganz Nymphe, Engel, Peri ist die Helferin. Im gelben Peblon oder in türkischen Hosen steht sie, Standbein oder Spielbein, gelassen an der Kulisse und wartet, bis der Illusionist ihrer bedarf an der schwertdurchstoßenen oder unheimlich zusammengeschobenen Kiste, in der er einen jungen Burschen untergebracht hat. Ihr Mienenspiel lenkt ab von seiner Zauberei, die wir doch nicht durchschauen dürfen. Und die Selbstlose lächelt nicht, um uns zu gefallen, sondern nur, damit er uns gefalle.

Die Tiere kann man ja nicht ganz zu den Nebenpersonen und Ungenannten rechnen. Arbeiten sie auch nur gezähmterweise, so ernten sie doch einen Teil vom Ruhm ihres Herrn und sind vielleicht sehr ehrgeizig, besonders die Pudel und Seelöwen. Über die Gefühle der Pferdchen, Bären und Elefanten erlaube ich mir kein Urteil. Und von den Äffchen glaube ich, daß sie sich ein wenig ärgern über den zoologischen Verwandten, der die bessere Karriere gemacht hat.

Ein Langes und Breites gäbe es von den Gegenständen im Varieté zu sagen, den blinkenden Metalltischen und Ständern. Einem Tischgerät und Salonmobiliar, das seine Vornehmheit preisgibt, um balanciert, geworfen und lächerlich gemacht zu werden, dem vornehmen Diwan, der mit einmal nur noch Kiste ist, aus der die Pirouettentänzerin steigt, den winzigen Plüschsesselchen, die sich's gefallen lassen, daß Elefanten auf ihnen hocken, der vergoldeten Metallbettstatt, die es zuläßt, daß ein Clown auf ihren Goldknöpfen musiziert, der Häkelei der Decke, auf welcher Gläser und Messer hüpfen, der ländlichen Bank, von der sich die Exzentriks erhoben haben, und die leer stehenbleibt wie am Hintergrund klebend, während sie vorn agieren. Und dieser Hintergrund selbst; die gemalten Kandelaber auf der Salonwand und die heroische Landschaft, alle haben sie den Reiz der unbeachteten Dinge, die selbstlos die andern, die Zielbewußten zur Geltung bringen – im Varieté mehr als irgendwo selbst.

Spazieren in Berlin

Diesmal wollte ich mich an den Baedeker halten. Da steht unter „Zeiteinteilung" „Vierter Tag vormittags Nationalgalerie und Dom, nachmittags Dampferfahrt nach Grünau".

Aber nun habe ich alles verkehrt gemacht. Als ich auf dem Weg zum Lustgarten an die Schloßbrücke kam, sah ich auf dem Brettersteg, der zu dem angeketteten Spreekahn führt, ein paar Straßenjungen stehen, die wollten sich gern den großen Walfisch ansehen, der da unten seit vielen Jahren hausen soll. Ich war immer sehr neugierig gewesen, ob da ein wirklicher Walfisch liege, und nie hatte man diese Neugier befriedigt. So ist es zu begreifen, daß ich jetzt mit den Straßenjungen an die Kasse gegangen bin, es war sehr billig, ein Programm bekam ich gratis dazu, und das ist ganz besonders schön und jedem Besucher zu empfehlen. „Das größte Säugetier der Welt und sein Fang, 22 m 56 cm lang, vollständig geruchlos präpariert." Ist das nicht ein schöner Anfang? Und dann lernen wir, daß dieser Koloß wie wir rotes warmes Blut hat und lebendige Junge zur Welt bringt, „welche von der Mutter gesäugt und mit Aufopferung eigener Lebensgefahr verteidigt werden". Da liegt er nun, präpariert nach einer damals ganz neuen Methode und sieht aus wie aus Papiermaché. Man möchte sich durch Anfassen überzeugen, ob das da auch wirklich keine Pappe ist. Aber es steht angeschrieben: „Nicht berühren. Giftig". Eine Zeitlang schauen wir ihm in den Schlund und auf die berühmten Barten, aus denen, wie wir lernen, das Fischbein gewonnen wird. Dann wenden wir uns der Sonderausstellung zu, wo des Riesen Bestandteile ausgeweideterweise im einzelnen uns breiteren Volksschichten zum Studium zugänglich gemacht sind. Da ist zum Beispiel der sogenannte Heringssack, worin das Tier zwei bis drei Tonnen Heringe aufnehmen kann. Denn – so lehrt das Programm – „die Nahrung spielt bei solch einem Riesentier die Hauptrolle". Wir bekommen im Extrakasten die Schwanzflosse zu sehen, von der die Erfindung der Dampfschraube angeregt worden sein soll. Und außer den Knorpelschichten, Rückenfinnen, Ohren und Augen des Wals gibt es da noch andre Seetiere seiner Umgebung zu sehen, und darunter finden sich einige Namen, die nach Christian Morgensterns

Verskunst verlangen, wie zum Beispiel die Kammeidechse und der Seestier oder Kofferfisch.

Nun stehe ich wieder auf der Schloßbrücke und sehe hinüber zu dem andern Ungeheuer, dem Dom. Der ist auch furchtbar groß. Nach Baedeker bedeckt er eine Fläche von 6270 qm, während der Kölner Dom es nur bis zu 6160 qm gebracht hat. Muß ich wirklich da hinein? Zum Glück kommt ein Mann auf mich zu, der in meiner Hand das Reisebuch gesehen hat, und fragt mich auf sächsisch, ob ich ihm sagen kann, an welchem von den Schlössern hier das historische Eckfenster sei.

Das hat mich veranlaßt, ihn an Zeughaus und Universität entlang und hinüber zum Palais des alten Kaisers zu begleiten. Dort warteten schon andre Fremde, mit denen wurden wir hineingenommen.

Wir bekommen Filzpantinen zum Schliddern, und die Sichersten von uns sehen gleich alles an, als ob sie hier mieten wollten: sie überzeugen sich diskret – mit Rücksicht auf die Führerin, die den Vormieter vertritt – von der Lage der Zimmer und erwägen, welche Gegenstände man eventuell übernehmen könnte. Da ist es nun vor uns, das historische Eckfenster, an dem der alte Herr sich zeigte, wenn draußen die Wache vorüberzog. Er soll jedesmal, wenn die Musik näherkam, mitten im Gespräch den Überrock über der weißen Weste zugeknöpft und den Orden pour le mérite zwischen den Aufschlägen der Uniform vorschriftsmäßig zurechtgerückt haben. Es ist derselbe Orden, den wir auf vielen Porträts seiner Zeitgenossen sehen, und er nimmt sich gut aus am Halse all dieser würdigen Männer, die sich so gerade hielten, wie das heute kaum mehr möglich ist. Einer von ihnen, erzählt man, hat noch kurz vor dem Tode es vermieden, sich in seinem Stuhl anzulehnen, und den Angehörigen erklärt, er wolle das nicht, es könne zu einer schlechten Angewohnheit werden. Gleich diesem Manne hielt sich sein alter König aufrecht hier zwischen all den unbequemen Möbeln seines überfüllten Arbeitszimmers. Es ist noch ganz in dem Zustand erhalten, in dem er es verlassen hat, um ein paar Türen weiter in einem bescheidenen Hofzimmer sich sterben zu legen. Tische, Etageren, Vertikos, Stuhl und Sofa sind bedeckt und belegt mit Souvenirs, Mappen und Büchern. Der alte Herr behielt das alles eng um sich und fand sich mit pedantischer Genauigkeit darin zurecht. Als eines Morgens ein Geheimer Hofrat ihm eine große Bildermappe vorzulegen hatte, war nirgends Platz. Auf der einzig dafür geeigneten Stelle in der Mitte des Schreibtischs stand noch das Kaffeegeschirr. Dies versuchte nun der Hofrat beiseite zu stellen. Das war aber in diesem Raum unmöglich, es war kein Fleck mehr frei. Der Geheime mußte das Service ins Vorzimmer bringen. Als der Vortrag zu Ende und der Rat entlassen war, sagte er dem diensttuenden Leibjäger, wo er das Service finden werde. Der aber fand es – auf des Kaisers Schreibtisch. Der Monarch hatte es selbst, ehe er seinem Leibjäger klingelte, dorthin geschafft, wo die Diensttuenden gewohnt waren, es zu finden.

So viel Gerahmtes und Briefbeschwerendes hat wohl selten ein Mensch geschenkt bekommen wie dieser freundliche alte Herr, und alles hat er aufgehoben. Was Tisch und Wand nicht mehr fassen konnten, hat er einfach auf den Boden gestapelt, und da steht es noch. Die ausführlich gemalten Ölbilder und Porzellanmalereien glaube ich alle zu kennen, das römische Landmädchen, das den Handrücken in die Hüfte stützt, die frommblickende Älplerin mit dem tressengeschmückten Mieder und dem süßen von Lockenschnecken gerahmten Ovalgesicht, das Prinzeßchen in Miniatur mit Höschen unterm Rock und Kranz in der Hand. Und dort die Dame, die über einer Blume sinnt, war gewiß in einer „guten Stube" bei Großeltern oder Großtanten. Und über den Möbeln der guten Stube waren auch meistens Bezüge, wie wir sie hier finden. Nur daß hier Krönchen darauf gewebt sind, weil der bewohnende Bürgersmann König war. Aus dem nächsten Zimmer schaut leibhaftig das altvertraute Märchen von Thumann her. Im Samtrahmen lauscht's herüber, mit dem blendenden Ellenbogen der Linken, die das Haupt stützt, ins Walddunkel vorstoßend. Auf dem Absatz des Bibliothekschranks stehen Photographien kostümierter Familienmitglieder zur Erinnerung an kleine Verkleidungsfeste, den intimen Maskenball guter Familien. Und auf demselben Absatz wurde dem Kaiser das zweite Frühstück serviert, das er stehend einnahm. Aus der Bibliothek führt eine schmale Wendeltreppe in die oberen Räume. Diese beschwerlichen Stufen stieg Wilhelm I. noch in hohem Alter hinauf, um in die Gemächer seiner Gattin zu gelangen. Wir nehmen dahin den weiteren Weg über das marmorne Treppenhaus, da heben Viktorien von Rauch ihre Kränze, friedlich anmutende Kriegsgöttinnen vergangener Zeit. Oben die Räume der Kaiserin sind festlicher und prächtiger als die, welche wir verlassen haben. Schon als Prinzessin hat sich Augusta viel mit Inneneinrichtung beschäftigt und soll behauptet haben, an ihr sei ein Dekorateur verlorengegangen. Aber wir Fremde treiben etwas stumpfsinnig durch Repräsentation und Behagen dieser lichten Zimmer, sehen viel aus den Fenstern und werden erst wieder aufmerksam, als man uns im Tanzsaal ein Echo vorführt, das zufällig hier mit eingebaut ist. Einige aus unserer Herde machen sogar schüchterne Versuche, es selbst zu wecken, was unsere Führerin lächelnd zuläßt.

Nun muß ich mich aber an mein Nachmittagsprogramm, die Dampferfahrt, machen. Ich komme in die große Hafenstadt Kölln am Wasser. Und wo die alte Jannowitzbrücke abgerissen wird, gibt es ein Schauspiel, da schwimmt zwischen Kranen und Kähnen der Trümmerrest ruinenschön, ein Ponte rotto mitten in der Spree. Auch an dem Stadtbahnbogen da oben wird gearbeitet, und sein aufgebrochenes Mauerwerk ist ein von Erinnerung angeräuchertes Stück Tempel des Dampfes, dieser schon altertümlichen Lokomotion.

Der Mann am Schalter der Dampfergesellschaft will, daß ich statt nach Grünau nach Woltersdorfer Schleuse fahre, ich weiß nicht, weshalb, er ist streng mit mir wie viele seinesgleichen in Berlin. Er erlaubt mir, erst noch im Restaurant am Wasser Mittag zu essen. Inzwischen füllt sich der Dampfer, und die besten Plätze werden besetzt. Ich gedenke mit dem zweiten zu fahren, der eine Viertelstunde später abgehen soll, werde dann aber doch noch in den ersten beordert und verfrachtet. Da bin ich schon wieder in eine alte Zeit geraten. Hier sitzen nämlich die Leute, die noch dick sind. In raschen Motorbooten treibt die schlanke sportliche Jugend von heute an uns vorbei, und wir sitzen hier, feiste Herren in „den besten Jahren", denen Bier gereicht wird, und Madames in umfangreichen Stoffbergen wie auf den Altberliner Witzbildern. Qualvoll langsam schleichen wir vorwärts, überflüssig und müßig zwischen all dem Fleiß der Mühlen, Eisenhallen, Schornsteine und Krane an den Ufern. Als dann am Treptower Strand grüner Park ans Wasser kommt, möchte ich am liebsten aussteigen und zu den Kindern gehen, die da hinten in fliegenden Kästen, auf schwingenden Seilen und Rutschbahnen sich vergnügen. Da muß es doch auch die Liliputeisenbahn geben, die auf ihrer Schiene rundum fährt wie die, welche man im Kinderzimmer aufbaut und aufdreht. Es waren drei offene Aussichtswagen, die gingen hinter kleinem Rauch zweimal im Kreise mit Läuten und Pfeifen über Feld und durch den Tunnel. Aber unser Dampfer hält nicht. Kraftwerke und Kabelwerke beschämen unsere fette Ruhe. Nun machen wir sogar noch Musik. Mitleidig winkt uns aus den vielen Badeanstalten, Freibädern und Bootshäuschen junges Volk zu. Wir werden über den nächsten See transportiert bis zu dem Gasthaus, wo wir durchaus Rieseneisbeine essen sollen, das steht diktatorisch angeschrieben.

Hier aber versagte mein Gemeinsinn und Forschungstrieb. Ich ging ganz individuell und unter Preisgabe meines Retourbilletts in den Wald und auf sandigen Wegen unter Föhren, die im Abendlicht chinesische Silhouetten bekamen, zur nächsten Bahnstation.

Öldruck-Statistik

Unter den nicht gerade lebensnotwendigen Gegenständen, die man je nachdem als Luxusartikel oder geistige Volksnahrungsmittel bezeichnen kann, spielt der Öldruck eine große Rolle. Er möbliert unendliche Mengen von Zimmern und Seelen.

Jüngst führte mich der Leiter einer großen Berliner Rahmenfabrik, die ganz Deutschland beliefert, in die Ausstellungsräume, in denen er die Bilder aufgehangen hat, die am häufigsten gerahmt werden. Dazu gab er mir lehrreiche Aufschlüsse. Der „bestseller" der Branche ist seit Jahren immer noch *die heilige Büßerin Magdalena*, die in ihrem blauen Gewande weich aufgestützt lagert und buhlerisch kontemplativ auf den Totenschädel schaut. Nicht nur bei den Frommen scheint sie begehrt zu sein wie andere Reproduktionen aus dem Bereich der Bibel und Legende, auch die Kinder der Welt wollen sie haben. Lagernde leichtbekleidete Damen haben überhaupt viel Chance. Und als Rahmen ihres von Amoretten umspielten, ins Wolkenweiche verschwimmenden „Pfühls" ist ein nicht hohes, aber ziemlich breites Format beliebt, das sich gut überm Bett ausnimmt. Haben junge Paare, die solche Glückseligkeits-Öldrucke kaufen, es ernstlich auf Nachkommenschaft abgesehn, so richtet die Schöne im Bilde sich ein wenig auf und betreut ein oder mehrere Kinder. Es wird auch gern gesehen, daß etliche Haustiere das

Familienglück noch vollständiger machen. An einer der beliebtesten dieser lagernden, beziehungsweise sitzenden Damen wurde kürzlich, wie mir ein erfahrener Führer erzählt, auf Wunsch des Publikums eine zeitgemäße Änderung vorgenommen, ihr reiches Lockenhaar mußte zugunsten eines Bubikopfes entfernt werden. Auf anderen Gebieten bleiben die Käufer unmodern: das allbekannte Bild „Beethoven", eine Versammlung auf dämmernden Diwanen hockender oder hingegossener Männer und Frauen, die einem Klavier lauschen, hat noch keiner Jazzband-Darstellung Platz gemacht. Von berühmten Männern hat der Reichspräsident nicht mehr soviel Zuspruch, seit er in Zivil ist; und mit seinen Waffenrockbildnissen hat sich die deutsche Familie meist schon während des Krieges eingedeckt.

Die Jahreszeiten mit ihren beliebten Arbeiten und Vergnügungen: Säemänner, Garbenbinderinnen, Jäger etc. in der dazugehörigen Landschaft „gehen" immer, und zwar jede speziell zu ihrer Zeit. Das wunderte mich etwas, ich hatte gedacht: im Winter hätte man Frühlingssehnsucht, im Herbst Sommerheimweh.

Fast alle Rahmen sind vergoldet. Seit den Tagen der Inflation will der Deutsche wieder Glanz in seine Hütte. Selbst die kleinen Rahmen für Photographien müssen vergoldet werden. Das gute alte Mahagoni ist nicht mehr erwünscht.

Ich fange an, mich für Statistik zu interessieren. Ich möchte genauer feststellen: Wieviel Magdalenen braucht Magdeburg? Wieviel Damen auf Pfühl verlangt Breslau? Wo läuft der Alte Fritz Böcklins Schweigen im Walde den Rang ab? Wie hat sich in München von 1918 bis 1928 der Öldruckgeschmack geändert? In welchen Provinzen und Städten überwiegt das Bedürfnis nach Dame mit Kind, Kindern oder Tieren dasjenige nach Dame mit nur Amoretten? Ich fange an, mich für Statistik zu interessieren ...

Bannmeile von Paris

Am Tor blieb ich stehen. Wo früher die Fortifikationen waren, sah ich nur Bauplatz und Trümmerhaufen. Und hinter mir, wo einst an Zufallshäusern schiefe Schenken klebten, erhoben sich stattliche Neubauten, halb schon bewohnt; auf den kahlen Fenstern der noch leeren Etagen waren weiße Kringel aus Leimfarbe zu sehen. Ich ging die Kirchhofsmauer entlang. Auf der andern Seite des Dammes, kurz ehe er im Sand der Landstraße aufhörte, erschien zwischen farbigen Baracken eine kleine Kneipe mit der Aufschrift *„Mieux ici qu'en face"*. Ach Lebenslust!

An der „Route" hat jeder seine Hütte gebaut, wie es ihm gefiel. Ein Neben- und Durcheinander von Dorfstrohdach, Farwestbiwak, Klebebau und Kletterbahn. Es ist wie in einem unaufgeräumten Kinderzimmer, die Kleinen sind fortgelaufen oder schlafen gegangen, ohne ihr Spielzeug einzupacken. Aus dem Stahlbaukasten stammen die Schuppen mit den gestapelten und herumliegenden Maschinenteilen für vorüberfahrende Autos, aus dem Holzbaukasten die hellblaue Bude des Schusters und die Bretterbalkons der falschen Schweizerhäuschen in den Krautgärten, aus dem Steinbaukasten die glatten und graupeligen Quader, Ziegel und Zierstücke der kauzigen Villen. Und mitten in all dem Geschiebe, das Stein an Stein, Klotz an Klotz geschraubt, gepinnt und gebastelt ist, erheben sich plötzlich, umwuchert von Efeu und Weinlaub, Tempelsims und Statuennische eines stehengebliebenen, wirklichen Hauses im klassizistischen Geschmack, das unbewohnt auf Abbruch wartet, mit bröckelnder Mauer und bemooster Schwelle.

Hier nimmt die Trambahn mich ein Stück über Land mit. Sie hält an dem braunen Akzisehäuschen, in dem aber kein Zöllner und kein Zoll mehr ist. Leer steht es an der Kreuzung zweier Chausseen. Ein paar Stationen weiter bin ich ausgestiegen, weil die Wegwende lockte. Da lag tief an der Straße eine Pension de famille. Mit ihrer schmalen Türseite stieß sie keilförmig an die Straßenecke und flankierte mit dem einzigen Stockwerk die Avenue und eine schräg aufsteigende Dorfstraße, die ins Grüne ging. Die Läden waren geschlossen, die Jalousien heruntergelassen, nur in ein Fenster konnte man ein wenig hineinsehen, darin stand eine leere Blumenvase. Ich konnte mir nicht denken, daß Menschen sich hier wirklich in Pension gaben, und hätte es doch gern selbst versucht. Ich ging den Landweg hinauf und kam an eine Gartenmauer. Auf deren Ecke hockte eine Art Belvedere. Die Wände des Fünfecks, das es bildete, bestanden aus rötlichem Kalkbewurf, den rohe, kaum entborkte, stellenweise nicht einmal entzweigte Baumäste durchkreuzten und hielten. Ich sah weiter hinauf zur Fensterwand. Sie war verdeckt von einer brüchigen Jalousie, welche das Geheimnisvolle eines Theatervorhangs hatte und blaugrün war wie Wasser unter Wasser angesehn. Das Blaugrün war so voll Erinnerung an ich weiß noch nicht oder nicht mehr was – vielleicht nur an sie selbst –, daß ich ganz müde wurde. Dann aber lenkte etwas im nächsten Garten unterhaltsam ab. Es war eine Wetterfahne aus roten und grünen Blechsegmenten, an deren Stange sich ein witziger Mechanismus befand: ein Rad, das über eine Winde läuft, von der zwei Puppen bewegt werden, die es zu drehen scheinen. Derselbe Mechanismus bewegte einen Kreis winziger Aeroplane und ein kleines blechernes Pferderennen. Eine Gartenecke weiter, an der Vorstadtstraße, rief mich die rote Riesenzigarre in den Tabakverschleiß.

Als ich mir an dem ewigen Lämpchen, dem kleinen Vestafeuer des Alltags und aller, wie es in jedem solchen Verschank brennt, eine Zigarette anzündete, hörte ich Tanzmusik und sah durch die hintere Glastür munter bewegte Schatten. Ich ging hin, öffnete, und stand vor einem runden Turm. Eine Inschrift verhieß oben Aussicht und versicherte, daß die Besteigung in die Consommation einbegriffen sei, aber mich lockte es nicht hinauf, sondern ins Erdgeschoß: da war der Boden festgestampfter Sand, da spielte ein Leierkasten „Ah les jolies roses". Helle Stimmen sangen den süßen Reim „fraîches écloses". Und dazu tanzten mit ihren Mädchen feldbraune und blaue Soldaten schon jetzt am frühen Nachmittag. Da fielen mir all die lieben abgebrauchten Reime von früher ein: „Elle était brune / Et sans fortune". Und „Tu es tendre / Tu n'peux pas m'comprendre" (das war aus der Zeit, da man um Mädchenköpfe den schwarzbändrigen béguin sah). Und all die amour und jour, caresse ivresse, cœur bonheur (was sich genau wie Herz, Schmerz reimt und wohl ziemlich dasselbe meint).

Hinter einigen Paaren, die den Tanzboden verließen, her geriet ich auf einen gewundenen Dorfweg zwischen Gärten voll weißer und rosa

Baumblüte. Das Blütenweiß kam so nah geflossen, daß ich kaum hinsehen konnte und ganz bedrängt geradeaus sah, den Schlängelpfad hinauf, der im Anstieg der Allee von Robinson endet. Da war der erste Ausschank dieser Schenkenstraße und daneben die Schießbude und der Laden mit Papptrompeten, Papierhüten und Konfettischlangen eines beständigen Kinder- und Tageskarnevals. Zwischen Souvenirs lagen auf Postkartenstapeln genau solche Zwerghütchen wie der lustige Bettler eins auf hatte, der vor dem nächsten Restaurant auf seiner Trompete „Mon Paris" blies, den Leuten dort in den Lauben in ihre Vesper hinein, manchmal auch, die Trompete hebend zu denen, die in den berühmten Baumlogen saßen, hinauf. Diese Baumlogen gibt es noch immer. Sie sind gestützt auf breite Äste alter Bäume, welche eine Eintischterrasse umgabeln, die von entrindeten Zweigen als Laubenstäben gerahmt ist. Es sitzen da oben nur noch vereinzelt Paare; die Sitte ist wohl überlebt, was ihr besondern Reiz gibt.

Die Menge drängt zu dem Dancing in der oberen Halle des großen Restaurants und zu dem Skating-rink unter den Pfeilern der Halle. In diese Belustigung seh ich hinein, und das, woran ich dabei lehne, ist der Stumpf des ältesten Baums. Er hat eine Versinschrift, die berichtet, daß einst die Könige und mit ihnen Colbert nach der Jagd hier gerastet haben. Ja, es ist eine Sehenswürdigkeit, woran ich da lehne. Der Führer des Fremdenrundfahrtautos zeigt auf mich und den verspellten Stamm. Während das Auto weiterfährt, kommen andre ähnlich große daher, aber nicht mit Fremden, sondern voll weißer Brautjungfern und schwarzer Brautführer, buntseidner Mütter und hemdsärmeliger Väter, die sich's bequem gemacht haben. Und hinter diesen kleinere Wagen, wunderliche zu Automobilen umgearbeitete Gefährte; manchen sieht man an, daß es früher Schlächterwagen waren, die Fleischbank ist noch erkennbar.

Oben auf der Veranda der Halle finde ich mich zwischen Mädchen, die, vom Tanze ausruhend, Waffeln futtern, Gaufrettes genannt, frisch aus Topf und Form des Verkäufers. Andre haben tunesische Pralinen von dem Braunen im Turban oder Pommes frites von dem weißmützigen Koch heraufgeholt. Zwischen rosa und hellblauem Flitter üben auch einige Applikationskleidchen mit weißen Vögelchen und Zweigen auf farbigem Grund und hie und da staubiger Samt mit rosa Gürtelschleife Bocksprünge und Froschhupfer des Charlestons.

Ich habe einen Platz zum Sitzen gefunden und sehe über meine Orangeade auf die fleißigen Arbeitsfinger einer, die etwas zu mir her kokettiert und dabei um so eifriger mit eben diesen Fingern ihren Nachbar-Liebsten karessiert, damit er nichts Unrechtes denke und ich mir nichts einbilde. Neben ihr die Freundin schaut ihrem Gesellen so nah ins Gesicht, wie es die Paare tun, die in den Wagen der Pariser Métro eng beieinander stehn.

Im Garten ist ein zweites Orchester. Wir sind im „Wahren Baum", drüben ist der „Große Baum", ein Stück weiter kommt der „Blaue Pavillon" und wegabwärts der „Gute Lafontaine". Überall wird getanzt. Auf der Weghöhe sehe ich junges Volk sogar ohne Musik tanzen. An den Tanzenden vorbei fahren scheckige Zufalls- und Sonntagsautos und ein paar alte Pferdewägelchen aus dem Wagenverleih, Esel laufen dazwischen, die Kinder tragen, und Sonntagspferde mit gehobenen Sonntagsreitern.

Ich bin noch ein paar Schritte die Straße hinaufgegangen bis zum Verleihbureau, an dessen Gartentor ein sanft wartendes Graueselchen angebunden träumt. Als es dämmerig wird, taucht ein Mann auf, der späten Gästen möblierte Zimmer zum Auf-dem-Lande-Bleiben vermieten will – auch dies Stück der gastlich schläfernden Welt Paris lockt zum Übernachten. Aber heut scheint niemand hierbleiben zu wollen, alles drängt zu den Extraomnibussen, die zu den Toren der Stadt fahren. Solch ein Schub Sonntägler hat mich aufgenommen und heimgeschafft.

Nachher werde ich, in den Métroschacht umgebettet, unter der Erde hinab und wieder hinauf fahren, um am Montmartreabhang in dem kleinen Restaurant zu essen, wo man eng beieinander sitzt wie in der Schiffskajüte, werde vielleicht am Nebentisch wieder die Unschuld sehn mit den rasierten Augenbrauen, über die falsch hochgemalte gezogen sind, welche die Helligkeit der leergewordenen Stelle hervorheben. Und neben ihr die mit den ländlichen und schon so streng manikürten Händen, Händen, die mit wildgeröteten Nägeln neu elegante Bewegungen ausführen, die oft unterwegs stranden. Und einen Tisch weiter die Runde junger Leute, die „Copains", die miteinander und mit dem ganzen Zimmer reden und aus lauter Geselligkeit ihre Meinungen über das weibliche Geschlecht besonders laut werden lassen. Der gute Wirt am Ausschank wird sich helfend einmischen, er, der gestern die

Ehemöglichkeiten zweier Hunde aus dem Kreis seiner Gäste mit der Herrin der schüchternen Hündin und dem Herrn des unerfahrenen Hundes so sachlich erörterte. Meinen Kaffee werde ich stehend am Bar Les Mandarins nehmen, unterm Plakat des horntrinkenden schnauzbärtigen Galliers aus Maxeville. Da wird – exotischer Trost – die Mulattin stehn und die Milchige, der auf der Schulter die Stoffblume schwimmt wie Seerosen auf einem Teich. Überm Platz draußen wird das Somnolplakat des Zahnarztes, schmerzlosen Schlaf verheißend, leuchten. Den Abstieg werde ich vielleicht noch unterbrechen in einem Café, nahe dem Kartenteppich alter Herren, und wartend sitzen wie ein Mädchen, das still seinen „Crème" trinkt, bis der Geliebte kommt.

Das Leibchen

Es war in der Zeit, als es mit der Liebe noch nicht so einfach zuging, als selbst in der Münchner Bohème eine junge schönheitstrunkne Kunstgewerblerin sagen konnte, Hingabe könne sie einem Mädchen nur nachsehn, „wenn die Betreffende das Erlebnis umzusetzen verstünde", – somit lange vor den Tagen jener Hingegebenen, die ihrem ersten Liebhaber zuflüsterte: „Veracht mich nicht. Ich bin noch Jungfrau." Damals also – es ist eigentlich nicht so lange her, wie es einem manchmal vorkommt – damals faßte eine sympathische junge Person den Entschluß, ihn, den sie schon lange im Herzen trug, zum Tee zu besuchen. Sie wohnte zusammen mit ihrem alten Mütterchen. Die Mutter war vernarrt in ihr Einziges. Täglich hätte sie es am liebsten von Kopf bis zu Fuß angekleidet wie als kleines Kind. Jetzt mußte sie sich aber darauf beschränken, der Kleinen ein Kleidungsstück, das man Untertaille nannte, zuzuknöpfen, eine Art Leibchen, das hinten geknöpft wurde und das die Trägerin selbst schwer behandeln konnte.

So zugeknöpft und darüber mit einem lichten Prinzeßkleidchen angetan, ging die Kleine zu dem Freunde. Er hatte eine verträumte Stube, aus deren Fenstern man weithin den Park übersah, es gab Bilder und Bücher bei ihm anzuschauen und ein Kätzchen zu streicheln. Überraschenderweise blieb es aber nicht bei diesem idyllischen Tun, es begab sich etwas, wofür man damals in Umschreibungen zu reden pflegte wie bei einem Todesfall, und darum wollen auch wir es nicht bei Namen nennen, sondern nur berichten, daß, als draußen die Sonne sank, der junge Mann sich genötigt sah, oben erwähntes Leibchen dem holdseligen Geschöpf mit nachzitternden Fingern in aller Eile zuzumachen. Denn sie mußte wegstürzen nach Haus, wo die Mutter wartete.

Das Mädchen wollte diesen Abend früh zu Bett gehn, und das war der Mutter recht, denn sie selbst war schläfrig; schon den ganzen Tag war ihr so benommen gewesen. Rasch half sie dem Kind aus den Kleidern. Als sie dabei an das Leibchen kam, sagte sie kopfschüttelnd: „Mit mir ist's auch nicht mehr richtig. Wo hab ich nur meine Gedanken? Denk nur, da hab ich dir doch heute früh deine Untertaille schief geknöpft!"

Alfonso mißt

Unsereiner ist selten dabei, wenn Monarchen durch Ausstellungen geführt werden. Aber der Bilderdienst der Presse, der soviel anregt und vermittelt, ersetzt auch dies Erlebnis. So konnte man jüngst in einer Berliner Zeitung sehn, wie der König von Spanien den deutschen Pavillon der Ausstellung in Barcelona besichtigt. Ganz rechts auf dem Bild ist eine nackte weibliche Statue. Ihre Knie sind sanft vorgedrückt, beide Arme erhoben, ein schlanker Leib gibt sich den Blicken preis. Links auf dem Bild in ziemlicher Distanz zu dem Kunstwerk steht der König, halb von ihm verdeckt der Herr, der ihn führt, hinter ihm die Königin und Primo de Rivera. Der König hat den rechten Arm und die geöffnete Hand in der Richtung zur Statue erhoben. Was diese Geste bedeutet, erklärt die Unterschrift:

Der König von Spanien mißt die Proportionen einer Statue.

Ob er zufrieden ist mit ihren Maßen? Ob er vielleicht die Beine noch etwas schmaler wünschte? Ob er als Maßstab abstrakt eine Art Goldnen

Schnitt anwendet oder an eine andere Statue oder – Dame denkt? Wer kann eines Königs Gedanken erraten! Die Königin hinter ihm, so scheint es wenigstens nach der Photographie, sieht an der Statue vorbei. Ist es ihr gleichgültig, daß ihr hoher Gatte mißt? Spaniens allmächtiger Ministerpräsident hingegen sicht seinem König wohlwollend beim Messen zu. Er hat das am Ende ganz gern. Um so ungestörter kann er inzwischen regieren. Die Statue indessen scheint auf die Dauer (und ich sehe das Bild schon recht lange an) unter diesem Gemessenwerden zu leiden. Etwas verdrossen sieht sie in ihren Schoß, und in ihren Händen regt sich Abwehr. Alfonso aber mißt ruhig weiter.

Eine gefährliche Straße

„Die Welt schreitet fort, langsam, aber sicher", diesen unvergeßlich schönen Satz habe ich einmal in einem Aufsatz einer berühmten Vorkämpferin des Frauenrechtes gelesen. Er fällt mir ein, sooft ich bemerkenswerte Veränderungen im Weltbild wahrnehme.

... Wenn man bedenkt, wie früher die wächsernen Damen dreinschauten, die in den Schaufenstern der Konfektion neue Moden vorführten! Glutvoll und doch treu sahen sie aus, Kleopatra und Gretchen zugleich, sie versprachen dir Erhebliches, aber du konntest dich auf sie verlassen. Und heut? Heut sind sie ‚so falsch und so schön' wie die welschen Frauen, die seinerzeit den Trompeter von Säckingen bedrohten. Um ihre ganze Kaltherzigkeit kennenzulernen, mußt du in die bekannte Straße in der Nähe des Spittelmarktes gehen, wo sie in den Auslagen mehrerer Büsten- und Wachskopffabriken in großer Anzahl zu sehen sind. Dort sind sie unter sich, ganz in ihrer Welt, und nichts lenkt dich seidig und tröstlich ab von den gespensterhaften Schönen, den Stilfiguren der Schaufensterkunst, die in tausenden von Exemplaren von hier durch ganz Deutschland und weiter wandern, um in der Nähe und Ferne Hemden, Kleider, Mäntel und Hüte vorbildlich zu tragen. Mit spitzen Mündern fordern sie dich heraus, schmale Augen ziehen sie, aus denen der Blick wie Gift tropft. Ihre Wangen sind nicht

Milch und Blut, sondern fahles Gelbgrau mit grüngoldenen Schatten. Kein Wasserstoffsuperoxyd kann ein so böses Blond hervorrufen wie die Tönungen ihres Haares es haben. Oft sind die Gesichter nur skizzenhaft modelliert und die angedeuteten Mienen sind dann von besonderer Verderbtheit. Sowohl in der Steife wie in der sportlichen Elastizität ihrer Bewegungen ist eine kühle Mischung von Frechheit und Distinktion, der du Armer nicht wirst widerstehen können. Alle verachten sie uns Männer furchtbar. Sie bestaunen nicht, ‚was so ein Mann nicht alles, alles denken kann'. Sie durchschauen uns. Es finden sich übrigens auch einige Männer in ihrer Umgebung. Mit denen können wir Veraltenden uns nicht messen. Es sind unerbittliche Männer der Tat, und wenn sie manchmal etwas weicher lächeln hinter ihren Klebeschnurrbärtchen, à la Menjou, ist auch nicht zu hoffen, daß sie viel Umstände machen werden. Einige tragen sogar Brillen, wodurch sie nur noch überlegener und dezidierter erscheinen. Und die ganz lieblichen unter ihnen haben wiederum die Sicherheit jener Jünglinge, denen Frauen nicht gefährlich sind. Soweit sie Leiber haben und nicht nur Gliederpuppengestell, verbergen sie sie in schwarzen Trikots, es sei denn, daß sie ganz bekleidet in Frack und Smoking zwischen den nackten Damen sich bewegen und dabei noch über Kinder wegschauen, die in blauen Kleidchen und roten Flatterkrawatten uns etwas vortummeln. Und diese Kinder sind auch schon ganz Durchtriebene, sie liefern uns dummen Erwachsenen ein anscheinend naives Spiel, auf das wir, sie wissen es, hereinfallen.

Siehst du von den Menschenwesen weg, fällt dein Blick auf rätselhafte Attrappen, unten eine Goldkugel, darüber ein Torso weiblicher Art, der in einem stilisierten Arm und einem abgeschnittenen Armstumpf endet. Und noch viel amputierter sind die einzelnen und in runder Reihe gehäuften Beine des Büstenhofes.

Eine gefährliche Straße. Schnell, schnell zum Schaufenster des nächsten Friseurs, wo eine Wachsschöne alter Observanz seelenvoll lächelt.

Warum reise ich gerne?

Antwort auf eine Umfrage

Ja, warum reise ich so gerne? Eisenbahnfahrten sind mir doch eigentlich schrecklich, sie haben etwas unangenehm Symbolisches. Der Zug durchmißt den Raum, als wär's die Zeit, man muß über „das ganze Leben" und ähnliche peinliche Dinge nachdenken. Auch sitzt mir im Kupee meistens statt der bekannten schönen Unbekannten der gräßliche Mensch gegenüber, der immerzu Fahrpläne und erstaunliches Wissen entfaltet und einen ins Gespräch zieht, selbst wenn man ostentativ in Lektüre oder Landschaft sieht. Was will ich nur in den fremden Städten mit ihren Sehenswürdigkeiten? Immer bin ich doch in Gefahr, daß die Kathedrale mich nicht verwandelt, daß der Palast mich nicht empfängt! Und die Landschaft! Wenn mir nun von den Bergen keine Hilfe kommt (Psalm 121), wenn ich dem großen Chaos des Meeres nicht gewachsen bin?

Ich fürchte mich auch jedesmal mächtig vor dem Risiko des Erlebens, aber – ich reise so gerne. Vielleicht nur, um mich auf die Heimkehr freuen zu können und die Weltreise auf und ab durch das eigene Zimmer.

Filmbörse

Untergrundbahnhof. Vor uns ein stolz rotbraunes Zottelhaar über bescheidenem Kaninkragen.

„Pencka!" Sie dreht sich um. „Ohne Katja? Wohin allein?" „Ich allein heut Filmbörse warten. Katja schon angekommen Babelesberg."

Pencka ist erst ein paar Monate von der bulgarischen Heimat fort, aber sie verfügt bereits über eine Anzahl deutscher Vokabeln. Das Fehlende ersetzt lebhaftes Gebärdenspiel. So jung sie ist, sie war schon Schauspielerin. „In Androkul und der Löwe ich habe gespielt", sagt sie und schüttelt ihre Mähne, als habe sie den Löwen gegeben. Zur Zeit will sie es mit dem Film versuchen. „Wart ihr auf der Russenbörse?"

Pencka, fast entrüstet: „Wir nicht wilde Börse, wir gute Börse. Hier Straße."

Sie führt uns in das große Haus mit den vielen Arbeitsämtern. Da hat allabendlich die Filmbörse ihre Stätte. In dem einen Saal warten die Männer, im andern die Frauen, und im Mittelgang ist hinter Schranken das Büro. Mit seinen kahlen Tischen und Kartotheken sieht es auf den ersten Blick etwas düster aus. Aber da sitzt „gute Frau", wie Pencka sie nennt. Und wenn man mit der spricht, wird's gleich heller und freundlicher.

Während Pencka zu den Frauen hinübersteuert, dürfen wir uns eine Zeitlang zu „gute Frau" setzen und zusehn, wie sie die Hilfsbedürftigen empfängt, ihnen gute Ratschläge gibt und die Personalbogen ausfüllen hilft. (Vor- und Zuname: Käthe Schmidt, Künstlername: Cara Sovretta usw.) Alle lieben sie, und sie behält jedes Gesicht und Schicksal. Da kommt der Alte mit dem kupfrigen Gesicht und dem eisengrauen Lokkenkranz um den kahlen Charakterkopf. „Wie geht's Coco?" fragt sie. Coco ist sein Papagei und Mitarbeiter. Oh, er hat noch mehr Tiere, einen Pavian, einige Schlangen, einen Alligator, berichtet er uns, und früher hatte er ganze Menagerien. Er haust gut zusammen mit seinen Tieren, lieber als mit Menschen. Ihm zuliebe vertragen sie sich untereinander. Er braucht ihnen nur in die Augen zu sehn. Er spricht im sonoren Ton der alten Schauspielerschule. Früher war er selbst Mime und einige Zeit Theaterdirektor in Pommern. Von der Bühne will er nichts mehr wissen. Er erhebt seine guten roten Wärterhände. „Lieber geh ich mit meinen Tieren auf Wanderschaft. Ich produziere sie nicht auf Varietés, nein, in wissenschaftlichen Gesellschaften. Da zeig ich den Herren Professoren, wie die Seele des Tiers beschaffen ist, wie der Wille magisch übergeht. Liebe ist die beste Dressur!" Ja, nun wird er sich hinüberbegeben in den Männersaal und warten, ob man ihn und die Seinen brauchen kann. „Wie oft hat mein reicher Freund in Oberglogau zu mir gesagt: Warum wirfst du nicht den ganzen Krempel hin und kommst zu mir mit Coco? – Er liebt Coco. Aber nein. Solang ich noch selbst für meine Tiere sorgen kann, verlier ich den Mut nicht. Und ihnen kann nichts geschehn. Der Postbote hat Anweisung, wenn ich morgens um neun einmal nicht mehr öffne, die Behörden zu benachrichtigen. Dann finden sie auf meinem Tisch ein Testament mit ausführlichen Bestimmungen."

Inzwischen hat sich dem Mitarbeiter von „Gute Frau" ein Neuer genähert. Mit weißem, fettem Gesicht und üppigen Schultern neigt er sich über den Tisch, weist Diplome und Bilder vor und sagt ein langes Sprüchlein auf. Nicht nur, daß er verschiedene noch unbekannte Tricks besitzt, er beherrscht auch eine Reihe von Sprachen, das Englische, Französische, Ungarische, Italienische, ferner Pariser Patois und Genueser Stadtdialekt. Von letzteren gibt er gleich im selben Satz seltsame, etwas erschreckende Beispiele. Obendrein ist er Damenimitator, was er mit hoher Stimme kundtut. Diese Tugend illustriert er mit Bildern in weiblicher Tracht. Dieser besondre „Trick" wird ebenso wie alles andre sorglich notiert, ehe er in den Männersaal geht.

Wir aber besuchen unsre Pencka im Frauengelaß. Sie spielt mit Schicksalsgenossinnen Karten. Setzen dürfen wir uns nicht zu ihnen. Nachdem die Mädchen mit einem Blick konstatiert haben, daß wir keine Regisseure sind, beachten sie uns weiter nicht. Flirt ist hier nicht am Platze.

Mein Begleiter lenkt hinüber zu einem Tisch mit älteren Damen. Die vertreiben sich die lange Wartezeit nicht mit eitlem Spiel, sie machen Handarbeiten. Nur die eine, die Rothaarige, die etwas böse dreinblickt, löst mit gezücktem Bleistift ein Kreuzworträtsel. Und die stattlichste sitzt einem imaginären Publikum zugekehrt (wie auf der Bühne eine Diva im Chor der Gefährtinnen sich durch ihre Haltung hervorhebt). Sie fängt ein Gespräch mit uns an. Sie scheint von früher her gewohnt, mit der Presse zu verkehren.

Am alten Lessingtheater noch vor Brahms Zeiten hat sie debütiert. Wie schlank sie damals war, können wir uns nach dem Vorhandenen (sie zeigt auf Bestandteile) wohl kaum vorstellen. Ihr besondres Gebiet war die Naive, aber Freunde entdeckten ihre Begabung für Charge. Und so kam sie ans Varieté und Kabarett. Die besten Chansons wurden ihr auf den Leib geschrieben. „*Nach* Willy Prager bin ich aufgetreten. Eine Villa hatte ich damals im Süden. Tempi passati. Nun muß man zusehn, was man kriegt. Aber ich sage mir immer, Kopf oben behalten, Miez! …"

Man flüstert neben ihr. Sie neigt das Ohr hin, greift dann schnell nach dem Kissen, auf dem ihre Häkelarbeit lag, und stopft es unter die wollne Bluse vor die schon recht stattliche Brust. Warum? Es kommt gerade ein Regisseur, der „dicke Dame" sucht. Leider hat die Gute kein Glück. Die geübten Augen des Herumspähenden finden eine Aspirantin von natürlicherem Riesenumfang. Die folgt ins Büro. Wir hinterdrein. Mit gigantischer Betulichkeit neigt sie sich über sein Notizbuch. Wie matt und sachlich er dreinschaut, der Vielgeplagte. Hier ist er ein umschmeichelter großer Herr. Draußen im Atelier wohl nur der Geringeren einer. Nun hat er die Dicke erledigt und telephoniert: „Jawohl, Reisekostüm, vielleicht mit kleiner Handtasche. Sie haben selbst? Um so besser. Aber elegant, verstanden? Nicht so'n Plaidpaket wie's vorige Mal."

Er geht zu den Männern hinüber. Wir folgen. Wie sie sich aufrichten vom Tarock, die Herrn Charakterköpfe! Der mit der Tabakspfeife wird ganz Genrebild. Ein faltiges Gelehrtengesicht setzt die düsterste Miene auf, die es vorrätig hat. Ach, aber der Mächtige wählt einen Bart, einen richtigen Schusterbart, der selbst ganz überrascht ist.

Am Büfett bricht ein Streit aus. „Was tust du hier, bist ja nicht eingetragen! Was kannst du denn?" „Ich bin ‚Mann auf der Straße'", verteidigt sich der Angegriffene, ein blasser Gesell mit schütterem Bart in abgeschabtem Mantel. „Zehnmal, zwölfmal bin ich genommen worden." „Gute Frau" muß zu Hilfe kommen und die Streiter trennen. Sie nimmt den „Mann auf der Straße" beiseite, sie wird für ihn telephonieren, das nächste Mal soll er etwas Schriftliches mitbringen. Nur jetzt keinen Zank.

Die beiden Säle leeren sich. Müde Gesichter. Pencka kommt zu uns, wiegt traurig das Köpfchen: „Schöne Mädchen heut nicht gefragt. Morgen wieder hier. Jetzt heim, kochen für Katja. Katja hungrig Babelesberg." Und dann trottet sie geduldig hinter den andern drein, von denen schon so viele eine große Zukunft hinter sich haben.

Ball für die ältere Jugend

Ach, schöne Zeit, als sie uns noch nicht hineinließen in die Bälle für die ältere Jugend, weil wir unter 25 waren. Neugierig waren wir aber doch, wenn wir in Zeitungsannoncen und auf den Plakaten wandelnder Reklamemänner lasen: „Walterchen der Seelentröster mit dem goldenen Herzen, Berlins bekannteste Stimmungskanone ... Wieder täglich Treffpunkt aller Verlassenen ... Elitewitwenball für die ältere Jugend im herrlichen Prunksaal ... Klärchens vornehmer Witwenball das Tagesgespräch ... Klassefrauen" usw.

Inzwischen ist das nötige Alter erreicht, mehr als erreicht. Die Neugier auf die bewußten Bälle war fast vergessen. Da sind wir neulich – nicht im Norden oder Osten, sondern mitten im wackeren Charlottenburg – in einen solchen Ball geraten. Wir waren Gruppe, wir ließen „was draufgehn", einen Wein anfahren. Samos hieß, glaub ich, der Unglückliche. Das machte Eindruck. Der Leiter der Veranstaltung setzte sich mit höflichem „Gestatten Sie" zu uns. Er trug einen Gehrock, ähnlich jenem, den unser Ordinarius von Untersekunda während des Wintersemesters in der Klasse abtrug. Der Verein, sagte er, sei noch jung, erst im Begriff, Statuten zu bekommen. Dies Haus, müßten wir wissen, gehörte früher einer Freimaurerloge, die Kaiser Friedrich selbst eingeweiht habe. Da an den Wänden könnten wir noch die aufgemalten Ringe aus der Logenzeit sehen (richtig, da waren unter Trinksprüchen, wie man sie auf Bierfilzen liest, wirklich solche Ringe). Damals sei der Raum Andachthalle gewesen. Und unten im Parterre, wo jetzt die Evangelische Gemeinschaft G.m.b.H. einlogiert ist, habe der Sarg für den Eid gestanden.

Er sprang auf und leitete mit einer würdigen Dame, die schwere Stickereien auf ihrem Samtkleid und etwas ungleichmäßig dicke Beine hatte, die Polka mazurka ein. Diesen historischen Tanz konnten mehrere Paare ausführen, ohne auf die Bewegungen des vortanzenden Paares sehen zu müssen. Danach kam der Vereinsgründer wieder zu uns und teilte mit, am Tage sei er handwerklich tätig (so drückte er das aus), und mit seiner Gründung hier beabsichtige er gemütliches Beisammensein von Mensch zu Mensch. Störende Elemente, die zum Beispiel eventuell einer Dame zu nahe treten, sollten ausgeschieden werden (wir waren hier zu fremd, um Derartiges gleich am ersten Abend zu riskieren).

Inzwischen führte der eigentliche angestellte Tanzleiter den sogenannten Schlittschuhtanz an. Er war mager, und was er anhatte, war ein Frack. Bei bestimmten Wendungen dieses Tanzes klatschte seine Partnerin einmal kurz in die Hände, die andern ahmten das nach. Der Tanzleiter aber machte nur eine elegant schwingende Geste mit der Rechten. Manche Paare hatten eine überaus zierliche Art, mit abgespreizten Fingern und hohen Ellenbogen einander zu halten. Einige Herren hatten zwischen ihre Hand und den Rücken ihrer Dame ein Taschentuch getan. Ich machte die Beobachtung, je reifer die Jugend der Herren war, um so tiefer gerieten ihre Hände an der Dame hinab. Waren das „Elemente"? Damen, die miteinander tanzten, legten dabei nicht die Innigkeit an den Tag, die wir aus gewissen Lokalen kennen, sondern ironisierten mit Blick und Bewegung die ungewohnte Verkuppelung. Häufig war Damenwahl, und da durften Damen, die gerade frei waren, jeder Tanzenden ihren Tänzer „abklatschen" – so lautet der Kunstausdruck.

Wir lernten viel Choreographie an diesem Abend, und gleichzeitig stiegen uralte Tanzstunden-Erinnerungen an das Eins, Zwei, Drei, Hupp des Rheinländers und dergleichen in uns auf, während wir rüstige Matronen drehten und von noch rüstigeren „abgeklatscht" wurden. Wenn man erst Mitglied geworden ist, belehrte uns der Vereinsvorstand, wird auch die Garderobe billiger. Dann erhob er sich wieder zu einer kurzen Ansprache, in welcher er die Vorzüge der altdeutschen Tänze auseinandersetzte und die Herrschaften aufforderte, zur Gemütlichkeit beizutragen. Dieser Gemütlichkeit brachte die Kapelle, als sie frisches Bier bekam, ein Prosit dar.

Allen, die von der großen Saison, der Modeschau berühmter Männergesichter und „kreierter" Kostüme, von Frack mit bunter Mütze, originellem Künstlerkostüm, letzter Jazzband, expressionistischer Dekoration etwas übermüdet sind, empfehle ich zu kleinstädtischer Erholung solch einen Ball mit altdeutschem Tanz und Abklatsch. Sicher findet er unerwarteten Anschluß. Vielleicht läßt sich eine Ehe anbahnen.

Vom Backofen, von den Überschuhen und dem Schweinchen

Lehrsätze des Glückes gibt es viele, aber sie zu befolgen ist ein gefährliches Unternehmen. Wenn die bekanntlich launische Göttin merkt, man hat es auf sie abgesehen, ist sie schnell davon. Besser ist es, sie – und sich selbst zu überlisten, zuverlässiger als Lehren und Lehrbücher sind kleine Rezepte, wie Christian Morgensterns Palmström eins erfunden hat mit seinem W.K.G., dem Warenhaus zum kleinen Glück, aus dem er unter anderm statt ärgerlicher oder mangelnder Briefe täglich seine „Gemischte Post" bezog.

Tröstlich ist es auch, daß unser Herz von Lust und Leid immer nur eine gewisse Masse aufzunehmen imstande ist, und daß in tiefem Kummer oft ein winziger Glücksstrahl genügt, es aufzuheitern. Davon kann ich selbst ein Beispiel geben aus den traurigen Tagen des Weltkrieges. Da lag ich, von Weib und Kind getrennt und über ihr Schicksal wie über das eigne im Ungewissen, als unausgebildeter Landsturmmann nachts in spärlichem, schmutzigem Stroh einer Scheune zwischen vielen fremden Menschen; tags lernten wir das Grüßen, diese damals so wichtige Kunst, oder mußten Rebstöcke ausreißen, Obstbäume absägen, Eisenstangen hin- und herschleppen, um für die mögliche Schlacht der richtigen Soldaten aus einem blühenden Stück Erde Stellung und Schützengräben zu machen. Da nahm mich eines Morgens ein findiger Kamerad zum Dorfbäcker mit, bei dem man auf einer Bank nahe dem Backofen sitzen und frisches Weißbrot essen konnte. Den besuchten wir dann täglich gleich nach dem Wecken und vor dem Appell, kamen mit unsern am Regimentskessel gefüllten Kaffeebechern und durften da ein paar Minuten im Feuerschein des Ofens sitzen. Dies Licht strahlte seliges Vergessen, strahlte das unfaßbare Glück, von dem einst der blinde Dichter Hieronymus Lorm in seinem altväterischen Alexandriner gesagt hat:

„Ein Glück, das Grund hat, geht mit ihm zugrunde stündlich,
Und nur grundloses Glück ist tief und unergründlich."

Ja, überlisten müssen wir uns wie die Vorsteherin jenes Jenaer oder Weimarer Töchterpensionats die traurige Schülerin. Weshalb war die traurig? Die aufgebrauchten Sachen mußte man abgeben. Sie hatte lange und gern ein Paar Überschuhe getragen; die waren nun, so schien es, reif. Mit Tränen in den Augen kam sie zu der Vorsteherin und fragte: „Muß ich sie wirklich opfern?" Da sagte die gütige Frau: „Mein liebes Kind, bei schönem Wetter kannst du sie noch ein Weilchen tragen." Das half.

Überlisten müssen wir uns wie Herr Nollet das Schwein. Herr Nollet hat in einer Pariser Vorstadt Metzgerei und Charcuterie. In seinem Laden ist alles sehr hübsch und einladend. Die Kalbsköpfe haben eine Blume in der toten Schnauze, Filets und Koteletts und selbst Lunge und Leber sind auf zarte Moosteller gebettet und mit Gras und Blüten umkränzt, die Schweinsfüße stecken in zierlichen Papiermanschetten. Es ist eine Lust, dort einzukaufen oder auch nur vor der Tür zu stehen und die ausliegenden bekränzten Opferstücke zu bewundern. Und so ist denn Herr Nollet auf den Gedanken gekommen, es dürfte auch für die Opfertiere, wenn sie schon dran glauben müssen, eine Lust sein, bei ihm geschlachtet zu werden. Er hat also ein Plakat weithin sichtbar anbringen lassen. Darauf ist gegen blauen Himmel ein rosa Schweinchen im Profil zu sehen. Dem laufen Tränen aus dem Auge und bilden zu seinen Füßen eine weiße Lache. Aber ihm gegenüber sitzt ein nettes Bauernkind, rotes Häubchen, buntes Mieder, große Holzschuhe an kleinen Füßen. Dies Geschöpfchen lacht das traurige Schwein an und sagt, was unter dem Bilde zu lesen steht: „Ne pleure pas, tu vas chez Nollet"; zu deutsch: „Weine nicht, du kommst zu Nollet."

Im Bilde dieses Kindes ist mir zum letztenmal das Glück erschienen, und solange ich es ansah, dachte ich nicht daran, wie es wohl um all die armen Schweinchen bestellt ist, die nicht zu Nollet kommen.

Briefpapier

Seltsam, daß es so etwas überhaupt noch gibt. Kurzes kann man doch telegraphieren, Längeres telephonieren. Ja, wenn's schon ein Brief sein soll, es gibt jetzt, höre ich, einen Apparat, in den man hineinredet, und der Angeredete kann die Botschaft auf einer Grammophonplatte sich vorspielen, bekommt also zu dem Sendewort die lebendige Stimme der – nehmen wir an – geliebten Person obendrein geliefert. Aber noch immer wird Bütten handgeschöpft und Leinen zubereitet zu Schreibpapier, und das schöne Material verpflichtet den Schreibenden und den Empfänger, den Schreibenden zu charaktervollen oder artigen Buchstaben, den Empfänger zum Aufheben, Verschnüren, Sammeln. Briefbogen im alten vierseitigen Format sind nun fast ganz verschwunden. In der Provinz sollen allerdings noch einige „Hausangestellte" ihren Schätzen auf solchen Bogen unter Blümchen, die links oben blühen, in verliebter Orthographie ihre Geständnisse und Vorwürfe machen. Die Frau von heute und von Welt hat ihren Briefblock, genauer zwei Blöcke, einen kleinen für die sparsamen Zeilen, die Gruß, Versprechen, Absage bringen, den großen für alles, was man nicht fernsprechen kann oder mag. (Wogegen einige Frauen einwenden, sie könnten per Telephon sicherer lügen als schriftlich!) Schön sind die Farben der Briefblöcke. Da kleidet die Dame ihre Worte in ein beigefarbenes, gelbliches, zartgraues Leinen, wie es im Sommer sie selber bekleidet. Interessant, was für Futter sie für den Umschlag wählt. Einfarbig muß es sein; aber wird es sehr schwärzlich sein oder etwas rot Aufrichtiges oder grün Verheißungsvolles, lila Kompliziertes oder braun Landschaftliches haben, das ist die Frage. Initialen oder Namenszüge auf dem Briefkopf gibt es noch, aber nicht mehr die schmerzlich langgezogenen der weiland Backfische. Die sind mit dieser Süßwasserwirbeltiergattung ausgestorben. Beschäftigte Männer, gebt acht, daß ihr in eurem Posteinlauf die Briefe zarter Hand auf den ersten Blick von Geschäftsbriefen unterscheidet, um sie stürmischer oder auch genußsüchtig langsamer aufzumachen. Jetzt haben ja die Briefe vieler „Häuser" dasselbe längliche dreigefaltete Format wie die privatesten. Man sieht sie schmal aus dem Haufen vorragen, man hofft, greift, schneidet auf, sieht Maschinenschrift und ist enttäuscht. Ach, das Leben wird immer unähnlicher! Schließlich machen einem die schönsten Briefpapiere keinen Spaß mehr, und man hat seine Freude nur noch an Zufallszetteln, die eine liebe Hand irgendwo aufgriff, um mit fleckiger Tinte, kritzligem Bleistift oder in äußerster Not – wenn nicht aus Übermut – mit dem Lippenstift Holdseliges darauf zu schreiben.

Stadtsommer

„Nun geht schon, reist in euren Ozon, von dem die Beiblätter der Zeitungen voll sind", sagt die große Stadt zu den Herren Bewohnern. „Schüttelt meinen Staub von euren Schuhen, speichert Gebirgsluft, spart und lungert an der See, laßt eure Bräute bräunen, nehmt unterwegs Sehenswürdigkeiten mit, die gerade auf der Reiseroute liegen, geht und bleibt recht lange weg. Ich will mich inzwischen ein bißchen von euch erholen.

Ich werde meinen stillen und surrenden Sommer haben. Ich werde dünsten im Licht. Meine Steine, sonst von Feuchte oder Kälte gerandet, werden abgeben und abbekommen von Wärme, werden ein wenig über ihre Grenzen quellen und leben.

Sonntagvormittage wird es geben in meinen Straßen: da habe ich selbst die daheimgebliebenen kleinen Leute in die Umgegend abgegeben, in das Grüne. Da hat mein Pflaster Ferien von allen Trampelschuhen und Stolperspitzen. Ganz unbelaufen strecken sie sich im Lichte, die langen Pflasterreihen. Da bekomme selbst ich ebenste der Ebenen leise Schwellung wie zu Knie und Hüfte und atme talauf und hügelab.

Hinter vielen heruntergelassenen Läden von Wohnungen und geschlossenen Etablissements, in leeren Nixengrotten der alten und Barwinkeln der neuen Vergnügungsviertel werde ich, besonders am hellen Tage, meinen Dornröschenschlaf haben.

Aus meinen Hinterhäusern werden – nur für mich selbst und das märchenblasse Portierkind, das den Sand zwischen den Hofsteinen aufkratzen darf – düstere Burgen und heitere Paläste werden. Und die drei

Stufen zum Hinterhauseingang werden heilige Schwelle. Baustellen werden Ruine oder Bergwerk, das im Streik dämmert.

Von meinen verlachten Fassaden aus der Zeit des schlechten Geschmacks rinnt bröckelnder Steinsand leise und bedeutsam wie Sand im Stundenglas. Die plastischen Puppen auf meinen Brücken, an Ecken und Plätzen dürfen nun auch ungestörter streuen (wie alte Schaukelpferde) und werden ein wenig Torso, bis ihr wiederkommt und repariert.

Wenn's nur recht heiß wird. Dann schimmern meine Runzeln wie Spinnweben im Licht, meine steinernen Runzeln, und ich werde würdig wie eine alte Frau. Aus all den Bakterien, die ihr jetzt meidet, und aus Steinkrankheiten dunstet eine Schicht zusammen, die legt sich wie Grünspan auf meine Flanken, und ich, Berlin, ich kriege Charakter.

Ich große Stadt freue mich auf den Sommer, in dem ich ein wenig leerer werde von den Menschen und voller von mir selbst. Viele Sommer machen vielleicht doch noch aus mir eine alte Großstadt."

Lied von der Arbeitslosigkeit

In den steinernen Höfen der Großstadt, zwischen den Mülleimern und den Stangen zum Ausklopfen, stellen sich die bettelnden Musikanten auf. Manche erscheinen mit Instrumenten. Aber in diesem gramheißen Sommer haben viele nicht einmal die Möglichkeit, sich bei den speziell für Bettelmusikanten tätigen Instituten einen Leierkasten oder eine Geige zu leihen. Die stehen dann mit leeren Armen da und singen – freitags und sonnabends vom Teppichklopfen übertönt –, so gut es geht, die paar Lieder ab, die sie können. Diese Lieder handeln von der Liebe, sowohl der kecken als auch der unglücklichen, oder von einem Wesen namens Mütterlein oder einer Gegend, die Heimat genannt wird, oder von einem sagenhaften Flusse Rhein, der sich oft auf den Wein reimt, bei dem man, wie der arme Sänger behauptet, seine Sorgen vergißt. Es werden immer mehrere Lieder gesungen. Und zwischen dem ersten und zweiten halten die Sänger eine kleine Ansprache, in welcher sie mit wohlgesetzten Worten um eine kleine Gabe bitten. Während Erscheinung und Ansprache auf das Elend hinweist, ist es, als wollten die Lieder Sänger und Zuhörer von der materiellen Not ablenken, wenn nicht zu munteren Dingen, so doch zu feineren Nöten wie Liebesgram oder Heimweh.

Ein Sängerpaar aber, Mann und Weib, das heut in unserem Hof erschien, hat auch diesen letzten Luxus aufgegeben und singt ein Lied von der Arbeitslosigkeit. Es singt nur dies eine einzige, fünfstrophige Lied. Nach der ersten Strophe macht es die Pause für die übliche Ansprache. Jede Strophe des Liedes fängt an:

> Arbeitslosigkeit, Arbeitslosigkeit,
> oh, wie bringst du uns so weit

und endet

> Arbeitslosigkeit, Arbeitslosigkeit,
> du bringst uns weit.

Dazwischen kommen immer nur zwei, das Thema erläuternde Zeilen wie die Wunderhorn-würdigen:

> Schon ein ganzes Jahr dahin,
> daß wir ohne Arbeit sind.

Und alles einzelne und besondre übertönt das lange, auf dehnender Melodie getragene Wort „Arbeitslosigkeit".

Nach dem Ertrag an klingender Münze, der in Papier gewickelt aus den Fenstern unseres und des Nachbarhinterhauses fiel, zu schließen, müssen die beiden Sänger ein ganz gutes Geschäft machen, ein besseres als die mit lustigen oder sentimentalischen Liedern. – Dienstmädchen und Köchinnen der Hofzimmer, Schreibmaschinenfräulein und Nähmädchen der Büros und Betriebe blieben länger ans Fenster gebannt als sonst bei Rhein und Mütterlein, obwohl sie doch fast nichts als dies eine Wort zu hören bekamen: Arbeitslosigkeit. Das arme, negative, umständliche Wort bekam Fülle, Dichtigkeit und Schlagkraft. Es war ein Kampfschrei, eine Parole wie einst die alten Wahnworte Freiheit und Gleichheit gewesen sein mögen. Es könnte ein Erfolg werden, dies Lied, wie „Ich bin von Kopf bis Fuß" oder „Wenn du meine Tante siehst"; womit ich nicht sagen will, daß der Verfasser daran reich werden wird. Vielleicht hat das Lied gar keinen namhaften oder greifbaren Verfasser. Vielleicht ist es von „Verfasser unbekannt", ein Volkslied wie „Am Brunnen vor dem Tore" oder „Schlaf, Kindlein, schlaf". Vielleicht ist es

das Lied von Neunzehnhunderteinunddreißig und ein Ruhmesblatt
dieses Jahres.

Lektüre unterm Weihnachtsbaum

Wie schön war die Zeit, als man noch las, ohne zu verstehen!

Da hat man zum Beispiel zu Weihnachten den „Tell" geschenkt bekommen, Schillers „Wilhelm Tell". Man war erst acht Jahr alt. In der
Schule wird dieser „Tell" erst in zwei Jahren gelesen werden. Neugierig
hat man sich den „Tell" gewünscht, des Namens wegen. Am Heiligen
Abend hat das Kind das kleine blaue Buch eigentlich nur gestreichelt
und bisweilen, Marzipan kostend, hineingeschaut. Nun aber ist Feier-
tagsmorgen. Das Kind ist ganz allein in der guten Stube, in welcher der
Weihnachtsbaum steht. Es streift an der Seite des Tisches, wo seine
Geschenke liegen, die für die Nacht übergeschlagene Decke zurück,
nimmt das Buch heraus, setzt sich auf den Schaukelstuhl. Aber das ist
noch nicht der richtige Leseplatz. Es wechselt hinüber zum Sessel, vor
dem die Fußbank ist. Es kniet auf die Fußbank, legt das Buch auf das
blaue Eiderdaunenkissen, das sich in den Sessel schmiegt, schlägt auf,
liest.

Erst kommen die Verse vom Fischerknaben, vom Hirten und vom
Alpenjäger. Die liest es noch nicht so genau. Die schaukeln schnell von
Zeile zu Zeile und gehen sanft ein. Aber dann kommt Ruodi, der Fi-
scher, aus der Hütte und beginnt:

„Mach hurtig, Jenni. Zieh die Naue ein." Naue! Wie geheimnisvoll.

„Der graue Talvogt kommt, dumpf brüllt der Firn." Das sind
Sturmgeister. Sie brausen daher. Und was der Fischer ankündigt, bestätigt der Hirt:

„'s kommt Regen, Fährmann. Meine Schafe fressen
mit Begierde Gras, und Wächter scharrt die Erde."

Was tut da die Erde? Sie scharrt Wächter? Scharrt, weil sie sich fürchtet
vor dem Sturm, vor all den bösen Wesen, dem Talvogt, dem Firn, dem

Mythenstein mit seiner kriegerischen Haube, Wachtposten empor. Wächter scharrt die Erde!

Später, wenn man dann den „Tell" in der Schule „hat", kommt heraus: die Naue ist ein Boot, der Mythenstein ist ein Berg. Und nicht die Erde scharrt Wächter, sondern der Hund, der Wächter heißt, scharrt die Erde. Ist auch ganz schön, aber eigentlich war es noch schöner, als man noch nicht verstand ... als sie selbst, die Göttin, die Erde, scharrte – mitten im Weihnachtszimmer, durch dessen Tannen- und Marzipanduft ferner Sturm brauste, als noch die Zeit war, da man Mythen schuf rings um das schmal behütete Kinderreich, die Zeit, da in dem schönen Lied von der „Brigg dort auf den Wellen" zuletzt das verlorene Boot des Retters von einem Dämon ans Land getrieben wird. Kieloben heißt der Dämon! „Kieloben treibt das Boot zu Lande, und sicher fährt die Brigg vorbei." Ja, da hockte man, von Geistern umgeben. Sie waren unheimlich, aber anhaben konnten sie einem doch nichts. Ein Ästhet war man, ein reiner Genießer, hatte eine angenehme Art mit Tod und Teufel zu verkehren ...

Wie schön war die Zeit, als man noch las, ohne zu verstehen!

Von der schwierigen Kunst spazieren zu gehen

Das Spazierengehn, diese recht altertümliche Form der Fortbewegung auf zwei Beinen, sollte gerade in unserer Zeit, in der es soviel andre weit zweckmäßigere Transportmittel gibt, zu einem besonders reinen zweckentbundenen Genuß werden. Zu deinen Zielen bringen dich vielerlei Vehikel, Fahrräder, Trambahnen, private und öffentliche, winzige und mächtige Benzinvulkane. Um etwas für deine Gesundheit zu tun, pflegst du, moderner Mensch in der Stadt, wo du weder Skilaufen noch segeln und nur mit einem ziemlich komplizierten Apparate rudern kannst, das sogenannte Footing. Das hat beileibe nichts mit Spazierengehn zu tun, das ist eine Art beschwingten Exerzierens, bei dem man so beschäftigt ist, die Bewegungen richtig auszuführen und mit dem richtigen Atmen zu verbinden, daß man nicht dazu kommt, sich zu ergehen und dabei gemächlich nach rechts und links zu schauen. Das Spazierengehn aber ist weder nützlich noch hygienisch. Wenns richtig gemacht wird, wirds nur um seiner selbst willen gemacht, es ist ein Übermut wie – nach Goethe – das Dichten. Es ist mehr als jedes andre Gehen zugleich ein Sichgehenlassen. Man fällt dabei von einem Fuß auf den andern und balanciert diesen angenehmen Vorgang. Kindertaumel ist in unserm Gehen und das selige Schweben, das wir Gleichgewicht nennen.

Ich darf in diesen ‚ernsten Zeiten' das Spazierengehn jedermann, der einigermaßen gut auf den Beinen ist, getrost empfehlen. Es ist wohl das billigste Vergnügen, ist wirklich kein spezifisch bürgerlich-kapitalistischer Genuß. Es ist ein Schatz der Armen und heutzutage fast ihr Vorrecht. Gegen den zunächst berechtigt erscheinenden Einwand der Beschäftigten und Geschäftigen: ‚Wir haben einfach keine Zeit, spazieren zu gehn' mache ich dem, der diese Kunst erlernen oder, wenn er sie einmal besaß, nicht verlernen möchte, den Vorschlag: Steige gelegentlich auf deinen Fahrten eine Station vor dem Ziel aus und lege eine Teilstrecke zu Fuß zurück. Wie oft bist du, gerade du Exakter, Zeitsparender, Abkürzungen berechnender und nutzender, zu früh am Ziel und mußt eine öde leere Wartezeit in Büros und Vorzimmern mit Ungeduld und verärgerter Zeitungslektüre verbringen. Mach Minutenferien des Alltags aus solcher Gelegenheit, flaniere ein Stück Wegs. ‚Flanieren, das gibt es nicht mehr', sagen die Leute. ‚Das widerspricht dem Rhythmus unserer Zeit.' Ich glaube das nicht. Gerade wer – fast möcht ich sagen: nur wer flanieren kann, wird danach, wenn ihn wieder dieser berühmte Rhythmus packt und eilig, konstant und zielstrebig fortbewegt, diese unsere Zeit umso mehr genießen und verstehn. Der andere aber, der nie aus dem großen Schwung heraus kommt, wird schließlich gar nicht mehr merken, daß es so etwas überhaupt gibt. In jedem von uns aber lebt ein heimlicher Müßiggänger, der seine leidigen Beweggründe bisweilen vergessen und sich grundlos bewegen möchte. Und wenn ihm das glückt, dann wird die Straße, gerade weil er nichts von ihr will als sie anschauen, gerade weil sie ihm nicht dienen muß, besonders liebenswürdig zu ihm sein. Sie wird ihm ein Wachtraum. Die Schaufenster sind nicht mehr aufdringliche Angebote, sondern Landschaften; Firmennamen, besonders die Doppelnamen mit dem oft so

Verschiedenes verbindenden &-Zeichen in der Mitte, werden mythologische Gestalten, Märchenpersonen. Keine Zeitung liest sich so spannend wie die leuchtende Wanderschrift, die Dach-entlang über Reklameflächen gleitet. Und das Verschwinden dieser Schrift, die man nicht zurückblättern kann wie ein Buch, ist ein augenfälliges Symbol der Vergänglichkeit – einer Sache, die der echte Genießer immer wieder gern eingeprägt bekommt, um die Wichtigkeit und Einzigkeit seines Genusses und des zeitlosen Augenblicks im Bewußtsein zu behalten.

Ich schicke dich zeitgenössischen Spaziergangsaspiranten nicht in fremde Gegenden und zu Sehenswürdigkeiten. Besuche deine eigne Stadt, spaziere in deinem Stadtviertel, ergehe dich in dem steinernen Garten, durch den Beruf, Pflicht und Gewohnheit dich führen. Erlebe im Vorübergehn die merkwürdige Geschichte von ein paar Dutzend Straßen. Beobachte ganz nebenbei, wie sie einander das Leben zutragen und wegsaugen, wie sie abwechselnd stiller und lebhafter, vornehmer und ärmlicher, kompakter und bröckliger werden, wie und wo alte Gärten sich inselhaft erhalten mit seltenen Bäumen, Zypressen und Buchsbaum und regenverwaschenen Statuen, oder verkommen und von nachbarlichen Brandmauern bedrängt absterben. Erlebe, wie und wann die Straßen fieberhaft oder schläfrig werden, wo das Leben zum stoßweis drängenden Verkehr, wo es zum behaglich drängelnden Betrieb wird. Lern Schwellen kennen, die immer stiller werden, weil immer seltener fremde Füße sie beschreiten und sie die bekannten, die täglich kommen, im Halbschlaf einer alten Hausmeisterin wiedererkennen. Und neben all diesem Bleibenden oder langsam Vergehenden bietet sich deiner Wanderschau und ambulanten Nachdenklichkeit die Schar der vorläufigen Baulichkeiten, der Abbruchgerüste, Neubauzäune, Bretterverschläge, die zu leuchtenden Farbflecken werden im Dienst der Reklame, zu Stimmen der Stadt, zu Wesen, die rufend und winkend auf dich einstürmen mit Forderungen und Verlockungen, während die alten Häuser selbst langsam von dir wegrücken. Und hinter den Latten, durch Lücken sichtbar ist ein Schlachtfeld aus Steinen; manchmal, wenn die Arbeit stockt, ist es Wahlstatt und Verlassenheit, bis dann wieder die Steinsäge zischend die Luft zerschneidet und in die widerstandslose Masse eiserne Krane und stählerne Hebel greifen.

Verfolge im Vorübergehn die Lebensgeschichte der Läden und der Gasthäuser. Lern das Gesetz, das einen abergläubisch machen kann, von den Stätten, die kein Glück haben, obwohl sie günstig gelegen scheinen, den Stätten, wo die Besitzer und die Art des Feilgebotenen immer wieder wechseln. Wie sie sich, wenn ihnen der Untergang droht, fieberhaft übertreiben, diese Läden mit Ausverkauf, aufdringlichem Angebot und großgeschriebenen niedrigen Preisen! Wieviel Schicksal, Gelingen und Versagen kannst du aus Warenauslagen und ausgehängten Speisekarten ablesen, ohne daß du durch Türen trittst und Besitzer und Angestellte siehst. Da ist wieder das große Vorrecht des Spaziergängers. Er braucht nicht einzutreten, er braucht sich nicht einzulassen. Er liest die Straße wie ein Buch, er blättert in Schicksalen, wenn er an Hauswänden entlang schaut. Und wenn er wieder wegblickt von den Gegenständen, den Dingen, sagen ihm auch die Gesichter der fremden vorübergehenden Menschen mit einmal mehr. Nicht nur *der* Fremden, an denen er täglich vorüberkommt, die den gleichen Alltagsweg haben wie er und zu heimlichen Mitspielern seines Lebens geworden sind; nein, auch und besonders Gesichter der ganz Unbekannten.

Es ist das unvergleichlich Reizvolle am Spazierengehn, daß es uns ablöst von unserm mehr oder weniger leidigen Privatleben. Wir verkehren, kommunizieren mit lauter fremden Zuständen und Schicksalen. Das merkt der echte Spaziergänger an dem seltsamen Erschrecken, das er verspürt, wenn in der Traumstadt seines Flanierens ihm plötzlich ein Bekannter begegnet und er dann mit jähem Ruck wieder identisch und nur Herr Soundso auf dem Heimweg vom Büro ist.

Spazierengehn ist nur selten eine gesellige Angelegenheit wie etwa das Promenieren, das wohl früher einmal (jetzt nur noch in Städten, wo es eine Art Korso gibt) ein hübsches Gesellschaftsspiel, eine reizvolle theatralische und novellistische Situation gewesen sein mag. Es ist gar nicht leicht, mit einem Begleiter spazieren zu gehn. Es verstehn sich nur wenig Leute auf diese Kunst. Kinder, diese sonst in so Vielem vorbildlichen Geschöpfe, machen aus ihrem Weg ein Unternehmen mit heimlichen Spielregeln, sie sind so beschäftigt, beim Beschreiten der Pflastersteine das Berühren der Randflächen und sandigen Ritzen zu vermeiden, daß sie kaum aufschauen können; oder sie benutzen die Reihenfolge der Dinge, an denen sie vorbeikommen, zu abergläubischen Berechnungen; auch bewegen sie sich zu ungleichmäßig, sie trödeln oder eilen, sie gehn nicht spazieren. Leute, die berufsmäßig beobachten, Maler und Schriftsteller, sind oft sehr störende Begleiter, weil sie ausschneiden und umrahmen, was sie sehn, oder es ausdeuten und umdeuten, auch oft plötzlich stehn bleiben, statt das Wanderbild wunschlos in sich aufzunehmen. Mit Musikern geht es schon besser, auch mit manchen Frauen, die einen auf Besorgungen mitnehmen, ganz beschäftigt sind mit dem Ernst ihrer Einkäufe und dem Begleiter, der davon nichts versteht, das Glück des rein zuschauenden Daseins erhalten.

Aber meistens ist der echte Spaziergänger allein und da muß er sich etwas davor hüten, zu der düstern Romanfigur zu werden, die ihr eignes Leben von den Häuserkulissen abliest, wenn sie mit melancholisch hallenden Schritten die Straßen durchmißt, um dem Autor des Buches Gelegenheit zur Exposition seiner Geschichte zu geben. Man muß sich selbst vergessen, um glücklich spazieren zu gehn.

Der richtige Spaziergänger ist wie ein Leser, der ein Buch wirklich nur zu seinem Zeitvertreib und Vergnügen liest – auch das ist ein selten werdender Menschenschlag heutzutage, da die meisten Leser in falschem Ehrgeiz wie auch die Theaterbesucher sich für verpflichtet halten, ihr Urteil abzugeben. (Ach das viele Urteilen! Selbst die offiziellen Kunstrichter sollten lieber etwas weniger urteilen und mehr besprechen. Wäre es nicht schön, wenn sie das, was sie zu behandeln haben, besprechen könnten wie die alten Zauberer und Medizinmänner Krankheiten besprachen?)

Ist also die Straße eine Art Lektüre, so lies sie, aber kritisiere sie nicht zu viel. Finde nicht zu schnell schön oder häßlich. Das sind ja so unzuverlässige Begriffe. Laß dich auch ein wenig täuschen und verführen von Beleuchtung, Tageszeit und dem Rhythmus deiner Schritte. Das künstliche Licht, besonders im Wettstreit mit einem Rest Tageslicht und Dämmerung, ist ein großer Zauberer, macht alles vielfacher, schafft neue Nähen und Fernen und ändert aufleuchtend und verschwindend, wandernd und wiederkehrend noch einmal Tiefe, Höhe und Umriß der Gebäude. Das ist von großem Nutzen, besonders in Gegenden, wo von der schlimmsten Zeit des Privatbaus noch viel greulich Getürmtes, schauerlich Ausladendes und Überkrochenes stehen geblieben ist, das erst allmählich verdrängt werden kann. Diese zackigen Reste verschwinden hinter den Augenblicks-Architekturen der Reklame, und wo man sie noch sieht, sind sie nicht mehr ‚so schlimm', sondern mehr komisch und rührend. Vom freundlichen Anschauen bekommt auch das Garstige eine Art Schönheit ab. Das wissen die Ästheten nicht, aber der Flaneur erlebt es.

Wunderbar ist die sanfte Ermüdung, die nur er kennt, er, der immer unterwegs bleibt und nie eilt. Und eins seiner schönsten Erlebnisse ist der neue Schwung, den er bei langem Gehn nach der ersten Müdigkeit bekommt. Dann trägt das Pflaster ihn mütterlich, es wiegt ihn wie ein wanderndes Bett. Und was sieht er alles in diesem Zustand angeblicher Ermattung! An wieviel erinnern sich seine Sinne! Viele fremde Straßen von früher sind dann mit in der vertrauten, durch die er geht. Und was sieht ihn alles an! Die Straße läßt ihre älteren Zeiten durchschimmern durch die Schicht Gegenwart. Was kann man da alles erleben! Nicht etwa an den offiziell historischen Stellen, nein, irgendwo in ganz ruhmloser Gegend.

Habe ich vielleicht den Spaziergangsaspiranten etwas zu sehr ins allzu Unbewußte verführt, so will ich ihm nun doch empfehlen, nicht ganz ziellos zu gehn. Auch in dem ‚Aufs Geratewohl' gibt es einen Dilettantismus, der gefährlich werden kann. Wenn du spazierst, beabsichtige, irgendwohin zu gelangen. Vielleicht kommst du dann in angenehmer Weise vom Wege ab. Aber der Abweg setzt immer einen Weg voraus.

Wenn du unterwegs etwas näher ansehn willst, geh nicht zu gierig darauf los. Sonst entzieht es sich dir. Laß ihm Zeit, auch dich anzusehn. Es gibt ein Aug in Auge auch mit den sogenannten Dingen. Es genügt nicht, daß *du* die Straßen, die Stadt wohlwollend anschaust. Sie müssen auch mit dir gut Freund werden.

Da habe ich nun immer nur vom Spazieren in der Stadt gesprochen. Nicht von der merkwürdigen Zwischen- und Übergangswelt: Vorstadt, Weichbild, Bannmeile mit all ihrem Unaufgeräumten, Stehengebliebenen, mit den plötzlich abschneidenden Häuserreihen, den Schuppen, Lagern, Schienensträngen und dem Fest der Laubenkolonien und Schrebergärten. Aber da ist schon der Übergang zum Lande und zum Wandern. Und das Wandern ist wieder ein ganz andres Kapitel aus der Schule des Genusses als das Spazierengehn. Schule des Genusses? Gibt es so etwas? Es sollte das geben, heute mehr denn je. Und wir sollten alle aus Menschenliebe in dieser Schule lehren und lernen.

Hier bekommt jeder sein Buch geschenkt

Es ist der 24. Dezember. Nachmittag. Ich bin mitten in Deutschland in einer fremden Stadt, einer Stadt, von der ich bisher nur beim Durchreisen den Bahnhof gesehen habe. Heute muß ich hier umsteigen, wenn ich abends noch nach Berlin kommen will. Dort käm ich vielleicht noch zu irgendeiner Weihnachtsfeier zurecht, bei Freunden auf einem Atelier, bei entfernten Verwandten im Familienheim, wo auch Kinder sind, aber doch nicht meine Kinder ... ach, ich will hier bleiben, allein sein. Oder ich könnte den Dr. Wunderlich aufsuchen. Wenn er noch hier wohnt. Wenn die Adresse noch stimmt. Wenn er zu Haus ist. Ich habe lange nichts von ihm gehört. Mein alter Freund Dr. Wunderlich hat als wohlhabender junger Mann Medizin studiert, sich aber zunächst mehr wissenschaftlich als praktisch betätigt. Gleichzeitig war er ein großer Bibliophile. Als sein Ererbtes schmolz, machte er eine Zeitlang aus seiner Bücherliebhaberei eine Art Beruf. Und als das nicht mehr lohnte, ist er in diese kleine Stadt gereist und spielt hier seit über einem Jahr den praktischen Arzt. Wir haben uns zuletzt zwischen Bücherhaufen gesehen. Wie werde ich ihn jetzt wiederfinden? Hübsch gelegen ist das Haus, in dem er wohnt. Schöne stille Straße, alte Zeit. Ein Hutzelweibchen von Wirtschafterin macht mir auf. Zu Haus wär der Herr Doktor nicht. Und morgen reiste er ganz ab, nach Bremen, und dann als Schiffsarzt rund um die weite Welt. Und wenn der Herr ihn noch sehen wollte, müßte der Herr in den „Altheimer Durchgang" gehn. Was denn das wäre, frage ich. Eine Passage? Ein Lokal? – Ein Lokal wäre da wohl auch, aber der Doktor hat nichts von Lokal hinterlassen, nur, wenn er noch gerufen würde oder geholt, so sollte sie sagen, er sei im Altheimer Durchgang zu finden. Er hat einen Handkoffer voll neuer Bücher mitgenommen und eine Karbidlampe. Und eine Riesenpappe, die er heut früh mit großen Buchstaben bemalt hat. Und ist losgezogen. Und würde wohl erst spät nach Hause kommen.

Nun weiß ich Bescheid, gehe aber erst noch ein bißchen in die Irre, über den Alten und den Neumarkt, die Gäßchen ums Münster herum und zum Fluß hinunter und wieder zurück zur Breiten Straße, wo es noch ziemlich lebhaft zugeht. Die Leute gehen aus der Kirche nach

Hause. Viele machen noch die letzten Einkäufe. Fenster werden hell vom Kerzenlicht der Bäume. Milde Luft. Schneeflocken.

Altheimer Durchgang! Da seh ich zunächst eine Gruppe Menschen, die mir alle den Rücken kehren. Neue kommen hinzu, schauen über die Schultern der andern. Einige gehn wieder weg, manche bleiben. Nun bin ich mitten unter ihnen und stehe meinem alten Freunde, dem Doktor, gegenüber. Er sitzt an einem Tisch aus rohem Holz, auf dem ein Haufen Bücher ausgebreitet liegt. Und über ihm leuchtet im Licht einer Karbidlampe die Inschrift seines Plakates:

Hier bekommt jeder sein Buch geschenkt.

Ich schwenke den Hut, will den alten Freund stürmisch begrüßen. Er aber legt einen Finger an den Mund und weist mit dem Kopf auf ein schlankes Mädchen neben mir, dessen heller hastender Stimme er und die Umstehenden lauschen.

[...]

In diesem Augenblick löste sich eine kleine, etwas üppige Frau aus der Gruppe und wandte sich gleichfalls zum Gehen. „Warum wollen Sie fort von uns", fragte unser freiwilliger Weihnachtsmann, „haben Sie nichts zu erzählen? Wollen Sie nichts geschenkt bekommen?"

„Verzeihen Sie – (ihre Stimme war eine Liebkosung, und im Lichte der kleinen Wagenlampe konnte ich nicht unterscheiden, ob ihr Haar sehr hellblond oder schon weiß war) – verzeihen Sie, aber ich wäre wohl besser unbemerkt geblieben. Zuzuhören war schön, aber nun selber reden zu sollen ... heute wollte ich eigentlich allein sein!"

„Wie all ihre Nachbarn. Das ist ja unsre Geselligkeit. Und nun müssen auch Sie erzählen, warum Sie allein sind heut."

Geschichte des alten Mädchens

„Ich hätte eigentlich den Heiligen Abend bei meiner verheirateten Schwester verbringen sollen wie sonst. Da sind Kinder, da ist ein Christbaum. Aber mit einmal konnte ich nicht. Ich konnte nicht mehr. Es ging nicht. Ich hab' sagen lassen, ich sei krank. Nun werden sie morgen zu mir kommen und sich freuen, daß ich mich so schnell erholt habe. Warum es nicht ging?

Als kleines Kind – ich war das Jüngste – wurde ich, wenn es zur Bescherung klingelte, vom Vater aus dem Kinderzimmer geholt, ging an seiner Hand durch ein dunkles Zimmer, und im nächsten, dessen Tür halbauf stand, war Kerzenlicht. Nie wieder habe ich solche Freude empfunden wie in diesen paar Augenblicken in dem dunklen Zimmer. Es waren gar nicht die Geschenke, auf die ich mich freute, es war vielleicht dieser Kerzenglanz. Aber ihm entgegenzugehn, war noch schöner als nachher ganz nah bei ihm, in ihm zu sein.

Oder habe ich die große Freude unterm Baum vergessen? Vergißt man die ganz großen Freuden? Wenn ich an die Weihnachten meiner Kindheit denke, bin ich immer in dem dunklen Zimmer an meines Vaters Hand.

Er nahm mich sonst selten an der Hand. Mit den andern, den Jungen und meiner Schwester, war viel mehr anzufangen. Ein Nesthäkchen bin ich nicht gewesen, obwohl ich das Jüngste war. Meist trug ich die abgelegten Kleider meiner Schwester; sie wuchs so schnell heraus. Ich blieb lange klein. Und als ich einmal ein eignes ganz neues Kostümchen bekam, war mir gar nicht gut darin. Die Mutter fragte:

‚Freust du dich denn gar nicht über dein neues Kleid?' ‚Ja, Mutter', sagte ich und wollte in die Hände schlagen, aber es glückte nicht.

Meine Schwester hab' ich immer sehr liebgehabt und auch die, die sie liebhatten. Als wir aus dem Spielalter herauswaren und Tanzstunde hatten – wir hatten zusammen Tanzstunde und ich war wohl noch ein bißchen zu jung dafür, ich hatte noch nicht so die richtige Freude daran, Sie verstehn –, da war ich so gern dabei, wenn sie mit einem unsrer Primaner oder Studenten die Gesellschaft verließ. Sie hatte auch anfangs nichts dagegen. Nur schickte sie mich meistens nach einer Weile fort und sagte mir, wann ich wiederkommen sollte. Inzwischen hab' ich für die beiden aufgepaßt – na ja unsre Kleinstadt! –, es war schön allein zu sitzen auf einer Wiese etwa und an sie und ihn zu denken, wohl eigentlich mehr an sie. Einer war unter den jungen Leuten, den hatten wir beide besonders gern, und ich glaubte, sie würde ihn heiraten, aber daraus ist nichts geworden. Er war zu mir immer besonders aufmerksam. Damals schenkte man sich noch Goldschnittbücher bei uns. Ich habe noch ein Bändchen ,Waldmeisters Brautfahrt' von ihm. Das bekam ich, als er meiner Schwester den ,Trompeter von Säckingen' brachte. Lang ist das her. Und nun denken Sie, diesen Jungen, der inzwischen weit in der Welt herumgekommen ist, den hab' ich vor ein paar Tagen wiedergesehn. Er ist hier bei Verwandten zu Besuch, der Junge, der inzwischen ein älterer Herr, Doktor und Diplomat, geworden ist. Ich traf ihn auf der Straße, bevor er zu meinen Leuten gekommen ist. Er nahm mich am Arm, mich altes Mädchen. Wir gingen die kleinen Gassen am alten Domplatz hinauf und herunter. Er erzählte und erzählte – nun, das kann Sie nicht interessieren –, aber er erkundigte sich gar nicht nach meiner Schwester. Erst ganz zuletzt. Als er dann fragte: ,Wann darf ich Sie wiedersehn?' da sagte ich: ,Kommen Sie nicht zu Erna?' Da erst fing er an, sich zu erkundigen nach dem, was er noch nicht von ihr wußte, fragte nach den Kindern und ihrem Mann. Und dann ist er bei ihr gewesen, und es wurde verabredet, er solle am Heiligen Abend bei uns sein. Denn seine Leute machten eine Skitour, und denen wollte er erst am Sonntag nachreisen. Am Ende liebt sie ihn doch noch, dachte ich, daß sie ihn zum Heiligen Abend zu kommen bittet. ,Du freust dich doch gewiß sehr, wenn der Doktor Decker Weihnachten zu uns kommt?' fragte mich meine Schwester und sah mich groß und etwas – komisch an. ,Und du?' sagte ich. ,Na gewiß freuts mich. Wir haben ein langes Gespräch gehabt über dich.' ,Über mich?' Sie küßte mich wie als wir Kinder waren, indem sie mir beide Ohren zuhielt und den Kopf in den Nacken drückte. ,Ach Liesl, Liesl Warteweilchen', sagte sie dann und lachte lustig. So nannte sie mich oft und das hieß unter uns etwa, was man jetzt Liesl mit der langen Leitung nennen würde. Ich verstand nicht recht, warum sie so lieb und lustig mit mir war. Liebt sie ihn am Ende doch noch? dachte ich.

Heute früh ist der Doktor Decker bei mir gewesen. Ich und meine kleine Stube, wir waren auf Besuch gar nicht gefaßt. Erschrocken bin ich, als er mit seinem Blumenstrauß in der Tür stand. Und nun, denken Sie, nun hat er so herumgeredet, er wäre ja nicht mehr jung und er wüßte nicht, was ich wohl seither erlebt habe, aber da wir doch von Kindheit an gute Freunde seien – nun kurzum, es wurde ein regelrechter Antrag. Da, – da ist etwas eiskalt geworden in mir. Und mit einmal bin ich wütend gewesen auf das ganze Leben und auf meine arme Jugend. Na, wütend, das ist vielleicht zuviel. Ich wurde ganz still. Ich hätte gern geweint, aber es kamen keine Tränen. Er sagte: ‚Ich verstehe, Sie können sich nicht so schnell entscheiden, ich habe Sie überrumpelt, aber –'und da lächelte er und sah aus wie damals als Junge, wenn ich ihm Auf Wiedersehn sagte und ihn mit meiner Schwester allein ließ. Er lächelte und sagte: ‚Aber heut abend unterm Christbaum sehn wir uns wieder.'

Und da habe ich denn, als ich allein war, nachgedacht, nachgefühlt, ob ich doch hingehn sollte. Ach vielleicht hätte meine Schwester es gern gesehn, wenn ich seinen Antrag angenommen hätte. Sie hätte mir vielleicht zuzureden verstanden, aber nein, dies abgetragene Kleid will ich nicht tragen, nein, dann will ich lieber in Lumpen gehen –"

Die kleine Frau sah erschrocken auf, so laut hatte die sonst so Leise die letzten Worte gesprochen. „Oh, Gott", sagte sie, „was geht das Sie an, meine Damen und Herren? Verzeihen Sie. Aber Sie werden vielleicht verstehen, daß ich heute abend allein geblieben bin. Ach und so schön wie damals, als der Vater mit mir durchs dunkle Zimmer ging, kann Weihnachten wohl doch nie wieder sein. Gute Nacht."

Unser Weihnachtsmann mußte sie am Ärmel festhalten, damit sie nicht wegschliche, ohne ihr Geschenk zu bekommen. Er runzelte nachdenklich die Stirn, seine Bibliothek überblickend, und mit einmal hatte er das Buch für sie gefunden. Sie getraute sich nicht, es vor den andern anzusehn, klemmte es eng in die Achsel und machte sich davon.

Der Lastträger von Bagdad

Zu meinem neunten Geburtstag bekam ich die Märchen von Tausend und einer Nacht geschenkt. Abends im Bett fing ich, obwohl mir das verboten war, in dem Buch zu lesen an. Ich geriet in die Geschichte von den drei Schwestern und den drei Kalendern. Da kommt gleich zu Anfang ein Lastträger vor, der nah dem Markte von Bagdad unter einem Tor auf einer Schwelle sitzt und wartet. Eine Verschleierte erscheint und winkt ihm, ihr zu folgen. Er geht hinter ihr her, hinter den bunten Schuhen, den Falten ihrer seidenen Beinkleider. Wiederholt bleibt sie an den Basaren stehen, nimmt Spezereibündel, seidene Säcke voll Feigen, Datteln, nimmt Backwerk, Räucherkerzen, Nilmelonen und Blumen und legt ihm all die leichten Lasten auf. Er atmet den Duft von Wunderwassern, Harz und seltenen Hölzern. Er folgt der Dame durch enge Steingassen, bis sie vor einem Hause stehenbleibt. Als sie klopft, öffnet eine Hand, beringt und mit rötlich bemalten Nägeln wie die ihre. Die nackten Augen der Schwester Türhüterin leuchten auf. In dem Gemach, in das man ihn einläßt, sieht der Lastträger die dritte Schwester am Badebecken; sie streift einen blauen Reif vom Knöchel, um den Fuß ins Wasser zu tauchen ... Da schlief ich ein, und erst viel später fand ich das Märchen wieder und las vom Erscheinen der drei Bettelmönche, die so seltsam Kalender heißen, und dem des Kalifs und seines Veziers, und was sie einander tun und erzählen. Das war in dem Buch, das ich als Kind las, alles noch recht harmlos dargestellt.

Mit sechzehn Jahren fand ich dasselbe Märchen in einer schon „erwachseneren" Ausgabe wieder. Als ich an die Stelle kam, wo der Lastträger in das Gemach der Schwestern eintritt, überfiel mich eine – sehr alte – Müdigkeit. Ich weiß es noch genau. Es war im Dünensande eines Nordseebades. Dann sah ich einmal im Museum ein arabisches Tor mit rein linearem reichem Steinzierat. Daraus wurde mir sofort das, unter dem der Lastträger von Bagdad, unter dem – ich gesessen hatte, auf der Schwelle wartend, bis die kam, der ich nachfolgte unter der Last, die schwer wurde von vielerlei Leichtem.

In der großen französischen Ausgabe des Dr. Maramus habe ich die Geschichte von den drei Schwestern und den drei Kalendern später wieder gelesen, eines der üppigsten Schlinggewächse dieser wilden Vegetation voll munterer und grausamer Lust. Und wieder war mir der Anfang das Deutlichste, das, was ich erfuhr, wie ein Wiedersehn mit schon Gelebtem. Wird nicht von Pythagoras berichtet, er habe sich bei seiner Lehre von der Seelenwanderung darauf berufen, daß er sich in einem Kämpfer aus der Ilias wiedererkenne, der nur einmal in einem Vers vorkommt, welcher seine Verwundung darstellt? Ähnlich ist es mir mit der Nebenfigur jenes Lastträgers ergangen. Mit seiner Gestalt verschmelzend, ahnte ich eine Welt voller Gleichnisse und Gewänder, und es scheint mir bedeutsam für mein ganzes Dasein, daß ich als Kind an der Schwelle dieser Welt – eingeschlafen bin.

Heben Sie noch Briefe auf?

Das Ergebnis einer Umfrage

Ob man noch und auf wie lange noch wirkliche Briefe schreibt, ob die sogenannte „Briefkultur" infolge der bekannten Errungenschaften eiligerer und unmittelbarer Mitteilung verlorengeht, ob dem „Fortschritt" zum Trotz vielleicht bald eine Zeit kommt, in der man sich wieder in schönem ungeschäftlichem und unbezahltem Briefschreiben verschwenden wird – auf diese Frage habe ich keine Antwort, möchte also lieber auf ein einfacheres Problem zu sprechen kommen und fragen: „Was tun die Menschen mit den Briefen, die sie nicht entweder aufheben oder vernichten müssen?"

Ich habe diese Frage an einige Bekannte gestellt und zunächst meistens die Antwort erhalten: „Ich schmeiße – oder gelinder: werfe alles weg, was erledigt ist." Oder: „Eine Weile bleibt das Zeug im Schubfach, dann gibt's, wenn die Lade zu voll wird, eines Tages Großreinemachen, und von hundert Stück bleiben zehn übrig." – „Und die?" frage ich weiter. Antwort: „Und die fliegen beim nächsten Umzug in den Papierkorb oder ins Feuer."

Da muß ich – nebenbei – alle Briefe bedauern, die in einer Wohnung mit Zentralheizung beseitigt werden. Schimpflich zerknüllt und zerfetzt wandern sie aus dem Bastgeflecht in das Blech des Müllkastens, um als Abfall unter Abfällen gräßlich weiterzubestehen, während die in Öfen oder Kamine geworfenen noch einmal auflodern und dann eines schönen Flammentodes sterben dürfen.

Wollen die meisten, die ich befragte, zunächst „alles" weggeworfen haben, so stellt sich schließlich doch heraus, daß einiges aufgehoben wird. Und neugierig frage ich weiter:

„Was, wie und wo?"

„Als ich einmal einen Strich machen wollte unter meine Vergangenheit", sagte mir eine Zarte und Entschlossene, „war ich erst drauf und dran, alle Briefe zu vernichten. Dann habe ich von jedem und jeder einen aufgehoben, mal den ersten, mal den letzten, mal einen mitten aus der Zeit ..."

„Und worin heben Sie, wenn ich fragen darf, diese Auswahl auf?"

„In einer altväterischen Handtasche, mit der man nicht mehr reisen kann."

Es gibt Pedanten, die allen „Einlauf", gleichviel, ob es ein Geschäftsschreiben oder etwas von zarter Hand ist, ob es auf Schreibmaschinendurchschlagpapier, Leinen oder handgeschöpftem Bütten steht, lochen und in die Kartothek oder Sammelmappe einklemmen; sie gehen dabei nach Schlagworten oder rein alphabetisch zu Werke. Und ich frage mich – in Parenthese –: Wenn nun zum Beispiel eine Herzallerliebste Eleonore Schulze heißt und „er" nennt sie Lore, gehören dann ihre Briefe unter Sch, E oder L?

Andere Behälter sind: Koffer auf dem Boden, Holzkisten im Flur, Rollsekretäre, Pappkartons. Fast gar nicht mehr gibt es die weiland „Gefühlskästchen", in welche zu meiner Jugendzeit insbesondere die inzwischen ausgestorbene Gattung der Backfische zwischen Haarschleifen, umsponnenen Locken, Photos und Cotillonorden die liebsten Briefe zu legen pflegte. Ich kenne übrigens einen älteren Herrn, der noch heute solch ein Kästchen besitzt, in dem von „Ihr" zwischen allem andern das erste Schulaufsatzheft, ein Notizkalender und ein uraltes, erinnerungsschweres Konzertbillett sich befinden.

Wie liegt nun das Aufgehobene in den Behältern? Wer wirft alles durcheinander? Wer ordnet? Wer hebt in Umschlägen auf? Wer hat gleich beim Empfang die Umschläge zerrissen? Wer macht Schleifchen um ein Päckchen und wer nur Bindfaden?

Wie nach und nach diese Päckchen schmaler werden, weil beim Wiederlesen manches darin nicht mehr wahr oder zu wahr geworden, zu blaß oder zu grell ist, wie bei solcher Gelegenheit das Stück Papier zaudernd in der Hand gehalten und dann knirschend geopfert oder seufzend zurückgeschoben wird, das ist immer eine kleine Novelle oder ein Romanschluß.

Im allgemeinen werden die Freundschaftsbriefe reichlicher und sorgfältiger aufgehoben als die Liebesbriefe. Oder haben mir die, die ich fragte, nicht die Wahrheit gesagt? Von Liebesbriefen werden bekanntlich viele im Affekt zerrissen oder aus Angst bzw. Diskretion vernichtet. Hier muß ich nebenbei als vorbildlich das Verfahren eines Mannes erwähnen, der Frauenbriefe aufhebt, den Ruf seiner Korrespondentinnen aber dadurch schützt, daß er von allen ihren Episteln Briefkopf und Unterschrift abreißt.

Zuletzt sei noch des Freundes gedacht, der von der ganzen Korrespondenz einer Frau nur ein Schreiben behalten hat, in dem sie ihn auf den beiden ersten Seiten heftig auszankt. Die dritte Seite hat sie leer gelassen, auf die vierte aber ganz unten schräg mit Buchstaben, denen noch die Eile anzumerken ist, die Worte hingeschrieben: Ich küsse Dich.

Blasser als die Schrift auf den ersten Seiten und etwas verwischt stehen diese Worte da. Sie waren wohl noch nicht trocken, als der Brief rasch und scheu in den Umschlag geschoben wurde, oder waren hastig im letzten Augenblick getrocknet worden. Von diesem Stück Papier, sagt der sonst nicht Sentimentale, könne er sich nicht trennen.

Nun müßte man eigentlich noch fragen: Was tun Sie mit Ansichtspostkarten? Heben Sie sie wegen der Bilder auf? Oder verdrießen Sie gerade diese fernen Landschaften und Gebäude (wie jenen alten Obersten, der gesagt hat: Ich reise nur in Gegenden, die ich schon kenne)? Haben Sie auch den Freund, der auf der einen Halbseite der Ansichtskarte in gedrängter Enge mehr unterbringt, als bei anderen auf eine ganze Briefseite geht?

Und Telegramme?

Man frage rund!

Das Lederetui

… Eifersucht? fragst du. Oh, ich bin eine vernünftige Frau. Mit Eifersucht werde ich dich nie plagen. Und ich will mir einreden, daß du es mir offen sagen wirst, wenn du mir nicht mehr treu sein kannst. Früher war ich sozusagen grundsätzlich eifersüchtig, aber das habe ich mir abgewöhnt, und zwar infolge einer Geschichte, die ich mit dir erlebt habe, mein lieber Schatz und Gatte, jawohl, mit dir, du hast nur nichts davon gemerkt. Es war in unserer unruhigsten Zeit, in dem heimatsfernen Jahr, als du immer herumreisen mußtest, und ich mußte arbeiten in Paris und auf deine Briefe warten, die mir wohltaten und mich quälten. Das Schönste waren deine plötzlichen Telegramme, die dein Kommen für ein paar Tage ansagten, ach, selten genug! Und dann bestellte ich schnell für dich das Zimmer in dem kleinen Hotel de l'Univers et du Portugal, das du so gern hattest, schon wegen seines Namens. Einmal, da hast du wirklich erst im letzten Moment gedrahtet. Und als ich das Zimmer bestellen kam, da war im Hotel alles besetzt. Das machte mich traurig, weil es doch immer so schön gewesen war in diesem Univers und Portugal, und ich wollte schon abziehen, da meinte die dicke Madame Nourisson in ihrem ‚bureau', das sie fast nie verließ – weißt du noch, wie sie da vor ihren vielen Formularen und Zetteln saß, gleich einem Schriftgelehrten, Mathematiker oder Astrologen vor seinen Formeln und Berechnungen? –, sie meinte, wenn es sich nur um ein paar Tage handele, so könntest du Nummer 41 haben. Das Zimmer sei zwar für eine dänische Dame reserviert, die auf eine Woche verreist wäre. Aber wenn wir nichts dagegen hätten, daß einige Sachen, die der Abwesenden gehörten, im untern Schubfach der Kommode eingeschlossen blieben … Ich hatte nichts dagegen, ich ging an die Bahn, dich abzuholen, froh, daß du kamst, und doch schweren Herzens.

Du hast wohl kaum geahnt, was mich heimlich quälte, während ich dich am Bahnsteig in meine Arme schloß, unterwegs von der Seite dein Gesicht studierte, beim Essen dir gegenübersaß: In der letzten Zeit vorher hattest du mir besonders zärtliche Briefe geschrieben, immer aufs neue versichert, du könntest dich überhaupt gar nicht mehr in eine andere verlieben, sie zögen an dir vorüber, als wären es Bilder, die du mit mir in einem Album ansiehst, und wenn sie dir gefielen, dann bekämst du Lust, mich zu küssen, und dergleichen reizende und ein bißchen übertriebene Männerbeteuerungen. Und aus all dem hatte ich nur eins herausgelesen: daß du einmal bei einem Bridge oder Tee einem besonders schön gewachsenen, sportlichen, fast weißblonden Mädchen begegnet bist, einem Mädchen – das mir sicher auch sehr gut gefallen hätte.

Nun aber warst du bei Tisch und nachher so lieb und unbefangen, daß ich die weißblonde Sportliche bald vergaß. Ziemlich früh am Morgen mußtest du in die Stadt, wo du geschäftlich zu tun hattest. Erst blieb ich noch liegen und wollte schlafen, damit die Zeit schnell verginge, bis du wieder da warst. Konnte aber nicht schlafen, besah mir deine Gegenstände, wie sie da herumlagen, die altvertrauten, schlüpfte in deine mir so angenehm zu großen Pantoffeln, kramte in deinem Necessaireköfferchen, oh, mehr verliebt als neugierig. Es war auch gar nichts Verdächtiges drin. Auf dem Nachttischchen lag deine Uhr und tickte und wanderte mit wandernden Zeigern deiner Rückkehr entgegen. Spielerisch, ohne Absicht, zog ich das Schubfach des Nachttisches auf, darin war ein Etui aus hellem Schweinsleder, wie du es gern hast. Das muß ich doch kennen, denke ich, oder ist es neu? Ich mache es auf. Es sind eine Menge kleiner Fotos drin, Filme und Abzüge. Ich gehe damit ans Licht: immer wieder dasselbe sportlich schöne, junge Mädchen mit hellflimmerndem Haar in allen möglichen Strand- und Bad- und Abendkleidern, im Zimmer, im Freien, bewegt und still, ernsthaft lächelnd …

Mir wurde leer unterm Herzen. Sie war mir ja überlegen in allem, dieses schwarz-weiße Gespenst. Daneben konnte ich doch höchstens rührend sein, und wenn ihr uns rührend findet, dann wissen wir schon, was die Glocke geschlagen hat. Und jung war sie, viel jünger als ich, ohne Zweifel. Ach, und ich hatte dich doch erst nicht heiraten wollen, weil ich zwei Jahre älter bin als du. Wie recht war es von mir gewesen, dachte ich, dir deine Zukunft nicht abschnüren zu wollen. Ich konnte dir erst gar nicht böse sein, ich war zornig auf mich selbst. Wie kam ich dazu, dich für mich allein zu beanspruchen!

Du bist solch ein Schmeichler: Wenn ich von meinem Alter anfange und dich schrecklich jung finde, sagst du: „Darf ich denn nicht auch dein Kind sein?" und setzt mir auseinander, jede gute Liebende müsse auch ihres Geliebten Mutter sein, und das habest du nur bei mir erlebt usw., bis ich ganz verloren bin. Hilflos bin ich dir gegenüber. Und das hast du gewiß gefühlt und hast dir gedacht: ‚Sie würde es nicht ertragen, wenn ich einmal eingestünde, daß eine andere mir gefällt. Ich darf ihr das also nicht zumuten.' Und du hast dich in deine Sportliche verliebt und mir nichts gesagt, nur vorsichtshalber diese heuchlerischen Andeutungen gemacht, um vorzubeugen für den Fall, daß ich ihr einmal begegne, deiner Weißblonden. Indem ich nun an all diese Vorsicht und Rücksicht dachte, wurde ich denn doch wütend auf dich, du Bedächtiger, du Vorbauender, du Mann! Hast es mir ja oft genug aufgesagt, das berühmte: ‚Behandelt die Frauen mit Nachsicht. Aus krummer Rippe ward sie erschaffen ...'

Aber daß du mich nun auch noch mit Vorsicht behandeltest, das war zuviel. Sind wir geisteskranke Kinder? Sind wir Tiere hinter Gittern? ... Allerdings schien es mir dann wieder recht unvorsichtig von dir, deine Sachen so herumliegen zu lassen, du Ordentlicher. Dieses Etui, das du vermutlich immer in der Brusttasche, immer an deinem verliebten Herzen mit dir herumtrugst, wie kam das hier in die Schublade hinein? Hast du es abends schnell vor mir versteckt? Hast es morgens mitnehmen wollen und fandest keinen unbeobachteten Augenblick, um es rasch herauszulangen? Hättest doch, wenn mir die Geste auffiel, einfach sagen können, es sei dein Geldscheintäschchen. Allerdings hätte ich dann vielleicht gebeten: ‚Zeig mal her. Schön ist das Schweinsleder', und hätte es bewundern und streicheln wollen, ich dumme verliebte Gans, und dabei wäre dann ein Bild herausgerutscht ... Oh, er kennt mich, der Schlaue, dachte ich, und nun läuft er in der Stadt herum und muß am Ende immerzu an das Etui denken. Und daß die Alte um Gottes willen nicht die Schublade aufmacht! Und da lachte ich böse und freute mich über deine Angst. Dann suchte ich unter den Fotos, ob eine darunter wäre, die mich direkt ansieht. Der wollte ich ins Auge sehn. Der wollte ich mich zeigen hier vor deinem Bett. Die sollte sehn ... Und dann schämte ich mich, packte die verhaßten Bilder wieder alle ordentlich in ihren Behälter, tat den in die Schublade und schlich ins Bett zurück, ließ meine Tränen laufen und dachte nach, wie ich mich am besten leise fortschleichen könnte aus deinem Leben. Nichts wollte ich dir sagen von meiner Entdeckung. Freigeben wollte ich dich mit oder ohne Scheidung. Ich hatte ja meinen Beruf. Die

Weißblonde war gewiß aus reichem Hause. Heiraten solltest du sie, eine große gesellschaftliche Stellung haben und süße Kinder von ihr, oh, süße Kinder ... da weinte ich so sehr, daß ich einschlief. Und als ich aufwachte und sah im Spiegel mein verweintes Gesicht, und du konntest doch jeden Augenblick kommen, da machte ich mich schnell zurecht, ‚machte mir das Gesicht', wie die Pariserinnen sagen – o strenger bitterer Ausdruck unserer Pflichten –, ich schminkte vorsichtig und genau über Schatten und Blässe.

Als du kamst, saß ich, zurechtgemacht bis auf die Knochen, in unnatürlich natürlicher Pose am Tisch. Dir ist aber nichts aufgefallen an mir. Und mir nichts an dir. Du kamst hereingestürmt, so lieb hastig wie immer, so atemlos wie immer, wenn du weißt, ich bin da. Du gehörst ja nicht zu denen, die sich erst verpusten und lange vorm Spiegel im Flur stehen. So wie ich's von dir gewohnt war, kamst du herein, und ich fühlte dein Herz klopfen, als du mich in die Arme nahmst, und darüber vergaß ich ganz, daß ich dich doch eisig und gemessen begrüßen wollte. Und eh mir die nächste Gebärde aus meiner neuen Rolle einfiel, warst du schon tief im Erzählen von der Stadt, von der Straße, von den Leuten, die du gesehen hattest. Als du endlich eine Pause machtest und dich am Bett niederließest, gab ich mir einen Ruck und sagte unvermittelt: ‚Jedenfalls ist sie hübsch!'

Wie ein Schwerhöriger sahst du mich an. ‚Heuchler, abgefeimter!', dachte ich und warf alle Gedanken an Schonung, Diplomatie usw. über den Haufen, ging auf den Nachttisch zu, langte das Etui heraus und reichte es dir.

‚Hübsch', sagtest du, als bekämst du etwas geschenkt. Dann rutschte das erste Bild in deine Hand. Du besahst sie interessiert. Ich forschte wild in deinem Gesicht nach Erröten, nach Erblassen. Ich war fassungslos über soviel Kaltblütigkeit. Langsam, genießerisch sahst du ein Bild nach dem andern an, standest auf, gingst zu besserem Licht ans Fenster ... In diesem Augenblick blitzte mir die so einfache, naheliegende Erkenntnis auf: ‚Die Dame, die dänische, die eigentlich hier wohnt, hier noch Sachen hat! Er kennt das Mädchen ja gar nicht, er ist mir treu!'

Du sagtest: ‚Reizend, aber schade ...'

‚Wieso schade?' fragte ich.

‚Na ja, im ersten Augenblick hab ich geglaubt, dies hübsche Etui, so ganz mein Geschmack, das hättest du mir mitgebracht, bis ich dann an

den Fotos merkte, es gehört schon jemand. Sei mir bitte nicht böse ...',
und dann wundertest du dich, daß ich Selige so heftig an deiner Brust
weinte, und sagtest, ich wüßte doch, du wolltest durchaus nicht jedesmal was geschenkt haben, das wäre doch noch besser, das sollte ich
doch um Gottes willen nicht denken, daß du nun enttäuscht seist, und
was ich nur hätte ... Und ich hörte gar nicht genau, was du sagtest, und
liebte deine geliebte Stimme.

Und was eigentlich mit mir gewesen war, das hast du nicht gemerkt.
Und ich habe beschlossen, nichts einzugestehn und nie mehr eifersüchtig zu sein. Denn wenn du mir wirklich Grund gegeben hättest zur
Eifersucht, so eifersüchtig wie ich es diesmal ohne Grund war, könnte
ich doch sonst nie sein. Also hatte es überhaupt keinen Sinn, das mit
der Eifersucht. Und diesen langen Brief, den die kleine Bemerkung über
Eifersucht in deinem lieben Brief, mein Herr und Gemahl, angeregt
hatte, den hätte ich dir wohl eigentlich gar nicht schreiben sollen, weiß
auch noch nicht, ob ich ihn nicht im letzten Moment zerreißen werde.
Denn – vielleicht – wer kann's wissen? – vielleicht war das schweinsle-
derne Etui doch deins – wo es doch so ganz dein Geschmack war –.
Und warum sollte die dänische Dame, da doch all ihre andern Sachen
in der Kommode waren, gerade dies Etui im Nachttisch gelassen haben? Und vielleicht kannst du dich eben ganz ungeheuer zusammen-
nehmen, du Mann! Und was hilft es dann, eifersüchtig zu sein? Ach, ich
liebe es, wenn Männer sich in der Gewalt haben, weil es dann so bezau-
bernd ist, wenn sie mit einemmal sich gehen lassen ... Ach, ich Arme,
ich liebe dich wohl, wie du bist!

Ein alter Mann an eine junge Frau

Mein liebes Kind,

was Sie mir gestern gesagt haben, ist mir alles noch lange durch den Kopf gegangen. Ich konnte nicht einschlafen, mußte mir immer Ihr künftiges Leben vorstellen für den Fall, daß Sie wirklich den Erwin und Ihre kleine Susanne verlassen wollen und hier in Berlin bleiben, wo der ist, ohne den Sie, wie Sie glauben, nicht länger leben können. Ich kenne ihn nicht, ich habe auch nicht durch Fragen unterbrechen wollen, als Sie von ihm sprachen. Er scheint ein Mann der Gefahr und des Wagnisses zu sein, einer, der immer unterwegs und ruhelos ist; und da mag es gewiß süß sein, seine kurze Rast zu teilen, seine Erholung, seine Pause zu werden. Sie sagen: „Er weiß gar nicht, wie sehr ich ihn liebe, solls auch gar nicht wissen. Er soll sich an mich nicht gebunden fühlen. Nur dasein will ich für ihn, bereit sein." Und dann haben Sie mir ein kluges Arbeitsprogramm entwickelt, und ich sehe Sie schon im möblierten Zimmer an der Schreibmaschine, mit der Blume am Fenster und dem Blick auf den Gartenhof. Ach, aber da, wo Ihre kleine Susanne ist, wie weit ist da der Garten! Und der Duft aus den Nachbargärten, und der Himmel drüber gehörte Ihnen auch; und jede krumme Gasse und die bergansteigenden Straßen, all die Steine, Sand und Gras, schon mit Ihren Kinderschritten befreundet. Und der Erwin ... Sie sagen selbst, ein Mann kann gar nicht liebevoller sein als er es ist. Er liest Ihnen jeden Wunsch von den Augen ab, er trägt Sie auf Händen usw. Lauter vorbildliche und sprichwörtliche Liebesgewohnheiten. Nur macht Ihnen das leider nicht so viel Freude wie ihm. Sie sind eine ehrgeizige Liebende. Sie wollen übertreffen. Sie setzen Ihre Ehre darein, immer mehr zu lieben als Sie geliebt werden. Schön ist das und tapfer. Aber manchmal kommt es mir vor, als wäre es schwerer, sich lieben zu lassen als zu lieben. Und vielleicht seid Ihr Frauen am wunderbarsten, wenn Ihr das gut versteht: Euch lieben zu lassen. Manchmal meine ich, wir Männer sind in der Liebe nur zu Gaste, Ihr seid in ihr zu Hause. Und so sollten Sie milder sein mit Erwins vielleicht etwas dilettantischen, vielleicht allzu sprichwörtlichen Bemühungen. Und sehen Sie, dieser Andere, den ich ja nicht kenne, wer weiß, ob er Ihre viele Liebe vertragen kann? Er wird noch ein schlechtes Gewissen bekommen und Verantwortungsgefühle, die seine sympathische

Tatkraft hemmen könnten. Oder er wird sich am Ende selbst so sehr in Sie verlieben, daß Sie ihn gar nicht mehr übertreffen können!

Sie runzeln die Stirn und sagen: „Vor allem möchte ich frei sein." Ach, mein Kind, ich bin noch aus dem Jahrhundert, das sich unter Freiheit etwas Erstrebenswertes vorstellte. Heut weiß ich, Freiheit ist ein Gefühl, eine Augenblicksseligkeit, aber kein Ziel. Sie werden es erleben: Es ist besser, einzugehen und aufzugehen in eine Zugehörigkeit, Glied der Kette, Kind und Mutter zu sein. Schön ist die Freiheit, aber man darf sich nicht auf sie abonnieren, ebensowenig wie auf das Glück. Das sind Göttergeschenke. Wenn man sich nicht um sie bemüht, bekommt man sie für kurze Augenblicke geschenkt.

Mein liebes Kind, noch ist es nicht zu spät. Noch gibt es für Ihre plötzliche Reise gute Erklärungen. Sie sind ja noch gar nicht fortgelaufen. Da will ich schon helfen und alles in Ordnung bringen. Sie müssen mir zugestehen, daß ich nicht selbstsüchtig rate. Für mich wäre es schön und seltsam gewesen, Sie hier zu behalten. Ich bin alt genug, schlechthin Ihre Gegenwart zu genießen, selbst wenn ich spüren müßte, daß Ihre Gedanken bei dem gefährlichen und gefährdeten Unbekannten sind. Geistesabwesend sind Frauen für unsereinen oft besonders reizvoll. Sie geben dann bisweilen mehr von ihrem Wesen her als sonst. Ich würde auch Ihr Dasein in dem möblierten Hinterhauszimmer genießen. Es könnte durch Sie eine Armutsschönheit bekommen, wie es sie heutzutage sonst kaum noch gibt, seit Armut nicht mehr „ein großer Glanz von innen" ist. Ach, das alles sind Verlockungen, aber eigentlich nur für mich, und ich darf Ihnen nicht raten, ihnen nachzugeben. Und wenn Sie es doch tun, so müssen Sie es trotz allem tun, gegen jede Vernunft. Und es muß lebensgefährlich sein, sonst wird es nur ein Elend. Aber dort in Ihrer Heimat – wie schön wird der Garten davon werden, daß Sie nicht ganz glücklich geworden sind! Beete und Büsche bekommen Ihre Sehnsucht als Morgentau zu trinken. Ach, und selige kleine Susanne, die das Übermaß Ihrer Zärtlichkeit abbekommt und später weitergibt an die Welt, all das Zuviel, das Sie ihr gegeben haben.

Nun, wie wäre es, wenn wir heut abend dem Erwin eine Karte von der Ausstellung schrieben und Ihre Heimreise ankündigten? Oder soll ich ihm das Bittere mitteilen, das er kaum fassen wird? Entscheiden Sie. In jedem Falle werden Sie einen dienstbereiten Helfer haben an Ihrem alten Freunde …

Eine falsche Verbindung

Es ist immer unangenehm, vor verschlossenen Türen zu stehen. Ganz besonders peinlich wird es aber, wenn es regnet und man so ohnedies ein schlechtes Gewissen hat, weil man wieder einmal seinen Hausschlüssel vergaß. Bei der Heimfahrt von der Singakademie auf dem schwankenden Deck des Autobusses erst hatte sie es gemerkt und gewiß ganz verstört ausgesehen. Das mußte ihr Gegenüber, der Herr in mittleren Jahren, der seine Zeitung zusammenfaltete, um ihr ungenierter ins Gesicht zu spähen, wohl mißverstanden haben. Jedenfalls war er hinter ihr her die steilen Stufen hinuntergeklettert und auch an der Kreuzung der stillen Straße des Berliner Westends ausgestiegen. Nun stand er drüben an dem Vorgartengitter und ließ ihr etwas hilfloses Hin und Her nicht aus dem Auge. Nein, Gerti konnte das nicht länger aushalten. Weit und breit war auch kein Befreier zu erblicken, der, mit dem Hausschlüssel bewaffnet, sie hätte retten können. Eigentlich ging sie nicht gern in das Restaurant an der Ecke, aber unter diesen erschwerenden Umständen …

„Darf ich hier mal telephonieren?"

Das blonde Barfräulein sagte mechanisch: „Automat zweite Tür links, Achtung Stufe."

Durch die winterlich grüne Friestür drängte eine Gesellschaft in Pelzmänteln an ihr vorbei; das erhöhte ihre Schüchternheit. Sie sah an ihrem gutsitzenden dunkelblauen Mantel herunter. Noch war ihm nicht anzumerken, daß sie ihn schon den dritten Herbst trug, aber abendlich war er gewiß nicht.

Sie zog die Tür der engen Zelle hinter sich zu. Die Klänge der Baccarole aus „Hoffmanns Erzählungen" drangen trotzdem bis zu ihr. Sie nahm ein Zehnpfennigstück aus ihrem kleinen, etwas verbrauchten Portemonnaie, warf es in den Schlitz des Apparates und hob den Hörer. Wie dunkel es hier war! Ihre schlanken Finger tasteten im Halblicht, das durch die Milchglasscheibe fiel, das Zahlenrund ab. Hoffentlich war das Mädchen noch nicht zu Bett gegangen und würde ihr gleich antworten.

„Ich bin's", sagte sie eilig, als ihr das Klicken die hergestellte Verbindung anzeigte. „Wollen Sie bitte herunterkommen. Ich habe meinen Hausschlüssel vergessen und bin hier in der ‚Rüdesheimer Klause'."

Aber die Stimme, die ihr jetzt entgegentönte, war keineswegs die des bleichsüchtigen Mädchens für alles, mit dem sie sich die Arbeit teilte, den Pensionsgästen ihrer Mutter das Leben so angenehm und bequem wie möglich zu machen.

„Wie gern, gnädiges Fräulein!" klang es tief und volltönend zurück. „Ich fürchte nur, Sie müssen mir erst eine genauere Personalbeschreibung geben."

Gerti lauschte mit verlorenem Gesichtsausdruck.

„Wer spricht dort?" fragte sie und war wirklich noch nicht auf den naheliegenden Gedanken gekommen, daß sie falsch verbunden sei. In ihrer Phantasie sah sie einen neuen Pensionsgast am Flurapparat neben dem Spiegel, einen angenehmen; denn diese schlagfertigen Worte hatten etwas jugendlich Übermütiges. Und dann begriff sie. – Es schwebte ihr schon auf den Lippen, zu sagen: „Entschuldigen Sie. Ich muß mich in der Nummer geirrt haben", und abzuhängen. Aber der Unsichtbare am anderen Ende des Drahtes mußte wohl in ihrer Frage eine Betroffenheit gespürt haben.

„Kann ich Ihnen irgendwie nützlich sein?" klang es wieder. „Natürlich kenne ich die Klause. Sie ist ja nur ein paar Häuser von hier entfernt. Verfügen Sie über mich."

Gerti fühlte an dem ritterlichen Ton, mit dem dieses Anerbieten vorgebracht wurde, daß es sie nicht beleidigen wollte. Aber etwas anderes beschäftigte sie ganz: Diese Stimme mußte sie schon gehört haben! Der Klang war so vertraut. Er weckte in ihr Erinnerung, die, erst undeutlich, sich plötzlich zu einem Bilde verdichtete. Der schmeichelnde tragende Walzerrhythmus von nebenan spielte darin eine Rolle. Sie selbst war in einem hellen Ballkleid. Die Stimme von dort drüben war schon einmal ebenso nahe an ihrem Ohr gewesen. Sie gehörte einem großgewachsenen jungen Mann, der sie zum Tanz führte. Gerti kam es vor, als wäre ein ganzes Leben vergangen, seit sie, die Tochter des Majors v. Trenkow, als junge Studentin der Nationalökonomie in Heidelberg sich theoretisch mit den Problemen der Wirtschaft, Finanz und Politik befaßte. Nie hatte sie damals daran gedacht, eines Tages ihre Kenntnisse und Fähigkeiten als Adjutant ihrer Mutter einer Familienpension zur Verfügung zu stellen. Hatte sie nicht sogar davon geträumt, daß gerade dieser ein wenig unbeholfene, übergroße Tänzer, der aber außerordentlich gewandt war, wenn es ein Gespräch zu führen galt, ihr einmal mehr sein würde? – Und dann war er abgereist. Aber die kleine Visitenkarte hatte sie unter den wenigen Briefen und Erinnerungen aufgehoben, die aus der Zeit stammten, ehe noch des Vaters Tod sie abrief aus der schönen Welt der Lernenden in eine schwunglosere, der die Notwendigkeit enge Grenze setzt.

„Sie sind –" hörte sie sich plötzlich am Telephon sagen, „sind Sie nicht – der Student der Chemie, mit dem ich in Heidelberg – nein, nicht studiert, nur getanzt habe, Ernst Wilpert?"

Es dauerte eine Weile, bis Antwort kam: „Gerti v. Trenkow! Sind Sie es? Und Sie haben mich nicht vergessen?"

Und da hatte sie auf einmal all ihre jugendliche Unbekümmertheit zurück: „Haben Sie inzwischen besser tanzen gelernt?"

Er lachte: „Ich würde auch heute Sie lieber in Ruhe ansehen und mit Ihnen reden."

Und dann verabredeten sie, während schon ein ungeduldiger Gast die Klinke der Zelle mit Heftigkeit herunterdrückte, daß er sie morgen – er war ja nicht nur beim gleichen „Amt", sondern auch ein naher Nachbar – besuchen würde. „Ihrer Frau Mutter meinen Besuch machen", so drückte er es ein wenig altmodisch und feierlich aus.

Gerti stand wieder vor ihrer Haustür. So hatte sie doch wahrhaftig vergessen, noch einmal dem Mädchen zu telephonieren. Aber da kam schon die muntere Modistin, die kürzlich den Laden gemietet hatte und ihr bei Begegnungen immer so freundlich zulächelte.

„Guten Abend, Fräulein v. Trenkow", sagte sie. „Ich freue mich so, gerade im richtigen Augenblick zu kommen, um Ihnen einmal gefällig sein zu können."

Die beiden jungen Gestalten gingen nebeneinander die Treppe mit dem abgenützten Läufer hinauf. „Sie sind so jung und tapfer", sagte Fräulein Wendler, „und heute abend sehen Sie auch glücklich aus. Wollen Sie nicht einmal zu mir kommen und wir suchen einen neuen Hut für Sie aus?" Wieviel in diesen Worten Geschäftsgeist, wieviel natürliches Wohlgefallen und Kameradschaft war, Gerti mochte es nicht abwägen, fühlte sich aber veranlaßt, ihr die Hand zu reichen.

„Vielleicht", sagte sie, „vielleicht schon bald."

Die Frau Major war noch nicht zu Bett gegangen. „Du kommst so spät, Gerti", sagte sie. Gerti setzte sich zu ihr in diesem einzigen Raume der Pension, der ihnen, unverstellt von praktischen Zwecken, von Vergangenheit sprach.

Hier hingen die silberdurchwirkten, blauen Vorhänge, die dem großen Salon der Villa seine behaglich vornehme Note gegeben hatten, hier hingen die Bilder der Großeltern und Urgroßeltern. Des Vaters lederbezogene Schreibtischplatte hatte ein wenig von ihrer klaren Würde eingebüßt. Ein Haushaltungsbuch lag darauf und, in allerlei Päckchen gesammelt, Zettel, Rechnungen. Aber das matte Licht der Stehlampe auf gewundener Holzsäule – die Eltern hatten sie von ihrer Italienreise mitgebracht – verwischte den beginnenden Verfall, schuf eine Atmosphäre von Geborgenheit.

Gerti hätte gern über ihr Erlebnis geschwiegen, aber wenn er doch morgen hierher kam ... „Mama", sagte sie leichthin, „ich habe einen Bekannten aus Heidelberg wiederge – sprochen. Du wirst dich wohl nicht auf ihn besinnen. Er war auf dem Semesterschlußball, wir haben damals zusammen getanzt. Morgen wird er dir einen Besuch machen."

Es war Gerti lieb, daß das Licht der Lampe mehr den Scheitel und die Handarbeit der Mutter, als ihr eigenes Gesicht beleuchtete.

„Sollen wir ihm das neutapezierte Gartenzimmer geben?"

„Ach", meinte Gerti, „ich glaube, daß es sich nur um einen flüchtigen Besuch handelt."

Aber dann war dieser Besuch gar nicht flüchtig und wiederholte sich immer häufiger.

Und einmal forderte er sie auf, den Abend mit ihm ins Theater zu gehen. Auf dem Heimwege blieben sie bei der „Rüdesheimer Klause" stehen, und wieder drangen die Klänge der Baccarole gedämpft durch die Scheiben der Drehtür.

„Hier, an der Bar vorbei und zwei Stufen hinauf, in einer schlechterleuchteten engen Zelle, habe ich damals die falsche Verbindung bekommen."

„Die falsche, Gerti?" fragte er. Er beugte sich zu ihr hinunter und drückte ihren Arm. „Es war die einzig richtige."

D-Zug-Dämmerung

Verehrter Herr Professor,

daß ich vorgestern im D-Zug (München–Berlin) Sie nicht begrüßt habe, bedarf vielleicht einer Erklärung. Zunächst sollen Sie nicht etwa annehmen, daß ich Sie nicht erkannt habe oder auch nur im Zweifel gewesen sei, ob Sie es wirklich seien ... Als Sie, in Jena eingestiegen, die Gangtür unseres Abteils öffneten und alle guten Plätze besetzt fanden, gingen Sie weiter und hatten vermutlich in der Dame mit dem dunklen Barett, welche dem zeitunglesenden älteren Herrn, meinem Manne, gegenübersaß, mich noch nicht erkannt ... Das ist begreiflich: die zwanzig oder genauer – ich hab's mir ausgerechnet – neunzehn Jahre und viereinhalb Monate, seit wir uns zuletzt gesehen haben, sind eine stattliche Spanne Zeit ... Dazu kam die Regendämmerung des Winternachmittags und der Schatten des Baretts auf meinem Gesicht. Ich habe Sie gleich an der knabenhaft ungeduldigen Schulterbewegung, mit der Sie sich zum Weitergehen ermunterten, wiedererkannt. Das weckte Erinnerungen ... Und dann hatte ich allerdings auch schon eine ganze Weile an Sie gedacht, so etwa seit Bamberg, während ich durch dieselbe Landschaft kam wie damals, als Sie mich in Jena am Bahnhof erwarteten, um mit mir nach Naumburg zu fahren. Ich darf wohl annehmen, daß Sie das noch nicht vergessen haben ... Und als der Zug in Jena einfuhr, wollte ich schon hinaussehen, ob Sie nicht zufällig auf dem Bahnsteig wären. Das ist lächerlich, aber von damals her ist dieser Bahnhof sozusagen auf Lebenszeit unser Stelldichein. September war es damals. Halle, Perron und Schienen, alles war von Sonne geädert, durchflossen. Von der Stadt bekam ich weiter nichts zu sehen. Wir waren nur im Bahncafé und sind dann gleich weitergefahren. Am Tage bin ich seither nie wieder durch Jena gekommen; meine Reisebegleiter zogen auf dieser Strecke den Schlafwagen vor. Und so ist Jena für mich der Bahnhof geblieben, auf dem der junge Privatdozent Dr. F. wartet, um mit mir nach Naumburg zu reisen. Gerade wollte ich hinausschauen nach Ihnen, da öffneten Sie die Coupétür, und – ich war mehr bestätigt als überrascht, konnte mich aber noch nicht zu erkennen geben. Als sich der Zug wieder in Bewegung setzte, trat ich auf den Gang hinaus, halb in der Absicht, mich nach Ihnen umzusehen. Zwei Fenster weiter standen Sie und sahen in die Landschaft hinaus. Im Profil gesehen, sind Sie dem jungen Privatdozenten F. noch sehr ähnlich, immer noch so eigensinnig, immer noch so, als müßten Sie sich verteidigen. Da stand ich und versuchte Veränderungen an Ihnen festzustellen. Das Haar ist grau geworden. Meines ist blond geblieben. Die Brille scheint Ihre Augen vor Krähenfüßen bewahrt zu haben. Sie sehen eigentlich recht gut aus. Fett haben auch Sie nicht angesetzt. Wenn Sie nur einmal den Kopf nach rechts gewandt hätten, sicher hätten Sie mich gleich wiedererkannt. Man sagt mir, daß ich mich wenig verändert habe. Die Blicke Fremder, die mich prüfen – und die man in meinem Alter notiert –, geben mir Sicherheit ... Aber Sie starrten unentwegt in die Landschaft hinaus. Da dachte ich: es ist doch unsere Landschaft von damals; vielleicht denkt er an unsere Zeit. Soll ich ihn mit Gegenwart stören? Aber wer weiß, was Ihnen das dämmernde Land jetzt bedeutete oder umrahmte? Ich weiß ja nichts von Ihnen, außer was gedruckt in Ihren Büchern steht und über Sie in der Zeitung. Ob Sie verheiratet sind? Ob Sie eine Frau gefunden haben, mit der Sie es richtiger anfingen als damals mit mir? Denn, sehen Sie, mit mir haben Sie Fehler gemacht, die kleinen, die winzigen Fehler, die so entscheidend sind. Es war keine Laune, daß ich, statt wie Sie wohl hofften, bis zum nächsten Tage zu bleiben, noch am selben Abend nach Hause gereist bin, es war eine Erkenntnis, die sich hinter dem eiligen Abschied versteckte, den Sie vielleicht für einen mädchenhaften Vorbehalt hingenommen haben.

Als wir vor dem Dom standen und hinaufsahen an all dem steilen, durchbrochenen, flimmernden Steinwerk, da fühlte ich, wie Sie mich immer wieder von der Seite betrachteten, und es tat mir wohl, daß Sie mir noch nichts Zärtliches sagten, sondern mich nur schüchtern über Architektur belehrten; und Sie haben dann auch im richtigen Augenblick, ruhig weitersprechend, den Arm um mich gelegt, und unsere Schultern fanden die erste Vertrautheit. Aber dann bei den Pfeilern und Säulen des Chors, vor den Standbildern der Stifter und Stifterinnen, wie kamen Sie da nur auf den unglücklichen Einfall, die eine, berühmte, in ihrem hüllenden Mantel unter dem hütenden Baldachin, plötzlich mit mir zu vergleichen? Das hatte gar keinen Sinn. Das war beinahe beleidigend. Ich war und bin doch geradezu das Gegenteil von diesem still in sich ruhenden Frauenwesen. Wenn ich euch Männern etwas sein kann, dann doch als eine Unruhige und Unruhebringende, eine, die „eure engen Himmel ändert". Nein, mein Freund, wenn Sie die Ruhe suchten, den „Frieden mild", dann haben Sie mich nie angesehen! Das fühlte ich, und ich bekam fast Angst um Sie. Aber dann dachte ich, es ist vielleicht nur ein etwas ungeschickter Umweg Ihrer Liebeserklärung.

Nachher gingen wir am Flußufer spazieren. Es war noch sehr Sommer und doch schon so sehr Herbst. Solch ein Überfluß und solche Bangigkeit in der Luft, in dem Licht. Sie sahen blaß und gespannt aus, es war, als erwarteten Sie von mir, was ich von Ihnen erwartete. Ich dachte: jetzt da unten ein Boot nehmen und den Fluß hinunterfahren, die Ruder einziehen und treiben in die Nacht, in die Liebe, in den Tod … Was taten Sie da? Da fingen Sie an, mir von früheren Lieben zu erzählen. Besonders von einer, die Sie so sehr liebten, daß, als Sie einmal im vorüberfahrenden Wagen ihren Hut auftauchen sahen, Ihnen wurde, als sollten Sie ohnmächtig werden. „Steht nicht bei Stendhal eine ähnliche Geschichte?" fragte ich kühl, und es wurde bitterböse in meinem Herzen. Bei der nächsten Laterne ließ ich Sie in Ihrem Kursbuch nachsehen, ob und wann ein Zug ginge, mit dem ich heute noch heimkäme. Ja, warum hatten Sie das Kursbuch in der Tasche? Warum fanden Sie wirklich den Zug für mich, sahen nach der Uhr und stellten fest, daß es mit dem gerade noch ging? Da waren wir beide hinter unseren Verschanzungen hervorgekommen, Sie sowohl wie ich, beide feindlich gerüstet. Ich war noch zu jung, um Sie zu lehren, wie man sein muß mit uns Frauen … Ich hatte Dich damals einen Augenblick sehr lieb. Und deshalb hab ich Dir nie wieder ein Lebenszeichen gegeben.

Das fiel mir alles heiß ein, als wir – jetzt spreche ich wieder von der D-Zug-Fahrt, und „wir" sind mein Mann und ich – als wir im Speisewagen saßen, und ein paar Tische weiter saßen Sie allein. Sie sahen zu mir herüber, erkannten mich und grüßten mit einer kleinen, fast feigen Kopfbewegung. Erich fragte: „Grüßt der Herr da drüben dich?" Blitzschnell fuhr mir durch den Sinn: Soll ich sagen: Ja? Soll ich sagen, wer Sie sind, euch bekanntmachen, Sie herüberbitten? Daß es ein Gespräch gibt über Kunstgeschichte, Wirtschaft oder Politik, und wie es jetzt ist, wenn man in Italien reist, und wie es früher war? Ich brauchte nichts zu fürchten, wenn Erich mir anmerken würde, Sie hätten mir, ich hätte Ihnen einmal etwas bedeutet. Er hat seine Freude daran, wenn ich gefalle. Er ist es gewohnt, daß seine Freunde mehr in mir sehen als nur seine

Frau. Aber Sie, mein Lieber, Sie würden vielleicht feige und ungenau mit mir gewesen sein. Oder von Ihrer Frau erzählt und Bilderchen von Ihren Kindern aus der Brusttasche gezogen haben. Aber Sie sind am Ende gar nicht verheiratet. Ich konnte nicht sehen, ob Sie einen Ring am Finger hatten. Ich hätte mich dazu drehen oder recken müssen. Nun also, ich antwortete auf Erichs Frage: „Ich glaube, der Gruß galt den Leuten hinter uns." Und dann sah ich Sie nur noch an, wenn Sie nicht aufschauten, Ihre eckige Stirn, Ihre schmalen Hände, die Kunstblätter, Plastiken, Ketten so gut anfassen.

Aber wissen sollen Sie, daß ich Sie erkannt habe, und früher und mehr als Sie mich. Und daß ich eine dauernde Erinnerung in meinem Herzen trage an – damals. Es waren Stunden, die ich nicht forthaben möchte aus meinem Leben. Und wenn Sie sich auch falsch benommen haben, schön war es. Nicht wahr?

Ich schicke diesen Brief an die Universität, da werden Sie ihn sicher bekommen und haben nicht den Verdruß, daß er bei Ihnen zu Hause vielleicht zuerst in die Hände Ihrer Frau kommt, der ich übrigens von Herzen alles Glück wünsche, wie auch Ihren Kindern, dem stolzen Jungen, der Ihre ungeduldige Schulterbewegung geerbt hat, und dem Mädchen, so schön wie die Naumburgerin, und so wild wie … nein, lassen wir das. Es ist wohl alles anders. Verzeihen Sie einer alten Frau die Unvernunft dieses höchst überflüssigen Briefes. Und beantworten Sie ihn um Gottes willen nicht.

Page und Königin

Wir waren lange in dem alten Pariser Stadtviertel des Temple umher-gegangen, und zu den meisten Häusern hatte uns der führende Freund, Bibliothekar und Kenner, nur ein paar erklärende Worte gesagt. Da kamen wir in die leere Rue du Figuier. Aus hoher, sonst schmuckloser Mauer sprang uns plötzlich ein rundes Türmchen entgegen. Nach ein paar Schritten um die Ecke biegend hatten wir die Front des Gebäudes vor uns. Da waren rechts und links über dem hochgewölbten Portal wieder zwei Türmchen und zwischen ihnen Stücke von Wasserspeiern. Eine Inschrift lehrte uns, daß wir vor dem Hause standen, das für den Erzbischof von Sens und Metropoliten von Paris, Tristan de Salazar, erbaut und von ihm und seinen Nachfolgern lange Zeit bewohnt wor-den war. Von einer merkwürdigen Bewohnerin dieses Hauses, das jetzt Fabrik und Speicher ist, verriet die Inschrift nichts. Aber nun wurde unser Freund beredt und erzählte:

Sie wohnte nur wenige Jahre hier und war nicht mehr jung, die schöne, immer noch lebens- und liebesfrohe Königin Marguérite, letzte Prinzessin aus dem Hause Valois. Von ihrem Gatten, König Heinrich IV., war sie bereits geschieden. Ihre aus politischen Gründen geschlos-sene Ehe war nie glücklich gewesen. Als sie am Hochzeitstage im gro-ßen, blauen Mantel, dessen Schleppe drei „Töchter von Frankreich" trugen, vor dem Altar in Notre-Dame stand, fiel ihr Blick auf den Feind ihres Bräutigams, den Duc de Guise, der als schönster unter den präch-tig gekleideten Katholischen stand, während der Bearner und seine Ketzer trotzig in ihren schlichten Wämsern erschienen. Es wird überlie-fert, Marguérite habe erst geschwiegen, als der Priester ihr Ja erwartete, und ihr Bruder, König Heinrich, habe sie von hinten an den Kopf ge-stoßen, damit sie nicke. Und solange der Bearner halb gezwungen am Pariser Hof zurückgehalten wurde, vergaß er seine Sorgen lieber in den Armen der Filles d'honneur als in denen der Frau, die ihm in der Bar-tholomäusnacht das Leben gerettet hatte. Er hatte auch derbere Ge-wohnheiten und Bedürfnisse als Marguérite, von deren Reiz, Geist und Eleganz ihre Verehrer und Freunde, vor allem Brantôme, der Biograph berühmter und galanter Damen, nicht genug Rühmens machen konnten. Dafür sagten ihre Feinde aus dem Hugenottenlager ihr alles nur denkbare Schlechte nach.

Nach vielen Jahren des Hofglanzes und der Verbannung, nach all den Intrigen, die sie gesponnen hatte und die gegen sie gesponnen worden waren, nach mancher leidenschaftlichen Liebschaft und nach manchem nicht minder leidenschaftlichen Haß war „Margot" erschöpft für eine Weile hier in diesem Hause gelandet, nicht um einsam auszuruhen, sondern um gleich ein neues geselliges Leben zu beginnen. Der König war zu seiner Geschiedenen liebenswürdiger, als er zu seiner Ehefrau gewesen war. Er mahnte sie freundlich, nicht mehr die Nacht zum Tage zu machen und ihre Freigiebigkeit etwas einzuschränken. Und sein Minister Sully bezahlte ihre Schulden. Auch mit der neuen Königin Marie bildeten sich gute Beziehungen, und Margot, die Kinderlose, spielte gern mit dem Dauphin. Sie hatte einen kleinen Hofstaat, in dem die Anmut und Etikette der Valois weiterlebten. Sie war von Musikern und Dichtern, geistlichen und weltlichen Würdenträgern und schönen Frauen umgeben, und ihre Pagen hatten modisches flachsblondes Haar. Margot war von Natur brünett, und Brantôme fand sie am schönsten in ihrem eigenen Haar. Sie selbst sah sich lieber in blonder Perücke. Um diese von Zeit zu Zeit zu erneuern, gaben die hübschen Edelknaben der Königin ihr Haar her. Und sie gaben ihr noch mehr. Besonders einer stand in ihrer Gunst, ein provencalischer Junker, Date de Saint-Julien. Margots Lästerer wollten wissen, sie habe diesen Date aus einem Zimmermannssohn und Lakaien „mit sechs Ellen Stoff zu einem Edelmann gemacht". Der Zwanzigjährige hatte einen achtzehnjährigen Nebenbuhler, namens Valmont, der ihm nach dem Leben trachtete. Als am 5. April des Jahres 1606 Margot von der Messe bei den Cölestinern, von ihrem Günstling begleitet, heimkam und hier auf diesem Platz aus dem Wagen stieg, schoß vor ihren Augen der eifersüchtige Valmont ihren lieben Date nieder. Er versuchte dann zu fliehen, wurde aber gepackt und geknebelt. Margot, die mit dem Sterbenden ins Haus gekommen war, trat an ein Fenster, vielleicht an das dort im kleinen Seitenturm; denn hier die gewundene Gasse hinauf könnte der Mörder geflohen sein. Von dort rief sie (sagen die hugenottischen Chronisten) wutheulend ihren Leuten zu: „Schießt, schlagt ihn tot! Und wenn ihr keine Waffen zur Hand habt, hier, nehmt meine Strumpfbänder und erwürgt ihn!"

Der Brief ist erhalten, den sie am selben Tage dem König sandte und in dem sie nach ausführlicher Besprechung verschiedener politischer Angelegenheiten (Heinrich hörte gern ihren Rat und ihre Meinungen) ihn beschwor, sofort an dem Mörder die Strafe vollziehen zu lassen. Sie wollte nicht essen noch trinken, ehe das Urteil vollstreckt sei. Der derbe Bearner suchte sie damit zu trösten, daß er an seinem Hofe wohl ein Dutzend so brave und galante Junker für sie zur Verfügung habe, wie dieser Saint-Julien gewesen, aber auf seinen Befehl wurde schon am nächsten Tage hier vor dem Hotel de Sens ein Schafott errichtet. Und Margot sah vom Fenster aus zu, wie dem Mörder, der sie lachend grüßte und nicht um Verzeihung bitten wollte, der Kopf abgeschlagen wurde. Dann aber wurde sie ohnmächtig.

Später hatte Margot ein prächtiges Haus nahe an der Seine, da, wo jetzt die Kunstakademie ist, und einen noch größeren Hofstaat, an dem schon fast so zierlich und gepflegt gesprochen und gedacht wurde wie wieder etwas später im Hotel de Rambouillet; sie hat Stanzen gedichtet, auf der Laute ihren Gesang begleitet und geistliche Lieder verfaßt, die ihre Schützlinge, die Augustiner-Barfüßer, sangen. Sie, deren Schönheit „der des Himmels Schande machte und die Frommen von ihrer Andacht ablenkte", hat viel gebetet und war mildtätig.

Sie wurde im Alter beleibt und trug auf den Hüften einen gewaltigen Vertugadin (so hieß halb spanisch der Hüftwulst der Damen). In diesem Vertugadin waren mehrere Taschen. Darin habe sie, behaupten einige Chronisten, in Kapseln einbalsamiert die Herzen ihrer besten Liebhaber aufgehoben. Wenn das zutrifft, war sicherlich auch das Herz des blonden Date de Saint-Julien darunter, der hier vor diesen Mauern und Türmen sein Leben für die Königin Margot gelassen hat.

Das Kind und die Wanduhr

Märchen

Es ist still im Zimmer, nur die Wanduhr marschiert mit Tick und Tack durch das Schweigen. In dem kleinen Bette nach dem Fenster liegt ein Kind. Es ist neugeboren und noch sehr müde von der weiten Reise in die Wirklichkeit, deshalb schläft es. Die Sonne berührt es, und die Luft streicht drüber hin, und die Wanduhr marschiert, aber das Kind schläft.

Draußen ist himmelblauer Tag. Auf silbernen Wolkenballen halten fasernackte Engelchen Wache. ‚Wie ist es', fragt der liebe Gott, der den ganzen Vormittag regiert hat, ‚ist alles in Ordnung, kann ich ein bißchen spazieren gehen?' ‚Ja', antworten die Engel.

Und Gott geht durch einsame Straßen. Da kommt er an dem schlafenden Kinde vorbei, lächelt und spricht: ‚Du hast lange genug geschlummert. Erwache!'

Das Kind schlägt die Augen auf. Die Wanduhr schnarrt und räuspert sich, denn sie ist sehr alt, dann begrüßt sie den lieben Gott und das Kind mit zwölf tiefschönen Schlägen. Der liebe Gott aber spricht: ‚Mögen solche Glockentöne Dein Leben begleiten.' Dann geht er wieder in den Himmel zurück und regiert weiter.

Die Wanduhr marschiert mit Tick und Tack in die Zeit: Das Kind wurde groß. Und es geschah nach Gottes Wort: Überall hört es tiefschöne Glockentöne, aber immer hört es auch das Schnarren und Räuspern, das die Glockentöne begleitet.

Rue Mouffetard

Der billigste und bunteste Markt von Paris ist in der Rue Mouffetard. Noch immer eng und uneben wie in alter Zeit, schlängelt sich die altberühmte – durch den Goldfund im Keller eines abgebrochenen Hauses neu berühmt gewordene – Mouffetard unterhalb des Berges der Heiligen Genovefa vom Lateinischen Viertel in die südliche Vorstadt. Die Fülle der Menschen und Karren ist von beiden Seiten noch bedrängt durch die Auslagen der Läden. Die Erdgeschosse der Häuser verschwinden hinter Stoffballen und Gemüsehügeln. Diese Häuser hießen einst schön – in der Zeit, als sie noch keine Nummern, sondern nur Namen hatten, deren bildhafte Darstellung als Schild vorm Hause hing, zwischen schwankenden Laternen im Winde knarrte, auf Holz oder Blech an die Wand gemalt, vorspringend oder ausgehöhlt in die Mauer gemeißelt war. Die Kleine Armbrust gab es damals, die Vier Heymonskinder, Goldfaust und Silberhand, Drei Näpfe, Göttinnen, Stachelschwein und Kienapfel, Schlafende Katze und Gottesmutter, den Pantoffel und den Großen Carolus. Einiges von dieser Lust an der „Enseigne" ist der Mouffetard aus jüngerer Vergangenheit noch geblieben. Über der Krämerei zur Guten Quelle ist in Relief ein Brunnen mit zwei schöpfenden Männern zu sehen, eine Metzgerei hat zwei Ochsen und drei Lämmer im Schild. Wie Schusters Stiefel und Schlossers Schlüssel hängt vor der Stahlwarenhandlung der „Kleine Scherenschleifer" leibhaftig mit Messer und Schleifrad aus.

Mit einmal steigen über Koffer, Bettstellen und Kinderkleidchen, über Tuchreste, Seide und Blumenkohl brüchige Säulen eines Eingangs. Die sind aus der Zeit, als hier Wohnstätten der Vornehmen und Mauern stattlicher Klöster mit Schlupfwinkeln der Armut nachbarlich kontrastierten. Solch ein Portal ist übriggeblieben von dem Hospiz der Damen von der „Miséricorde de Jésus". Das war Zuflucht mancher großen Dame, unter anderen einer, die erst später ihre volle Größe erreichte. Als Witwe des Späßedichters Scarron zog sie sich hierher zurück, um danach Erzieherin der Kinder Ludwigs XIV. und der Montespan, später des Königs Geliebte und endlich als Marquise de Maintenon Mitherrscherin von Frankreich zu werden. Jetzt steckt zwischen den Säulen am ersten Stockwerk überm Tor eine blauweißrote Blechfahne, Wahrzeichen der Waschanstalt zur „Alten Eiche". Dieser Name und der auf der Wand daneben in derbem Relief ausgehauene Eichbaum erinnern an einen Ball dieses Namens, einen der vielen Volksbälle dieses Stadtteils, die längst verschwunden oder weitergewandert sind.

Als ich kürzlich wieder einmal in die Mouffetard und vor dieses Portal kam und von da über den Damm ging, las ich an einem unscheinbaren Hause ein Plakat, das eine Aufführung der „Plaideurs" von Racine anzeigte. An Pelzmänteln, Kinderuniformen, Taschenkrebsen und Schnecken vorbei suchte ich in diese „Maison pour tous" zu gelangen, immer wieder zurückgeschoben von Pfadfinderknaben und -mädchen, die gerade eine Bilderausstellung ihrer Kameraden im Vorraum des Hauses verließen. Endlich war ich drinnen und mit einmal ganz allein zwischen Bankreihen vor einer Bühne, auf der ein kleines Hausgebilde stand, das ich für ein Marionettentheater hielt. Sollte vielleicht hier das alte, vom Uralten inspirierte Lustspiel für Marionetten zurechtgemacht worden sein? Würden der griesgrämige Richter, sein lustiger Diener Petit-Jean, die streitsüchtigen Alten und das junge Liebespaar, an Drähten gezogen, ihre Händel und ihr Getändel vorzappeln? Als ich mich dann aber am Abend desselben Tages neugierig einfand, kam ein leibhaftiger Petit-Jean aus dem Türvorhang des Häuschens hervor und war Mitglied einer jugendlichen Liebhabertruppe, der „Comédie Mouffetard", die hier den Bewohnern des halb volkstümlichen, halb „lateinischen" Viertels zum ersten Male in ihrem Leben ein Schauspiel boten, zu dem sie selbst als Zimmerer, Elektriker, Maler und Schneider Gerät, Licht und Kostüm geschaffen haben. Aus der Dachluke des Häuschens, das ich mittags für ein Kasperletheater gehalten hatte, schaute mit Maskengesicht der zänkische Richter, ein fuchtelnder Guignol, heraus. Und rechts von dem etwas engen Gestühl des Zuschauerraums teilte sich ein Seitenvorhang, und es erschien in angegilbtem Atlas die hübsche Liebhaberin Isabelle. Süß wie Zuckerwerk in der Konditorenmanschette, stak sie in ihrem armselig köstlichen Gewande, dessen hangende Borten sich in denen des Vorhangs verfingen, als sie dann auf etwas unförmigen Sandalen, die an die Schuhe der Braut im Massakerspiel des Jahrmarkts erinnerten, an uns vorbei dem nicht minder seidenweißen Liebsten auf der Bühne entgegenschreiten wollte. Der hatte rote Absätze, richtige „talons rouges" an seinen Schuhen und war damit und mit seiner Lockenperücke und seinem Pastellgesicht so ganz im Zeitalter des Sonnenkönigs wie im Hause gegenüber die Reste des Damenhospizes. Er und all die anderen jungen Leute sprachen die Alexandriner Racines in ihrer drolligen Getragenheit, als wären sie eben erst eigens für sie gedichtet worden. Der schönste von allen aber war der mitspielende Souffleur, der in dem witzigen Scheinprozeß, welcher des Stückes Knoten löst, dem tölpischen Bedienten vorzuflüstern hat. Er war als kleieweißer Pierrot gekleidet, und neben und über den Masken der grotesken Zänker und Prügeler und den Puppenköpfen der Liebenden geisterte sein geschminktes Antlitz; ein Engelgesicht.

Seit jenem Abend sind einige Wochen vergangen und aus den Zeitungen erfahre ich, daß meine „Comédiens Mouffetard" bereits auf einer „richtigen" Bühne auftreten und vor Publikum und Kritik gut bestehen. Das freut mich aufrichtig, aber noch mehr freue ich mich, sie noch „im Stande der Unschuld" erlebt zu haben, im selbstgezimmerten Bretterhaus der Altstadtgasse, wo alles gegenwärtig und gut beisammen war: Eifer und Übermut herrlich dilettierender Jugend, das große Jahrhundert Frankreichs und ein kleiner Schimmer von Ewigkeit.

„Der Zeigefinger von Paris"

So hat in einem schönen Hymnus auf die Stadt der Dichter Joseph Delteil den Turm genannt, der in diesen Tagen seinen fünfzigsten Geburtstag feiert. Am 31. März 1889 reichte der Präsident Carnot dem Architekten Gustave Eiffel die Trikolore, um sie auf die Spitze seiner Schöpfung zu pflanzen, dieses Triumphes der Technik und achten Weltwunders, mit dem die Weltausstellung jenes Jahres überrascht wurde.

Als Eiffel zwei Jahre vorher das Projekt der Verwaltung vorlegte, empörten sich viele Maßgebliche gegen dies „Monstrum", Wissenschaftler und Künstler, darunter Männer wie Maupassant, Gounod, Sardou, Huysmans, Coppée, protestierten in einer Kundgebung, als leidenschaftliche Liebhaber der bisher unverletzten Schönheit von Paris, im Namen des verkannten französischen Geschmacks, im Namen der bedrohten französischen Kunst und Geschichte gegen die Errichtung dieses nutzlosen Scheusals von Turm, dieses hohlen Leuchters. Es wurden auch Zweifel laut an der Möglichkeit, Ausführbarkeit, Sicherheit der Eisenkonstruktion.

Aber Eiffel siegte. Und die Pariser sahen ihren jungen Riesen aufwachsen auf seinen vier Elefantenfüßen, welche in abgekürzter vierseitiger Pyramide die erste Plattform trugen, um dann als steiler werdende Pfeiler emporzusteigen zur zweiten Plattform und endlich in einer Höhe von fast zweihundert Metern zu einem Pfeiler zu verschmelzen, der oben, nahe dem dreihundertsten Meter, Laboratorium, Leuchtfeuer und eine niedliche Wohnung für Herrn Eiffel bergen sollte, in die sich dieser zu einsamer Höhenforschung zurückziehen konnte.

Im Jahre 1909 ging der Turm in den Besitz des Staates über und ist allmählich trotz seiner absonderlichen Gestalt ein Teil von Paris geworden, ein Stück dieser Stadt, welche die fremdartigsten Dinge mit uralter Sicherheit in ihre Atmosphäre einbezieht. Manches am Eiffelturm wirkt jetzt sogar schon altertümlich: die Dekorationen und Malereien an und in den Baulichkeiten der unteren Plattform und der Glassalon der oberen. Ganz Gegenwart und Jetztzeit wurde dieser Roland von Paris in der Zeit vor etwa zehn Jahren, als er abends zu Reklamezwecken ein Flimmerwerk von Ornamenten und Riesenbuchstaben anlegte, das von Minute zu Minute wechselte. Und in der Ausstellung des Jahres 1937 behauptete er sich als abschließender und beherrschender Wartturm über den Pavillons aller Nationen.

Immer hat er die Phantasie der Besucher angeregt und aufgereizt, wenn sie hinauffuhren in den Schacht seiner stählernen Eingeweide und sich vor ihren Augen immer neue eiserne Spinngewebe verflochten, bis sie oben angelangt über die tausend Dächer der Stadt hinweg in die dunstigen schimmernden Weiten der Ile de France schauen konnten. Kletterkünstler sind an seinen Stahlbeinen emporgeklommen. Lebensmüde haben sich von seiner Höhe hinabgestürzt, um an seinem Panzer zu zerschellen, ehe sie den Boden erreichten. Der Wissenschaft diente und dient er mit seinen Laboratorien für Astronomie, Physik und Meteorologie, mit seinen Projektoren und Meßapparaten, die Weltereignisse sammelt er in seiner Großfunkstelle; für die Kinder aber ist er das große Wunderspielzeug aus Gottes Stahlbaukasten. Und so als ein Riesenspielzeug erscheint er auch uns immer wieder, wenn er uns auf einem Wege durch Vorstadtstraßen bei einem Durchblick mit einmal überrascht, dieser Brückenpfeiler ohne Brücke, dieser Zwitter aus Pyramide und Stecknadel.

Bagatelle

… und bald wird Rosenzeit sein, und du wirst hier sein. Und ich? Nun, jedenfalls versäume dann nicht („Rosenzeit wie schnell vorbei!"), in den Garten Bagatelle zu gehen, um die Blüten der Hecken, Beete und Laubengänge anzuschauen. Kannst mit dem Bus von der Porte Maillot bis Porte de Bagatelle fahren, kannst aber auch von der Gegend der Seen im Bois auf hübschen Fußwegen bis vor das große Eingangsgitter, die „grille d'honneur", kommen. Da gibt's Ansichtskarten und Zuckerstangen, und unter den Bonbons habe ich eine Art Pfefferminztabletten entdeckt, die heißt „Pernod fils" und schmeckt wirklich, mit einiger Andacht gelutscht, nach dem, was wir einst mit denen, die noch Verlaine gekannt haben, tranken. Das waren schöne Zeiten, herbstliche … Aber jetzt ist Frühling, und ich sitze in der Buvette am Parktor und will dir berichten.

Seit einem Vierteljahrhundert gehören Schloß und Park Bagatelle der Stadt Paris. Sie hat sie von den Nachkommen des reichen Lord Hertford erworben, dem Louis-Philippe sie vor hundert Jahren verkaufte. Bis zu dieser Zeit war Bagatelle meist königlicher Besitz gewesen, und Hecken und Mauern hatten den Augen des Volkes die Feste der „Folies d'Artois" verborgen. So wurde der Garten genannt, seit Graf d'Artois, der spätere König Charles X., den alten Jagdpavillon aus der Zeit des „guten Königs Heinrich" sich angeeignet hatte. Diesen Kauf veranlaßte eine merkwürdige Wette des Grafen mit der Königin Marie Antoinette. Er behauptete, im Laufe von zwei Monaten die alte Stätte in ein schmuckes Schloß verwandeln zu können. Mit viel Geld und achthundert Arbeitern brachte er die für seine Zeit erstaunliche Leistung zustande: Anstelle des kleinen „Rendezvous de chasse" erhob sich das elegante Bauwerk, das noch heute steht.

„Parva sed apta" ist als Devise unterm Gesims eingegraben, „klein, aber behaglich": eine Bagatelle. Weitab von Stadt und Vorstadt lag damals dies Stück Glückseligkeit. Und wo heute sich Sportplätze und Übungsfelder des Hippodroms von Longchamp erstrecken, über die hinweg du von der Schloßterrasse die Höhen von Puteaux und Suresnes sehen wirst, war Wald und wucherndes Feld.

Vor beiden Eingängen des Schlosses Bagatelle lagern je zwei Sphinxe. Die beiden, die in den Vorhof schauen, sind die üblichen ernsthaften Geschöpfe mit dem pseudoägyptischen Haaraufsatz, halb Tiara, halb Coiffure. Auch die Bronzeputten, die, patinagrüne Schatten werfend, auf den weißen Löwenrücken reiten, benehmen sich mit ihren Kranzgewinden gesittet. Aber das Paar, das nach der Gartenseite lagert, das sind kokette Mädchen mit Rokokofrisur und niedlich grausamer Miene. Ihre zierlichen Busen sind gestützt von gewundenem Steinwerk, das wie ein Korsett aussieht, und die Löwentatzen sitzen wie abstreifbare Handschuhe an den Frauenarmen. Die Putten auf den Rücken dieser beiden sind so weiß wie ihre Trägerinnen und haben Amorpfeile im Köcher und Streublümchen in den Händen. Das Innere des Schlosses konnte ich heute leider nur durch die großen Fenster sehen: einen wunderbar runden Vorsaal, mit Kaminen, Spiegeln, schmal hohen Türen, Konsolen, Friesen. Das Schloß ist zur Zeit nicht geöffnet, sagte mir ein freundlicher Gartenaufseher, und die Bilder von Fragonard und Greuze und die Statuen des Schweigens, der Tollheit und der Anmut sind „vu la situation", wie er sich ausdrückte, entfernt. Nun, vielleicht bekommst du sie zu sehen, wenn du zur Rosenzeit herkommst oder doch wenigstens im Herbst, wenn du kommst, die Nymphen im Gartenbecken anzusehen.

Aber ich? Nun, immerhin habe ich durch die Fenster geahnt, wie es da drinnen einmal zugegangen sein mag. Die Communs waren unterm Erdgeschoß und die Dienerschaft hatte Befehl, sich nur, wenn sie gerufen wurde, hinaufzubegeben. Wenn du nun an einem Sommertage von den Stufen des Peristyls auf Rasen, Teich und Grotten schauen wirst, kannst du dir vielleicht die schönen falschen Schäferinnen vorstellen, die hier spielten und lagerten und unterm gerafften Rock einen blanken Fuß in sanftes Wasser streckten, da drüben zum Beispiel, wo die Seerosen blühen werden. Ich habe da heute nur rötlich violette Blätter schwimmen sehen. Aber du wirst die Blumen selber besuchen. Eine menschenfreundliche Inschrift erlaubt dir, während der Blütezeit den Rasen zu betreten. Weiße, rosa und rote Nymphäen werden sich schwebend aufrecht halten über den schwimmenden Scheiben der Blätter. Darf man Weltgeschichte – zum Trost – als Märchen erzählen, dann sind vielleicht die Schönen aus den letzten Tagen der „Lebenssüße", als die Revolution sie aus ihrem grünen und marmornen Paradiese verscheuchen wollte, rasch in Blumen der Büsche, Beete und Teiche verwandelt worden und dem freien Volke, dem nunmehr Park und Welt gehört, botanisch erhalten geblieben. Und zur Blütezeit darf es über den Rasen ganz nah an sie heran.

Nach der Revolution erlebte Bagatelle noch manches Fest. Josephine Beauharnais besuchte hier die ländlichen Orgien des Directoire. Napoleon kaufte Schloß und Garten; nach ihm war der Herzog von Berry Besitzer von Bagatelle, und der Kronprätendent Graf Chambord spielte als Kind auf dem Rasen. Aber die große Zeit der Folies d'Artois war längst vorbei. Und heute herrscht hier nur Erinnerung und Botanik. Kleine Schildchen stehen vor winzigen Sträuchern und Bäumchen und berichten von Kalifornien und dem Himalaja. Die meisten tragen ernste lateinische Namen. Einigen aber sind Bezeichnungen beigegeben, ähnlich denen, welche die großen Schneider für ihre Modeschöpfungen wählen: Avalanche, Espérance, Vestale.

Unter den Laubengängen, wo du demnächst die Rosen besuchen wirst, habe ich auf dem Rasen für dich Narzissen, Märzbecher, Tulpen, Hyazinthen und Vergißmeinnicht angesehen. Und auf einer Steinbank, deren Füße Leierform hat, habe ich nahe bei einer Felsengrotte gesessen, die gewiß einstmals „galant" war. Heut stand da im Halbdunkel die Karre eines Gärtners, und gegen die Wölbung lehnte seine Harke. Wo hinter mir zwischen den Pfeilern mit den Steinvasen ein Gitter die Mauer unterbrach, ist draußen ein Stück Wildnis stehengeblieben, mitten in dem modernen gepflegten Bois de Boulogne zur Erinnerung an die Zeit, als diese Mauer zwei Welten trennte …

Ein Garten voll Weltgeschichte

In Paris gibt es einige Kinderspielplätze, auf denen in alter Zeit Weltgeschichte und das große Leben stattfand, zum Beispiel der Garten des Palais Royal. Da ist es hübsch, müßigzugehen oder auf einer Bank zu sitzen, die Strecke, die ein Baby taumelt, eine Murmel läuft, ein Ball fliegt, zu verfolgen und hinzuzudenken, was in denselben paar Metern, in demselben Spielraum der Zeit sich alles mag begeben haben. Zu solch nachdenklichem Aufenthalt liefern dem Stadtfreund zahllose Bücher, Dokumente, Modekupfer, Karikaturen des großen Antiquariats Paris ergänzendes Material. Die Zeit rollt ein paar Jahrhunderte rückwärts, und mitten über den Spielplatz quert ein Stück Festungswall der mittelalterlichen Stadtmauer, gegen die einst Jean d'Arc anstürmte. Die Mauer wird abgerissen, mit ihr verschwinden Sand und Rasen der Gegenwart. Gartenbeete sind da, zu Ornamenten gezüchtet, und in den Alleen grüßen sich die Musketiere des großen Kardinals mit weitgeschwungenen Hüten. Dahinter steigt das strenge Schloß auf, dessen Äußeres dem düster vornehmen Wesen seines Besitzers entspricht. Um so üppiger sind Hallen, Treppen und Säle des Innern. Da empfängt Richelieu im überschmückten Gemach die Gelehrten, aus deren Privatverein er die Académie Française machen wird, da sitzt er im großen, von Logen umgebenen Theatersaal mit viel Abstand von den anderen und wohnt der Aufführung eines Stückes bei. Es ist „Mirame", die Liebes- und Staatsaktion, deren eigentlicher Autor er selber ist, wenn er das Stück auch von einem seiner Höflinge hat vollenden und signieren lassen. Er wollte wetteifern mit dem „Cid" des jungen Corneille. Und dort, in einer Art Atrium, in das die Kavaliere seines Königs langsam eintreten, sich nach seiner Gesundheit zu erkundigen, hat der Todkranke an einem Tisch Platz genommen und schreibt das Testament, in welchem er dem König sein Palais, seine goldene Kapelle, sein Büfett aus ziseliertem Silber und seinen großen Diamanten vermacht. Einige Monate nach seinem allmächtigen Minister starb der König. Seine Witwe, Anna von Österreich, bezog das nunmehr „Palais Royal" genannte Schloß mit ihren Söhnen, Louis, dem fünfjährigen König, und dem dreijährigen Philippe, als Königsbruder „Monsieur" genannt. Der Schloßbau wird von Mansart vergrößert und aufgeheitert. Aber auch hier in unserem Garteneck erhebt sich ein Gebäude, eine Miniaturfestung, eine winzige Burg, mit Bastionen, Schanzen und Gräben, das „Fort Royal", in dem der kleine König Krieg und Belagerung spielt und lernt. Als Erwachsener ist Louis XIV. dieser Kindheitsstätte untreu geworden und hat das Palais Royal seinem Bruder überlassen. Dessen Nachkömmlinge, die Orléans, haben Schloß und Garten weiter ausgebaut, und mit und nach der großen Welt ist allmählich auch die kleine und die halbe Welt in Wandelgänge und Gartenwege eingedrungen. Der letzte in der Reihe der Orléans vor der Revolution, der später seinem Namen, schlau paktierend, aber mit nur kurzem Erfolge, das Wort „Egalité" anhängte, umgab, um sein verschwenderisches Leben zu finanzieren, den Garten des Palais mit den Galerien, die ihn heute noch einfassen. Diese Galerien vermietete er an Besitzer von Kaufläden und Cafés. Das Volk nannte diese Prokurazien von Paris das „Palais Marchand", und Louis XVI. sagte: „Lieber Vetter, Sie machen, scheints, einen Laden auf; da wird man Sie gewiß nur noch am Sonntag zu sehen bekommen." Nun siedelt sich die Mode an, mit Tuch und Brokat, Schleifen, Blumen und Federn. Speisehäuser und Cafés füllen sich, nicht nur im Erdgeschoß und ersten Stockwerk, sondern bis hinab in die Kellerräume, wo sie „Englische Taverne" und „Flämische Grotte" heißen. Im Garten ist die Bude mit den ersten Automaten, Seraphines Theater mit chinesischen Schattenbildern, und vor einem Jahrmarktsstand Madame La Pierre, die preußische Riesin, sechs Fuß zwölf Zoll hoch. Im Wachsfigurenkabinett von Curtius bewundert man Favoritinnen des Sultans und berühmte Zeitgenossen. Um die Mittagszeit aber scharen sich die Leute um die „Kanone". Das ist ein Instrument mit geschliffener Linse, durch welche die Sonne im Augenblick, da sie den Meridian erreicht, Pulver erhitzt und entflammt und einen Schuß auslöst. Auf dieses Signal stellen die Ankömmlinge ihre Uhren.

Die Szene bleibt. Die Schauspieler wechseln. 1789! Der Garten wird zum Forum der Revolution, die Cafés verwandeln sich in Clubs, Camille Desmoulins springt auf einen Tisch vor dem Café Foy und ruft das Volk zu den Waffen. (Das Denkmal dort an diesem Rasenrand verewigt diesen Augenblick und nimmt unserer Phantasie die Arbeit ab.) Die Kanoniere, die ihren Posten verlassen haben, tanzen mit Marktweibern. Im Café des Patriotes beehrt man sich laut Plakat mit dem Titel „Citoyen", man duzt sich und – man raucht! Eine Strohpuppe, die, mit Tiara und allen Zeichen seiner Würde angetan, den Papst darstellt, wird verbrannt. Ein Modehaus, das sich jetzt „Maison Egalité" nennt, preist seine „Robes rondes à la Carmagnole", seine „Redingotes à la Républicaine" und seine „Jupes à la Grecque" an. „A la grecque" gekleidet erscheint die schöne Madame Tallien und promeniert als erste in diesem Garten mit kurzgeschnittenem Haar. Und man nennt diese neue Haartracht „les cheveux coupés à la victime". 1793! Bei einem Messerschmied dort unter der Arkade Nr. 177 kauft Charlotte Corday für zwei Franken das Küchenmesser, das sie am Abend desselben Tages Marat in die Brust stechen wird. Die Trinker, die aus den Kellern und Cafés kommen, werden sogleich auf der Rue du Faubourg Saint Honoré den Karren begegnen, die Verurteilte zur Place de la Révolution fahren. Das Treiben der „Nymphen" scheint unter der Herrschaft des sittenstrengen Robespierre einen Augenblick bedroht, man will den Garten Egalité von ihnen säubern. Aber General Henriot, den man zu ihnen schickt, fragt sie nur, ob sie gute Republikanerinnen seien und keine Aristokraten und Feinde verbergen. Und sie erwidern: „Fi! Fi! Notre général, nous ne reçevons que des Sansculottes." Und treiben es schlimmer als zuvor, vor allem etwas derber, weniger schäferinnenhaft. Kupplerische Hände winken hinter den Gitterstäben der Galerien und zerren in die Torbögen.

Directoire: Unterm Torbogen drüben ist die Börse der Assignaten. Auf den riesigen „brioches" der Kuchenbäckerei ist der neueste Kurs des Louis d'or angeheftet: 8000 Livres in Assignaten. Eine besondere Art Königinnen thront in den Cafés an hohen blumengeschmückten Tischen: die Belle Limonadière des Café des Mille Colonnes, von ihren Verehrern umgeben, und einzeln, unnahbar, die dicke Madame Véry in der berühmten Gaststätte, die ihren Namen trägt.

Kaiserzeit: Über die Pflaster der Wandelgänge scheppern die Säbel von Napoleons Kriegern. Das Gehenk verwickelt sich im Gedränge in griechische und römische Gewänder, an denen man jetzt nur noch eine Schleife zu lösen braucht, um den ungeduldigen Sieger zu beglücken. Ganz Europa träumt, von Reisebüchern und Berichten erregt, von den Freuden im „Tempel der Wollust". Und als im Jahre 1814 die siegreichen Alliierten in Paris einrücken, stürzen sich Kosaken und Panduren, Wellingtons Schotten, Blüchers Grenadiere und österreichische Ulanen in die Wandelgänge. (Den Engländern bekommt das vortreffliche Essen und Trinken bei Lemblin und Véfour nicht immer gut, wie eine lustige Karikatur verrät; auf einer anderen verlocken einen „Mylord" die rundlichen, „méringue" genannten Backwerke der jungen Verkäuferin fast so sehr wie ihre gerundeten Brüste.) Unter den Spielbanken wird Nr. 113 berühmt, wo Blücher sein unkriegerisches Hauptquartier aufschlägt und Millionen verspielt. Es ist vielleicht dieselbe Stätte, in der zehn, zwanzig Jahre später Balzacs Raphael de Valentin sein letztes Goldstück einbüßt und der junge Rastignac in einigen Minuten ein kleines Vermögen gewinnt. Dort, das belebte Barackengerüst ist auch eine Balzac-Illustration. Das sind die „Holzgalerien", die an der Stelle stehen bleiben, wo der Bau der Orléans noch nicht fertig geworden ist. In den „Verlorenen Illusionen" sind Baufälligkeit, Schmutz und Flitter dieses „Camp des Tatares", seine Makler, Buchhändler, Modistinnen und Freudenmädchen ausführlich beschrieben.

Wiederkehr der Bourbonen: Das Palais wird noch einmal königlich und Orléans-Besitz. Es wird weiter ausgebaut. Weiter wird Baccarat, Biribi und Lansquenet gespielt. Die Ware der Konditoren wird mit „Dessins sucrés" und „Dévises de bonbons" geschmückt, die von bekannten Poeten verfaßt werden. – Dann erlebt das Palais Royal noch Louis Philippes Familienfreuden, aber auch den Schrecken naher Straßenkämpfe, und Orléans glückliche Ankunft vor seinem Hause am letzten der „drei glorreichen Tage", wo er unter der Trikolore den General Lafayette umarmt, um dann unter dem Jubel des Volkes zum Stadthaus zu ziehen und von dort als König der Franzosen zurückzukehren. Der letzte fürstliche Bewohner des Palais ist der Prinz Napoleon in den sechziger Jahren. Aber da geht die große Zeit von Garten und Wandelgang schon vorbei. Juweliere und Modehäuser wandern ab, Cafés und Restaurants werden von neuen Gaststätten der großen Boulevards überflügelt. Die Spielhäuser sind längst verboten, die galanten Damen verschwinden. Um die Jahrhundertwende ist der Garten und seine Umgebung eine Zeitlang recht düster und nicht ungefährlich für einen einsamen Spaziergänger. Die Zeitungen berichten von Überfällen; Verbrecher geben sich hier Stelldichein zu Einbruch und Raub. Und heut sind aus festlichen Gemächern nüchterne Staatsbüros und Direktionen geworden. In den Galerien sind kleine Läden mit billigem Schmuck, Briefmarken-, Buch- und Papierhandlungen, wie man sie in den veraltenden Passagen der Boulevards findet. Und der Garten der Revolution und Wollust ist zur Promenade von Kleinbürgerfrauen, Bonnen und Ammen geworden, und zu diesem Kinderspielplatz, aus dessen Sand und Rasen uns die alte Zeit ersteht.

Pariser Hotel

Ein entfernter Bekannter erkundigt sich bei mir, „wo man in Paris wohnen soll", ich soll ihm „ein Hotel empfehlen". Statt ihm gleich eine vernünftige Auskunft zu geben, verfiel ich zunächst (man möge mirs verzeihen) in Gedanken und schrieb einen längeren Brief folgenden Inhalts, den ich aber lieber nicht abschicken werde.

Hotel, dem deutschen Ohr klingt das Wort als Fremdwort, das einen Ausnahmezustand und -aufenthalt bezeichnet. Hotel, das ist ein Haus, in dem man nicht zu Hause ist, wo man, bedrängt und bedient von fremden Leuten, eine Reisezeit absolviert. Dein Zimmer gehört mehr denen, die es aufräumen, als dir, dein Frühstück ist eine Pflicht dem Kellner gegenüber, Eingang und Ausgang beherrscht der Portier. In Paris aber gibt es zahllose Hotels, die gar keine sind. Hotelzimmer gibt es, in denen du richtig leben kannst, wie in deinem Leben. Sogar sterben kannst du darin, ohne besonders unangenehm aufzufallen. Wenn du ein paarmal in solch einem Zimmer eingeschlafen und aufgewacht bist, wirst du, ohne zu merken wie, Mitbürger einer Straße, eines Stadtviertels. Du kannst wunderbar allein sein zwischen Bett und Fenster, und doch ist die Stadt mit in deiner Stube. Du siehst von ihr vielleicht nur einige der schmalragenden eckigen Schornsteine vor farbiger Wolkenwand. In denen ist aber heimlich Architektur aller „Lanternes" altfranzösischer Schlösser, jede Dachwand wird ein kleiner Louvre. Im Glas des Spiegels an deinem Schrank oder über deinem Kamin ist aller Glanz der spiegelreichen Stadt: Welt genug. Tausend ferne Geräusche bauen Stille um dich her. Wie in einer Kajüte schwimmst du geborgen mitten im Ozean.

Aber was rate ich Ihnen nun, Verehrtester, in welchem Teil der großen Stadt Ihr Zimmer durch Abend und Morgen gleiten soll? Es ist fast gleichgültig, wo. Je anonymer Haus, Straße und Carrefour ist, um so mehr sind Sie in Paris. Paris: das ist der schmale Gitterbalkon vor tausend Fenstern, die rote Blechzigarre vor tausend Tabakverschleißen, die Zinkplatte der kleinen Bar, die Katze der Concierge. Man kann also irgendwo wohnen. Man möchte aber auch überall wohnen, möchte Einschlafen und Aufwachen jedes Stadtviertels miterleben. Bist du lange ziellos durch die Stadt gewandert, bekommst du Lust, da schlafen zu gehen, wo du gerade müde geworden bist, an einem Platz etwa, der, mitten im Getriebe, die plötzliche Stille eines baumbestandenen Squares umgibt, wo du aus dem Hotelfenster auf fahlgrüne Wipfel und die kleinen verlassenen Sandhaufen eines Kinderspielplatzes sehen wirst. Oder an einem, der ganz Stein ist und eindringlich seinen Kreis, sein Vier- oder Achteck um eine Säule, ein Standbild, einen Brunnen zeichnet und diese zum Brennpunkt macht, auf den aus mündenden Straßen das Leben zuströmt, im Ansturm umgebogen und in den Tanz des Platzes eingefangen wird, einen Tanz, der als Erinnerung die ganze Nacht sonor und leise über dem Pflaster weiterschwingt.

Verlockende Stätten zum Schlafen sind in den Seitenstraßen, die von manchen Boulevards und Avenuen, meist etwas ansteigend, abzweigen, von der Eleganz in die Kleinstadt, vom Modernen in nachbarlich dauerndes Mittelalter überleitend. Dort kannst du von deinem Zimmer aus Pracht und Armut, Gegenwart und Geschichte zugleich bewohnen.

Straßen gibt es, in denen man ganz früh schlafen gehen möchte in klösterlicher Nähe von Instituten und Bibliotheken. Und andere, von deren Pflaster man sich auch spät noch nicht trennen kann, wo man nicht loskommt vom Terrassenglück des Eckcafés und von der Lust, das Leben als Vorübergehen unbekannter Wesen zu empfinden.

Reizvoll ist die breite Auffahrt unter Arkaden und dahinter Hall und Lift, verführerischer vielleicht die altertümlich hohe Holztür und drinnen die schmale Wendeltreppe mit schmiedeeisernem Geländer. Und eine wieder ganz andere Lockung kommt von ausgetretenen Steinstufen eines armen Hauses, das nur zwei, ja manchmal nur ein Fenster in jeder Etage hat, und jedes Fenster ist ein Geheimnis.

Manchmal möchte man oben über dem Kirchhof Montmartre zu Hause sein, Nebel über Grabsteinen und darin alle Dome der Stadt sehen. Oder noch weiter die „butte" hinauf, wo die Treppen der Hotels erste Stufe vieler Stiegen hinunter in die schwimmenden Lichter oder hinüber zu der kreidigen Helle von Sacré-Cœur sind. Manchmal reizt mit Quai und Brückenbogen und allem, was auf ihm verankert liegt, der Fluß zu täglicher Nachbarschaft, manchmal das Gitter eines regenfrischen Parks oder das feuchte Grau einer Kirchwand.

Oder einfach die Rückwand vom Annex des großen Warenhauses. Wenn du dort in dem Hotel der abgeschlossenen „Cité" ans Fenster treten wirst, kannst du aus dem Torweg die Midinetten kommen und zu zweit und dritt in ihre Mittagspause hineinspazieren sehen. Beim Schuster in der Mauerloge bleiben einige stehen, andre gehen wichtig plaudernd weiter. Bist du nicht mit einmal Junger Mann in irgendeinem Rayon des Warenhauses und wirst jetzt auch deine Mittagspause haben und in die Crémerie gehen, wo deine Kolleginnen zierlich in die winzigen Portionen auf den kleinen Tellern stochern?

Ach, vielleicht bist du zu modern für all diese Winkel, bist lieber eleganter Müßiggänger. Da darf ich dir nicht mit Tapeten kommen, buntblumig wie der Morgenrock der schlurfenden Vermieterin. Du willst vergoldete Boiserien an deiner Wand und aus deinem Fenster willst du im Lack der Autos die Lichter der Juwelierläden spiegeln sehen. Oder du willst Letztes, Neuestes: steinerne Würfel und gläserne Wölbungen einer immer wachsenden Stadt –

Nein? Wie ein junger Arbeiter möchtest du leben. Dann weiß ich nicht weit von La Roquette ein Hotel für dich, da hast du unten im selben Hause für deinen Feierabend einen lustigen Bal musette und an deinem Fenster, dessen graue Gardine mit Stickerei eingefaßt ist, einen Vogelbauer. Deine Wirtin ist eine Mulattin, an der alle Tücher bunt werden; sie geht in roten tunesischen Schuhen. Und dort hast du sogar eine klangvolle Adresse. Denn dein Hotel heißt – wie manche andere in Paris – Hôtel de la Paix.

Hier tanzt man noch

In zwei Stunden geht ihr Zug nach Boulogne. Und heute abend ist sie auf hoher See. Todtraurig müßten wir eigentlich sein. Denn es ist ihre letzte Nacht in Paris. Ihre Zeit hier war nur eine Frist. Vor einer Woche war sie noch in ihrer, in unserer verlorenen Heimat. Und von ihren Tagen hier hat sie viele Stunden auf der Präfektur und an andern Stätten, wo man lange wartend Zeit und Zettel ausfüllt, verbracht. Und beim Sitzen und Warten ist sie manchmal ein wenig eingeschlafen. Denn sonst ist sie nicht viel zum Schlafen gekommen in diesen schönen Frühlingstagen und -nächten. Und heut ihre, unsere letzte Nacht haben wir überhaupt nicht geschlafen. Mit uns wacht die Stadt. Denn es ist Vierzehnter Juli ...

Auf hundert Plätzen hat sie getanzt mit mir und mit allen. „Ici on danse" – die Inschrift, die einst die große Revolution an der Stelle angebracht hat, wo sie den Kerker eingerissen hatte –, „Ici on danse" lasen wir auf dem Bretterverschlag, über dem das Orchester der Place de la Bastille zum Tanze aufspielt. Da trocknete sie rasch die Tränen, die ihr in der Rue Sainte-Antoine über die Wangen gelaufen waren, als sie mir von ihrem Kinderspielplatz im Wilmersdorfer Stadtpark erzählte, von ihrer Bank, die nun gelb angestrichen und verfehmt ist. „Ici on danse", rief sie und strahlte.

Ganz außer Rand und Band war sie in der Luftschaukel auf dem Boulevard Clichy. Wie die leibhaftige Freiheit sah sie aus in ihrem flatternden Haar ... Aber auf der Ile Saint-Louis, auf dem Plätzchen, wo rings Dunkelheit das bißchen Licht und Dudelsackmusik bedrängte, wurde sie wieder ganz still. „Werde ich auch richtig kochen können für diese Brasilianer", meinte sie. „Da muß man, glaube ich, das Fleisch erst lange in Öl tun ... Es ist doch ganz nah am Äquator." Doch dann kam so ein Auvergnate oder Limousiner auf uns zu: Warum ich die jeune fille nicht tanzen mache, fragte er, zog sie ans Orchester und tanzte eine Bourrée mit ihr ...

An der Porte Saint-Denis aber tanzte sie wieder mit mir, und rote, weiße und blaue Wechsellichter einer nahen Illumination wanderten über unsere Schultern und Gesichter. Tische und Stühle, zwischen denen Kellner in Papiermützen ihre Servierbretter balancierten, waren weit auf den Damm bis dicht an die Tanzenden geschoben. Da saßen die Jüngsten und Ältesten. Sie waren aus ihren Stubenecken und von ihren Fenstersitzen an das Festeslicht vorgedrungen. Sogar die grimmen Concierges, die der Pariser Cerberusse nennt, diese ewigen Schwellensiedlerinnen, hatten sich aus ihren düstern, lindwurmlangen Hausgängen bis in die Helle geschoben.

„Das klingt doch wie Waldhorn", sagte sie später – das war, glaube ich, auf der Place de l'Estrapade –, die Musiker saßen auf einer Holzplanke, die über Tonnen lag. Das Waldhorn, das sie zu hören meinte, kam aus einem Lautsprecher, der an einer Hauswand klebte.

Beim ersten Morgenlicht sind wir in mein eigenes, schon etwas vorstädtisches Quartier gekommen. Da vor dem Ausschank, wo ich meinen Tabak und meine Briefmarken kaufe, umgaben Tische und Stühle ein freigelassenes Viereck auf dem Trottoir. Da warteten die Mädchen vom Bäcker und Schlächter auf den nächsten Tanz. Sie hatten farbige Fähnchen umgehangen und nackte Arme. Und die Frau des Besitzers der Kohlenhandlung, die zugleich Hotelbetrieb und Weinhandlung ist (wenigstens steht über der Tür „Vin, Hôtel, Charbon"), stillte neben dem Bierglas ihres Mannes ihr Jüngstes. Der Saufkumpan mit dem hängenden Gallierschnurrbart, der mir hier an der Bar einmal erklärt hat, es gebe kaum noch richtigen Kognak, er müsse es wissen, er sei mit den Hennessys verwandt, hatte sich als Privatakrobat entpuppt. Er machte zur Musik erst Salto, dann Negerstep unter Beifall und Hundegebell. Seine Schuhsohlen und Fußlappen waren der Leistung nicht gewachsen, sie lösten sich auf und schlappten seinen Hüpfern und Rutschern nach. Das störte ihn nicht. Und die Leute, die ihn sonst oft störend finden, selbst der Schankwirt, der ihn fast jeden Abend hinauswerfen muß, waren entzückt. Der Wirt winkte, als der Tanzakt aus war, den Pustenden an die Bar heran und fragte, was er ihm zu trinken anbieten könne. „Heut sind Sie aber nachsichtig mit ihm", meinte eine Nachbarin. „Was wollen Sie?" war die Antwort. „Heut ist der Vierzehnte! Le Quatorze!"

Aber Sie, die nun fort muß, weit über das Meer, sah immer auf das Kind an der Brust der Kohlenhändlersfrau. Das machte mich ganz nachdenklich. Ich suchte ihren Blick und hätte ihr, als ich ihn endlich abfing, soviel zu sagen gehabt. Aber ausweichend kam sie mir zuvor:

„Die Kinder, die vor dem Rathaus sangen, die süßen Stimmen haben wir nun doch versäumt." Und dann wollte sie heim. Heim – das heißt, ins Hôtel. Da war gerade noch Zeit, ein wenig Toilette zu machen und das letzte in Koffer und Tasche zu tun. Und dabei bekam ich noch allerlei geschenkt. Schönes, Nutzloses, „Dinge keines Gebrauches", wie der Dichter sagt, Amulette ...

Jetzt sitzen wir dem Bahnhof gegenüber im kleinen Café. Sie ist an meiner Schulter eingenickt, sie schläft die Hälfte unserer letzten Stunde. Mir ist, als ruhe sie ein Leben lang an meiner Brust.

Aber vor uns ist immer noch Fest und Flimmer und Tanz. Spahis, Turkos, Zuaven von der Parade heut vormittag kommen vorüber, Rotmäntel, Burnusse, Turbane in Promenade und Tanz mit den Mädchen von La Chapelle und Barbès-Rochechouart. Immer noch klingt ein wenig Banjo- und Jazzmusik. Und die ersten Autobusse warten, wenn sie an die Straßenkreuzung kommen, geduldig, bis die Tanztour vorbei ist, und wälzen sich dann langsam, wohlwollend umheult, weiter. Und Sie, die nun fort muß, spricht manchmal ein paar Worte aus dem Schlaf oder Traum, kaum zu verstehen: „Vielleicht doch Schönheitspflege ... Massage ... ach nee ..." und summend „so ein großer Brasilianer und die kleine Handschuhmacherin ..." und dann aufwachend „Ici on danse ... hier, hier tanzt man noch ... ach, hier tanzt man noch."

Pause in Paris

„Es ist erstaunlich", wunderte sich in diesen Tagen ein ahnungsloser Fremder, „daß in so vielen Theatern dasselbe Stück gegeben wird: Relâche" – bis man ihn belehrte, dies Wort bedeute: Geschlossen. Er erlebte viele ähnliche Überraschungen. Die erste gleich am Tage seiner Ankunft am Morgen des 16. Juli. Da sah er in den Straßen am Bahnhof vor den Cafés Haufen von Stühlen, die zusammengeklappt und zu Riesenstapeln aufgebaut wurden. Ein Heer von Kellnern, Abwäschern und andern Kittelmännern fegte bunte Fetzen auf, brach Gerüste von Musikkapellen ab und holte Lampions und Girlanden elektrischer Birnen von ihren Drähten herunter: Er war in den Kehraus des Nationalfestes, des viertägigen und viernächtigen Tanzes geraten.

In den Pavillons des Bois de Boulogne wollte er die „große Welt" beobachten, aber die ist nach den letzten Rennen von Auteuil und Longchamps fortgereist. Einen Schub fliehender Bürgerschaft hat er noch gerade erwischt, als er am Seinequai spazierend bei einem Brükken- und Straßenübergang seinen Weg durch eine Wagenburg kofferbepackter, menschenüberfüllter Autos versperrt fand: Er war in die Völkerwanderung zum Bahnhof Quai d'Orsay geraten.

Empfehlen wir ihm, sich mit andern Fremdlingen in eins der „Luxusautocars" zu setzen und an den Sehenswürdigkeiten, die sich auch im Sommer nicht entfernen können, entlang zu fahren, morgens für 40, nachmittags wieder für 40 Francs. Und dann abends für 150! Dafür bekommt er Paris la nuit, Paris by night, Paris bei Nacht, Parijs bij nacht, Parigi la notte usw. vorgesetzt und kann fünf Kabaretts besuchen, alle Kosten der Augen- und Gaumenweide inbegriffen! Verführerische Bilder (Jüngling in Badehose und Mädchen in noch weniger tanzend, Bals musette mit echten Apachen, die ihre „gosses" hart packen, Montparnassierinnen, die auf Tischen tanzen) locken ihn in die „Nuit de luxe", und die deutsche Version eines Programms verheißt ihm in einem Kellerlokal unterhalb vom Sacré-Cœur „eine Truppe auserwählter Montmartrekünstler, welche heitere Gesänge, wie man sie nur auf der ‚Butte', dem mit Recht so beliebten Herd französischen Frohsinns, findet, vorträgt".

Merkwürdige Ausländer bekommt man jetzt zu sehen. An fremde Völkerschaften ist Paris ja gewöhnt. Doch die gehen und sitzen gelassen wie in ihren heimischen Steppen, Wüsten und Negerkrals. Was aber jetzt auf den Terrassen der großen Cafés wie an Deck eines Vergnügungsdampfers so erwartungsvoll über die stille Straße schaut, aus welchem Asien oder Amerika kommt das her? Ein paar solcher Hinterländler sprachen mich neulich vor dem Stadtplan an einer Station der Untergrundbahn auf anglo-amerikanisch an und fragten, wie man hier nach Mainstreet käme. Mainstreet? Erst dachte ich, sie suchten die Avenue de Maine. Dann kam ich darauf, daß sie die Hauptstraße unseres Städtchens meinten. Ich zeigte ihnen auf dem Plan die Fahrstrecke zur Oper. Da herum, nahm ich an, läge die gewünschte Mainstreet von Paris. Erst als die Burschen fort waren, fiel mir ein, ich hätte sie in die Avenue des Champs-Elysées schicken sollen, die in ihren Vaterländern vermutlich als Hauptstraße und Hauptsache von Paris angesehen wird. Dort würden sie ja auch selbst heute die gewünschte Großstadtfülle finden. Vielleicht klingen dort auch von einem verlorenen Tische her zwischen lauter Englisch, Russisch, Deutsch und Ungarisch ein paar französische Worte an ihr Ohr. Vielleicht!

Wie wunderbar still es jetzt mittags rings um die Oper ist. Es ist, als freue sich die große Stadt dieser Zeit, wo sie so leer von Menschen und so voll von sich selbst wird. Und die Stille wird noch vertieft durch die Wunderbilder auf den Plakaten der Reisebüros. Während schon wieder ein Regenschauer auf uns niederprasselt, sehen wir da an einem südlichen Strand Männlein und Weiblein nach der Strahlsonne wie nach einem Ball, den sie einander zuwerfen wollen, langen. Aus Biarritz winkt uns ein braungebranntes Geschöpf der „Air de France". Wolkenkratzer aus Papiermaché locken in die Weltausstellung zu New York. In der Casa de Portugal sehen wir die steinernen Stickereien der Paläste von Sintra, sehen Palmen und Agaven im Parke von Bussaco und lesen unter einem Grabdenkmal den schönen Namen „Inez de Castro". Steinrot und grasgrün schimmerndes Korsika durcheilen wir im Autocar. Im gelben Sande, der statt seiner rollt, steht unser Tourenauto still vor „Alger la blanche, Tunis la mystérieuse, Marocco aux sables brûlants", vor den Bergen von Marakesch, vor Tempeltrümmern von Timgad. Ein paar Schritte weiter dringen wir ein in köstliche Luxuskabinen der Blue Star Line, ergehen uns auf dem Promenadendeck. Dann allerdings, vor den nächtlichen Türmen von Budapest wird uns etwas unsicher zumute, und der Aufforderung „Faites votre cure en Pologne" getrauen wir uns kaum zu folgen. Und mit der holden Maid, die uns aus dem „Weindorf Koblenz" Prosit zuruft, sind wir zur Zeit leider „schuß", wie die Berliner Kinder sagen.

Und mit einemmal wird uns die ganze Geographie aus seliger Ferienfahrt wieder zum bitteren Auswanderungsproblem. Das wollen wir aber eine Weile vergessen und ganz genießen die schöne Pause in Paris. (Für das eventuelle Bedürfnis nach Wochenendausflug sorgen ja „Bon dimanche" und „Joyeux weekend", die dich hundert Kilometer im Umkreis in Wälder der Ile de France und an die Ufer der Loire mit billigem Fahrschein bringen.)

Zunächst gehen wir in den Tuileriengarten, wo heute fast mehr kleine Statuen verspielter Mythologie als Menschen sind. Nur auf den niederen Bänkchen vor dem Guignol drängen sich die Kinder. Ein paar Beete weiter stehen im tropfenden Regen eine Ziege und ein Eselchen nebeneinander vor ihren Baby-Equipagen unter einer roten Wagenplane, die wärmend die Schauernden umhüllt.

Eine halbe Stunde später bei neuem Sonnenschein sind wir im großen Studenten- und Kindergarten Luxembourg. Der dehnt sich heut wie der schläfrige Schloßpark einer ehemaligen Residenzstadt. An der Gartenseite des Palais, in dem jetzt kein Senat tagt, langweilt sich ein einzelner Wachtposten. Das Palais sieht verwunschen aus und ganz unpolitisch. Und auf dem großen Wasserbecken davor, wo sonst die vielen Schiffchen der Kleinen und etwas Größeren kreuzen, steht ein einziges Fahrzeug in der Flaute. An den Fuchsiensträuchern schleicht, ganz Silhouette, ein schwarzer Jesuit entlang. Die marmornen Königinnen von Frankreich längs der Allee schauen auf einige verstreute leere Stühle. Die meisten hat die alte Sitzvermieterin an Bäume und Balustraden gelehnt. Sie hat jetzt wenig Kundschaft. Was hier sonst häkelt, Kinder wartet oder flirtet, ist meist fort. Von den Studentenzirkeln im Freien ist nur eine einzige Gruppe geblieben, um einen Brillenmann geschart, der wohl eine Art Ferienkursus hält. Niemand ist im tiefen Laubgang unter der Fontaine de Médicis. Acis und Galathea in der Grotte überm Brunnen wähnen sich ganz allein und sind mehr denn je bedroht von dem gierigen Zyklopen, der sich über den Felsvorsprung neigt. In dem Karussell, dessen Rundfahrt Rilke in so schöne Verse gebracht hat, sind nur zwei Kinder beritten unterwegs, eins auf dem weißen Elefanten Toby, eins auf dem schwarzen, seitwärts blickenden Löwen Brutus.

Wir gehen durch das südliche Tor auf die Avenue und durch schweigende Straßen zum Platz um den Löwen von Belfort. Da war bis vor wenigen Tagen etwas Jahrmarkt mit Schieß- und Würfelbuden, Lotterierädern, Ringern und Wahrsagerinnen. Was jetzt noch von Buden steht, ist geschlossen. Nur in ein paar Süßigkeitsauslagen altern Pfefferkuchen, Nougat und Berlingotbonbons. Dem einsamen Löwen ist wüstenwohl.

Unsere Straße: Wo man wohnt, erlebt man Stadtflucht, Verlassenheit, Pause besonders deutlich. Jeden Tag sind wieder eine Reihe eiserner und hölzerner Läden verriegelt. Fermeture! Clôture! Das elsässische Gasthaus vertröstet seine „charmante clientèle" auf den ersten September. Das Grammophon unserer Concierge ist das einzige tönende Instrument in dieser sonst so musikalischen Straße. Und ihr weißes Hündchen, das bisher bei seinen Ausgängen vor den Wagen ängstlich behütet wurde, spaziert gelassen und stolz über den leeren Damm, als ginge es über Land.

Letzte Heimkehr

Heimkehr, letzte Heimkehr war meine Reise nach, meine Ankunft in Paris im Oktober 1938. Daß ich unbehelligt über die Grenze kam, war mein Glück und im entscheidenden Augenblick Lellas Werk. Ihr gelang, was alle andern für unmöglich hielten. Da fuhr ich nun durch verrauchtes belgisches Land. Alle Besorgnisse, Warnungen, Ratschläge der zurückgelassenen Freunde, die sich um mich geängstigt hatten, waren jetzt nichtig. Ich war wieder einmal verschont, ausgelassen worden, wie so oft. Inkognito, dachte ich, anonym, nicht auf Identität angewiesen.

Leicht war mir ums Herz und etwas schwindlig ums Hirn. Und dann bin ich, ich glaube, es war während des längeren Aufenthalts in

Lüttich, plötzlich sehr müde geworden und tief eingeschlafen am hellen Tage. Das war vielleicht eine Nachwirkung der vorangegangenen Erregungen, ein sanftes Nachlassen der Spannung. Es mag aber auch mitgespielt haben, daß ich auf früheren Reisen meist nachts durch dieses Stück Belgien gekommen bin. Und mein Schlaf war voller Träume, in denen nichts vom zuletzt Erlebten, aber viel vom früheren, in Belgien, im Zuge Berlin–Paris, vorkam. Besonders aus den Zeiten, als ich meist in der dritten Klasse des polnischen Zuges diese Strecke durchfuhr. Da klang die Stimme des kleinen Auswanderer-Mädchens, das an einer der vielen Haltestellen, auf graugetünchte Röhren einer Bahnhofswand schauend, seinen Vater halb auf Englisch fragte: „Sind wir jetzt schon in the ship?" Diese Kinderstimme und dazu der verschleierte Aufblick eines blaulippigen Inders, der mit dem Auswanderer über Weltentfernungen sprach, und der etwas Verdächtige, der neben mir saß seit Köln und, als ich eine Orange hervorholte, mich interessiert beobachtete. Sein Interesse aber schien der Orange mehr als mir zu gelten. Er nahm mit höflicher Bitte die Schale, die ich abgezogen hatte, in die Hand und sagte: „Das ist eine kalifornische; die sizilianischen, es gibt noch nicht." Und als ich fragte: „Sie sind wohl Kenner?", fing er an zu erzählen von seinem Obsthandel in Messina und dem Erdbeben im Dezember 1908 und wie er zwölf Menschen mit zusammengeschnürten Bettüchern aus dem Fenster gelassen und gerettet hat. Und vom Undank der Geretteten und von seinen bitteren Erlebnissen im Weltkrieg in Nisch, wo er der Spionage verdächtigt und festgenommen wurde, und war doch ein Däne und Sohn eines konservativen Politikers, gegen den man aber im Vaterlande auch gehässig und undankbar gewesen war. Dann hatte ihn am griechischen Bahnhof ein freundlicher Herr befreit, der sich später als Prinz Georg herausstellte. Mißtrauisch hört ihm von der anderen Seite der Filzbärtige aus Dortmund zu, der nachts in Namur eintreffen soll und in Sorge ist, wie er da in der Nähe das Dorf finden werde, wo seine Tochter zu Hause ist. Da stürmt an der nächsten Station – war's Pepinster? – eine Bande herein, die vom Roulette zu Spa kommt. Einer expliziert ein unfehlbar gewinnendes System. Eine Alte lacht hämisch auf von ihrem Korb. Mein Nachbar – ist es noch der Däne oder jetzt der russische Flüchtling von vor vier Jahren, der mir zuzwinkert und auf die drei grell rotbackigen, steifsitzenden Mädchen im Nebencoupé mit erhobnem Kopf hindeutet und empfehlend flüstert: „Schönes Mädchen, dickes Mädchen."

Huy leuchtet herein als nächste Station. Aus und Ein von Menschen und Körben und Koffern. In fettschwarzen Röcken und sahneweißen [Kleidern] ist eine richtige *Noce* versammelt. Sie essen und trinken noch weiter die ganze Zeit bis Namur. Ein schauriges Geschwätz und Gelächter. Der russische Flüchtling, oder ist's der Professor aus Sofia, singt plötzlich ein altes Trinklied und übersetzt es alle zwei Verse *parlando* in ein putziges Französisch. Aber nun wird das Französisch echt, und das Lied endet mit „Quand je bois le vin clairet, tout tourne, tout tourne." Und der krausgraue Bart um den singenden Mund wird zum schönen weißen Seemannsbart des alten Frédé, des Wirts und Sängers auf dem andern Abhang der Butte Montmartre.

Tout tourne au cabaret – und taumelnd wach ich auf aus diesem belgischen Potpourri und bin – ja, wo bin ich? Der Zug hält so lange. Ist das nicht immer noch Lüttich? Wir gleiten zurück. Ist das eine Kopfstation? Am Ende gar erst Aachen, und alles wird von neuem beginnen? Kontroll-Augen vom Paß-Visum zu meinem Gesicht wandernd? Jetzt erst kommt die wahre Angst, jetzt, wo ich sie nur noch träume. Denn der nun eintritt, ist ein braver französischer Zollbeamter. Wir sind schon an der anderen Grenze. Es ist heller Nachmittag. Gleitendes Glück. Da drüben die blecherne Karotte des Tabakverschleißes im ersten französischen Städtchen.

> Hinter mir Nacht, vor mir Tag,
> daß mich keiner sehen mag –

rollen die Räder. Ich summe es mit, sinnlos, in den sinkenden Tag.

Ich dämmere wieder ein in meinem Coupéwinkel. Die vielen geträumten und wirklichen Belgien-Reisenden sind fort. Nur noch das alte Paar dort am Fenster. Die Frau, die so beruhigend strickt. Kleinbürgerin und Parze. Sie strickt mit leisem, wie ein Pulsschlag regelmäßigem Zucken der linken Hand an meinem Lebensfaden weiter, sie wiegt mich in süßen Halbschlaf.

Mit kaum offenen Augen sehe ich zwischen Baum und Strauch umrissen einen Wasserlauf aufschimmern. Marne oder Oise? Ich denke an den Sommer damals in Isle-Adam, damals vor dreißig Jahren, in meiner ersten Pariser Zeit. Feldweg, Ginster, spärlicher Wald mit soviel

Strauch- und Wucherwerk zwischen den Wurzeln, ausgetretene Steinstufen zum Landhaus, Bootsfahrt unterm Borkenhäuschen des alten Schiffers und Wirtes vom Château des Ablettes, der kahl und haarumkränzt aussah wie Verlaine, im Garten der lachenden Kinder und der lächelnden Frau der Feigenbaum, der unfruchtbare, und am Wegkreuz vor dem Haus, in dem ich wohnte, die Ulme. Von der aus gingen wir Pfade zwischen Gärten auf die Allee, ein Freund aus dem Münchner, dem Schwabinger Kreise und ich in so vielen Gesprächen aus freierer, wählender und vergleichender Gedankenwelt – voll guter Unruhe, aber mehr um *das Ganze* als um das eigene Schicksal, verlockt und ablehnend, bitter und fromm. Der ist nun schon lange tot, acht, neun Jahre schon. Er hat *das* nicht mehr zu erleben brauchen, *das*, dem ich jetzt entfloh. Aber ich? Habe ich es *erlebt*? Und bin ich ihm wirklich entflohen?

Es war kaum anzunehmen, daß irgend jemand mich von der Bahn abholen würde. Lella allein wußte, daß ich an diesem Tag und zu dieser Stunde eintreffen sollte. Und Lella war in Berlin. Die andern wußten nur, daß meine Ankunft, wenn keine neuen Hindernisse eintraten, in diesen Tagen bevorstand – die andern, das waren diesmal meine Söhne und Lothar, der Freund, der so intensiv mitgearbeitet hatte an dem Ermöglichen meiner Reise und meines Aufenthalts in Paris. Ob einer von ihnen vielleicht auf gut Glück zu den Ankunftszeiten der Züge ein um das andere Mal an die Bahn käme mit dem Gedanken, ich könne vielleicht gerade diesmal eintreffen?

Lächerlicher Einfall! So etwas war vorstellbar etwa an einem idyllischen Kleinstadtbahnhof, zu dem die Erwartenden nur einen Vesperspaziergang zu machen haben, um den Erwarteten, der noch dazu vielleicht nicht ortskundig ist, zu begrüßen, und, kommt er diesmal nicht, ihren Weg ohne viel Bedauern weiterzugehn. Nur Thomas, meinem ältesten Sohn, war so etwas in diesem großstädtischen Falle zuzutrauen. Er hat von früher Kindheit an eine Vorliebe für Fahrzeuge, Fahrstrecken, Schienengeleise und dergleichen gehabt. Ihm ist das Über und Unter der Erde des Métro ein immer neues Erlebnis und das Bergab und Bergan des Autobusses, sein Ankurbeln und Bremsen eine angenehme Erregung. Als kleiner Bursche schon, der in den eignen Bewegungen an Hand und Fuß gehemmt war, hatte er alle Arten der Fahrt mit seltsamer Leidenschaft – der Leidende – geliebt und im Traum und Wachen von ihnen phantasiert und hatte diese Liebe als Heranwachsender behalten, überraschende Gedankengänge über das Erlebnis von Fahrt und Fahrzeug verfolgt und in seiner zögernden Art mitgeteilt. Ich konnte mir vorstellen, daß der nun ganz Erwachsene in diesen Tagen in dem Fahrplan nachgesehn, die verschiedenen Ankunftszeiten gegeneinander abgewogen, für die Fahrt an den Nordbahnhof sich abwechselnd für Métro und Bus entschieden und in der düstern Halle und an der Sperre seine angenehm erregenden Erlebnisse haben könnte, auch wenn aus dem erwarteten Zug keiner stieg, der sich im Näherkommen in seinen Vater verwandelte. Und war er nicht darin ganz mein Kind, daß es ihm dabei nicht so sehr auf den eigentlichen Zweck des Wartens ankam? Oder lege ich ihm da etwas nahe, was mehr meine Art ist? Wie würde mir zumute sein, wenn ich wartete und es käme niemand, dachte ich – das mag schon kurz vor Saint-Denis gewesen sein. Denn indem mir dabei mein letztes Warten einfiel, versank ich so ins Entsinnen, daß ich meine Gegenwart im Zuge dicht vor Paris, dem ersehnten Ziel der Rettung, der Zukunft, ganz vergaß, verlor.

Mein letztes schönes Warten, das war nicht an der Bahn, sondern auf einem Stadt-, schon fast Vorstadtplatz, dem Breitenbachplatz im äußersten Südwesten Berlins. Ich wartete auf Maria, unsere geliebte Wienerin – unsere: denn anderen gehörte sie mehr als mir Altem, aber sie liebte es sehr, gehend, sitzend und besonders liegend vor mir zugegen zu sein. Ich war auch, wenn ich ihr zuhörte, mehr ihr Zuschauer. Nun, also diese Maria, an der ich doch vor allem Gegenwart liebte, kam ziemlich verspätet zum Stelldichein, mehr als die fünf oder zehn Minuten, die man gern auf eine schöne Dame wartet, es begann schon die Viertelstunde, in der man – man, nicht ich – anfängt, sie und alles zu verfluchen. Aber für mich wurde das Warten schön und immer schöner.

Maria hatte gesagt: „Da, wo der Autobus hält, wollen wir uns treffen." Aber der Bus macht, nachdem er gehalten hat, die halbe Runde um den Mittelplatz und bleibt dann auf der andern Seite stehn. So mußte ich zwei mögliche Treffpunkte im Auge behalten, blieb also nicht am Fleck, sondern wechselte hinüber und herüber. Ferner mündeten da von allen Seiten Straßenzüge auf mich zu. Und da ich nicht wußte, von welcher Seite Maria kommen würde (ich wußte nur, sie hatte in der

Nähe des Platzes etwas vorgehabt, kam also nicht mit dem Bus), so gab es viele Möglichkeiten ihrer Ankunft, mögliche Marien von allen Seiten. Und mit diesen möglichen Ankünften verband sich Erinnerung an viele erlebte, an Bewegung auftauchender Gestalten auf Bahnsteigen und Bürgersteigen, um Buschwerk und Baum am Feldweg, Erinnerung an verwirrendes Licht- und Schattenspiel, an Verkündigung hallenden Pflasters – und zu all dem war da noch im Hintergrund ein Rummel-platz, auf dem gerade die Lichter angingen und die Leiern mehrerer Karusselle gedämpft durcheinander dröhnten. Es war, als käme nun alle Jahrmarktmusik von fernster Kindheit an durch Stätten und Zeiten gleichzeitig geklungen. Das nacheinander Wahrgenommene wurde ein Neben- und Ineinander von Klängen und Erscheinungen. Erinnerung und Erwartung wurden eine vielstimmige Einheit. War die in mir? War ich, verging ich in ihr? Und als dann schließlich die einmalige Maria erschien, war es eigentlich zu früh, und ich konnte ihr *meine* Antwort nicht geben auf ihre entschuldigende Frage: „Habe ich Sie nicht zu lan-ge auf mich warten lassen?"

Die dunkle Stimme des lichten Wesens, das so gesprochen hatte, klang mir im Ohr, als ich jetzt aus dem Zuge stieg. Und unter den auf dem Bahnsteig und an der Sperre Wartenden suchte ich nicht meines Thomas' ernste Augen und kindlichen Mund, sondern Marias schwim-menden Blick. Niemand erwartete mich von all den Wartenden in der düstern Halle, und das war gut so. Denn ich hatte noch keine rechte Gegenwart darzubieten. Während ich an der Gepäckannahme stand, meinen Koffer zu deponieren, schimmerte mittaghelles Herbstlaub des vorigen Jahres durch Kisten- und Korbstapel und über gebeugte Schul-tern und schleppende Arme, Herbstlaub der hohen Buchen des Garten-aufgangs zum Schloß von Marias mecklenburgischem Freunde, bei dem wir beide zu Gast waren: unser letztes Zusammensein – vielleicht für immer. Es war schön, neben ihr über das bunte Geraschel zu schreiten, sie von der Seite anzusehen und ihr zuzuhören, obwohl, was sie erzähl-te, traurig, ja entsetzlich war. Oh, da kam ganz andres aus diesem hold beredten Munde als ihre anmutigen Geständnisse bei Obst und Tee-schalen auf dem tiefen Tisch an ihrem Berliner Diwan: „Das war drei Tage, eh die Preußen bei uns eingezogen sind, da hat der Theo beim Aussteigen von der Tram – er fahrt sonst immer in seinem Auto – einen Unfall gehabt. Sie haben ihn auf die Polizeistation geschleppt, und dort mußte er dann in einem Nebenraum im obern Stockwerk liegen bleiben im Streckverband, durfte nicht heimgeschafft werden, hat Tage und Wochen gelegen. Und ich bin zu ihm gekommen jeden Tag, und da mußt ich immer durch die Räume, wo all die Wundgeprügelten lagen, die sie in den schrecklichen Tagen auf der Straße aufgelesen haben. Einmal, da schleppten sie einen Sterbenden an mir vorbei, den ich erkannte. Ein Oberleutnant war's, der hatte die Schmach nicht ertragen, die ihm als Juden angetan worden war. Er hatte sich die Adern aufgeschnitten ...“

Der Wind spielte in ihrem lichten Haar. Aber ihr Gesicht verdämmert, die Sonne ist fort. Es ist schon Abendzeit, und ich stehe allein an der Gepäckschranke mit einem Zettel in der Rechten und meiner Handtasche in der Linken. Wohin nun? Zu meinen Kindern, bei denen ich die Nacht hätte unterkommen können, sollte ich nicht, hatte Lella mir eingeschärft. Ihr und der Kinder Aus und Ein war heimlich überwacht von den deutschen Spionen. Und die wußten wohl, daß ihr geschiedener Ehemann Nichtarier war. Wenn der sich zur Nacht in ihrer Pariser Wohnung einfand ... Ich könnte sie aber anrufen, mit ihnen etwas verabreden. Oder sollte ich gleich mit dem Métro zur Etoile fahren und in der Avenue das Haus der Baronin suchen, wo ich doch schon lange erwartet wurde? Jetzt abends, nein. Lieber morgen und mit Lothar zusammen, lieber unter seiner Obhut zu der ganz Fremden, deren Schützling ich doch nun wurde. Und jetzt einfach zu ihm fahren in sein Hotel am Linken Ufer, Rue Jacob, altvertraute Gegend.

Ich stand auf dem Platz an der Bahn, vor den Hotels und Cafés, unentschlossen da mit meiner Handtasche, ein richtiger Fremder in dieser Stadt, in der ich doch meine besten Jahre gelebt hatte. Ach, wenn doch Claude jetzt plötzlich auftauchen würde, überschlank, in seinem langen Mantel. Der hatte mich abgeholt das letzte, nein, das vorletzte Mal. Das letzte Mal war ich ja nur ganz kurze Zeit hier, um Weihnachten und Neujahr, und da waren die Kinder an die Bahn gekommen. Aber vorher, das war im Jahre vor dem Ereignis, das so widerlich zeitungstechnisch *Umbruch* genannt wird, das war im Sommer 1932. Da holte mich Claude ab. Er nahm mich in sein kleines Auto, das innen blau gepolstert war, es hatte in seiner Glanzzeit einer Schauspielerin gehört. Weil er gerade nicht mehr genug Benzin hatte – es war ganz früher Morgen –, fuhren wir von hier ein Stück in die La Chapelle-Gegend in einen Hinterhof. Und während er den Garagisten holte, starrte ich auf eine Geschäftsinschrift: *Façonnages d'impression*, und dachte vor den geschlossenen Rolläden nach, was diese beiden vieldeutigen Wörter wohl diesmal besagen wollten.

Und dann fuhren wir stadtein. Bei einer abgesperrten Ecke machten wir einen Umweg in eine Rue Beaubourg, die ich noch gar nicht kannte. Da war ein Plakat: Hermes mit Flügelhelm und Telephon aus derselben silbrigen Materie. Er sah Claude ähnlich. Ich sagte es Claude. Der lächelte etwas müde oder verlegen. Die Falte längs Nase und Mundwinkel rann unjung, vergrämt.

„Moi maintenant plutôt télèphone que pétase", sagte er. Die Porte Saint-Martin, durch die wir dann fuhren, war so klein und enggewölbt zwischen hohen Häusern. Claude nahm mich erst zu sich in seine Wohnung beim Löwen von Belfort, und ich wusch mich und ruhte etwas aus auf seinem Diwan, ehe wir zusammen zu den Meinen gingen. Es kamen dann meine letzten Tage mit Claude, vor der Reise nach Mallorca. Ich habe ihn nicht wiedergesehn seitdem, nicht wiedersehn können noch dürfen.

Aber nicht daran dachte ich jetzt auf der Straße, dachte nur [an] seine mögliche Erscheinung. Und war er mir verloren, es blieb mir doch seine Stadt, hier vor mir gelagert, mit all unsern, seinen und meinen gemeinsamen Erinnerungen. Er freilich war des Erinnerns nicht immer so froh gewesen wie ich. „Wenn man sich erinnert", hat er einmal gesagt, „dann hat man immer ein wenig Lust zu sterben ..."

„Was suchen Sie denn?" sagte eine von der Ecke zu mir, die mich Alten so lächerlich stehen sah.

„Mein Hotel."

„Wollen Sie nicht erst die Liebe machen?" fragte sie beruflich, aber freundlich.

Ich entschuldigte mich sehr höflich. Ach, gute Hure vom Bahnhofsviertel. Sie weiß noch nicht einmal, daß solche Kömmlinge wie ich höchstens den Gegenwert von zehn Reichsmark in der Tasche haben. Und davon leben müssen bis morgen, wenn niemand sie abholt.

„Mein Hotel", hatte ich gesagt. Ja, das mußte ich nun wohl suchen. Rue Denain, da mußte doch das kleine Hotel sein, wo ich damals ... Sie kam von Deutschland wieder, Hertha, die große Geliebte meiner wirklichsten Zeit. Ihr Zimmer erwartete sie gastbereit da drüben im

Montparnasse. Und von meinem Zimmer im selben Montparnasse kam ich her, holte sie von der Bahn, und zwei Tage hausten wir, fern von unsern täglichen Tagen, nächtlich in dem stillen Hofzimmer des kleinen Hotels Rue Denain, dem Zimmer, das eigentlich nur ein großes Bett mit greifnahem Tisch und Stuhl war. Auf dem Stuhl tickte manchmal meine Uhr in die Stille. Dann flüsterte es neben mir: „Wie spät mag es wohl sein?" Ich drehte das Licht an. „Viertel nach acht." – „Morgens oder abends?" – „Ich glaube abends. Hast du nicht Hunger? Wollen wir nicht hinübergehen in den Horse-shoe wie gestern nacht?" – „Ach, gib mir lieber erst eine Orange vom Tisch. Ich glaube, ich habe Durst." Und dann wurde es wieder Mitternacht, bis wir in das kleine Gasthaus kamen.

Das muß doch hier auf der andern Seite sein. Ich finde es nicht. Ich finde auch das kleine Hotel nicht mehr. Wie hieß es denn? Ich glaube, einfach Hôtel Denain, wie die Straße. Wir waren so froh und traurig, wie es die richtigen Liebespaare sind. Wir waren nichts als ein Paar, eins von den vielen in den vielen Kammern von Paris. Während einiger Jahre, vier, fünf Jahre, sind wir uns immer wieder begegnet, haben zusammen kleine Reisen gemacht.

„Wollen wir noch die Kathedrale ansehn, eh es dunkel wird?" – „Ach, lieber morgen, oder geh allein hinüber. Ich warte, bis du wiederkommst." – „Einmal müßten wir doch auch in das berühmte Casino." – „Ja, das müßten wir eigentlich. Aber es war so schön in dem Park. Und ich müßte mich dann erst umziehen." Und dann verging wieder die Zeit mit dem Umziehen. Waren wir mit andern zusammen, mit den vielen gemeinsamen Bekannten, dann sprachen wir sehr liebenswürdig und etwas kühl miteinander. Ich glaube, man hat es kaum gemerkt, daß wir Liebende waren.

Ich finde das Hotel nicht mehr. Ich geh zurück in das nächste da an dem Bahnplatz. Ich esse ein Sandwich am Schanktisch da im Bistro. Ich mag nicht mehr telephonieren. Hat Zeit bis morgen. Ich bin sehr müde. Ich bin sehr alt. Ich bin ein Fremder. Aber dies Paris ist ja die Heimat der Fremden und gut zum Schlafen gehn.

Am nächsten Vormittag saß ich mit beiden Söhnen und Lothar im Café des Deux Magots. Lothar war von seinem nahen Hotel, die Kinder aus ihrer Wohnung in der Rue de Grenelle gekommen. Und ich war mit meinem Gepäck Métro gefahren, die Dämmerfahrt entlang an der uralt-neuen Reklameseite: *Dubo – Dubon – Dubonnet.*

Die Namen der Stationen tauchten auf, altvertraute Freundesnamen: Réaumur, Sébastopol, Les Halles und die Heiligen Saint Denis, Saint Michel, Saint Placide, Saint Sulpice, Saint Germain. Dann keuchte ich mit meiner Last angenehm erhitzt hinauf in den graubunten Morgen, am Gitter des gartenhaften Squares und an der Kirchenmauer entlang. Da war der eckige Turm, die Büste des geistlichen Herrn in der Nische der rund ausschwingenden Seitenwand. Da war das Pflaster des Plat-zes, auf den Straßenmündungen von Süden und Norden, Rue de Rennes, Rue Bonaparte, Rue de l'Abbaye. Und da saßen sie wirklich, die drei, an der Seitenwand auf dem Ledersofa. Lothar war tief in ein Gespräch mit Gaspard, unserem Jüngeren, versenkt. Thomas hatte mich zuerst gesehn, als ich mit meinem Gepäck die Drehtür aufschob. Er eilte mir entgegen, so schnell er konnte, wurde aber unterwegs doch noch von seinem Bruder überholt.

„Wo sind denn die beiden Ölgötzen?" war eine meiner ersten Fra-gen, als ich die leeren Postamente an der Mittelsäule des Cafés bemerk-te. „Verschwunden", sagte Lothar, „und nun können Sie als letzter der noch Kontemplativen den Platz des einen von ihnen einnehmen und unberührt von allem, was Ihnen und uns allen geschieht, auf Ihr gelieb-tes Innen- und Außen-Paris niederblicken. Komischer Gesell, euer Va-ter, kommt im Jahre des Herrn 1938 und im Jahre des Antichrists fünf in der bedrohten Hauptstadt der Alten Welt an, sieht nach Jahren der Trennung einen Freund wieder, von seinen Kindern ganz zu schwei-gen, und fragt nach zwei verstaubten, abgeschafften Ölgötzen."

„Sie sind nicht abgeschafft", sagte Gaspard, „sie sind nicht ver-staubt, sondern frisch abgestaubt und hocken, Gäste wie wir, da hinten einstweilen an einem Tisch." Ja, da saßen die beiden, beim letzten Groß-reinemachen heruntergenommen, und schienen geduldig und etwas beleidigt auf das zu warten, was sie beim Kellner bestellt hatten. Es war pariserisch anzusehen.

Der Vorwurf aber meines Freundes traf mich nicht so sehr, wie es scheinen mochte. Mein Hinweis auf die Veränderung der Umgebung war eigentlich ein kaum bewußter Versuch gewesen, die Aufmerksam-keit der andern abzulenken von mir und von dem, was mich in Bann hielt. Das war, von der Seite bald im verlorenen, bald im vollen Profil angesehn, das Gesicht meines jüngeren Sohnes. In diesem Gesicht tauchten, ob miteinander, durch- oder nacheinander, das kann ich nicht sagen, lauter frühere Gesichter dieses nun zwanzigjährigen Gaspard auf aus Zeiten, als er ein winziger, dann ein noch kleiner, aber schnell grö-ßer werdender Kaspar war. Da lag das Kindergesicht zur Seite geneigt auf dem Bademantel, und die Hände hielten noch im Schlaf Eimer, Sandformer und Schippe fest wie die eines betrunken eingenickten Fuhrmanns die Zügel. Vom Strande des Ostseebades wurde das tor-kelnd zweijährige Männlein im quiekenden Wackelkarren heimgefah-ren. Aber schon war das kleine Gesicht etwas magerer und gestreckter. Die Oberlippe sprang munter vor. Die Nase wurzelte willenskräftig in der Stirn, über die des Umhangs Kapuze fiel: ein Wichtelmännchen ging auf der Dorfstraße im Isartal fürbaß. Saß es nicht eben noch mit freier Stirn und abstehendem Haarschopf als kleinster Gesellschafter mit baumelnden Beinen am Frühstückstisch und schaute tiefsaufend mit Zuckwimpern über den Tassenrand?

Da, mit einem Mal aber steht ein ganz neues Wesen, nicht fremd, aber doch neu, den Arm, der dem aus dem Schiff steigenden Vater zuwinkt, ephebenhaft erhoben, als trüge er den Palmwedel des Läufers von Marathon. Ein seliger Schreck (beschwor ich ihn nur oder überkam er mich jetzt aufs neue?) hatte mich damals (damals? – sechs Jahre war es her) erschüttert.

Vor diesem Wiedersehn waren drei Jahre vergangen, in denen ich ihn gar nicht gesehen hatte. Und in den Jahren vorher auch immer nur ein paar Wochen. In den in Berlin gebliebenen Bücherkisten lagen, zärt-lich geordnet, die Briefe des Knaben und Jünglings, muntere Worte, manchmal auch etwas schwermütige, in denen Abschied von der noch ununterbrochenen, ein- und ausatmenden Kindheit trauerte, aber meist doch muntere und ermunternde, deutsch und französisch mit erläu-ternden Zeichnungen und eingelegten (ach, allzu oft zu gierigen Augen gezognen) Photographien. So gut, wie Kaspar und Gaspard mir schrie-ben, hatte ich nicht antworten können. Aber gut leben konnte ich Ein-siedler und Einsammler mit dieser Schicht von Lebenszeichen. Werde ich nun dem Leben, dessen Zeichen ich so treu sammeln konnte, ge-wachsen sein? So fragte es in mir jetzt im Cafédämmer. So hatte es schon gefragt, als der Fünfzehnjährige mir entgegenwinkte, ein Knabe Lenker, eines Götterboten Erscheinung, die sich leichtumrandet abhebt von der schimmernden Bergstadt überm Hafen. Und da war doch eben noch das winzige Wesen, das mit Spielzeug und Zimmer verschwimmt. Und wird sie jetzt nicht schon wieder zum Knaben und kommt mir vom Gartentor den ansteigenden Pfad entgegengelaufen? Mit Kinderknien über dem heruntergerutschten Strumpf, läuft beim Laubsammeln von mir fort einen kleinen Sonderweg, schaut, ehe sie hinter den Bäumen verschwindet, zurück und ruft: Auf Wiedersehn!

Oh soviel Abschied und Wiedersehn hatte es gegeben zwischen uns beiden. So wenig dauernde Gegenwart. Dem Kinde konnte ich gut zuschauen. Oft versteckte ich mich hinter den Bäumen des Gartens, um es allein spielen zu sehn, zuzusehn, wie es bald wild loslief, bald tief benommen stehn blieb, wie es mit seinem Spielzeug und allem, was es zu Spielzeug machte, redete, verhandelte. Aber wie werde ich vor dem erwachsenen Sohne bestehn, der sich nicht so einfach zuschauen läßt, sondern meinen Blick bewußt erwidert, der schon erfahrenen List von mir, der mich vielleicht durchschaut wie seine Mutter. Und fast hilfesuchend lehnte ich mich jetzt an meinen Thomas, den vertrauten, in so vielem mir ähnlicheren, der auch als Erwachsener Monate, Jahre mit mir zusammen gelebt hatte. Dies Erlebnis, dies Hochsehn der Gesichter in dem einen Gesicht, wovon ich hier seitenlang doch nur einen Bruchteil, eine nachtastende Auswahl aufschreibe, es dauerte nur ein paar Augenblicke, und inzwischen ging das Gespräch am Café-Tische weiter, und ich hörte mich selbst sprechen; Reisebericht und letztes Berlin, bis wir dann abbrachen und aufbrachen. Denn nun wollte mich Lothar in mein neues Heim begleiten.

„Sie kommen jetzt", sagte er, als wir beide im Taxi den Boulevard Saint-Germain zur Seine herunterfuhren, „in eine Pariser Gegend, in der Sie mich nicht oft sehen werden. Ich bin ganz zum Bewohner des Linken Ufers geworden. Ich meide nach Möglichkeit die Cafés an der Avenue des Champs-Elysées, die jetzt überschwemmt sind von den Emigranten, diesen lästigen *métèques*, diesen Unerwünschten, zu denen nun leider in den Augen der Franzosen auch wir gehören. Die Zeiten sind vorüber, da wir hier willkommene oder wenigstens freundlich empfangene Gäste waren. Das werden auch Sie zu spüren bekommen, mein lieber Behrendt. Sie werden Ihr geliebtes Paris sehr verändert finden, besonders in den letzten Wochen seit den verhängnisvollen Septembertagen."

Ich war betroffen. Ich hatte in der Erwartung und beim beginnenden Wiedersehn an diese Stadt mehr wie an ein lebendes Wesen als an eine Vielheit veränderlicher Menschen gedacht. Und es glitten die Wipfel und Wege der Champs-Elysées jetzt so willkommen heißend an meiner Fahrt entlang, nicht gerade als wären sie *mein Paris*, wie Lothar es ausdrückte, vielmehr als gehörte ich zu ihnen und fände mich, wie sich's gehört, wieder ein. Die zum noch morgenfernen Etoile ansteigende Avenue sodann war um diese Tageszeit auch noch nicht die grell bestrahlte internationale Menschen- und Reklame-Ansammlung, die auch mich später befremdet hat, sondern ein hellsteinerner Weg zum Tor der Welt, breit gepflastert wie für Hekatomben, die zum Altar getrieben werden.

Und schon ist das Tor, der Triumphbogen erreicht. Kaum faßt mein Blick in umkreisender Fahrt die Mauerfläche, auf der steinerne Schlacht flattert bis hinauf an den Fries, der den glühenden Wolkenandrang zerschneidet. Vom Sandplatz vor uns fliegen Tauben auf, lassen sich nieder und trippeln zu lockenden und knienden Kindern, die ihnen Futter reichen und streuen.

Nun sind wir in der Straße, in der ich wohnen werde, einer der zwölf Avenuen, die sinkend und wieder steigend ausstrahlen von dem Rundplatz des Bogens. Zwischen den höheren Häusern erscheint Hofmauer und Pförtnerhaus des Gartengrundstücks, in dessen Bereich meine neue Unterkunft sein wird.

Als die Pförtnersfrau uns über den Hof führte, hob und senkte sich vor uns als kleinster der zahllosen Hügel von Paris der Garten bis hinüber zur nächsten der Etoile-Avenuen und ging mit Laub und Buschwerk und zartem Pfad zu Ende an der Terrassentreppe des Palais. Darinnen also wohnte sie, die Unbekannte, die Tochter meines fernen Freundes, die mich, mein Schicksal, meine Zukunft übernommen oder doch wenigstens in ihre Hut genommen hatte. Obwohl Lothar, der sie gesellschaftlich gut kannte, mir allerlei von ihrer Erscheinung und ihrem Leben und Wesen mitgeteilt hatte, behielt ihr Bild für mich etwas feenhaft Unbestimmtes und durch die Umstände, die mich zu ihr führten, Beklemmendes.

Wir folgten unserer Führerin, noch im Hof zur Linken abbiegend, in ein längliches, schmales Nebengebäude neben einer Garage, stiegen dann innen in dem Gang einige Stufen einer Wendeltreppe ins erste

Stockwerk und kamen im oberen Gang auf selber Höhe gleich an die Tür des Zimmers, das mir bestimmt war.

„Ein wahres Jungmädchenzimmer", sagte, als wir eingetreten waren, Lothar zur Pförtnerin. „Das paßt gut zu meinem Freunde, den ich Ihrer Obhut empfehle."

Sie lächelte, wie mir schien, etwas mitleidig. Ich konnte zunächst noch gar nicht recht umherschauen nach Wand, Bett und Tisch, ich sah in den Garten hinaus, den leicht steigenden und sinkenden grünen Hügel der Stadt, in der ich jung gewesen, in die ich wiederkehrte wie in eine Heimat. Letzte Heimat, dachte ich, zum Sterben schön. „Ich schlage vor", sagte Lothar, „wenn Sie abgelegt und sich ein wenig installiert haben, kommen Sie wieder mit mir aufs Linke [Ufer], und wir essen zusammen zu Mittag. Sie müssen mir noch so viel erzählen. Oder wollen Sie allein sein, sich ausruhn?" Nein, dazu war ich viel zu aufgeregt.

„Aber", fragte ich, „müßte ich nicht zunächst die Dame des Hauses begrüßen?"

„Madame ist auf dem Lande", sagte die Pförtnerin, „sie kommt wohl erst Mitte November zurück."

Unterwegs. Lothar führte mich, die Avenue, die er ja so ungern betrat, vermeidend, eine parallel laufende, dann schräg abbiegende Straße zum Cours La Reine und ans Seine-Ufer. Unterwegs mußte ich ihm vom letzten Berlin berichten. Mir kam alles, was ich vorbrachte, blaß und theoretisch vor, und meine Antworten auf seine Zwischenfragen schienen mir in diesen Fragen schon vorweggenommen. Auch war ich so befangen von der neuen Gegenwart, die an soviel Älteres anknüpfte, während wir nun zwischen dem Tuileriengitter und dem begegnenden Fluß unter Platanen gingen. Und als dann der Louvre auftauchte und uns mit reichen Wänden und Portalen begleitete, wurde mein Redefluß immer seichter, und ich mußte mich schließlich damit entschuldigen, daß all das noch zu nahe liege und ich es zunächst ein wenig vergessen müsse, um zu leben.

Das war nun wieder nicht zutreffend oder zum mindesten übertrieben. Aber Lothar nahm es als berechtigt hin und erzählte nun mir von seinen Erlebnissen in den Jahren, in denen wir uns nicht gesehn und wenig geschrieben hatten. Er hatte die Etappen Italien, Wien und Salzburg der Emigration mit- und durchgemacht.

„Vielleicht ist es für mich richtig und gut gewesen, daß ich in dieser Zeit noch in Deutschland lebte, gut wenigstens für meine Erkenntnis." Das sagte ich, als er sich einmal unterbrach und wir, an sein geliebtes Linkes Ufer gekommen, vor einem der vielen Bilder- und Antiquitätenschaufenster der Rue Bonaparte stehen blieben. Und ich fügte hinzu: „Ich hoffe, Sie gehören nicht zu denen, die mir einen Vorwurf daraus machen, daß ich nicht gleich anno 33 mit den entschlossenen ersten von Deutschland fortgegangen bin."

„Hätten Sie es denn gekonnt?" fragte Lothar im Weitergehn.

„Es wäre schwer gewesen für einen älteren Mann, der kein nutzbringendes Handwerk gelernt hat und dessen Beruf, wenn ich meine Schreiberei so nennen darf, auf die Sprache des Landes beschränkt war, das mich nun in seiner Sprache nicht mehr vernehmen wollte. Schwer, sehr schwer, aber vielleicht doch möglich. Es spielten da auch noch Verpflichtungen hinein, Rücksichten auf Lella, wovon Sie ja einiges wissen. Aber von all diesem sozusagen Biographischen und von meinem leidigen, schwerfälligen Beharrungsbedürfnis abgesehen, es blieb bitter für mich, daß ich mich von Deutschland und von unserm Berlin trennen sollte, unserm Berlin, Lothar, das wir beide, Sie und ich, in den letzten zwanziger Jahren so sehr genießend und vielleicht auch mitschaffend erlebt haben. Und das ich noch immer auf meine und unsere Weise zu lieben fortfuhr, selbst als ich dort fast ganz vereinsamt und schattenhaft umherging, oder besser vielleicht wie einer ohne Schatten. (Ob Peter Schlemihl nicht am Ende ein Jude war? Der Name? Und sein ahasverisches Schicksal?) Die Straßen waren ja noch da, all unsere Stätten, unser alter Westen ..."

„– den sie jetzt einreißen, wo er am schönsten war."

„Allerdings. Ich habe gerade noch die Victoriastraße und Umgebung als Ruine erlebt. Ach, Lothar, Sie können sich nicht vorstellen, wie pompejanisch die Trümmer an günstigen Tageszeiten aussahen. Die strenge und eifrige Mühe der Schinkel-Schüler, in der Gestaltung der Außen- und Innenwände sich antiker Form zu nähern, dies Klassizistische, für Wohnhäuser der neuen Zeit oft Unzureichende, beinahe Klassische der kleinen Säulen, der Friese, der Nischen für Statuen oder auch für Öfen, die Kassettierung der Decken – nun, Sie wissen von all dem viel mehr als ich, denn Ihre Sippen und Magen haben ja noch darin gewohnt, und Sie haben als Kind gespielt zwischen diesen Wänden, die nun klaffen und abbröckeln – diese Mühe, will ich sagen, um das edel Alte wird nun in der Ruine noch einmal wunderbar belohnt. Nun wurden auf ein paar Wochen im berstenden Verfall die Überbleibsel noch einmal wunderbar, geradezu antik. Ich bin, sooft es sich mit meinen paar Ausgängen vereinigen ließ, daran entlanggegangen. In diesen Tagen entstand dort und auch sonst an den Stellen, wo zerstört wurde, um den neuen, übergroßen Bauten und überbreiten Durchmarschstraßen und leeren Plätzen Raum zu schaffen, etwas, das Berlin früher eigentlich nie gehabt hat: sichtbare Vergangenheit. Die berühmten gigantischen Bauarbeiten stockten doch zuweilen, und da kann nicht so hastig wie früher in unserer unseligen Stadt, die sonst alles, was von gestern war, in gräßlicher Großreinemachewut gänzlich ausradierte, aufgeräumt werden. In der Bauhütte des Neuen lebt noch eine Zeitlang das Alte weiter, und dies Phänomen, das wir ja in unbefangener Art hier in Paris bei jedem Umbau erlebt haben, war für mich eine letzte Heimatwärme, eine letzte Zwiesprach' mit der Stadt ..."

„– die Sie nun rausschmeißt, mein Lieber."

„Gewiß, aber das nun Verschwindende gibt sie mir mit."

So hätte ich wohl noch länger weiterreden können. Aber Lothar bekam die verdrossene Dackelfalte auf der Stirn, die ihm so gut steht, und fand „eine solche Art zu reagieren geradezu gefährlich, selbstmörderisch, höchst unzeitgemäß". Da hätte man ja das Destruktive, das unsere Feinde uns vorwerfen, in reinster Form. Das schüchterte meine Schwatzlust ein. Ich hörte meine eigenen Schritte auf dem Pflaster hallen, sah umher auf tiefreichende Fenster mit Gitterbalkonen, auf eine keilförmig vorspringende Straßenecke, auf Früchte, Gemüse und Blumen eines winzigen Wagenmarktes, und als wir dann in dem kleinen Gasthaus, das Lothar jetzt besonders liebte, weil es noch echt sei und der Wirt selbst in Hemdsärmeln bediene, die großen wohlfeilen *Portugaises* aßen und mit ihrem Meersalzwasser Weißwein sich in meinem Gaumen mischte, war ich nur und ganz in Paris. Da fiel mein Blick auf einen langen schmalen Tisch in der Mitte des Raumes. An dem saß, umgeben von seinen Freunden und Freundinnen, der berühmte spanische Maler, den ich damals in meiner ersten Pariser Zeit durch Claude kennengelernt und dessen Aufstieg ich miterlebt hatte. Im weißgrau gerahmten Haupt erkannte ich das noch immer junge Gesicht. Und auch unter seinen Tischgenossen waren mir einige mit Namen oder wenigstens vom Ansehen bekannt. Mein erster Antrieb war: aufstehn, ihn begrüßen. Aber als ich zu Lothar diese Absicht äußerte, meinte er, das sei zur Zeit vielleicht nicht angebracht. Ich nickte schüchtern, als des Spaniers Augen den meinen begegneten. Und sehr von fern wurde mein Gruß erwidert.

„Zaungäste sind wir jetzt", sagte Lothar.

Am Nachmittag, es war ein Sonntag, war ich zum ersten Male in der Wohnung der abwesenden Lella zu Besuch. Thomas öffnete mir die Tür und führte mich in das Eßzimmer. Von nebenan hörte ich Gaspards Stimme telephonieren. Mein erster Blick fiel auf den großen Schrank, der eine Seitenwand fast ganz ausfüllte. Dies stattliche Gebäude aus edlem Holz mit Putten und Delphinen an den Ecken der Kränzchen und der Fußleisten hatte Lella im Weltkrieg aus altem, zum Trödler gewanderten Besitz erworben. Es war einmal ein hessischer Brautschrank gewesen, das Zierstück unserer Berliner Wohnung geworden, und Lella hatte es nun auch noch nach Paris hinübergerettet. Ich sah diesen Schrank immer gern an, habe ihn aber nie als mein Eigentum empfunden.

In den vielen Jahren war ich ja auch nur zeitweise mit ihm zusammen und wie zu Gast in dem Raum, in dem er stand und in dem die andern Familienmitglieder wohnten. Und jahrelang, während ich als einziger aus meiner Familie in Berlin zurückgeblieben war, ein Hinterzimmer dieser schönen Stätte unserer kurzen Wohlhabenheit bewohnte, war dieser Schrank mit seinem Raum und den benachbarten Vorderzimmern vermietet, und wieder war ich bei ihm nur zu Gast gewesen, wenn ich die besuchte, die neben mir hausten.

Gaspards Stimme nebenan klang so schmeichlerisch. „Er telephoniert wohl mit seiner guten Freundin", fragte ich, „seine Stimme klingt so."

„Oh", sagte Thomas, „er hat viele Freundinnen, junge Kameradinnen und auch sehr erwachsene Damen. Und telephonieren kann er immer wunderbar, auch mit Männern."

Nun kam Gaspard hereingestürmt, umarmte mich, zog mich ins Vorderzimmer hinüber. Da war der schöne Schachtisch mit dem eingelegten Schachbrett. Da waren die Bücherregale und Lellas Schreibtisch, auf dem alles so eigen und wohlverteilt lag und stand, daß man die

Abwesende fast gegenwärtig fühlte. An der Wand dahinter hing eine Riesenkarte von Frankreichs geologischer Geographie, vielfarbig und auskunftsreich. Gaspard versprach, mir einmal all seine kleinen Reisen und Wanderfahrten darauf zu zeigen und dazu viel zu erzählen. Aber jetzt hatte er nur ein paar Minuten für mich. Sein Nachmittag und Abend war voll Verabredungen. Vielleicht würde er zwischendurch noch einmal heraufgesprungen kommen. Und schon lag ich wieder in seinen Armen und wurde gleich daraus entlassen, und fort war er. Und mir war wieder bei diesem Abschied auf kurze Zeit ganz so zumut wie in unsern früheren Trennungsaugenblicken, in denen ich nicht wußte, ob und wo und wie ich ihn wiedersehn würde. Und während Thomas mir sein Zimmer, das ruhevolle, wohlgeordnete, und Gaspards, in dessen wild gehäuftem Durcheinander seine Eile und die Fülle seiner Beschäftigungen und Interessen zu spüren war, zeigte, bedrängten mich die früheren Abschiedsbilder: Gaspard an der Landstraße vor Cala Ratjada auf Mallorca an der Haltestelle des Autocars, das mich Abreisenden nach der Hauptstadt Palma bringen sollte. Er drückte mir ein kleines Heft in die Hand, „zur Orientierung des Reisenden", sagte er. Er küßte mich rasch und flüchtig auf beide Wangen, auf die französische Manier, wie wir sie nach dem Vorbilde Schelmuffskys zu nennen pflegten, und dazu mußte ich im tonlosen Spießbürgerton „Embrasse ton père" sagen, nach einer ein für allemal beibehaltenen schweigenden Übereinkunft. Und gleich danach winkt er schon von ferne, und ich glaube noch lange im Abendschein das Leuchten seiner Augen zu sehen.

Und dann schlag ich im rasselnden, rüttelnden Wagen das mitgegebene Heft auf und finde meine ganze Reise in Wort und Bild dargestellt unter der gezeichneten Straße, welche den westlichen Teil der Insel überquert, Erläuterungen über die Flora und Fauna mit wissenschaftlichen lateinischen Namen in Klammern neben Pflanze und Tier, Bemerkungen über die ländliche Industrie der kleinen Ortschaften: Korbflechterei, Weberei, Fischfang, pedantisierend historischen Floskeln nebst vermutlich ausgedachten Jahreszahlen über urzeitliche prähistorische Talayots, Mühlen, Kirchen, Türme, Ruinen maurischer Festungswerke und dergleichen. Ehe ich nun die Glossen über Palma, die Meerfahrt, Barcelona usw. las, schlug ich die letzten Seiten des Heftes auf: da hatte er zur Ermunterung des verehrten Erzeugers ein Lied aufgeschrieben, das er mir oft hatte vorsingen müssen, ein Filmchanson von der Freiheit, die „toute l'existence" ist, denen zum Trotz, die Regeln, Gesetze, Büros geschaffen haben, Geld- und Liebessorgen zum Trotz. Das Leben – eine Wanderschaft ewiger Gegenwart ohne Gestern und Morgen. Kommt man ans Ende der Welt, wird man Zeit haben, haltzumachen. Bis dahin aber laßt uns leben und singen, lieben und trinken. Denn das kann man überall. Unser, unser ist die Freiheit.

Von silberweißem Haar wie eine Blüte von Kelchblättern umgeben, leuchtete jung das gebräunte Gesicht der Gastgeberin vor dem Kamin, in dessen Gluten sie die Feuerzangenbowle betreute. Gaspard, zu ihren Füßen kauernd, hatte sich gegen die freundlichen Vorwürfe zu verteidigen, die ihm seine beiden Nachbarinnen von rechts und links machten. André verteidigte ihn ironisch. Und Mary, die Dame des Hauses, sah wohlwollend auf das liebe Kind ihrer geliebten Lella hinunter.

Gustav war glücklich und sogar etwas vaterstolz auf den von allen Seiten mit Eifer behandelten Knaben. Er saß abseits und sah zu. Oh, er hatte sich nicht zu beklagen. Man behandelte ihn beinahe mit Ehrfurcht. Man sah ihn an wie einen geheimnisvollen Fremden: den großen Emigranten, der aus dem Schicksalslande kam. Lella mehr noch als Gaspard hatte den Männern und Frauen dieses Kreises eine wunderbare Vorstellung von ihm gegeben. So hart und ungeduldig sie zu ihm sein konnte, wenn sie allein waren, vor den andern stellte sie ihn immer in das beste Licht.

Als die junge Unbekannte in Gustavs Zimmer eintrat, flimmerte der April im halboffenen Fenster. Aber kaum eine Viertelstunde war im Gespräch verflossen, da fegte schräger Regen die bebende Scheibe. Ursula duckte sich auf dem Sessel, der Gustavs Empfangssalon darstellte, und er schloß das Fenster.

Ursula hieß das Persönchen und war mit seinen achtzehn, neunzehn Jahren schon ein Gelehrter. Der romantische Mediziner hatte sie mit Heimatgrüßen zu Gustav geschickt. Aber sie kam nicht geradewegs aus Berlin, sie war zwischendurch in ihrer Vaterstadt gewesen, in Marburg an der Lahn. „Marburg", wiederholte Gustav und bekam ein so freudig überraschtes Gesicht, daß sie fragte: „Kennen Sie es?"

„Ja, von vor langer Zeit", sagte er leise.

Und während sie ihm von Universität, Professoren und Studenten berichtete, stieg vor ihm, in ihm die Gartenstraße den Schloßberg hinan, in der er damals gewohnt hatte. Und im letzten Teil, eh sie sich bergab zu dem alten Tor senkte, stand das Haus, und er sah im zweiten Stockwerk die Fensterscheibe in derselben Aprilsonne blinken, die eben noch in sein Pariser Zimmer geschienen hatte, ehe der Regen kam. In dem Regen aber, der um Ursulas Worte floß, stieg er durchs Tor den Schloßberg hinab und kam in der breiten Baumallee bis an das Gartengitter vor Giselas Haus. Gisela. Gisi.

„Ich habe mich mehr für Physiologie und verwandte Gebiete als für die eigentliche Fach-Medizin interessiert", sagte Ursula. „Und im nächsten Sommer werde ich nach Heidelberg kommen. Ich habe eine Empfehlung von Ihrem Freunde an den großen W."

Aber Gustav wollte noch mehr von Marburg erzählt bekommen. Ach, und von den Dörfern in der Nähe. Er sah das buntbemalte Fachwerk der Häuser, sah neben dem Ausspann Zelte und Buden einer Kirmes. Und drüben den hölzernen Tanzboden: Frauenköpfe in schwarzen Flügelhauben und andre mit freier Stirn, über der der *Schnatz* aufgesetzt und mit Samtband gehalten war. An deren Anblick hatte Gisi ihm den Vers aus dem Märchen erklärt:

… bis ich mich geflochten und geschnatzt
und wieder aufgesatzt …

Die ausladenden Röcke rot und blau bestickt. Grelle Seide, mehrere Röcke übereinander, wie sich's für reiche Bauernmädchen gehört. Die Ellbogen frei. Durchbrochene Handschuhe.

„Gehn die Mädchen noch immer zur Kirche und zum Tanzen in den alten Trachten?"

„Ja gewiß. Sie müssen doch. Manche würden lieber städtisch angezogen tanzen. Aber nun wird ja besondrer Wert auf die alten Trachten gelegt. Und zur Erntedankfeier auf dem Bückeberg muß immer eine Abteilung Bauernmädchen kommen."

„Muß?"

„Ja, wissen Sie, gerade die aus der Marburger Gegend tun es nicht sehr gern. Sie fühlen sich *dépaysées*, zur Schau gestellt."

„Die Guten. Sie haben recht. Ein Trachtenfest haben die Neuen Herren aus dem alten schönen Herkommen gemacht –"

Er redete noch weiter kritisch über deutsche Gegenwart, aber seine Gedanken waren mehr bei dem einst Gesehenen: wie er dort neben Gisi stand, sie von der Seite ansah, während sie dem und jenem Mädchen winkte. Sie kannte ja die meisten. Und die Mädchen nickten ihr zu über die Schultern ihrer Tänzer, die sich so gravitätisch in ihren langen Schoßröcken bewegten. Und dann ließen sie sich weiter drehen, ernst und ergeben angeschmiegt, bald feierlich langsam, bald wirbelnd rasch. Und es kam das Kind zur Gisi heran und machte seinen Knix vor ihr. Es war ganz erwachsen kostümiert und hielt sich steif [wie] eine kleine Prinzessin des Velázquez. Helle Schleifchen hatte es im strohblonden Haar. Und in der Tanzpause standen die Bauernmädchen, drei, vier, eine ganze Gruppe, um das Fräulein Gisi herum. Sie war so blaß zwischen all diesen braunen Armen und rotbraunen Gesichtern.

KRITIKEN

Renée Sintenis

Renée Sintenis, geb. 20.3.88, zwischen Tieren aufgewachsen. Aus Kindheitserlebnissen gewann die Künstlerin die unbedingte Treffsicherheit, die es ihr erlaubt, der Eingebung zu vertrauen. Denn nicht auf Wahl und Geschmack, sondern auf Eingebung und Liebe beruht ihre Kunst. Liebe zu den Tieren und zugleich eine Art Ehrfurcht vor dem Vollkommenen, unweigerlich Richtigen und Wunderbaren der Tiere. Von Kindheit an mit ihnen vertraut, hat sie das Unzugängliche, die schöne Fremdheit des Tieres erkannt. Die kleinen bronzenen Fohlen und Ziegen, die zart umrissenen Antilopen der Renée Sintenis haben keine Beziehung zum Beschauer. Sie sind zeitlos, nur im Raume vorhanden, wie im Paradiese. Ihre Augen blicken nicht an. Es ist nichts Menschliches in sie hineingeheimnist.

Auch die Frauengestalten des plastischen und graphischen Werkes der Künstlerin gehören – und das ist ihre Tugend – zur Tierheit. Sie merken es nicht, daß sie angesehen werden. Sie sind da und wissen nicht, was sie tun. Bis zur Komik, bis zum Zynismus sind die Figuren der Mappe „Badende Mädchen" nur mit sich selbst beschäftigt.

Der fromme Sinn alter Völker verehrte im unbewußten Tiere das göttliche Gesetz. Er sah nach einem Worte Jean Pauls „in der Tierform den seltsamen Isisschleier einer Gottheit". Vielleicht ist es ein verwandtes religiöses Gefühl, was die Zeitgenossin einer chaotischen und dabei durchaus bewußten Menschheit zur Darstellerin des Tieres macht.

Wilhelm Speyer:
Schwermut der Jahreszeiten

Ernst Rowohlt Verlag, Berlin 1922

In gesegneter Entlegenheit des deutschen Waldes liegt die glückhafte Schule, die platonische Akademie des liebevollen Lehrers, der seine Knaben und Jünglinge fern von der Welt bürgerlicher Genüsse und Karrieren lehrt, ihre Seelen wie den Garten zu bauen, ihr werdendes Wissen wie das Feld zu bestellen, der mit Andacht das verwegene und zaghafte, frühreife und kindliche, freche und fromme Wesen der Jugend pflegt. Diese Herzensheimat verläßt einer, den alle dort lieben, Lehrer, Altersgenossen, Jüngere, und geht in die Welt der Erwachsenen, um auch dort viel geliebt zu werden, leidenschaftlich und spielerisch, zart und grausam. Aber die Mächte, die ihn auf Bergschloß und Landgut, in Großstadt und Waldhütte in die Arme leuchtender und dunkler Wesen betten und den „Traum von Lust und Vernichtung" träumen lassen, sind den Genien seiner Lehrjahre feindlich, und sein Herz kommt nicht los von der „immerwährenden Kindheit" und den unvergeßlichen Gestalten der ersten Gemeinschaft, darunter auch der mütterlich-bräutlichen und Jugendgeliebten, die er immer wieder verraten muß.

Diese Jugend und Wanderschaft eines, der viel geliebt wird, aber eigentlich nicht lernt, selbst zu lieben, schildert, mit November beginnend und mit November endend, *Wilhelm Speyer* in seiner Erzählung *Schwermut der Jahreszeiten*. Er dichtet die Jahreszeiten, von denen jede herrschende schon die Trauer der kommenden in sich trägt, jene „éternelles funérailles" des französischen Poeten. In erlesene Worte und Beiworte bannt er die wunderbaren Wechselwirkungen von Welt und Herz, von Landschaft und Leidenschaft: kristallenes Leuchten der Schneefelder um zwei Umschlungene, die mit ihrer Seligkeit die starre Welthöhe durchpulsen, rasches Erleben von Tierweide und Dorfstube im vorüberrollenden Expreßzug, die Perlen rosig leuchtend auf dem perlenblassen Hals der Bittersüßen in der grellen Hotelhalle am Mittelmeer, den Blick der säugenden Magd auf dem Kornbündel, das Boot, in dem drei junge selbstverschwenderische Liebende in Mond und Meerwind

und Lust „ihr Wesen dahinstreuen wie Asche und Staub", das Gelächter des Übermütigen, welches „das matt zum Ufer hinsprechende Meer
ermuntert", innige Bewegung eines Knaben, der schlaftrunken durch
dunkle Luft nach der Hand des Freundes tastet und einschläft, ehe er
sie erreicht, die Jünglinge auf dem Hügel in ihren Kapuzen, die aussehen wie „junge Heilige Väter" ...

Zwischen all dies Sichtbare, Klingende, Duftende sind die schwermütigen und munteren Erkenntnisse des Helden und seines Dichters
mit einer gewissen weltmännischen Grazie der Beiläufigkeit einge-
streut, und das Ganze hat den Reiz der seltenen Bücher, die eigentlich
weiser sind als ihre Verfasser und mit der sinnlichen Intensität ihrer
Worte weiter reichen als jeder erklärende Gedanke.

Die Schießbude

Zur Aufführung im Theater am Kurfürstendamm

Habt ihr in einer dieser Mitternächte Matrays, des Mohren Totentanz
gesehen? Er schüttet das Geld vom schrägen Tisch des Reichen, Scheine
und klirrende Münze, in sich hinein, schlingt, frißt. Und gierig wür-
gend, tanzt er immer wilder und wankender, bis er mit dem letzten
salto mortale sich erstickend überschlägt. Saht ihr die Wachsarme und
-beine der Tänzerin? Mit wunderbar zerbrechlichen Gliedern und Ge-
sten tanzt sie ihr aufgedrehtes und beschworenes Marionettendasein
vor der bunten Schießbude auf dem Jahrmarktsand, durch den mit
steilem Steiße das wollige Affentier unheimlich und „natürlich" gleitet.
Verführender und gefährlicher als Menschenfleisch und -bein tanzt sie
auf der Tafel des Reichen, der an der schlanken Lebensähnlichkeit ihrer
Wachsformen lüstern verkommt, sie bespielt mit fühllosen Händen den
Kinderballon, bis er zu ihrer Verwunderung aufsteigt und zerplatzt.
Dirnenpuppe, steht sie, automatisch Zigarette rauchend, vor der Bahn-
brücke am Lebensrand, ausgeboten von der böslustigen Jahrmarktsfrau
und Kupplerin (für diese Rolle gibt eine große Menschendarstellerin die
Würde großmütig preis, um in Rummelplatzkorsett und Pumphosen
ein unvergeßliches Budenweib zu sein). Kasperle aber, der so frech und

schüchtern tanzte, hängt als Schattenpierrot am Schattengalgen. Und zwischen all den leicht in ihren Scharnieren Drehenden stapft und wankt schwer der Schießbudenmann, der Schöpfer. Blind geführt wie Ödipus, läßt er sich nachzerren an der Kette seines Tieres zu seinen Verschwundenen, um zuletzt noch die Glieder seiner verdorbenen, zerbrochenen und doch noch einmal geflickten Geschöpfe zu Tanzzuckungen zu beschwören mit der Leierkastenmusik seiner Verzweiflung, die wimmernd verendet.

Das Ganze, von dem man nur so durcheinander reden kann, ist nichts und will nichts sein als ein Divertissement, die gemeinsame Laune eines Dichters, eines Musikers, einer Malerin, einiger Tänzer und Schauspieler, ein Jahrmarktslied ohne Worte, spielerisch wie die alten Harlekinaden und die neuen russischen Schaustücke, deren Worte wir nicht verstehen und gar nicht verstehen wollen. Aber in unsern Breiten fragt man leider immer wieder nach der tieferen Bedeutung, nach „dem eigentlichen Sinn", wobei man nach einem weisen Worte Hofmannsthals den Affen gleicht, die mit den Händen hinter den Spiegel fahren, als müsse dort ein Körper zu fassen sein. Viele mögliche Deutungen und Bedeutungen flimmern mit bei solch einem Spiel wie die Farben der Kleider und Kulissen. Der rechtschaffene Zuschauer und Zuhörer lasse sich nicht durch das allzu Erklärerische, Didaktische des beigegebenen Programms oder durch die Vergleichs- und Scheidekünste der Kritik zu der armseligen Lust des Verstehens und zu der Genugtuung, sich „ein Urteil zu bilden", verführen. Er genieße Farbe der Töne, Klang der Farben, Weißheit der Beine und Puppenschwermut. Dann hat er die Welt im Divertissement, in der Zerstreuung gesammelt.

Die Pariser artistes lyriques haben ihren kriegsgefallenen Kollegen ein Denkmal errichtet, einen richtigen Pierrot im weiten Pierrotkleid mit den dicken Pompons. Umgürtet ist er mit Tragriemen und Patronentasche; er hat links die Hand an der verwundeten Brust. Der Stahlhelm ist ihm entfallen, der Säbel in seiner Rechten zerbrochen. Mancher mag das frivol finden. Ich finde es entzückend und heroisch.

Die Briefe der Madame Dubarry

„Die Chignons à la Dubarry sind ganz locker, das heißt, derartig ange-
ordnet, daß sie zwar an den Kopf herangeholt werden, aber dann hohl
bleiben, als ob sie in aller Hast und ohne Absicht aufgesteckt seien." Die
Haartracht, von der diese zeitgenössischen Worte berichten, ein Sinnbild für die anmutige Epoche, in der sie Mode war, diese Coiffure bewußten Leichtsinns und kunstvoller Lässigkeit erfand die berühmte
Favoritin Ludwigs XV., als sie noch ein unbekanntes Geschöpf und die
Geliebte eines hübschen Friseurs war. Ehe sie vor dem Spiegel und in
den Armen dieses guten Jungen ihre schönste Liebeszeit verbrachte
und nachdem sie den Verarmten verlassen mußte, war diese Jeanne
Bécus, die natürliche Tochter eines armen Weibes aus der Provinz, als
Manon Rançon und als Mademoiselle L'Ange in Paris Gelegenheitsar-
beiterin aller Art. Ob sie nun von Haus zu Haus Bänder und Glasperlen
verkaufte, ob sie im Modesalon aufwartete oder in der Spielhölle er-
munterte, sie verstand es, durch ihre bezaubernde Mischung von Natur
und Schlauheit, durch das geradezu Harmlose ihrer Koketterie immer
neue Siege zu erringen und ihre Besiegten klug gegeneinander auszu-
spielen. Wechselfälle, Mißerfolge können dies lebenskräftige Kind aus
dem Volke nicht entmutigen, und schließlich wird sie mit Hilfe eines
gewandten Abenteurers, der von dem „Lancieren" schöner Frauen lebt
und sich Graf Dubarry nennt, bei einem der berühmten kleinen Sou-
pers, welche den „Hirschpark" des alternden Jägers mit jungem Wild
versorgen, dem Könige zugeführt. Aber ihr und ihres Lanceurs Ehrgeiz
geht weiter als bis zum Hirschpark. Taufscheine werden gefälscht, eine
Scheinehe wird eingegangen, mit vielerlei Intrigen wird die offizielle
Vorstellung bei Hofe durchgesetzt. Und nun beginnt die Glanzzeit der
„maîtresse en titre", welche spielerischer und menschlicher hohe Politik
treibt als ihre Vorgängerin, die zarte kränkelnde Marquise de Pom-
padour. Im tapfern Kampf gegen ihre mächtigen Feinde, in kindlicher
Verschwendung und Freude an Kostbarkeiten, in freigebiger Unterstützung der Gelehrten, Schauspieler, Tanzmeister, in gutherziger Fürspra-
che für Verfolgte und Verurteilte, überall zeigt sie das gleiche kluge
und unbekümmerte, skrupellose und liebevolle Wesen. Frühere Gegner
bemühen sich um ihre Gunst. Ein Monarch schenkt ihr ein Brillanten-

kollier für ihr Schoßhündchen. Der Ruhm ihrer Allmacht geht ins Phantastische und läßt z. B. bei ihrem „Lever" den Nuntius des Papstes und den Erzbischof von Reims mit ihren Pantoffeln bereitstehen, als sie beim Erscheinen des Königs aus dem Bett springt. Im letzten Lebensjahr des Königs wird dann diese Macht durch die Gegnerschaft der Dauphine Marie Antoinette und den Einfluß der Priester auf den kranken König untergraben. Pamphlete ihrer Feinde, über die sie früher übermütig lachte, werden ihr peinlich, und es gelingt der feindlichen Partei, sie von dem Sterbebett des Königs zu entfernen und zu verbannen.

Solch ein Dasein, das der planmäßigen historischen Abhandlung widerstrebt, wird am sichtbarsten aus der Anekdote, dem zeitgenössischen Porträt, dem Dokument. Aus der Fülle echter und unechter Stücke der Memoirenliteratur das Wesentlichste, das Eindringlichste zu sammeln und in gedrängter Fülle zusammenzufassen, das ist Viktor von *Koczian* gelungen, der im Verlage Ernst *Rowohlt*, Berlin, die „*Briefe der Madame Dubarry*" herausgibt. Anknüpfend an die „Originalbriefe der Gräfin Dubarry", die ein obskurer Schriftsteller des ausgehenden achtzehnten Jahrhunderts, Pidansat de Mairobert, vier Jahre nach dem Tode Ludwigs XV. veröffentlichte, und die sich zum Teil als gehässige Fälschung erweisen lassen, den Rest durch zahlreiche echte Briefe ergänzend, und dazu einen reich dokumentierten Anhang fügend, der sich wie eine Biographie in Anekdoten liest, das Ganze mit zahlreichen Illustrationen nach Gemälden und Kupferstichen schmückend, läßt der Verfasser die zierliche Gestalt dieser Herrscherin von Frankreich inmitten der blendenden späten und uns durch ein Jahrhundert voll Sentimentalität und Maschinendienst in ideale Ferne entrückten Epoche neu erstehen.

Honoré de Balzac: Modeste Mignon

Verlag Die Schmiede

Ein junges Mädchen, eine schöne Seele der Provinz, schreibt Briefe an den unbekannten Pariser Dichter. Sie hat einiges deutsches Blut in den Adern, diese Modeste Mignon, und ihr Schöpfer vergleicht sogar einmal ihre Korrespondenz mit Bettinens Goethebriefen. Aber nicht er, der mondäne, beschäftigte eitle Schriftsteller antwortet ihr, sondern sein menschlicherer Sekretär. Modeste erfährt es, und an diesem Erlebnis erwächst das kräftig-schöne Mädchen-Kind zur wissenden und gütigen Frau. Um die Novelle dieser drei Einzelwesen hat der Dichter der „Menschlichen Komödie" zwei Welten gruppiert, einmal die Provinzwelt gelderwerbender und -verlierender, Whist-spielender und allzu nachbarlich wohnender Bürger, und dann dazu das Paris des Faubourg Saint Germain, das in diese Provinz einbricht. Der Meister der Typen und Schicksale offenbart sich in diesem bei uns wohl kaum bekannten Buche in sanfterer, aber nicht minder eindringlicher Weise als in den großen Lebensbildern der Goriots, Grandets, Vautrins usw. Die vortreffliche Übersetzung von Hans Jacob, welche der Verlag „Die Schmiede" herausgibt, ist übrigens doch nicht die allererste.

In einem alten Bibliothekbändchen vom Jahre 1845 finden wir es bereits übersetzt mit dem hübschen Untertitel „Die Sentimentalen in Havre" und vereinigt mit den „Kleinen Kunstgriffen einer tugendhaften Frau", der Beatrix Balzacs.

Rudolf Borchardt: Die geliebte Kleinigkeit

Ernst Rowohlt Verlag

Der Alexandriner, in der französischen Dichtkunst ein Vers, der alle Nuancen des spielenden und strengen Geistes, alle Stimmungen und Leidenschaften trägt und hebt, war bisher in der deutschen Nachbildung immer ein armes Geschöpf mit körperlosem Faltenwurf, allenfalls fähig, eine enge antithetische Witzigkeit oder blasse Anmut auszudrücken. So hat ihn denn auch unsere klassische Dichtung in ihrer besten Zeit aufgegeben und sich anderen für sie fruchtbareren Maßen zugewandt. Nun ist er mit einmal neu entdeckt worden von dem Dichter, der wie keiner seiner Zeitgenossen alle heimlichen Möglichkeiten der deutschen Sprache beherrscht und die scheinbar vergangensten Formen zu lebendiger Gegenwart macht. Während unsere alten Alexandriner-dichter Versakzent und Wortbetonung ängstlich übereinstimmen ließen und, eingeengt durch Gleichmaß und Zäsur, ins Leiernde und Dürftige gerieten, komponiert Rudolf Borchardt seinen Vers sozusagen kontrapunktisch. Beide Akzente, der des Verses und der des Wortes, wirken neben-, gegen- und durcheinander, und es entsteht in dem Auseinanderstreben und Sich-wieder-verschmelzen beider Melodien eine reiche Bewegtheit, ein langer Atem, der über Versende und Reim weiterträgt:

> So oft das Blau der Nacht überm West heraufgreift,
> Sieht sie Chloe, die Chloe schon nicht mehr begreift,
> Sieht sie Chloe, die Chloe von gestern nicht kennen,
> Sieht sie Chloe, die sich und Dämon neu zu nennen,
> Neu zu lieben verlangt, tiefer in sich zu fühlen,
> Den neu erfahrenen Brand neu in Neuem zu kühlen,
> Täglich meint sie, sie könne nicht mehr, als sie schon liebt,
> Lieben, und sie belehrt der Tag, daß es noch gibt,
> Was sie noch nie erfuhr.

Absichtlich spreche ich hier nur von dem, was die Unterscheider noch immer so töricht das „rein Formelle" nennen im Gegensatz zu einem vermeintlichen Inhalt, Dinge, die es ebensowenig gibt wie ein Äußerliches und ein Innerliches und mehr dergleichen. Es widerstrebt mir, zu

berichten von der Fabel dieses reizenden und tiefsinnigen Schäferspie-
les, das mit vier Personen, zwei Paaren, den ganzen Gegensatz von
Liebe und Gesellschaft darstellt und in einem launisch beginnenden
und immer leidenschaftlicher werdenden Kleider- und Rollentausch
von Mann und Weib die wahre Natur beider Geschlechter offenbart;
wobei sich Natur in Verkleidungen hüllt und von Verkleidungen befreit
wie des Dichters drängende und verweilende Worte sich in die Fesseln
des Alexandriners mit Rosenbändern binden lassen und mit Men-
schenmuskeln wieder von ihnen freimachen.

Ob dieses schöne Spiel, diese geliebte Kleinigkeit im heutigen
Deutschland Leser oder gar eine Bühne und auf der Bühne Schauspieler
findet, die Verse sprechen können, das weiß ich nicht. Aber den Vereh-
rern seiner Jugendelegien, seiner großgebauten Prosa, seiner Bibel- und
Dantesprache, des strengzarten Verses seiner Epen und Dramen wird
Borchardts Alexandriner ein Neues und Köstliches sein.

Ernst Weiß: Daniel

Erzählung. Verlag Die Schmiede

Die Stätte dieser Dichtung, in der eine mythisch-historische Welt zu
bedrängend naher Gegenwart wird, ist Babylon, die Riesenstadt am
Ufer des gelben Flusses, der aus der Wüste kommt, die Stadt der weißen Mauern mit den tiefen Rillen und scharfen Ecken, die aus ihren
bunten Märkten und von den geschwungenen Brücken hinabschaut auf
die Safransegel im Fluß. Sie verdämmert in Plätzen, auf denen die Ka-
mele lagern, die nachts bei Fackelschein beladen werden, um am Morgen in die Wüste zu ziehen. Sie endet bei den Sümpfen und Gerberbä-
chen der Vorstädte und birgt in ihrer Mitte Gärten und Paläste; und
überall wird sie überragt von dem Koloß des Turmes mit seinem Rie-
sengurt steigender Treppen und dem Opferfeuer in seiner Stirn.

Durch den roten und schwarzen Staub der babylonischen Straßen
wandert tagelang der Ochsenkarren, der die Prinzessin von Juda trägt
und ihr Neugeborenes, das hoch und schnell atmende Kind, das sie in
verpesteter Schlangenhöhle geboren hat bei den gefangenen Königen,

das Kind des Elends, aus dem der Erwählte wird, der Seher, der einzige Freie, Daniel.

Kindheit, Welt und Gegenwelt dessen, der da kündet, nicht zeugt, des Menschen, den nur Gott nährt und in dessen Munde das Verfaulte zu reiner Nahrung wird, dessen, den der Vater verleugnet und die Mutter verläßt, weil er ein andrer werden soll als die vielen, deren die tragende Erde müde ist, – Daniels Kindheit und Welt ist das Thema dieses Buches, das auch innerhalb der Dichtungen von Ernst Weiß einzig ist. Bisher hatte der Dichter in vielerlei Formen die Not der Unfreien, der Blutgebundenen dargestellt, der von Dämonen Besessenen, die in allen Verstümmelungen und Erhöhungen ihres Wesens das Stigma der Begierden, der Haßliebe tragen. Sind doch selbst die Götter seines ozeanischen Mythos Atua an die Welt verloren, die Moa hassend und wider Willen dem begehrenden Gotte gebiert. In seinem Daniel aber erscheint dem Dichter der Heilige, der, gleich dem Buddha, mehr wird als seine Götter sind, der seinen eigenen Gott segnet, der Stille, in dessen Gestalt Gott in der Welt ist. Weiß, der immer ein Realist im Metaphysischen und ein Metaphysiker im Realistischen war und blieb, ist auch bei der Erschaffung dieses menschenfernsten seiner Geschöpfe ganz im Wirklichen und Sichtbaren geblieben. Wir sehen die Metallspäne im Haare des Jünglings am Werktisch, die Fäden, die er aus der Lötflamme zieht, so nahe wie seine Seheraugen. Und die von Lohe gebeizten Hände der armen Mutter, welche das faulende Fleisch von den Fellen der Widder schaben, sind nicht realer als die Gegenwart des Gottesboten auf der Schwelle des Erwählten, dem der Schlag seines Herzens ein Kuß von innen ist.

In elf Kapiteln von östlicher Magie und gut europäischer Plastik, in elf Bibelgesängen wird das Leben des werdenden Propheten erzählt bis zu der Verkündigung, die ihn zu dem Kaiser der Welt führt, dem er seine Gesichte und Träume deuten wird. Der Dichter endet, wo die Bibel beginnt.

In schönem Druck und stattlichem Format ist der ‚Daniel' im Verlag Die Schmiede erschienen. Es bleibt zu hoffen, daß dies Werk und ebenso Weiß' ‚Hodin' und seine ‚Feuerprobe', die bisher auch nur in Luxusausgaben vorliegen, bald in einer populäreren Form erscheinen und allgemein zugänglich werden wie die bekannten Romane des großen Epikers.

Honoré de Balzac

(† 18. August 1850)

In einer Augustnacht vor fünfundsiebzig Jahren starb Honoré de *Balzac*. Victor Hugo besuchte den Sterbenden und schon Bewußtlosen am Abend. „Ich sah ihn im Profil", berichtet er, „er glich dem Kaiser." Er hat auch im Leben dem großen Korsen geglichen und nach seinem eigenen stolzen Wort mit der Feder vollenden wollen, was jener mit dem Schwert begann. Er liebte den Gewaltigen, der „in seinen Fahnen das junge Jahrhundert wiegte und ihm Lieder mit furchtbarer Kanonenbegleitung sang". Er war wie der große Kaiser von seinem Werk besessen, nur daß er all seine Schlachten in der tiefen Stille seiner Studierstube schlug, monatelang von der Welt abgeschlossen, Tag und Nacht rastlos arbeitend, bei geschlossenen Läden und Kerzenlichte und vielen Tassen schweren Kaffees, jenen hunderttausend Tassen, von denen er gelebt hat und an denen er gestorben ist.

Er starb vorzeitig, mitten aus der Arbeit gerissen. Von dem gewaltigen Plan seiner ‚Menschlichen Komödie' war noch lange nicht alles vollendet. Er hatte mit einem langen Leben gerechnet und starb im fünfzigsten Lebensjahre. Und hatte er gelebt im bürgerlichen Sinne des Wortes? Nein. Er hat es selbst immer wieder in immer neuen Wendungen ausgesprochen, daß sein Dasein ein großes Entbehren war, daß seine Werke die wahren Ereignisse seines Lebens blieben, daß er, in allen Leidenschaften und Träumen getäuscht, seine Wünsche in Dichtungen umwandelte statt sie zu befriedigen. Zwischendurch hat er einige hastige Versuche gemacht, im wirklichen Leben mitzuspielen, allerlei Gewerbe- und Verdienstmöglichkeiten, das elegante Dandyleben und die große Leidenschaft probiert, um immer bald wieder zu seinem Schreibtisch, seinen Manuskripten und den tausend Briefen zurückzukehren, die er an eine ferne Frau schrieb, um welche er ein Lebenlang warb, und die er erst als Todeskandidat geheiratet hat. „Hätte ich gelebt, es wäre doch nur ein schmerzlicher Scherz gewesen." Aber das Werk, das Werk war seine Wirklichkeit. Über den Gestalten seiner menschlichen Komödie, jenen zweitausend Menschen, deren Dasein ihm bis in alle menschlichen, sozialen, kriminellen und politischen Einzelheiten bewußt war, vergaß er die äußere Welt. Als ihm einmal kurz vor der Veröffentlichung seiner „Eugenie Grandet" ein Freund aufsuchte und ihm von einer kranken Schwester berichtete, sagte Balzac mit zerstreuter Miene zuhörend: „Das ist ja alles recht traurig", und dann nach kurzem Schweigen: „Und jetzt, mein Lieber, lassen Sie uns auf die Wirklichkeit zurückkommen, sprechen wir von Eugenie Grandet."

Die neue Wirklichkeit, die er schuf, der Roman des neunzehnten Jahrhunderts, wurde unter seinen gewaltigen und gewalttätigen Händen etwas andres als eine reine Kunstform wie es die epischen Dichtungen früherer Zeiten bis zu einem gewissen Grade immer geblieben sind. Alles Wissen und Wollen des Autors kam mit hinein in die Werkmasse, alle Stilarten, alle Formen der geistigen Mitteilung wurden versucht. Bei höchstem Realismus der Schilderung war doch jedes Ereignis, jedes Bild zum Argument und zum Sinnbild. „Tout y est mythe et figure." Indem er mit der Kraft des Sehens auf weiten Flächen die Gesichter der Tausende, die leidenden und blühenden, zerfurchten und glatten beschwor, bewies und verteidigte er seine Ideen, seine politische, religiöse, philosophische Weltanschauung. Aber da er die große Kindlichkeit des Genius besaß, geriet er nie in die Blässe der Abstraktion, wie er sich trotz aller Liebe zum Phantastischen nie in pure Romantik, trotz aller oft geradezu teuflischen Freude an Schilderungen des Gräßlichen und Gemeinen nie in den hilflosen Naturalismus seiner Nachfahren verlor. Immer begriffen, wußte er immer zu faszinieren, aus dem Schilderer seiner Zeit wurde ein Prophet des Kommenden, der Schicksale und Gesellschaftsformen schuf wie sie erst nach seiner Zeit sich verwirklichten.

Dieser Einsame liebte die Menschen und die menschliche Gesellschaft. Auch das Schicksal seiner verlassensten oder menschenfeindlichen Geschöpfe beruht auf ihrer Beziehung zur Gesellschaft. Seine Jünglinge fordern das große Paris, das sie aus ihren Dachkammern vor sich ausgebreitet liegen sehen, zum Kampfe heraus, sie wollen es nicht kontemplativ beobachten, sie wollen es erobern, beherrschen. Seine Liebenden kämpfen um das Herz des Geliebten, und noch die Leidendsten unter ihnen überlassen sich nicht entsagend ihrem Schmerz, alles Gefühl wird zur Tatkraft. Menschenwille und Menschenmacht in allen Gesellschaftssphären ist Balzacs Thema, und selbst im Wogenprall des Meeres erblickt er nicht das unpersönliche Element, sondern die ‚Exal-

tation menschlicher Kräfte'. Alle kommenden Zeiten werden in ihm
den Dichter des Willens verehren.

Er ist unserer Nachkriegszeit wieder besonders nahegerückt, einmal,
weil seine Geschöpfe ähnliche Erschütterungen und Schicksalsum-
schwünge durchzumachen haben wie die Menschen unserer Tage, und
dann, weil er bei aller Verdeutlichung des Individuellen immer nach
der Darstellung der Typen, der Urphänomene strebt, ein Streben, das in
der gegenwärtigen französischen und deutschen Literatur im Gegensatz zu dem Psychologismus der letzten Jahrzehnte überall zutage tritt.

Albert Ehrenstein: Lukian

Ernst Rowohl Verlag. Berlin 1925

Wir dürfen mit dem Dichter und Zeitgenossen Albert Ehrenstein hoffen, daß der alte Lukian seine „ehrerbietigst aller philologischen Text-
treue den Rücken kehrende Respektlosigkeit" verstehen wird. Beide
lächeln und zwinkern einander zu in dieser lebendigen Erneuerung der
wahren Geschichten und Hetärengespräche. Lukian sieht in wienerisch
redenden süßen und bittern Mädeln, in Kriegsgewinnern und Heim-
kehrern seine antikischen Geschöpfe und Opfer wieder und freut sich
an dem jüngeren Poeten. O mein liebes Abendland, denkt er, wie oft
gehst du unter, wirst immer wieder betrogen von Narren und Schlau-
bergern und bleibst dabei so ungemein sympathisch, daß man gar kein
Ende findet, dich zu verspotten, dich und deine Götter, um deren Stir-
nen auch unser Hohn nur eine neue Aureole tut, von der niemand
weiß, ob sie vom Abendrot oder Morgenrot ihre Farbe hat.

Grimmige Heiterkeit des freiesten Menschen ist in diesem Buch und
fröhliche Wissenschaft. Wo er nur persiflieren zu wollen scheint, gestal-
tet der Satiriker, die Geißel wird zum belebenden Zauberstab. Den
Zappelnden, die vielleicht nur Marionetten werden sollten, wird Atem
des Lebens eingeblasen: Lukian dichtet! Und Ehrenstein hat mit- und
weitergedichtet.

Commerce,

cahiers trimestriels publiés par les soins de Paul Valéry,
Léon-Paul Fargue, Valéry Larbaud.

Commerce? Kommerz? Der Deutsche denkt bei diesem Wort zunächst
an Handel, aber der Gott des Handels und Wandels behütet dieses
Unternehmen, von dem bisher fünf stattliche Hefte vorliegen, nicht als
Patron der Kaufleute und Diebe, sondern als Götterbote, Seelengeleiter
und Mittler zwischen getrennten Welten. Dieser Commerce ist Austausch im internationalen und zeitverbindenden Ideenreich. Hier werden „gute Europäer" zu einer Gemeinschaft versammelt und dabei gibt
es überraschende und glückhafte Begegnungen. Die Herausgeber haben
aus jeder Nationalliteratur das Eigentümlichste und Unvergleichlichste
gewählt, die Übersetzer haben sich an schwierigste ausländische Prosa
und Poesie gewagt.

Aus deutschem Bereich erscheinen neben den schönen französischen Versen Rainer Maria Rilkes, die er selbst Versuche einer latinité
spontanée genannt hat, Stücke aus den mystischen Schriften des Meister Eckhart, Übertragungen später Hölderlinstrophen und Büchners
holde, witzige, wehmütige Komödie „Leonce und Lena". Das junge
Italien ist vertreten durch Giuseppe Ungaretti, das ältere durch Leopar-
di, der ja auch dem deutschen Leser vor kurzem wieder nahegebracht
wurde durch Ludwig Woldes Übersetzung. Altenglische Dichtungen
des Sir Thomas Wyatt und Robert Herrick werden in einer dem Französischen jener Epoche ähnlichen Sprache wiedergegeben, und sogar an
die Seltsamkeiten des James Joyce wagen sich Larbaud und Morel heran und verdolmetschen unter anderm den köstlichen „inneren Monolog" der Penelope-Molly aus „Ulysses" in seiner ganzen unlogischen
Sinnfülle und chaotischen Rhythmik.

Auch im eigenen Lande spielt Commerce eine weise Mittlerrolle, er
ist ein Salon, in dem sich Junge und Alte, Freunde und Feinde begegnen, aber er bleibt ein Salon, und das gibt auch den Ungebärdigen und
Rauflustigen unter seinen Gästen eine gesellschaftliche Haltung. Neben
den milden Weisheiten Valérys und Larbauds über Kunst, Lust und
Gefahr alles Schreibens und Lesens erklingen die gesetzgeberischen

Worte und kühnen Bekenntnisse derer, die sich als Surrealisten zu einer Gruppe vereinigt haben und die wir in diesem Salon, jeden in seiner Eigenart und fern von der „Partei", würdigen lernen. Es würde zu weit führen, eingehender auf einiges besonders Auserlesene hinzuweisen, wie etwa Valérys „Brief der Madame Teste", Jouhandeaus legendenhaft schöne Novelle „Ermeline und die vier Alten" oder die Verse von Léon-Paul Fargue. Nur das Vorbildliche des ganzen Unternehmens muß immer wieder betont werden. Hier ist Verantwortung, Mut und Aufrichtigkeit. Hier wird gute europäische Geistespolitik getrieben.

Redaction et Administration 160, Rue du Faubourg Saint Honoré, Paris VIII. Deutsches Depot: Paul Cassirer, Berlin W 10.

Die Gräfin

Um die Jahrhundertwende gab es im südlichsten Süden Deutschlands eine sehr merkwürdige Niederlassung genau da, wo jetzt die Hauptstadt des Freistaates Bayern plaziert ist; diese Stätte hatte einen nördlichen Vorort, der war noch viel seltsamer als die Stadt selbst. Die „Gräfin" – so nannten ihre Freunde schlechthin Franziska Gräfin zu *Reventlow* –, eine der, wie man heute sagt, prominentesten Bewohnerinnen dieses Stadtteils, hat ihm im Gespräch und in „Herrn Dames Aufzeichnungen" den ergötzlichen Namen Wahnmoching gegeben, einen Namen, „der im bildlichen Sinne weit über den Rahmen eines Stadtteils hinausgeht", „Wahnmoching", lehrt sie, „ist eine geistige Bewegung, ein Niveau, eine Richtung, ein Protest, ein neuer Kult ... und noch vieles, vieles ..." Die Gräfin hat, wie wohl niemand sonst, den Reiz, den Wert und das Lächerliche dieser jetzt versunkenen Welt gekannt, geliebt und verspottet, sie war die Vertraute der heimlichen Bewegungen, die damals noch in Zenakeln wohlgehütet geheimblieben und heut durch Werke von Meistern und Jüngern, auf Universitäten und in Salons geistiges Allgemeingut werden. Und wie in dieses Wahnmoching hat die Gräfin vorher und nachher in die ältere und spätere Münchener Boheme die Schönheit und den Adel ihres Wesens getragen, den Adel auch in der unübertragenen Bedeutung des Wortes: sie brachte das beste Teil der Gesellschaft, der sie jung entflohen war, mit und schuf aus kahlen und überfüllten Ateliers und Mansarden einen Salon, in dem sie vornehmer empfing und bessere Konversation machte als ihre Vettern und Basen auf Schlössern und in politischen Salons.

Der Lebensweg dieser unvergeßlichen Frau, die bei aller geistigen Überlegenheit ganz Weib blieb, den Becher jeder holden Torheit bis auf die Neige trank und sich lieber zu ihren Schwächen als zu ihren Stärken bekannte, ist jetzt für ihre Freunde aufs neue und für die andern zum erstenmal sichtbar geworden durch die Ausgabe ihrer gesammelten Werke (Verlag *Albert Langen, München*), die Frau Else Reventlow in einem umfangreichen Bande zusammengestellt und eingeleitet hat. Durch eine ausgezeichnete biographische Skizze und die Einfügung der hinterlassenen Tagebücher, die an Unmittelbarkeit, Aufrichtigkeit, Bitternis und Innigkeit des Bekennens einzig sind, in das Ensemble der Schriften, von denen bisher nur Einzelbände erschienen, wird das Ganze dieses Daseins deutlich: die eingeengte, sehnsüchtige Kindheit, die aber hinausschauen darf auf das nahe Meer vom Herrensitz der Eltern, dem Schloß Neverhuus aus „Ellen Olestjerne", die tolle Zeit jugendlichen Protestes im Ibsenklub zu Lübeck und dann die langen Münchner Jahre mit dem kurzen Ehe-Intermezzo und vielen Glücks- und Irrfahrten durch die weite Welt mit Liebes- und Mutterseligkeit und tausend Nöten in allerlei Wohnstätten, von denen ihr manche lieb, aber keine zur Heimat wurde. „Wenn ich an Haus denke", pflegte sie zu sagen, „ist es immer das alte Elternhaus am Meer", und in den letzten Jahren war es ihr am liebsten, wenn sie keinen eigentlichen Wohnsitz mehr hatte, wo Gläubige und Gläubiger sie erreichen konnten, sondern fremd unter Fremden lebte.

Immer in das Leben verliebt, meinte sie: „Am Ende ist das Sterben auch gar nicht so übel." Sie ist unter großen Schmerzen in der Einsamkeit gestorben, allein der Tod hat dieser wunderbar Jungen, dieser schwerkrank Tanzenden, zerbrochen Übermütigen, Mildesten und Wildesten das Altwerden erspart, vor dem ihr immer bangte. „Wenn ich mich überhaupt darauf einlasse, mein eigenes Alter mitzuerleben", sagt sie in ihrem kleinen Meisterwerk, den Amouresken „Von Paul zu Pedro", „dann will ich wenigstens eine dankbare Rolle spielen ... einen reizenden Salon haben mit einem Kaminfeuer. Um den Kamin versammeln sich abends die alten Freunde, müde galante alte Herren mit

Krückstöcken, und man unterhält sich von alten Faiblessen ..." Dann aber fährt sie fort: „Danken wir Gott, daß es noch nicht so weit ist." Vielleicht hat die Sterbende Gott gedankt, daß es gar nicht so weit kam, diesem Gott und Schicksal, mit dem sie von Kind an rechtete und wettete und frech und fromm scherzte und spielte.

Wenn man sie eine Schriftstellerin nannte, wurde sie böse – nicht in der Art gewisser Literaten, die unliterarisch sein wollen, statt ihre Standesehre zu pflegen –, nein, sie hatte einfach eine Idiosynkrasie gegen das Wort wie gegen „sauer verdientes Geld". Und doch ist sie eine große Schriftstellerin geworden, ohne daß ihr Frauentum darunter gelitten hätte. Eigentlich sollte die Herausgeberin ihres Nachlasses auch noch die köstlichen Briefe der Gräfin, soweit sie in München, Deutschland und Europa zu finden sind, sammeln und eine Auswahl veranstalten. Denn sie war eine große Briefschreiberin, und von der Briefkunst geht vielleicht das Stärkste und Reifste der Begabung aus, die sie zu einer Bekennerin von unerhörtem Freimut, zu einer Formerin prägnantester Aperçus, zur anmutigsten Erzählerin gemacht hat. Und gerade sie, die einmal schreibt: „Von Frauen weiß man überhaupt sehr wenig, wenn man selber eine ist", hat uns fein und gründlich über das Wesen des Weibes belehrt.

Franziska Gräfin zu Reventlow

Sie würde halb belustigt, halb wehmütig gelächelt haben, hätte sie es noch erlebt, daß man sie zu einer Art Vorkämpferin der Frauenfreiheit, zu einer ersten „Garçonne" machte, diese Frau, die vor allem Liebende und Mutter war und nichts andres sein wollte. Eigentlich schrieb sie lieber Briefe als Bücher, und die entzückenden Meisterwerke der Konversationsnovelle, die sie uns hinterlassen hat, „Von Paul zu Pedro", „Herrn Dames Aufzeichnungen", „Der Geldkomplex", „Das polierte Männchen", „Der Herr Fischotter" usw., sind Kristallisationen, Quintessenzen ihrer unvergeßlichen Gespräche. Wer von ihren einstigen Unterrednern und Zuhörern heute ihre lebendigen Worte gedruckt liest, wie sie in den hübschen, von Else Reventlow bei A. Langen, München, herausgegebenen Sammelbände vereint sind, denkt: Was würde sie doch noch alles dazu gesagt und erzählt haben, Beiläufiges, Nachdenkliches, Überraschendes! Die Zufallsstätten ihres Wanderlebens, Münchner Ateliers, Pariser Hotelzimmer, südliche Gärten, wurden zu Salons, in denen man bessere Konversation machte als irgendwo sonst bei ihren adligen Kusinen und bürgerlichen oder Bohemefreunden. Gräfin blieb sie auch im Elend, Dame im wildesten Karnevalstreiben und immer ihrem Kinde eine wunderbare Mutter. Schriftstellerin – sie konnte das Wort nicht leiden, aber gerade weil sie keinen Wert auf diesen Beruf legte, war sie eine Berufene. Sie schöpfte aus dem Überfluß, wenn sie sich mit einem Seufzer, dem Leben selbst eine Weile entsagen zu müssen, hinsetzte und schrieb. Und hat sie das dann doch bisweilen beglückt, so war es, weil sie damit die wunderliche Situation, die selige oder trauervolle Stunde wiederkehren, den unvergleichlichen Augenblick dauern machte, weil sie noch einmal herzlich lachen, munter spotten oder die Tränen weinen konnte, die Stendhal l'extrême sourire genannt hat. Wenn in ihrem ersten Roman „Ellen Olestjerne", diesem ergreifenden Dokument einer stürmereichen Jugend, oft noch die Stimme einer Generation zu vernehmen ist, die gegen Väter und Vormünder kämpfen mußte und in der bloßen Freiheit ein Lebensziel sah, so ist in den reifen Werken ihre schöne Weltlichkeit und Liebe zum Leben ganz frei von dem Negativen, dem düsteren Trotz alles Andersseinwollens, sie erringt reine heitere Gegenwart, eine von den Traditionen reicher früherer Zeiten gesegnete Gegenwart. In den Tagebuchblättern aber, welche die pietätvolle Herausgeberin dem Gesamtwerk eingefügt hat, diesen unmittelbaren Bekenntnissen eines bald gehetzten, bald selig ruhenden, tollen und milden, bittersüßen Daseins, beglücken uns am meisten die Seiten, aus denen die Mutter spricht, die in ihrem Kinde die Blume pflegt, mit dem Tierlein spielt, den kleinen Menschen gängelt und bewundert.

Am 14. April 1900 schreibt Franziska zu Reventlow in ihr Tagebuch: „Aber jetzt ist wieder tiefe Ruhe in mir, mein Kind, mein Rolf. Den kann mir niemand nehmen, er ist so mein und seine süße kleine Liebe zu mir. Wenn du wüßtest, mein Einziges, was für Stürme in deiner armen Mutter toben und wie du sie wieder zur Ruhe bringst. Wie du mein Glück, mein Friede, mein Alles bist. Solange ich dich habe, bin ich gut und rein, was ich auch tue und fühle, und wenn ich dich einmal nicht mehr hätte, wäre alles vorbei. Keine Liebe, keine Leidenschaft würde mich mehr am Leben halten. Deshalb bin ich bei alledem wohl doch ruhig und glücklich und fühle mich stark und fest. Mein Götterkind, es geht so heitere Sonnigkeit von ihm aus über mich. Wenn er von Balilula erzählt – wer Balilula ist, weiß kein Mensch. Aber Balilula – Radfahrer – Balilula ist jemand, für den wir uns beide sehr interessieren. Ich bin ja doch so glücklich – ich lasse meinen Schmerz hier und darf mit meinem Bubi und meinem hellen frohen Siegfried in die Welt hinausfahren, und daneben wird Frau Herzeleide neben mir hergehn. Ob es nicht vielleicht das Vollkommenste ist, was wir Menschen erleben können, zugleich einen tiefen, nagenden Schmerz und die lichte sonnige Freude – eine lachende Liebe und eine dunkle schwere Leidenschaft – ich Glücklichste von allen und ich Unglückselige – – – Ich habe einen Freund gefunden, den ich schon lange hatte, ich wußte nur nicht, wie sehr er es war. Ich habe es schon einmal gefühlt, an einem Sommerabend im vorigen Jahr, aber ich weiß nicht, wie es kommt, wenn ich einmal mit einem Menschen so gesprochen habe, über das Allerallerheiligste, dann schäme ich mich hinterher und ziehe die Fühlhörner ein. So war es damals. Ich war damals noch zu sehr in meiner Liebe verworren, um darüber zu sprechen – ich hatte beinah ein feindliches Gefühl gegen den, der darum wußte, vielleicht, weil ich fühlte, daß er die Weichheit in mir gefühlt hat – das ohnmächtige Weib. Aber jetzt hab ich ihn wiedergefunden, gerade an meinem Geburtstag, nach einer Nacht, wo mir so gewitterschwer vor Liebe und Sehnsucht war. Wo es in mir überströmte. Das wäre der Mensch, bei dem ich mich einmal ausweinen könnte, es fehlte nicht viel, so hätte ich es getan. Aber ich fürchte mich vor diesem Ausweinen, vor dem Aufschrei, in dem meine ganze Kraft dahingehen würde. Oder ist meine Seele wirklich schon so still geworden? Nein, sie schreit und weint und sehnt, es ist ein fürchterlicher Aufruhr in mir. Es ist so schön und so furchtbar. Und so gut, mit dem Freund davon zu reden, dem einzigen Menschen, der mich liebt, ohne nehmen zu wollen. Es war ein unvergeßlich schöner Abend."

Zeichnungen aus Jules Pascins
Skizzenbuch Florida 1905

Pascin, Geschöpf und Schöpfer sehr europäischer oder eurasischer Welten, ist erstaunlicherweise amerikanischer Staatsangehöriger. Nicht von Natur, aber doch von Verdienst. Tief in Florida hat er eine Welt entdeckt, die seinen balkanischen und pariserischen Paradiesen ähnlich sah. Müßige und spielend beschäftigte Menschen und Tiere, befreundet mit Baum und Baracke, Land und Strand und Wasser. Es gefiel ihm gut bei den Weißen und Farbigen von Florida; und auch er gefiel ihnen. Sie boten ihm an, bei ihnen zu bleiben und ein Stück Land zu nehmen. Hätte er es getan, er wäre vielleicht Dollarmillionär geworden. Denn kaum war Pascin fort, so fingen Leute an, mitten in die erschrockene Landschaft Wolkenkratzer zu bauen und eine ihrer plötzlichsten Städte hochzutürmen, die dann, wie bekannt, ebenso jäh durch ein Naturereignis zerstört worden ist. Pascin hat in seine Skizzenbücher ihre Kinderzeit gerettet. Pascin rettet Kinderwelten, womit nicht ausschließlich die der Kleinen gemeint sind, sondern ebenso und mehr der Erwachsenen. Er hat die Unschuld der „Sünder" entdeckt. Die „volupté calue" eines früheren Daseins, von der Baudelaire dichtet, hat Pascin seinen Geschöpfen herübergerettet aus einem Traumosten nach Paris und sogar bis nach Amerika.

Max Brod: Die Frau, nach der man sich sehnt

Paul Zsolnay Verlag, Wien

Statt darüber zu schreiben und das schön Zusammengefügte auseinanderzusetzen, möchte man dies Buch lieber gleich noch einmal lesen, frei von der Spannung, die bei der ersten Lektüre das Verweilen verhindert. Man möchte all das festhalten, was hier an süßen und bitteren, spielerischen und tiefen Weisheiten über die Liebe gesagt ist. Dies Buch handelt nämlich wirklich – und das ist heute etwas sehr Seltenes – von der Liebe selbst, dieser verbotenen Sache, die wir nicht aushalten, für die wir zu schwach sind. Wir halten nur „die Abschwächungen der Liebe" aus. Dies Buch spielt fast ganz in der schwebenden Sphäre dessen, was der Dichter „das dritte Gefühl" nennt, das weder Freundschaft noch Sinnlichkeit, auch keine Zusammensetzung aus beiden ist, sondern ein drittes Unabhängiges. Der Leser fühlt mit dem Helden, wie solche Hingabe rastlos zum bürgerlichen und ethischen Untergange drängt. Den möchte der junge ehemalige Offizier der weiland österreichischen Armee, der das ganze in einer pariserischen Nacht beichtet, bisweilen aufhalten. Eingedenk, daß „aller Verkehr unter Menschen ein Kunstwerk sein soll", möchte er aus echtem Liebesdienst, nicht aus Berechnung, sein Erleben formen, aber das duldet sie nicht, die schöne Stascha, seine letzte und einzigste Geliebte, sie sprengt ihm alle Brücken zur Außenwelt, die nur noch als Schrecktraum seiner Nachtangst in sein Leben hineinspielt mit verlorenen Attesten, zu schreibenden Briefen, gespensternden Pflichten und Bestrebungen, nur noch als haltloses Erschrecken vor der Unmöglichkeit der eigenen Situation in Hotel, Familie und Welt. Das Chaos, das in dieser Frau mit den „laukalten" Armen immer wieder aufsteigt, ist unter vielen andern an einer Stelle wunderbar deutlich gemacht, da, wo erzählt wird von ihrem schön geordneten glattgewellten Haar, „das aber doch an der Schnittfläche über dem Hals in Locken aufgeht, wie etwa eine Amethystdruse rundum schönen Schliff, an der Bruchstelle aber ihre Kristalle zeigt".

Als Werk eines bewährten Erzählers ist die Geschichte von „der Frau, nach der man sich sehnt" auch als Roman sehr gut und wird nach Gebühr gelobt werden. Um so mehr möchte ich auf lauter Einzelheiten hinweisen, auf Sätze in Parenthese wie: „Wir aßen immer an derselben Seite des Tisches, nie förmlich: einander gegenüber", auf kleine Schilderungen wie die von den Stätten der Liebenden, ihrem Berlin zum Beispiel, das wie ein Erfrischungsgetränk ist, eisigfroh mit ganz leichtem Alkoholprickeln darin und eine Grundfarbe hat: rosig bis sandsteingrau, auf all das, was der Dichter in Darstellung, Dialog oder in Gleichnissen wie dem vom brennenden Papier über die „Durchlöcherung des Wunders" aussagt: „Wenn man ein großes Stück Papier in die Ofenglut wirft, kann man ganz genau ein Stadium abpassen, in dem das Papier zwar schon an allen Ecken und Enden brennt, aber dennoch im Ganzen seine alte Form bewahrt zu haben scheint – man sieht es immer noch wie es war, aber zu retten ist es nicht mehr."

Mit der leidenschaftlichen Exaktheit Stendhals sind in diesem Buch die kleinen und großen Dinge der Liebe gesagt, die den Erwin Mayreder soweit bringt, daß er endlich, statt der Geliebten und ihrem Räuber nachzusetzen, tiefsinnig und ergeben in „unserm" Zimmer sitzt, stundenlang mit einer Arbeit beschäftigt, die sich beide schon lange vorgenommen hatten: Ordnen und Einkleben von Photoaufnahmen der Reisen ihrer glücklichen Zeiten. Da ruht er in Todeslust des Verweilens aus von der Leidenschaft, der er dann den Rest seines Lebens tatenlos und wissend nachschauen wird. Und wir kehren mit ihm zum Anfang zurück und lesen noch einmal von vorne.

Johann Jakob Bachofen:
Urreligion und antike Symbole

Systematisch angeordnete Auswahl aus seinen Werken
in drei Bänden.
Herausgegeben von Carl Albrecht Bernoulli.
Verlag Philipp Reclam jun., Leipzig

Lange Zeit unbekannt oder verkannt, wird Gestalt und Werk des Mannes, der mit der Erforschung des Mutterrechts und der Gräbersymbolik die Antike neu erschaut hat, seit einigen Jahren weithin sichtbar und bedeutsam. Ihm ist die prähistorische Wirksamkeit der Religion ein Urphänomen, in den Traditionen des Mythos sieht er wirkliche Erlebnisse des Menschengeschlechts. Der verbindende Text, mit dem Carl Albrecht Bernoulli seine systematische Auswahl aus Bachofens Werken begleitet, verdeutlicht Methode und System des Meisters, der Forscher und Seher in Einem und „fromm wie der Grieche" war.

Hans Leip: Der Nigger auf Scharnhörn

Gebrüder Enoch Verlag, Hamburg

Auch dies Werk des Mannes, den sein großer Roman aus Seeräuberzeiten berühmt gemacht hat, atmet Meerluft. Und an die Welt von „Godekes Knecht" gemahnt der alte Störtebeckerturm, der die Begebenheiten der Erzählung behütet und bedroht. Viele ganz kurze Kapitel hat das Buch; nicht Kapitel: Abenteuer, Knabenstreiche, verwegen und inbrünstig erlebt von dem Jungen, der sie berichtet, und seinem Freunde aus ferner Welt, dem braunen geschmeidigen Niggerknaben, dessen Namen „Du wartest" bedeutet, dem gutherzigen und etwas unheimlichen Kubi, der den lieben Gott „mitten in ihm" hat, wie Pastor Brösel sagt. Um die beiden Knaben herum ein paar faltige Gesichter von altväterischer Art, ein wenig Mädchenlachen und -weinen, ein Hund, Düne, Strand und die unendliche See. Seenah wie alle Ereignisse ist auch die

Sprache des Buches, auch in ihr wird „Seemannsgarn gesponnen". Sie enthält die besondere Substanz, die von verheimlichtem, ganz ins Schriftdeutsch eingesogenem Dialekt stammt, manchmal ist sie wie plattdeutsch souffliert. Und Stimmen des Meeres sind darin, leise brausend wie in der Muschel, eingefangen in der schönen weißen Muschelschale, die Anne, des Vogtes Tochter, dem jungen Erzähler und Erinnerer zum Abschied schenkt, um seine große Kindertraurigkeit zu trösten.

Arnolt Bronnen:
Film und Leben Barbara La Marr

Ernst Rowohlt Verlag

Der Umschlag dieses Buches ist geschmückt mit Photographien der wirklichen Barbara La Marr, der berühmten amerikanischen Filmschauspielerin, die vor einigen Jahren gestorben ist und in Hollywood „Mädchen, das zu schön ist" genannt wurde. Wieviel nun der Dichter dem entnommen hat, was ihm von dem Leben dieser Frau überliefert wurde, wieviel er dazu erfunden haben mag, die gedichtete Barbara ist ganz ein Geschöpf seiner eigensten Welt geworden, eine seiner Einsamen mitten in der Menge, eine seiner Gehetzten inmitten einer Welt, in der es keine menschliche Gemeinsamkeit, keine Gesellschaft gibt, eine seiner Unschuldigen, die nach Schuld und Schmerzen suchen, gejagte Jägerin, Beute, die auf Beute lauert, hingeworfen, nie hingegeben, Schauplatz von Vorgängen, auch von denen der eigenen Seele, Gesicht, in dem die Süchte der andern spiegeln. „Den Spiegel seiner selbst kann man nicht sehen." Frühreif beginnt sie ihre Laufbahn mit rührend absichtlicher Unzucht, versucht sich und andere auf Bühnen und in Tanzbars, hungert ohne Bedauern, wechselt Berufe und Gatten, betrügt und wird betrogen ohne Reue, und immer wieder lockt es sie an das „Tor der Branche", in die Löwenhöhle der Filmmagnaten, immer wieder „steht der nackte Ehrgeiz vor ihr, kahl und heiß auf dem hängenden Gerüst". Sie nutzt weder die Chancen, die sie sich erobert, aus, noch die, welche sich ihr bieten. Sie hat nichts von ihrem Ruhm, Pracht umgibt sie so befremdend wie Elend. Im Arm des Liebenden findet sie so wenig Selbstvergessen wie vor den gierigen Augen derer, die sie kaufen oder ausnutzen wollen, sie ist von qualvoller Bewußtheit. „Nah der Sehnsucht ihrer Nation", von Fairbanks und den großen Filmagenten rasend gesucht, schmiegt sie sich wimmernd in die Arme ihres derzeitigen Gatten, eines kleinen Chargenschauspielers, er soll sie forttragen in das Idyll, in dem sie ihm ein Kind gebären möchte. Kurz vor der Geburt des Kindes wird sie von dem Gatten betrogen. Das Kind, nach dem sie sich sehnte, stirbt unbeweint. In ihrer Verfolgtheit und Verlassenheit gleicht sie der Hiddie aus Bronnens „Katalaunischer Schlacht". Wie diese tanzt sie begehrt und sehnsüchtig vor den Männern, bei ihr sind es die Gäste des Schieberlokals, und die entfesselten Nigger der Jazzband. Sie reißt sich die Fetzen ab, Scheinwerfer pressen ihre Hände an ihren Leib. Die Hände wollen den rasenden Körper fliehen, werden aber immer wieder an die Haut geworfen, die sie lieben. Auch dies Geschöpf des Dichters sehnt sich eigentlich nur nach dem eigenen Ich, diesem unerreichlichen, immer entfliehenden Etwas. Vielleicht ist das ganz jenseits von ihrem Leben, vielleicht ruht es fern wie ihr Vater, der alte verschmierte Musiker, der zugleich ein großer Häuptling ist, die „Singende Säge" mit der Indianerseele. „Wenn der Himmel dünn und blau ist, mit leisen Wolken, dann setzt er sich über die Dachrinne und singt wehmütige Lieder." Indes führt einer sie wider Willen in den Arm des andern, nur weil das Schicksal einen dritten auf ihre Fährte locken will. Unheimlich vermengen, vertauschen sich Film und Leben in ihrem Dasein. Während man ihr vom Sterben eines geliebten Mannes berichtet, während sie seinen Tod „trinkt", öffnen sich die Tore der Ewigen Stadt, römisches Fußvolk rückt an, und sie erringt mit einem „Nichts an Schauspielkunst", ein wenig Echtheit und etwas verhaltenem Begehren ihren höchsten Sieg. Sie fühlt sich erst herzlos, dann seelenlos werden, „die Erde versäumt es, ihrer Seele Luft nachzupumpen". Aber die Filmreporter zu ihren Füßen schreiben ihren Triumph auf zugleich mit den Sympathien der U.S.A., auf die das römische Kaiserreich stets rechnen könne.

Um die Gestalt dieser einzigen Frau zu formen, und um sie zu umgeben mit den brutalen und grotesken, großartigen und lächerlichen Erscheinungen der Welt Hollywood, um den hastenden Ablauf der Ereignisse und den Schlafwandel des Erlebens darzustellen, hat der Dichter eine in ihrer Gedrängtheit und Verhaltenheit bewundernswerte

Sprache sich geschaffen, die spotten, verschleiern, entblößen, kühl berichten und singen kann. Wo er vom Gewohnten abweicht, ist bewußter Wille am Werk. Um so beklagenswerter ist es, in welcher Art eine Seite gerade dieses Buches von dem anonymen „Sprachanalytiker" einer großen Zeitung behandelt worden ist. Dem musikalisch beginnenden Satz „Und dann ging sie auf ihr Zimmer" will der Merker das „und" rauben, bei dem „verstopften Korridor" verlangt er Bericht, womit der Korridor verstopft sei, er stößt sich an dem „störenden Pleonasmus: Licht, das von oben aus dem Glasdach gähnt", weil doch unten kein Glasdach sei usw. Wo Bronnens Prosa undeutlich und wo sie überdeutlich scheint, tut man unrecht, „rhetorische Sorglosigkeit" anzunehmen, gerade da ist er besonders bemüht. Und so löblich das Bestreben seines Analytikers, auf das Unverletzliche der Sprache hinzuweisen, im allgemeinen sein mag, in diesem Falle wird ihm der Fluch der Beckmesserei, auf den er sich gefaßt erklärt, nicht erspart bleiben.

Über den Seiten seines Romans hat der Verfasser in eilenden prägnanten Sätzen den Inhalt resümiert. Wie die Titel eines Films den Bildern, gehen sie dem Text verkündigend voran. Aber mehr noch gleichen sie einer Laufschrift, wie sie über die Reklameflächen der Großstadt leuchtend gleitet. Das ganze Werk hat etwas von dem Reiz solcher Laufschrift, man schaut in scharfes Licht, in das ein rastlos formender Wille Ereignisse und Seelenheimlichkeiten zwingt. Es ist keins von den Büchern, in welchen man beschaulich zurückblättern kann. Man liest es zu Ende und wieder von vorn. Seite um Seite versinkt wie die wandernde Schrift oben an den hohen Wänden. Und durch den Wirbel der Ereignisse hört man Barbaras leise und tönende Stimme, die „vom Tode weggefressen wird", noch ehe diese Heldin von Heute stirbt.

André Gide: Die Falschmünzer

Diese Geschichte hat der Dichter des „Immoralisten", der „Engen Pforte", der „Isabella" besonders langsam und wie er in seinen Tagebüchern und begleitenden Notizen bekennt, geradezu zögernd geschrieben, er konnte sich nur schwer von den Gestalten, die so mächtig in ihm lebten, trennen, nur widerstrebend die Einzigkeit einer jeden aufopfern für die Gesamtheit, den Staat des Romans. Und um die Schöpfung eines richtigen Romans war es ihm diesmal besonders zu tun. Nennt er doch, obwohl er auf eine ganze Reihe erzählender Schriften zurückblicken kann, dies Buch in der Widmung seinen „ersten Roman". Das Abenteuer vom falschen Gelde, das den Titel gab, ist im eindeutigen wie im übertragenen Sinne nur einer der Hebel einer Handlung, die mit jedem Kapitel weitergreifend von neuem einsetzt. Und neben dem, was er objektiv darstellt, hat der Verfasser in der Gestalt des betrachtenden und bisweilen schöpferhaft in die Handlung eingreifenden Schriftstellers Edouard seinem Gebilde einen zweiten Brennpunkt geschaffen. Die nachzeichnende und entwerfende Kontemplation dieses Edouard, dessen Herz fast nur noch aus Sympathie schlägt, den anzieht, was anders ist als er selbst, gibt den Ereignissen eine verdoppelnde, spiegelnde Sicht, etwas wie eine neue Dimension.

Viele Motive aus früheren Werken Gides klingen in den „Falschmünzern" wieder an: protestantisches Milieu, Schulwelt, Frauenwettstreit, christliche Wandlung der Welt und heidnische Betastung der Materie. Vielerlei Wirklichkeit hat ihn, wie er in seinen „Cahiers" mitteilt, angeregt, Zeitungsnotizen, Briefe, Bekenntnisse und eigenes Erlebnis, und dazu gesellte sich erwägende Angleichung des Möglichen. Und so spinnen von Bernards, des verlorenen Sohnes, Flucht aus dem Elternhaus bis zu dem heldenhaft-sinnlosen Opfertod des zarten Kindes Boris viele Fäden sich an und Schicksale entwickeln sich vor unseren Augen nicht wie vorgedachte Erfindungen, sondern wie eben entstehendes Leben. Die Wirklichkeit als dauernde Schöpfung, das ist der ganz besondere Reiz dieses Werkes, von dem ein großer Kenner französischer Literatur gesagt hat, daß es wie nur irgendeines verdiene, übersetzt zu werden. Und es ist zum Glück den Händen Ferdinand Hardekopfs anvertraut worden, der es in ein Deutsch übertragen hat, in des-

sen reinem Klang erweiternd und präzisierend feine französische Ober-
töne mitschwingen.

Albrecht Schaeffer: Die Geschichte der Brüder Chamade

Roman. 1928. Im Insel Verlag, Leipzig

Bei einem in soviel Stilwelten erfahrenen, in soviel Darstellungsformen
geübten Dichter, wie Albrecht Schaeffer es ist, wäre es wohl möglich,
daß er sich die angebliche Vorlage seiner Geschichte erfunden habe, um
dem Netz aus Schuld, Verhängnis, Intrige und Bekenntnis, das er
spann, Fäden von fein altväterischer Substanz einzuweben. Das ist ihm
gelungen: seine Erzählung hat den leichten tragenden Fluß der älteren
französischen Novelle und ist dabei reich an sichtbarer Gestalt, wie sie
dem guten Leser von heute ein Bedürfnis ist. Immer empfindet man,
auch wo nicht von ihr die Rede ist, die Landschaft, das Tal der Calme,
des flachen Gewässers, das mit brütender Glut und Fieberdunst auf
seine Opfer wartet. Der Täter des grauenvollen Verbrechens, das geheimnisvoll umschrieben und allmählich enträtselt wird, ist von den
drei Brüdern der, von dem es die Welt am wenigsten erwartete, der
Priester. Ein ungeweihter Priester zwar; aber auf den teuflischen Pfaden, die er geht, geleitet ihn wunderbare Weihe und macht ihn fähig,
seinem geliebten Opfer in der heiligen Oblate, der Speise des höchsten
Lebens, den Tod zu geben. Und niemand ist berufen, ihn zu verurteilen.
Vor allem Gericht bewahrt ihn das Wort, das der Dichter der reifsten
und wissendsten Frau in den Mund legt: „Niemand soll verurteilt werden von einem, der nicht selbst ein Verbrechen beging."

Walter Benjamin: Einbahnstraße

Ernst Rowohlt Verlag

„Es gibt nichts Ärmeres als eine Wahrheit, ausgedrückt wie sie gedacht ward. In solchem Fall ist ihre Niederschrift nicht einmal eine schlechte Photographie. Auch weigert sich die Wahrheit (wie ein Kind, wie eine Frau, die uns nicht liebt) vorm Objektiv der Schrift, wenn wir uns unters schwarze Tuch gekauert haben, still und recht freundlich zu blicken. Jäh, wie mit einem Schlage will sie aus der Selbstversunkenheit gescheucht, und sei es von Krawall, sei's von Musik, sei es von Hilferufen aufgeschreckt sein. Wer wollte die Alarmsignale zählen, mit denen das Innere des wahren Schriftstellers ausgestattet ist? Und „Schreiben" heißt nichts anderes als sie in Funktion setzen. Dann fährt die süße Odaliske auf, reißt das Erste Beste an sich, was im Tohuwabohu ihres Boudoirs, unseres Gehirnkastens, ihr in die Hände fällt, nimmt's um und flüchtet so, unkenntlich fast, vor uns zu den Leuten. Wie wohl beschaffen muß sie aber sein und wie gesund gebaut, um so, verstellt, gehetzt, doch siegreich, liebenswürdig, unter sie zu treten." (Seite 70/71)

Dieser Absatz heißt „Technische Nothilfe", ist ein Muster für die Geschliffenheit und Dichte des Werkes und macht mit dem Verfahren bekannt, das den Aufriß der „Einbahnstraße" bestimmt. Auf ihr überraschen uns die Gedanken, wir haben kein Zurück und kein Nebenaus, die Pfeilrichtung, die auf das Straßenbild des Umschlags gemalt ist, schnellt uns voran. Der Leser muß aufpassen, ausweichen, fühlt, daß Denken eine Gefahr ist, in Gedanken stehenbleiben ein Verkehrshindernis. Geistesgegenwart in ihrer moralischen Bedeutung als Mut ist dies Denken. Frisch gewagt ist halb gewonnen und „in diesen Tagen darf sich niemand auf das versteifen, was er ‚kann'. In der Improvisation liegt die Stärke. Alle entscheidenden Schläge werden mit der linken Hand geführt werden."

Philosoph – war das nicht das Geschöpf, das am meisten Zeit hat? Und Wahrheit die Station, zu der man noch immer zurecht kommt? Benjamin schraubt der Erkenntnis einen Geschwindigkeitsmesser an, und dem Denken, das den Rekord bricht, fällt die Wahrheit als Wanderpreis zu. Nicht zu bürgerlichem Besitz. Der Erkenntnis als Privatangelegenheit wird genau so der Krieg erklärt wie den Privatgelüsten der Erotik, der religiösen und politischen Gesinnung. Wo das Buch abbricht – „Zum Planetarium" –, da und nur da verrät sich auch sein Pathos: „daß rauschhaft mit dem Kosmos der Mensch nur in der Gemeinschaft kommunizieren kann".

Wie aber rührt der Verfasser an diesem Kosmos? Mit einem Zauberstab, der einschrumpfen macht, was groß daherkam, und Kleinstes, Unscheinbares ins Riesenhafte verwandelt. So werden in „Vergrößerungen" Kinder riesenhaft gute, riesenhaft freundliche Wesen. Und solche Optik ist nicht Sache von Theorien oder Systemen. Das Genie der Beobachtung ist am Werk. „Das Höchste wäre zu begreifen, daß alles Faktische schon Theorie ist. Man suche nichts hinter den Phänomenen, sie selbst sind die Lehre." (Goethe)

So an die Dinge herangehen, heißt mehr als grübeln oder deuten, heißt reden in einer Sprache, die weist und Weisungen gibt, in einer griffigen Sprache, die Klinken hat wie eine Tür, Pfosten hat wie ein Bett, Federn wie ein Schloß, Arme wie Kandelaber. Dem Philosophen, der hier auf die Straße geht, ist Erkenntnis kein Abseits, keine Einsamkeit, kein Verzicht. Aus seinen Worten spricht dauernde Einladung, mitzutun, mitzudenken. All die starren Schilder, die Überzeugungen, müssen herhalten zu neuer zerschlagender Deutung. Seine Revanche an der Banalität der Affiche ist grausam, aber dem echten Denker müssen alle Schilder zum Besten dienen. Er liest seine Politeia vom Feuermelder, weissagt aus einem Kaiserpanorama die Inflation, liefert Marseille, Stadt und Hafen, als „Stückgut" auf einen Speicher. Wir lernen Weltgeschichte an Briefmarken, Geographie im Frachtdampfer, bei der Kartenschlägerin Ethik, Ethnologie in der Kinderstube. An Sterbebetten begreifen wir Flaggensignale. Ein neues Lexikon der Blumensprache wird aufgeschlagen, und Kreuzweg zweier Reiserouten wird der Traum.

Sascha Stone, unser bester Techniker der Photomontage, hat den Einband gemacht: Anschauungsbilder zu einem Lehrbuch, das uns Lust macht, in die Sexta des Lebens zu gehn.

Fritz Stahl: Paris, eine Stadt als Kunstwerk

Rudolf Mosse, Berlin

Die Stadt als Erlebnis, die vermeintliche Vergangenheit, die Geschichte der Stadt als sichtbare, durchschreitbare Raumgegenwart, nicht historisch festgelegt, sondern in lebendigen Wirkungen gespürt, das ist das Thema dieses Buches, welches bei aller Beweiskraft und Exaktheit der Darstellung von einer großen Ergriffenheit zeugt. Wie Paris wird und bleibt, seine Identität durch die Jahrhunderte hindurch, die stetige Baugesinnung derer, die an diesem Lebewesen schufen, von den ersten Ansiedlern bis zu Haussmann, dem Stadtbaumeister des dritten Napoleon, wird an Einzelheiten von Tür und Fenster wie an der Anlage ganzer Straßenzüge nachgewiesen und in dem reichen Material beigegebener Illustrationen sichtbar gemacht, einer ausgezeichneten Auswahl von Bildern, die sowohl die Schönheit eines alten Balkongitters oder Portals wie die aus der Fliegerschau gewonnene Wirkung großer Gesamtanlagen festhalten. Wie hier die Baugeschichte des Louvre kurz zusammengefaßt ist, wie das dauernde Mittelalter der Markt- und Kirchenstadt vergegenwärtigt wird, die Auffassung der Straße als eines Raumes, der Wände hat, die Worte über die Seine als Hauptstraße von Paris und über Sinn und Wesen ihrer Brücken, sind Schilderungen, die dem Kenner von Paris seine Impressionen bestätigen und erklären und dem zureisenden Neuling die Augen öffnen.

Arnolt Bronnen:
Film und Leben Barbara La Marr

Arnolt Bronnen, geboren am 19. August 1895 in Wien, kam jung als österreichischer Offizier in den Weltkrieg an die Isonzofront, lag kriegsgefangen krank in Sizilien, war 1919 im Wiener Wald Polizeiangestellter im Waldschutzdienst, hat dann rasch hintereinander allerhand Berufe durchgemacht, bis er sich ausschließlich seiner dichterischen Tätigkeit widmen konnte; er war Zeitungskolporteur, Hilfskraft in einer Bank, Kommis im Warenhaus und Filmdramaturg. Als sein erstes Drama „Vatermord" aufgeführt wurde, war er bei Wertheim in Berlin angestellt; im Büro für Rennwetten. Er verdiente wohl zu wenig, um selbst zu wetten. Dafür sind all seine Bühnengestalten kühne Spieler geworden. Er hat das Pathos des Menschen, dem Chance und Gelingen ein beständiges Ziel der Tatkraft ist, gedichtet, er ist Vorkämpfer einer Jugend, die immer aufs neue die Forderung des heldischen, des gewagten Lebens stellt. Das gibt seinen Werken die dramatische Wucht, das Elementare. In jeder seiner Szenen fühlt man das Schicksalhafte. Bekenntnis zum Instinkt, Heiligung des Lebens im Bösen und Guten, die Not, nie zu der unendlichen Vereinigung mit aller Kreatur gelangen zu können, von der die orgiastischen Verse seines Frühwerks „Geburt der Jugend" künden, Gejagtheit des Jägers sind seine Themen, ob er das Liebesschicksal eines schlichten Lehrers („Septembernovelle") oder das gewaltige Geschick eines Weltbeherrschers (die Novelle „Napoleons Fall") behandelt. Im Betonunterstand, im Halbdunkel einer Kinologe, im Spiegelsaal des Überseedampfers („Katalaunische Schlacht"), zwischen den Motoren des Elektrizitätswerks („Anarchie in Sillian"), auf Wiesen, an Bahnhöfen, in Büros (das Lustspiel „Die Exzesse"), in den Hotelhallen, Lichthöfen und Postämtern seiner „Rheinischen Rebellen", in dem durchstürmten Orient des „Ostpolzugs", immer dichtet Bronnen Heldentum und Einsamkeit des von eignen und fremden Lüsten bedrängten Menschenkindes. Dabei strebt er stets auf das Typische hin. „Der Einzelfall ist zum Kino gegangen", sagt er in einem Essay über das Drama. Er sucht, wie er selbst bekennt, in seinem „Ostpolzug" den Urfall einer beliebigen Forschung und in seinen „Reparationen" den Urfall aller Reparationen.

Heute begegnen wir nun bei diesem ausgesprochenen Dramatiker dem ersten Roman: „Film und Leben Barbara La Marr". Das ist keine erfundene Geschichte. Sein Roman ist der Bericht von dem wirklichen Leben der Filmschauspielerin Barbara La Marr, die vor zwei Jahren jung gestorben ist und in Hollywood „Mädchen, das zu schön ist" genannt wurde. Er nennt in diesem Buch auch viele andere noch lebende Größen der Filmwelt, die er in ihrer ganzen brutalen Wirklichkeit darstellt, beim Namen. Und doch ist seine Barbara ein Geschöpf seiner eigensten Welt geworden, eine seiner Einsamen inmitten der Menge, eine seiner Gehetzten, eine seiner Unschuldigen, die nach Schuld und Schmerzen suchen, gejagte Jägerin, Beute, die auf Beute lauert, Schauplatz von Vorgängen, auch von denen der eigenen Seele.

Oben an jeder Seite seines Romans hat Bronnen in eilenden prägnanten Sätzen den Inhalt zusammengefaßt. Wie die Titel eines Films den Bildern gehen sie dem Text verkündigend voran. Aber mehr noch gleichen sie einer Laufschrift, wie sie über die Reklameflächen der Großstadt leuchtend gleitet. Das ganze Werk hat den Reiz solcher Laufschrift, man schaut in scharfes Licht, in das ein rastlos formender Wille Ereignisse und Seelenheimlichkeiten zwingt.

Im Büro des Filmregisseurs Al Green erscheint ein sechzehnjähriges Mädchen aus Yakima, die junge Reatha Watson. Sie soll eine kleine Rolle spielen, soll an Stelle des Fräuleins Barbara La Marr, die bei diesem Ritt verunglückt ist, auf wildgewordenem Pferd eine Strecke sich hinschleppen lassen, ohne zu reiten und ohne zu stürzen. Sie übernimmt diese kleine gefährliche Rolle, und um eine größere zu spielen, telegraphiert sie ihrem Freunde, dem Rancher Jack Lytell zu Gila Bend im Staate Arizona, er solle sofort kommen und sie während der Aufnahme entführen. Sie will, daß er ihr eine Reklamesensation verschaffe. Den Regisseur bezaubert sie durch ihre Erscheinung und die etwas unglaubwürdige Schilderung ihrer bisherigen Laufbahn, die sie als Achtjährige an einer kleinen Schmiere in der Rolle eines toten Kindes begonnen haben will. Unwissend und frühreif, neugierig auf jede unbekannte Form des Lebens, ist sie zwischen Mimen und Schankwirten, halb Tänzerin, halb Dirne, auf der Straße und im Haus ihres seltsamen Vaters groß geworden. In Los Angeles, wo sie als die berühmte Tänzerin Gilla auftritt, hat sie den Rancher Jack Lytell getroffen, der sie heiraten will ... Dies alles erzählt sie dem Regisseur, und darüber wird es zu spät, um ihre Szene noch zu filmen. Sie hat die Minuten gezählt, die verfließen mußten, um ihn einen Tag verlieren, sie einen Tag gewinnen zu machen.

Am nächsten Morgen erfaßt sie die große Maschinerie von Hollywood. Nach allerhand aufregenden Vorverhandlungen mit Filmdirektoren und Pferdehändlern, die schon wieder ihre ganze Karriere gefährden, nach Proben, die sie bis zum Weinen ungeduldig machen, kommt endlich der große Moment der Aufnahme. Sie hängt auf dem wilden Hengst und rast, umtost von den Schüssen der Verfolger und dem Heulen der Motoren, – bis sie Jack Lytells Augen aus dem Dickicht blitzen sieht. Er ist die weite Strecke von Arizona hergeeilt, um die schon Verlorengeglaubte für immer zu erringen. Er packt sie, reißt sie in sein Auto. „Ach, hättest du mich doch zu Ende reiten lassen!" fiebert sie. „Es war so schön." Er bringt sie zuerst nach Los Angeles und von dort, wo die Welt ihres Ehrgeizes noch einmal in Gestalt eines alten lüsternen Filmagenten die Arme nach ihr ausstreckt, gewaltsam heim in die Einsamkeit von Gila Bend.

Aber ehe noch ein Jahr um ist, erscheint zu neuer Unruhe ihr junger Bruder Will, mit dem sie dann kurz entschlossen durchbrennt. An der mexikanischen Grenze wird sie von Jack Lytell, der ihr nachgerast ist, aus dem Zuge geholt und dann mit tückischer Beihilfe des revolutionären Offiziers Lawrence Converse in Mexiko überraschend geheiratet. Aber die Ehe bindet sie nicht fester als erst das Abenteuer. Den, der als Kuppler dies Band geknüpft hat, zwingt sie, es wieder zu lösen, sie zu entführen. Sie leben in Los Angeles, erleben Hunger und Elend. Und indessen verzehrt Lytell die Sehnsucht nach ihr, er verkauft sein Gut, zieht in die Vorstadt, von schwerer Gemütskrankheit ergriffen. Noch einmal kommt er in Barbaras Nähe, aber nur, um hoffnungslos fortzuschleichen, heimzugehen und zu sterben.

Wieder kommt Reatha, jetzt Barbara La Marr getauft, an das „Tor der Branche"; bei einem großen Bankett findet sie Berührung mit den Größen des Films, wird aber von dem Filmmagnaten Zuckor wegen zu großer Schönheit abgelehnt. Weinend liegt sie dann in der einsamen Nacht ihres Zimmers, es ist immer noch süß wie in Kinderzeiten, mit nassen Wangen zu liegen und sein Gesicht zu streicheln. Sie will zu ihrem Gatten nebenan, da überrascht sie ihn mit einer Frau, die niemand anders als seine vor ihr geheimgehaltene rechtmäßige erste Gattin ist. Sie verläßt ihn. Während sie, nur mit ihrem eigenen Schicksal beschäftigt, weitereilt, um das nächste Hotel aufzusuchen, stellen ihr die jungen Männer auf der Straße nach, ihre Schönheit wird Anlaß zu einem nächtlichen Krawall und Tumult, man packt sie mit der Schar ihrer Verfolger in einen Polizeiwagen, und sie kommt vor den Richter. Der erblickt in ihr eine Gefahr für die Bürger und fordert sie, da beschäftigungs- und wohnungslos, auf, den Bereich der Stadt binnen 24 Stunden zu verlassen. „Ich verbanne sie", erklärt er, „weil sie zu schön ist."

Für eine Weile scheint sie heimgefunden zu haben, wohnt bei den Eltern in Yakima, hängt mit kindlicher Liebe an ihrem Vater, dem verschmierten alten Musiker, der zugleich für sie der große und gerechte Indianerhäuptling Will Wright Watson aus dem Yakimatal ist, die „Singende Säge" genannt. Aber Briefe des Schauspielers Phil Ainsworth halten den Kontakt mit der Welt der Lust und des Ehrgeizes aufrecht; ein kleiner Anlaß genügt, sie bei einer Kinoeröffnung fortzulocken nach Seattle in Ainsworth' Arme. Die Liebenden treten als Tänzerpaar in einem der phantastischen Schieberlokale von Tacoma auf, das von Deserteuren aller Länder, Holzhändlern und Spekulanten übervoll ist. Nachdem sie dort sich und den Geliebten mit der Gier der anderen eine Weile recht und schlecht ernährt hat, macht auch dieser Karriere der unausbleibliche Skandal ein Ende. Der Direktor des Lokals hat eine Konkurrentin engagiert, die den „Mexicain" tanzt. Das kann Barbara besser. Nachdem sie ihre Tanz- und Gesangsnummer mit Phil beendet hat, ruft sie den grinsenden Negern der Jazzband „Mexicain" zu. Die Band pfeift und trommelt los. Barbara ergreift eine ungeheure Freude an sich selbst. Tanzend reißt sie sich die Fetzen vom Leib. „Scheinwerfer pressen ihre Hände an ihre Hüften, die dunklen Augen schauen auf das blühende Land ihres Leibes." Ihr Anblick bringt die Gäste zur Raserei. Und während sie, in sich verloren, betäubt von dem Rhythmus der entfesselten Nigger, tanzt und weitertanzt, schlagen die Gäste dem Wirt das Lokal in Stücke.

Nun kommt sie wieder nach Hollywood, springt in die Höhle der Löwen – deren Wesen in einer großen Direktorenversammlung in blendendem Dialog geschildert wird – mitten hinein. Mit der ihr eignen Chance, ihrem Talent für den seltensten Glücks- und Unglücksfall, langt sie nach allerhand Schwierigkeiten mit Detektiven genau auf das

Stichwort des gewaltigen Zuckor an und wird sofort für die Rolle einer spanischen Tänzerin engagiert. Dabei ist sie schwerkrank, der Arzt will sie ins Spital schaffen, sie aber läßt bei vierzig Grad Fieber all die qualvollen Prozeduren der Vorbereitung über sich ergehen. Entsetzt erblickt sie auf der lebenden Leinwand ihr eignes Bild. „So müssen die Engel im Himmel auf uns sehen wie ich auf dieses Bild." Aber das Bild ist gut, sie wird engagiert und sinkt, den Erfolg in der Hand, todkrank zusammen.

Phil Ainsworth bricht sein sogenanntes Gastspiel ab und eilt an ihr Hospitalbett. Es gibt eine rührende Trauung am Krankenlager, und tags darauf – betrügt der junge Ehemann sie mit der ältesten Matrone des Opernchors. Barbara erklärt sich für gesund und taumelt wieder hinein in Luft, Glanz und Surren der Filmwelt, sie übernimmt statt einer Rolle eine Stellung im Manuskriptbüro, wo der Regisseur James Felix sie entdeckt, ein gieriger Alter, der sie für sich will, ihr aber nur dazu dient, einem noch Mächtigeren, J. D. Hill, dem Publicity Director der Fox-Studios, zugeführt zu werden, was höchst ungern und gezwungen geschieht. In einer großartigen Szene bei Kurzschluß, wieder aufblitzendem Licht und Motorenlärm umschleichen drei gierige Alte die Barbara, die in ihrem Ehrgeiz zu jedem Opfer bereit ist. Dabei aber führt das Schicksal einen völlig außenstehenden Mann auf ihre Fährte, den jungen Deely, der sie im rechten Augenblick aus dem verstörten Bacchanal der Greise entführt und vor den Verfolgern, die sie am Bahnhof suchen, im Flugzeug nach New York rettet.

Es ist Frühjahr 1919, ein paar Monate nach dem Waffenstillstand. Barbara, um die zwischen den großen Filmdirektoren der Meinungsstreit tobt, die selbst mit ihrem vierten Gatten Deely gereizt, gequält und quälend lebt und sich noch immer nicht entschließen kann, eine neue Rolle zu spielen, da sie auf die große Beute wartet und alles Halbe verachtet, – Barbara steht am Hafenpier im Frühlingssturm in der Volksmenge, die die Argonnenkämpfer der „Atlantic" entsteigen sieht. Da erblickt sie über den Köpfen einen begeistert umjubelten Mann, der eine Ansprache hält: Es ist Douglas Fairbanks, sie lernt ihn kennen, sie wechseln ein paar Worte und trennen sich wieder. Aber Barbara hat Eindruck auf ihn gemacht.

Und nun suchen beide sich eine Zeitlang vergebens; dabei gerät Barbara in Versuchung, sich ganz aufzugeben und in die Hände eines Mädchenhändlers zu geraten, der hilflos und staunend vor ihrer einsamen Wahnsinnslust steht. Endlich findet Deely die Entflohene. Douglas Fairbanks ist inzwischen Deely begegnet und hat ihm seine Absichten auf Barbara mitgeteilt. Aber jetzt, schon „nahe der Sehnsucht ihrer Nation", von Fairbanks und dem großen Filmagenten Fitzmaurice gesucht und gefunden, schmiegt sie sich in die Arme des von neuem geliebten Gatten, des kleinen Chargenschauspielers, er soll sie forttragen in das Idyll, in dem sie ihm ein Kind gebären möchte.

Monate eines bescheidenen stillen Glückes folgen, in Chicago, einer Stadt, die ihr fremd bleibt. Es ist eine Zeit, in der sie weltfern und in sich versunken Verse dichtet und von da aufs neue zur Beschäftigung mit Filmmanuskripten gelangt. Ihr Film erringt trotz dem Mißtrauen ihrer Freunde einen vollen Triumph. Aber sie kommt nicht dazu, ihn auszunutzen. Kurz vor der Geburt des Kindes wird sie von ihrem Gatten, den eine Intrige von Fitzmaurice in dies Abenteuer treibt, betrogen. Das Kind, nach dem sie sich gesehnt hat, stirbt unbeweint.

Barbara tritt bei Famous Players ihr erstes Star-Engagement an, geht dann zu Fairbanks über und von Erfolg zu Erfolg. Die Zahlen steigen in den Verträgen, ihr großartiges neues Heim an den Beverly-Hügeln versammelt die Welt des Films, der Schauspieler, Direktoren, Bankiers und Abenteurer, die Welt des gewagten und genießenden Lebens. Eifersüchtig beobachtet ihr derzeitiger Gatte Daugherty die Gäste seines Hauses. „Du bist zu schön. Das ist die Gefahr", bekommt sie von ihm zu hören. Sie lächelt. Das alte unverständliche Wort.

Indessen arbeiten Neid, Verleumdung und Intrigen der Freunde des verlassenen Deely, der den Scheidungsprozeß verloren und aus Sehnsucht nach Barbara einen Selbstmordversuch gemacht hat, heimlich gegen sie. Um ihm noch im letzten Augenblick zu helfen, regen sie eine große sensationelle Nachtaufnahme an, bei der sie ein letztes rettendes Wort von ihr erzwingen wollen. Aber sie verweigert es zynisch. Mehr als an Deely, den sterbenden, mehr als an alle Lebenden, die sie lieben oder die sie selbst begehrt, mehr auch als an die Konkurrentinnen, die etwa noch mehr Ruhm, mehr Gage, mehr Presse, mehr Filme erraffen, denkt sie jetzt an ihre Szene, die groß und niederschmetternd werden muß. Unrührbar steigt sie die Treppe hinauf, von der sie springen soll, den jungen Christen, den Märtyrer der Kolosseumszene, zu retten. Und während man ihr vom Sterben des einst geliebten und ihrer Phantasie immer noch nahen Mannes berichtet, während sie seinen Tod „trinkt", öffnen sich die Tore der ewigen Stadt, römisches Fußvolk rückt heran, die Filmreporter zu ihren Füßen notieren die Größe der Szene und die Sympathie der U.S.A., auf die das alte römische Kaiserreich stets rechnen könne. Barbaras Sprung aber will erst nicht glücken. Fitzmaurice diktiert das beschämende Zurück. Dann gibt Kokain ihr Vertrauen und Kraft. Die nächste Szene, in der ihr Spiel den Gegenspieler Ben Finney, den jungen Märtyrerchristen, zu ungeahnten Gefühlen hinreißt, ist für den Regiestab „zu sehr gelebt", „es überträgt sich nicht". Barbara spürt den Eishauch, da gibt sie es auf, tief und hingegeben zu sein. „Der nackte Ehrgeiz steht vor ihr, kahl und heiß auf dem hängenden Gerüst." Und sie erringt in der letzten Szene einen unbeschreiblichen Sieg. Die Männer da unten mit den Füllfederhaltern fühlen Schauer des Ewigen Lebens den Rücken hinaufstreichen. Begeisterung brüllt um sie. Ein Bote bringt das Telegramm: Deely diesen Abend gestorben. Im Vorführraum zeigt Fitzmaurice gegen Morgen die erste Kopie. Barbara schaut in das rollende Werk ihres lebenopfernden Ehrgeizes, sie spürt den Verlust, mit dem dieser Sieg erkauft ist. Oh, wenn jetzt jemand schösse mitten in ihr Herz! Da sieht sie Daugherty stehen und schießen, mitten in das Bild, mitten in ihr Herz. Die andern mochten denken: Finneys Liebe und Daughertys Eifersucht. Sie aber fühlt, daß sie beide für immer verliert, Liebe für immer verliert.

Mit der „Ewigen Stadt" feiert sie ihren höchsten Triumph. Zugleich aber wird sie in ein Netz von Intrigen, Schulden, Skandalen verwickelt. Zwei dunkle Ehrenmänner, Nodler Vater und Sohn, wollen sie erpressen. Barbara faßt den verzweifelten Entschluß, einen Mord an dem Grafen Escabar, ihrem Verehrer, den jene für reich halten, vorzutäuschen, führt in einer rasenden nächtlichen Autofahrt die beiden Schufte in eine Falle, in der Vater Nodler, ohne es zu ahnen, seinen Sohn im Sumpf versenkt, und befreit sich und ihre Freunde von ihnen. Neue Erpressungsversuche, neue Skandale. Die Zeitungen bringen in fetten Lettern:

Mord am Grafen Escabar!!!
Barbara La Marr killt überflüssige Liebhaber.
Das Geheimnis von San Elejo Creek!!

Aber wieder wird sie gerechtfertigt und gerettet, und die Woge der Volksgunst bringt den sagenhaften Eine-Million-Dollar-Kontrakt. Doch der Untergang kommt mitten in eine gewonnene Schlacht. Einer der

Filmkönige spricht es zuerst aus, und das Publikum wiederholt's: Das Mädchen, das zu schön ist, hat ohne Herz gespielt. Einer ihrer ältesten geschworenen Feinde hält den Augenblick für gekommen, ihre Ehre und Karriere endgültig zu vernichten. Seine Intrigen treiben einen Unglücklichen in den Tod, ihn selbst ins Gefängnis und Barbara aus Hollywood. Gefolgt von Ben Finney und Ben Lyon, ihrem neuesten Liebhaber, zieht sie nach Riverside Drive, wo sie in märchenhaften Appartements lebt. Neue Filme warten ihrer, aber wenn sie schon herzlos geworden ist, wird sie nunmehr auch seelenlos. „Die Erde versäumte es, ihrer Seele Luft nachzupumpen, sie fiel zusammen."

Und nun folgt ein überraschendes Kapitel: Direkte Rede, dramatischer Monolog und Dialog. Barbara sitzt ihrer Kusine, Freundin, Zofe und Sekretärin Dorothy gegenüber und erzählt ihr die letzte Zeit, erzählt, wie sie nur noch mit Hilfe von Kokain arbeiten konnte, wie sie Ben Lyons Zärtlichkeitsversuche mit eben dieser Dorothy eifersüchtig und unglücklich machten, erzählt ihr von einem letzten kolossalen Trinken mit Ben Lyon und Ben Finney, einem Bacchanal, bei dem sie zwischen fetten Jobbern und nymphomanen Sängerinnen starr und entblößt sitzt, bis sie schließlich, von dem Geliebten Hure gescholten, fortstürzt, nackt, kalte Zehen an den Hebeln, im eisigen Auto heimfährt, nach dem Gift greift und zusammenbricht, von Finney aber noch rechtzeitig in ein Sanatorium geschafft wird, von dort sich aufrafft und nach Long Island fährt, um bei First National zu filmen, während man ihren Selbstmord in die Zeitungen setzt. Diese Gleichzeitigkeit scheint ihr mindestens 100 000 Dollar wert.

Um gesund zu werden, kehrt sie nach Hollywood zurück, lehnt aber alle Rollen ab, bis ihr erster Regisseur Al Green auftritt; mit dem arbeitet sie an ihrer letzten Rolle, einer spanischen Tänzerin in „The Girl From Montmartre". Zu ihm kommt sie, von zwei Schwestern geführt und schöner denn je, von durchsichtiger Schönheit, ins Studio, wo alles ehrfürchtig zu ihr aufschaut wie zu übermenschlich weisen hundertjährigen Königinnen. Die Proben dauern von Oktober 1925 bis Januar 1926. Am 20. Januar will sie dann noch einmal hin, eine letzte kleine Szene läßt ihr keine Ruhe. Sie ist bezaubert von der altgewohnten Umgebung mit ihren Requisiten, Kulissen und Gestalten. Leutselig will sie einem Filmarbeiter einen Vers auf ihr Bild schreiben, denn sie meint, er wie alle anderen müßten es haben. Sie greift nach der Brusttasche des Verlegenen, aber da findet sie die Photographie der Colleen Moore. Und in den Taschen der andern, die nähergekommen sind? Bilder der Swanson, der Gish, der Pickford – nirgends ihr Bild. Sie fühlt sich vergessen, „überfahren von den großen Rädern der Volksgunst" – sie taumelt zu ihrem Auto zurück.

Die Blätter geben schon immer ihre Lebensgeschichte in Satz und warten nur noch auf die letzte Nachricht, um die paar Worte mit der Tatsache ihres Todes einzufügen. Zwischen Atemkrämpfen und langen Ohnmachten liegt Barbara, und in einem Augenblick erwachender Kräfte fällt ihr wieder die kleine Szene ein, die sie noch machen wollte. Rasch entschlossen eilt die Todkranke zu Al Green, und dort steht sie vor Ben Lyon, der ihr, überwältigt von ihrer Erscheinung, all seine Liebe sagt ... Sie wendet sich ab und zu Al Green und James Felix, aber „ihre schöne, leise und tönende Stimme ist vom Tode schon weggefressen", was der alte Freund ihr zu verheimlichen sucht, der alte Feind zu verstehen gibt. Am 29. liegt sie im Koma, am 30. erlischt sie in unverminderter Schönheit, ein kleines, geduldiges tapferes Lächeln auf den Lippen.

Lou Andreas-Salomé: Rainer Maria Rilke

Insel Verlag, Leipzig

Auf einer der eindrucksvollen Photographien, die dieses Buch illustrieren, sehen wir den Dichter an der rundgewölbten niederen Tür seiner letzten Behausung. Seine rechte Hand faßt das Mauerwerk der Türöffnung an. Der rechte Fuß berührt die Schwelle. In seiner Haltung und in dem Blick, der uns trifft, liegt die nur ihm eigene Mischung von Einsamkeit und Mitteilsamkeit, von Zurückhaltung und schenkender Tugend.

Bis wir – und darüber wird wohl noch geraume Zeit vergehen – eine größere Sammlung von Rilkes Briefen in Händen halten, ist das kleine Buch, welches Lou Andreas-Salomé seinem Gedächtnis widmet, sehr aufschlußreich. Sie bringt aus allen Epochen seines Lebens, der Münchner Frühzeit, den Tagen in Worpswede, den Pariser Jahren und so fort bis an sein Sterbebett Dokumente seines Lebens und Dichtens. Angst, Zweifel und Freude des Schaffenden wird offenbar. „Wo ist das Handwerk meiner Kunst, ihre tiefste und geringste Stelle, an der ich beginnen dürfte, tüchtig zu sein", forscht er in jungen Jahren. Rückblickend auf den vollendeten „Malte Laurids Brigge" bekennt er, daß er „hinter diesem Buch zurückgeblieben ist, im Innern ratlos, unbeschäftigt". Von dem letzten Arbeitstag an den „Duineser Elegien" zeugt eine wunderbare Briefstelle. „Ich hab überstehen dürfen bis dazu hin ... Alles, was in mir Faser, Geweb war, Rahmenwerk, hat gekracht und sich gebogen" ... und endet mit dem Jubelruf: „Sie sind, sie sind!"

Zur Erkenntnis des Menschen Rilke sind Mitteilungen wichtig wie diese: „Vor ein paar Tagen wurde mir ein Hund angeboten. Du kannst dir vorstellen, welche Versuchung das war, besonders da die einsame Lage des Hauses das Vorhandensein eines Wächters beinah ratsam macht. Aber ich fühlte gleich, daß auch dies schon zu viel Beziehung ergäbe, bei meinem Eingehen auf solch einen Hausgenossen: alles Lebendige, das Anspruch macht, stößt in mir auf unendliches Ihm-recht-Geben, aus dessen Konsequenzen ich mich dann schmerzlich wieder zurückziehen muß, wenn ich gewahre, daß sie mich völlig aufbrauchen." Dieser Einsame hatte eine milde, kluge Art, sich verkennen, „Mißverständnisse geschehen zu lassen", um sich hinter ihnen unkenntlich zu erhalten.

„Wo andre sich aufgenommen fühlen und aufgehoben, fühle ich mich vorzeitig hinausgezerrt aus irgendeinem Versteck."

Beim Lesen dieses Gedächtnisbuches, insbesondere an Stellen, an denen die Verfasserin des Dichters Wesen und Existenz deutet, überkommt uns bisweilen das Gefühl, als sei der Verborgene etwas zu früh aus seinem Versteck herausgezerrt. Wir dürfen so viel Persönliches eigentlich noch gar nicht über Rilke hören, so verlockend und reizvoll es im einzelnen ist. Die Freundin, die so viel von dem Dichter weiß, hätte ihn noch eine Weile in dem lassen sollen, was sie selbst „die tiefste Anonymität seiner Werk-Wirkungen" nennt. Denn dort würde er sich, nach ihren eigenen Worten, „am unmittelbarsten beheimatet fühlen".

Marcel Proust:
Im Schatten der jungen Mädchen

Als Kind einer großbürgerlichen Familie, Sohn eines namhaften Arztes, wurde Marcel Proust am 10. Juli 1871 in Paris geboren. In seinem neunten Lebensjahre bekam der Knabe auf dem Heimweg von einem Spaziergang durch den Bois de Boulogne einen Erstickungsanfall und blieb von diesem Tage an für die Seinen und die eigne Selbstbeobachtung ein gefährdeter, mit Angst und Sorge behüteter Kranker. Ursprünglich sollte er die diplomatische Karriere ergreifen, aber seine schwache Gesundheit zwang ihn, auf dieses Lebensziel wie auf vieles andere zu verzichten. Immerhin gestattete sie ihm Anteil an der Geselligkeit der „großen Welt". Und die Jahre, die er als gern gesehener Gast in den Salons des Faubourg Saint-Germain verbrachte, bildeten den Menschenbeobachter, der später mit durchdringender Schärfe, wie einst Saint-Simon den Versailler Hof, diese Gesellschaft darstellen, die strengen Gesetze des schönen Scheins und die große Tragik der sogenannten Oberflächlichkeit erfassen sollte. Nach dem Tode seiner Mutter (1905) zog Proust sich mehr und mehr aus dem geselligen Leben zurück und verbrachte den Rest seines Lebens (er ist im November 1922 gestorben) über der Ausarbeitung seines großen, zu sieben romanartigen Gebilden anwachsenden Werkes „Auf den Spuren der verlorenen Zeit".

Die vielen Stunden abgeschlossener Ruhe, die Regungslosigkeit, zu der ihn sein Leiden verurteilte, die langen Nachtwachen des Schlaflosen halfen ihm heraufzubeschwören, was unter dem Tagesbewußtsein ruht und wartet, die große Entdeckungsreise durch das unbekannte Gebiet, das wir Gedächtnis nennen, anzutreten und in dem Herbarium seiner Kunst Dinge zu versammeln, von denen das bewußte Erinnern, das Gedächtnis der Intelligenz nichts weiß. Schon in seinem Jugendwerke „Les plaisirs et les jours" werden einige seiner großen Themen und Motive angeschlagen, aber da ist er noch in der Welt des Geschmacks und des Impressionismus befangen. Erst in dem Hauptwerk gräbt er mit fanatischer Eindringlichkeit, die den Leser mitreißt, sein Bergwerk in alle Tiefen auf. Wenn wir Proust lesen, wird unser Interesse nicht durch die Folge von Ereignissen erregt, sondern durch ein dauerndes

Wechselspiel von Erwartung und Erinnerung, die das Erlebte durchkreuzen. Zeit und Raum werden uns neu, es entsteht ein Neben- und Ineinander vieler Daseinsstufen. Die Form seines Werkes hat man treffend mit gewissen mittelalterlichen Traktaten verglichen, bei denen der Text in der Stickerei der Glossen fast verschwindet. Der jeweilige Vorgang wird in verschiedenen Beleuchtungen dargestellt, einmal objektiv, dann, wie er sich im Bewußtsein des Erlebenden spiegelt, und endlich so, wie Ahnung und Erinnerung ihn umgestalten. Die Analyse vieler im allgemeinen als selbstverständliche Einheiten aufgefaßter Gefühle ergibt neue Seelenkunde, ein neues Wissen um all das Werden und Vergehen des Komplexes von Vorgängen, den man mit dem Worte Ich zusammenzufassen pflegt.

Die erste Umwelt des Proustschen Ichs, die wir kennenlernen, ist die Landstadt Combray, die in dem ersten Roman der großen Reihe, dem „Weg zu Swann", geschildert wird. Wir erleben die Welt vom Kinderbett und Knabentraum aus mit Eltern und Nachbarn, Stimmen der Gassen und Gärten und Stimmen der Vorzeit, kindlicher Trauer um den versäumten Gutenachtkuß der Mutter und frühreifer Ahnung der Liebesdinge. Der merkwürdige Weltfreund und Lebensfeind Swann erscheint, und der Bericht über seine Liebe zu Odette, seiner späteren Gattin, geht mit allen Spielarten des Leidens und Genießens wie eine Warnung und Prophezeiung den eigenen Liebeserlebnissen des Erzählers und zugleich allen Liebesgeschichten, die in bedeutungsvollem Parallelismus das Gesamtwerk durchziehen, voraus.

Gilberte, Swanns Tochter, am Ende des ersten Romans bereits des Erzählers Spielgefährtin in den Avenuen der Champs-Elysées, wird in dem Werk, das uns hier vorwiegend beschäftigt, „Im Schatten der jungen Mädchen", die erste Frauengestalt, um die sich das Erleben des Heranwachsenden versammelt. Um sie in den Champs-Elysées treffen zu dürfen, muß er auf seine Gesundheit achtgeben und sich schonen. Wenn er nun aber die große Schauspielerin Berma als Phädra in der Matinee des Théâtre Français sehen wird, könnte er vielleicht durch die ungewohnte Erregung erkranken. Der Hausarzt hat den Eltern davon abgeraten, den Knaben ins Theater zu schicken, es könnte daraus für ihn schließlich mehr Leiden als Vergnügen entspringen. Aber Vergnügen ist es ja eigentlich nicht, was er von der Vorstellung erwartet; er hofft dort Wahrheiten zu erfahren, die einer Welt angehören, die wirklicher ist als die, in der er lebt, Offenbarungen, auf die ihn geheimnisvolle Worte des Dichters Bergotte vorbereitet haben, von dem die Freundin Gilberte eine Broschüre besitzt. Als nun der Freund und Kollege des Vaters, der ehemalige Botschafter Herr von Norpois, rät, den Jungen ins Theater gehen zu lassen, weil, wie dieses wandelnde Lexikon konventioneller Redensarten sich ausdrückt, der junge Mensch davon einen Eindruck fürs Leben mit nach Hause nehmen werde, ist der Widerstand der Familie gebrochen. Es bleiben nur noch die Schwierigkeiten im Herzen des Knaben. Die Wirklichkeit in Gestalt der ankündigenden Worte auf der Anschlagseite entscheidet dann. Er geht ins Theater, und es gibt eine große Enttäuschung. Als Gegenwart ist ihm nicht möglich zu erleben, was später als Erinnerung allmählich zu einem neuen Erlebnis wird. Mit dieser mannigfachen Konstellation um ein einfaches Ereignis beginnt der Roman.

Die in Äußerungen und Gewohnheiten noch kindliche Freundschaft zu Gilberte und alles, was er in vorwegnehmenden Traumerlebnissen und Ahnungen um die Gestalt der jungen Angebeteten dichtet, bekommt auf einmal neue Tiefe in einer Szene, in der er ihr halb im Spiel einen Brief entreißen soll. Da gibt es ein ungeahntes Erwachen seiner Männlichkeit. Das Spiel wird heimlich und uneingestanden Ernst und Wirklichkeit. Aber auch diese Wirklichkeit ist bedingt durch einen Modergeruch, den er vorher eingeatmet hat, und eine Erinnerung, die sich damit verknüpft.

Es kommt die Zeit, da er in das Haus von Gilbertes Eltern eindringt, das Haus der beiden Swann, das ihm bisher eine unerreichbare Wunderwelt, eine Art Jenseits, schien. Die Teegesellschaften, denen er mit Gilbertes jungen Freundinnen beiwohnt, sind für ihn „in diesem Lebensalter, das lächerlich und fruchtbar, unmöglich und reich zugleich ist, in dem man, von Ungeheuern und Göttern rings umgeben, so gut wie gar keinen Frieden kennt", Feierlichkeiten besonderer Art, bei denen Gespräche und Gebärden und selbst der imposant aufgebaute Kuchen mit seinen schokoladenen Zinnen eine liturgische Rolle spielen. Manchmal kommt Gilbertes Mutter Odette hinzu, und diese große Dame darf er dann auch ohne die Tochter zum Frühstück besuchen und auf der Spazierfahrt in den Bois begleiten. An ihrem Tisch sitzt er zum erstenmal dem großen Dichter Bergotte gegenüber, den er sich bei früher Lektüre seiner Werke als eine Art schwärmerischen Greis vorgestellt hat und dessen leibhafte Gegenwart mit Schneckenhausnase und Knebelbart ihn erst erschreckt, um ihn dann auf unerwartete Art neu zu ergreifen und ihm Ehrfurcht und Scheu vor dem eigenen künftigen Beruf beizubringen.

Wunderbare Fäden gehen zwischen seiner Liebe zu Gilberte, die er gequält und eifersüchtig bald sucht, bald meidet, und seiner Verehrung für ihre Mutter, zu deren Hofstaat er sich gesellen darf, wenn sie an schönen Tagen unter dem seidenen Zelt ihres Sonnenschirms im Park erscheint. Und in der Erinnerung überlebt den Liebeskummer um Gilberte die Freude, „die ich jedesmal empfinde, wenn ich im Mai auf einer Art Sonnenuhr die Minuten zwischen Zwölfeinviertel und Eins ablese, die Freude, mich so mit Frau Swann plaudernd wiederzusehen unter ihrem Sonnenschein wie im fließenden Licht eines Glyzinienbogens".

Als er dann zwei Jahre später mit der Großmutter in das Bad Balbec reist, ist ihm Gilberte schon fast gleichgültig geworden, nur zeitweilig lebt ihr Bild auf, wenn das alte Ich in ihm erwacht; und das verdankt er nicht etwa wichtigen Begebnissen, sondern zufälligen Worten, an die sich unbewußte Erinnerungen knüpfen. Auf einer Station der Reise nach Balbec sieht er ein Mädchen mit einem Milchkrug die Wagen entlangkommen und den Reisenden den Milchkaffee anbieten. Das Bild dieses fremden Wesens im Morgenrot läßt ihn im Weiterfahren ein ganzes Leben mit ihm zusammen träumen. Wogegen der langersehnte Anblick der Kathedrale von Balbec ihn enttäuscht. Er kann sie in ihrer wirklichen Lage an dem Platz, wo sie zwischen Trambahn, Café und Bankfiliale einer Kleinstadt steht, nicht erleben und hat das Gefühl, er habe einen Namen wie eine Hülle aufgemacht, die er hätte hermetisch verschlossen halten müssen.

Das Hotel in Balbec mit seinem Ölgötzen von Direktor, den Empfangschefs, dem Liftboy usw. erlebt er wie einen Wald voll Gefahren und Geheimnissen. Fiebernd und schlaflos liegt er im ungewohnten Hotelzimmer, wo alle Gegenstände gegen ihn verschworen scheinen. Nur Nachbarschaft und Gegenwart der geliebten Großmutter, die in ihrer „Nonnenkutte", dem Schlafrock aus Perkal, ihn pflegen kommt, lindert seine Qualen. Als aber dann am Morgen im Fenster und in den Vitrinen der kleinen Zimmerbibliothek das nackte Meer wie in den Luken von Schiffskabinen zu sehen ist, wird er mit der neuen Welt vertraut. Und nun schildert der Dichter in immer neuen Wendungen und Szenen Meer und Küstenlandschaft, wie sie der Knabe von seinem Zimmer, vom Eßsaal des Hotels oder vom Wagen der befreundeten Frau von Villeparisis aus erlebt. Als sonderbare Fauna dieser Küsten- und Hotellandschaft werden einige Gäste beschrieben, Notar und Gerichtspräsident einer Kleinstadt, der unzugängliche Provinzadlige und seine zarte Tochter, eine Gruppe eleganter Pariser um eine junge Schauspielerin und die Angehörigen des israelitischen Schulkameraden Bloch. Aus der Familie der Guermantes, die eine so große Rolle in dem Gesamtwerk spielen, taucht hinter seinem Monokel, das vor ihm herflattert wie ein Schmetterling, der junge Saint-Loup auf, der liebste und liebenswürdigste der Freunde, und auch Herr von Charlus, sein Oheim, wird zum erstenmal sichtbar, der merkwürdige Heilige und Sünder, dessen problematisches Dasein und Empfinden in den späteren Bänden einen breiten Raum einnimmt.

Aber den entscheidenden Eindruck dieser Zeit und Landschaft gibt die Schar der jungen Mädchen, die „kleine Bande", deren Anblick und Gebaren von allen anderen grundverschieden ist. Leicht wie ein Möwenschwarm kommt sie den Strand entlang, und es ist, als ob die jeweils Zurückbleibenden die anderen fliegend einholen. Und wenn die Promenade dieser kleinen Bande auch nur ein Auszug ist aus jener unermeßlichen Abflucht vorüberziehender Schönheit, die ihn von jeher hingerissen, so bleibt sie doch so wunderbar, daß es ihm als ein ganz ausgeschlossenes Glück erscheint, diese jungen Wesen je persönlich kennenzulernen, eines Tages seinen Platz zu haben mitten in ihrer Prozession. Das wäre ja, als sollte er, ein Götterliebling, eindringen in den Geleitzug auf einem antiken Fries. Anfangs unterscheidet er die einzelnen Mädchen nicht genau und erlebt ihre schwankende Hecke nur als eine Gesamtheit holder Glieder und Bewegungen. Und für eine Weile versinken sie ihm sogar in Abendstunden entrückter Trunkenheit, die er neben Saint-Loup in den Festhallen von Rivebelle verbringt, wo alle schönen Frauen, die zugegen sind, zu seinem Rausche gehören, wie Reflexe zum Spiegel. Dort sieht er auch zum erstenmal den großen Maler Elstir, und ein süßer Schreck durchschauert ihn, als auf das Billett hin, das die beiden jungen Leute ihm sandten, der Künstler wirklich an ihren Tisch tritt.

Tags darauf begegnet ihm ein junges Mädchen allein auf der Mole. Sie ähnelt einer aus der Gruppe, deren Gesicht in schwarzer Samtmütze ihm schon früher aufgefallen ist. Es ist dieselbe, und sie scheint doch anders. Aus ihr wird Albertine, die Frauengestalt, die als Lebende erst und auch noch als Verstorbene seinen Lebensweg immer wieder durchkreuzen und geleiten soll. Und unvergeßlich bleibt auf immer seinem Gedächtnis die Erscheinung dieses Nachmittags eingeprägt: „So sehe ich sie noch jetzt mit leuchtenden Augen unter der Samtmütze; ihre Silhouette steht vor der Rückwand, die ganz hinten das Meer für sie darstellt, und von mir selber trennt sie eine transparente Bläue, die Zeit, die seither verstrich."

Von neuem wendet sich seine leidenschaftliche Aufmerksamkeit der Mädchengruppe zu, er weiß nicht, ob sie nicht vielleicht schon morgen den Badeort verlassen werden. Ihnen zu begegnen, wie einst der Gilberte, ist Lebensinhalt seines Tages; er verschiebt den Besuch bei Elstir, der ihn eingeladen hat, von einem Tag auf den andern, bis, als er auf Drängen der Großmutter endlich zu ihm geht – und das ist charakteristisch für die Art seines Erlebens –, er gerade durch ihn mit den Mädchen der kleinen Bande in Berührung kommt. Auf einer Nachmittagsgesellschaft bei Elstir sieht er Albertine ohne Hut im seidenen Kleid als ein wieder ganz neues Mädchen. Er fühlt das Bedeutungsvolle, mit ihr bekannt zu werden, aber das Angenehme daran kommt ihm erst zum Bewußtsein, als er allein in seinem Hotelzimmer ist. „Mit den Freuden ist es wie mit den Photographien. Was man in Gegenwart des geliebten Wesens abnimmt, ist nur das Negativ, das man später entwickelt, wenn man wieder bei sich zu Hause ist und jene schwarze innere Kammer einem offensteht, die vermauert ist, solange man sich unter Menschen aufhält."

Und nun wird er, unverhofft und auf unerwartete Weise, Mitglied der kleinen Bande, begleitet sie auf ihren Strandwegen und ist zugegen, wenn die Mädchen an Regentagen im Kasino den Tanzlehrer durch ihre Streiche verdrießen. Es gibt Ausflüge in nahe Gehöfte und Spiele auf der Höhe der Klippe, kindliche Spiele, bei denen die frühe Blüte der Mädchen, ihr strahlender Lebensmorgen aus jeder von ihnen „eine kleine Statuette des Frohsinns, des jugendlichen Ernstes, der Schelmerei und des Staunens" macht. Die Fülle dessen, was er empfindet, tritt in Wellen von Glücksgefühl aus seiner schweigenden Ruhe, „Wellen, deren Gemurmel zu Füßen dieser jungen Rosen erstirbt". Er genießt das

Konzert ihrer Stimmen als Ensemble, bei dem er doch jede einzelne nach dem, was ihr von Abstammung, Heimat, Temperament her eignet, unterscheidet. Die Spielwelt dieser Seligen gibt ihm beglückende Entspannung. Aber dann werden eines Tages beim Ringlein-wandre-Spiel Albertines Hände wieder das einzeln Verlockende. Sie geben der Hand, die sie drückt, erst einen Augenblick nach, um dann erregend Widerstand zu leisten. Ihr Druck läßt eintauchen in Albertines Inneres wie ihr gurrendes Lachen. Auf dem Heimweg ist Albertines Bild noch ertränkt von den Strahlen, die von den anderen Mädchen ausgehen, aber als er dann allein ist, erhebt sich in seinem Herzen einzig ihr Bild.

Und dann kommt in der Reihe der Tage, die wie Wellenberge einer in den andern stürzen, der, an dem sie ihn auffordert, ihr abends auf ihrem Zimmer Gesellschaft zu leisten. Sie ist ein wenig erkältet, sie wird zu Bett liegen, wenn er kommt. Selig sind nun alle Augenblicke und Bewegungen, die ihn ihrem Zimmer näherbringen, dem Zimmer, „in dem die köstliche Substanz des rosenfarbenen Körpers eingeschlossen ist". Die wenigen Schritte, die niemand mehr aufhalten kann, macht er voll Vorsicht und verzückt. Und als er dann an ihrem Bett steht und sich über sie beugt, hat er das Gefühl: Wenn mich jetzt der Tod ereilte, es würde mir gleichgültig oder vielmehr unmöglich vorkommen. Denn alles Leben der Welt ist in ihm. Aber dann sagt Albertine: „Hören Sie auf oder ich klingle." Und wirklich schlägt der schrille Laut der Klingel an sein Ohr.

Daraus ergibt sich aber kein Abbruch der Beziehungen. Albertine trägt ihm sein Ungestüm nicht nach, und nie erfährt er, warum sie ihn eigentlich zurückgewiesen hat. Und noch einmal tritt sie zurück in den Reigen der Gespielinnen, und „unter diesen Rosenstämmchen, deren höchster Charme es vielleicht ist, vom Hintergrunde des Meeres sich abzuheben", herrscht aufs neue die ungeschiedene Einheit wie zu der Zeit, da er die Mädchen noch nicht kannte. Wie im Anfang legen sie wieder in die banalsten Beziehungen etwas Wunderbares, und er sieht die schönen brünetten und blonden Körper, die da im Grase um ihn liegen, als sei er wie Herkules oder Telemach im Begriff, sich unter Nymphen zu mischen.

Dann sind sie auf einmal alle fort. Er bleibt noch in Balbec, aber diese letzten Wochen vergißt er fast umgehend. Und wenn er später an Balbec denkt, sind ihm vor allem die Morgenstunden gegenwärtig, in denen er still liegen mußte, um nachmittags mit Albertine und ihren Freundinnen ausgehen zu dürfen. Da wußte er die Mädchen draußen an der Mole und glaubte ihr Lachen zu hören, das – wie Lachen der Nereiden in sanftes Murmeln eingehüllt – bis an sein Ohr drang. Und dann kam die alte Dienerin Françoise, deren treue Gestalt durch das ganze Märchen von der verlorenen und wiedergefundenen Zeit schreitet, kam, um Licht in das verhüllte Zimmer zu lassen. „Und wenn dann Françoise die Nadeln vom Fensterrahmen fortnahm, die Stoffe herunterholte, die Vorhänge zurückzog, schien der Sommertag, den sie enthüllte, so tot, so unvordenklich wie eine prächtige tausendjährige Mumie, die unsere alte Dienerin nur eben behutsam von allen Binden freigemacht hätte, ehe sie die Einbalsamierte in ihrer goldenen Kleidung sichtbar werden ließ." Diese letzten Zeilen des Romans könnten als Motto über dem ganzen Werk Prousts stehen.

John Dos Passos: Manhattan Transfer.
Der Roman einer Stadt

Von dem Menschen John Dos Passos hört man nicht viel. Sinclair Lewis, der berühmte amerikanische Romancier, erzählt in seiner Einleitung zu „Manhattan Transfer", daß er ihn einmal flüchtig gesehen und den Eindruck energischer Schlankheit und einer eulenhaften Brille behalten habe. Bei uns kannte seinen Namen eine immerhin beschränkte Anzahl von Lesern aus dem Roman von den „Drei Soldaten", einer tapferen Anklage gegen den Krieg, der Anklage eines Unparteiischen, der fern von allen nationalen Problemen einer ungeheuren menschlichen Erschütterung Ausdruck verlieh. John Dos Passos ist noch jung, Amerikaner aus spanischem Blut. Mit „Manhattan Transfer" hat er seinen Weltruhm errungen und das erste Meisterwerk einer neuen Art Epik geschaffen. Für seinen Stil, für Aufbau und Gestalt seines Werkes liegt der Vergleich mit der Technik des Films nahe. Im raschen übergangslosen Wechsel der Szenen, in der Vermeidung des Einzelbildes, außer, wo es sich um eine Art Großaufnahme handelt, in der sprunghaften Folge der Episoden ist er ein Dichter des Lichtbildes. Aber er ist noch mehr. Das Polyphone seines Werkes, das Mitklingen der tausend Stimmen der

Stadt in Gedanken und Gesprächen seiner Geschöpfe, die Art, wie in aufleuchtenden Reklamen die Welt des Busineß in zarteste und wildeste Einzelerlebnisse einschneidet, wie mit den Überschriften der rosafarbenen Extraausgaben die Zeitgeschichte in Herzensgeschichten eingreift, ist Ausdruck einer Weltanschauung. Die refrainhafte Wiederkehr bestimmter Hafen- und Straßenszenen ist Philosophie: „ewige Wiederkehr des Gleichen".

Hauptperson seines Werkes ist die Stadt selbst; er erzählt 25 Jahre New Yorker Stadt- und Weltgeschichte, indem er von Kellnern, Großkaufleuten, Schauspielerinnen, Näherinnen, Journalisten, Strolchen, Schmugglern, von Tätern und Träumern berichtet. Und diese 25 Jahre sind im rollenden Ablauf wie ein Tag. Diese Stadt erlebt die Vorgänge in ihren Straßen und Häusern wie ein Organismus das, was in seinem Innern vorgeht, sie spielt mit ihren Bewohnern wie ein Kind mit seinem Spielzeug, macht sie zu Puppen, die sie streichelt und zerbricht. Die Straße dringt mit ihrem kollektiven Leben in alle Schicksale ein. Durch zerbrochene Jalousien verwahrloster Fenster fallen die weißen, roten und grünen Lichter der Fahrsignale im Widerschein auf die Betten schlafloser Menschen, das Getöse der Untergrundbahn, das Gurgeln des Wassers an der Fähre, die klirrende Glocke der Feuerspritze übertönt die Gespräche. Alle Gerüche der Stadt werden wichtig. Dunst von Läden und Lunch-rooms, von verregnetem Pflaster vermischt mit dem Auspuffgas der Autos und dem Geruch des zerwühlten Pferdemistes, feuchter Erd- und Grasgeruch vom Park, Parfüm und Benzin der Reichen, Elendsdunst der engen Massenquartiere.

Alle Zeiten und Gezeiten des New Yorker Tages und Jahres erleben wir: Sonnenuntergangszeit, wenn die Hüllen über die Schreibmaschinen schnappen und die Rollpulte schließen, wenn grüne Blätter mit den Schlußnotierungen flattern und Drucklettern durch „büromüde" Gesichter wirbeln; Dunkelheit, die die dampfende Asphaltstadt dicht zusammenpreßt, das Netzwerk der Fenster zermalmt, Schornsteine, Simse und Wassertanks zu blauen Klumpen malmt; uns trifft grelles, nächtliches Licht aus Fenstern, milchiges Licht, das die Nacht aus Bogenlampen preßt, sprühendes Licht von den Schriften auf den Dächern, sickerndes und wirbelndes Licht auf dem Pflaster zwischen den Rädern.

Wir gehen durch Nebel, in dem die Lichter trübe blühen und die Gesichter auftauchen und verschwinden wie Fische in einem schlammigen Aquarium, während Glühwurmzüge über spinnwebige Brücken fegen. Stadtmittag: Autobusse drängen wie Elefanten zur Zirkusparade, vier Reihen Autos warten blocktief, Fanggitter in den Schwanzlichtern, Kotschutz schleift Kotschutz, Motoren surren heiß ... „Wagen voll Astern und nasser Badeanzüge, voll sonnverbrannter Hälse, Münder, die klebrig sind von Sodawasser und Würstchen." Und Abende mit dem rötlichen Heiligenschein von Straßenlichtern und Reklamen. Und wieder Morgensonne! Draußen gleiten Männer- und Frauengesichter auf früher Straße vorüber, verknüllt und grau wie Kissen, auf denen man zu lange geschlafen hat; auf öligem Asphalt hocken Jungengruppen in zerrissenen Hemden, boxend, beißend, kratzend; ein muffiger Geruch, wie nach schimmligem Brot, strömt von ihnen aus.

In eine wunderbare Verwirrung gerät der Leser anfangs, bis sich die vielen Einzelgestalten des Buchs immer deutlicher aus dem Gesamtbild abheben, wie Leute, denen man gewohnheitsmäßig, ohne sie zu kennen, auf der Straße oder der Trambahn begegnet und die langsam zu anonymen Bekannten werden. Aber, wie Lewis in seiner geistvollen Einleitung zu dem Buch sagt: Diese Darstellungsweise ist kein Flickwerk. Wir sehen „eine Strähne vielfarbiger Fäden, wobei jeder Faden deutlich erkennbar ist und dennoch mit allen andern aufs innigste verläuft". Wenn wir nun aus dieser Gesamtsträhne die einzelnen Fäden zu lösen versuchen, wenn wir aus der Schar all derer, die in Angst und Gier durch die Avenuen hasten, als Bettler und Trunkenbolde auf Schwellen und Kaisteinen hocken, in Büros und auf Glaswänden der Restaurants die Schilder nach der Straße umgekehrt lesen, in Prunkbetten gestohlener alteuropäischer Pracht mit Lüsten oder Sorgen, vor rissiger Wandtapete in ödem möbliertem Zimmer mit Gier und Gram aufwachen, wenn wir aus den Hunderten die wichtigsten – nein, alle sind gleich wichtig –, also die am häufigsten wiederkehrenden auswählen, können wir über einige Teilhandlungen dieses Riesenmysteriums, dieser profanen Goldenen Legende der Neuen Welt referieren.

Da ist Bud Korpenning, der vom Oberland in die Stadt kommt, um Arbeit zu suchen und „mitten rein möchte in die Dinge". Allmählich erfahren wir, daß er zu Hause hinterm Stall dem „Ollen", der ihn verprügelte, den Schädel zermanscht hat, wie man einen fauligen Kürbis zertritt, ihn dann begraben, sich im Haus einen Topf Kaffee gemacht hat und vor Tagesanbruch auf die Landstraße gegangen ist. Der Mann am

Frühstückswagen bei der Fähre rät ihm, sich zu putzen, wenn er hier sein Glück machen wolle; er geht zum Barbier, bekommt den Bart gestutzt und die Stiefel geputzt und trottet weiter. Die Straßen schlingen ihn ein und lassen ihn von Zeit zu Zeit auftauchen. Er fragt die Leute nach Weg und Arbeit. Er bekommt keine, hat ja keine Gewerkschaftskarte. Als Tellerwäscher steht er am Spültrog und findet, das sei keine Arbeit für einen weißen Mann. Er ist voll Unruhe. Er hat immer Angst vor den „Geheimen", den Männern mit steifen Hüten, die unterm Mantel das Messingschild tragen. Er rastet und schläft, wo er unterkommt, und wenn ihn, während er an der Straßenecke hockt, Erdnüsse aus der Tüte ißt und einem Auflauf zusieht, die „Blauen" beiseite stoßen, fühlt er sich schon entdeckt. Weder als Hafenarbeiter noch als Matrose kann er ankommen. Eine Frau, der er Kohlen ins Haus schafft, gibt ihm erbärmliches Trinkgeld und ein Stück Hackfleisch, das er zu erbrechen fürchtet. Aber aus Angst vor der Polizei wagt er nicht aufzubegehren. Einmal lädt ihn ein Lappländer, neben dem er in der Seeleute-Union Zeitung liest, zu einem Bummel ein und schleppt ihn in den Hinterraum eines üblen Wirtshauses, wo er dann müd und geekelt und immer voll Verfolgungsangst zwischen fetten Weibern eingeklemmt sitzt. Zuletzt landet er im Nachtasyl. Dem Nachbarn macht er dort Geständnisse: „Erst saß ich meist am Unionsquare, dann Madisonsquare, Hoboken, Jersey, jetzt bin ich ein Bowerystrolch, kann nicht aufs Land zurück." Er zeigt dem Erstaunten die gräßlichen Prügelstriemen auf seinem Rücken und bekennt ihm die Mordtat. Der andere macht ihm seine Vorschläge zu gemeinsamen Unternehmungen, aber er hat keine Lust, dem Strolch das zu Haus vergrabene Geld des „Ollen" zu zeigen, läuft weiter, von allen und allem sich verfolgt fühlend, von denen mit den steifen Hüten, von Huren, Matrosen und Strolchen, Arbeitern und Kommis im Arbeitsnachweis, träumt auf einem Brückengeländer, die Morgensonne im Rücken, von der Hochzeit mit einer Jugendfreundin, träumt weiße Hochzeitskutsche und gleitet ins Wasser.

Ein Leben, das auch gewaltsam zu enden droht, ist das der kleinen Jüdin Anna Cohen. Wir sehen sie zuerst die Tanzschuhe abstreifend und frisch geküßt. Nebenan schnarchen Onkel und Tante und die Mutter.

„Ist einer, der mich liebt,
Möcht wissen wer"

trällert sie. Dann taucht sie im „Besten Sandwich" als Kellnerin auf,
pudert und malt sich rasch in der Küche. Ihr Freund, der Streikbrecher,
läßt sie in einem Tanzlokal „arbeiten" und dann aufsitzen. Das findet
ein klassenbewußter Bekleidungsarbeiter, den sie kennenlernt, gemein,
versucht sie zum Nachdenken zu erziehen und ihr Arbeiterbildung zu
predigen. Tags in einem Schneideratelier, nachts in Tanzlokalen, schlägt
sie sich weiter durchs Leben, sie freut sich, daß sie fett und „mollig"
bleibt, weil ihr Freund es gern sieht, „wenn ein Mädel Formen hat". Sie
steht Streikposten für die ausständigen Bekleidungsarbeiter, ihre alte
Mutter zankt mit ihr: „Wozu hab ich Kinder aufgezogen, Benny zweimal im Gefängnis, Sol Gott weiß wo, und du streikst?" Anna schleicht
in ihre Kammer, näht ihr zerrissenes Kleid, legt etwas Rot auf, schlüpft
hinaus und findet Kameradinnen am Limonadenstand, die von den
Streikunruhen und Prügeleien berichten; aber ihr Freund Elmer vertröstet sie auf siegreiche Revolution und Zukunft. Ihr Zukunftstraum sind
Pariser Abendkleid für sich und Frack für Elmer und duftende Restaurants und Theater. Er sagt: „Unsere Kinder werden das haben." Sie
findet Arbeit im Modehaus der Madame Soubrine. Dort träumt sie im
Oberstock über ihrer Näherei von Elmers Utopien, sie sieht den Lieb-
sten (der einzige ist er nicht, aber der liebste) schön wie Valentino und
stark wie Douglas Fairbanks, sieht blutrote Fahnen auf der Fünften
Avenue und Plakate: „Wählt Elmer Duskin zum Bürgermeister!" In
allen Büros wird Charleston getanzt – – aber da greifen plötzlich rote
Hände in den Tüll, an dem sie näht, der brennende Stoff umtanzt sie.
Als sie auf der Bahre aus dem Rauch getragen wird, wissen wir nicht:
Wird sie an ihren Brandwunden sterben oder am Leben bleiben und der
Soubrine so viel Schadenersatzgelder herauslocken, daß sie aus ihrem
Unglück eine Karriere machen kann, wie der Milchfahrer Gus Mc Niel.
Der hat eines Tages beim befreundeten Budiker eins über den Durst
getrunken und ist dann auf einem Schienenweg von einem rückwärts-
fahrenden Güterzug der Zentralbahn überfahren worden. Der junge
ehrgeizige Anwalt George Baldwin liest von dem Unfall, spürt für sich
eine gute Sache darin, geht in Mc Niels Haus, wo er dessen rotlockige
Frau Nellie bei der Wiege ihres Kindes findet und mit ihr eine Liebelei

anbändelt. Er verschafft Mc Niel eine große Entschädigung und sorgt weiter für ihn. Gus ist glücklich auf seinen Krücken. Nach dem Krieg mischt er sich, reich geworden, in Verwaltung und Politik und berät seinen Wohltäter und Ehestörer.

Eine gute Karriere macht auch Congo, der französische Kellner, der – um sich vom Militärdienst in Europa zu drücken – vom Dampfer geflüchtet ist und zunächst als Gehilfe eines alten Italieners in einem vornehmen Restaurant für die große Welt die Flammen unter der Wärmeplatte vornehmer Gänge anzündet (eine Szene, bei der wir ein ganzes Diner aus der Kellnerperspektive erleben). Im Logierhaus, wo er mit seinem Kollegen Emile haust, riecht es nach Kohl und schalem Bier. Während dieser Emile sich bei einer befreundeten Dame – Madame Rigaud, Confiserie und Feinkost – einnistet und schließlich die Delikatessenkönigin heiratet, verschwindet Congo von der Bildfläche, macht noch einmal „le tour du monde" und kommt dann nach New York zurück. Die Prohibition eröffnet ihm eine glänzende Bootlegger-Karriere. Dabei gibt's zwar mancherlei Kämpfe mit Zollbeamten und Prohibitionsagenten, aber er hält tapfer durch, riskiert das Gefängnis, aus dem er nur um so reicher wiederzukehren hofft, hat seine Limousine und ein prunkvolles Heim und hält sich kostspielige Mätressen, die ihm wieder abnehmen werden, was er so redlich erworben.

Wie man vom Verdienst des Nächsten lebt, darauf verstehen sich viele in dieser Stadt: sowohl die Gattin des Großkaufmanns, die auch zu Zeiten, in denen er schwere Sorgen wegen des schlechten Bohnenmarktes und der sinkenden Gummipreise hat, nicht duldet, daß er sich zwischen sie und ihre Schneider mischt, als auch der kleine Messengerboy, der auf Schleichwegen in ein Haus schlüpft, ein Dollarpäckchen entwendet und schließlich noch von den Bestohlenen einen Dollar für seine „hungernde Mutter" erbettelt, womit er zu seiner Freundin läuft. Das ganze Buch ist voll von allen Arten und Abarten gegenseitiger Ausnützung und Überlistung. Selbst die Liebenden und Opferfreudigen werden von Not, Gier und Luxusbedürfnis, vom Geist der Stadt zu schändlichem Verrat ihrer edleren Gefühle getrieben.

Große Liebende, deren Schicksal den meisten Raum einnimmt, ist Ellen, die Tochter eines armen Buchhalters Ed. Thatcher. In der Gebärabteilung des Spitals kommt sie zur Welt, und als man der Mutter das Kind zum erstenmal reicht, fürchtet sie eine Verwechslung mit anderen Babys, wie sie – das gibt die Pflegerin zu – manchmal vorkommt ... Wir sehen sie auf dem Teppich und über Papas Zeitungen tanzen, „eine regelrechte kleine Balletteuse", dann als Halbwüchsige durch den dunklen Park gehen, neugierig und in Angst vor den Kinderräubern. Früh fühlt sie sich zur Welt des Theaters hingezogen, in das der gute Vater sie mitnimmt, früh lockt die Welt der Reisen in ferne Länder, wenn er ihr an der Battery die Ozeandampfer zeigt. „Pa, warum sind wir nicht reich?" fragte sie. „Du hättest doch deinen Pa kein bißchen lieber, wenn er reich wäre, nicht wahr?" – „O ja, o doch, Pa!"

Jung heiratet sie den Schauspieler Oglethorpe, einen Leichtfuß mit abwegigen Neigungen, der ihr mit ironisierendem Pathos schmeichelt und „klingenden Stumpfsinn rezitiert". Schlaflos hockt sie neben dem Schlafenden im Brautbett, verzweiflungsvoll kichernd, wie sie mit den Mädchen in der Schule einst zu kichern pflegte. Immerhin sorgt er dafür, daß sie eine gute Rolle in „Pfirsichblüte" bekommt und läßt ihr viel Freiheit. George Baldwin, der galante Anwalt, will mit ihr aufs Land, um „auszuspannen", Stan, der junge Student, lauert ihr auf und darf sie im Auto zum Theater fahren.

Mit diesem Stan erlebt sie dann ein kurzes Liebesglück. Sie flieht aus dem Massenquartier der Komödianten, der Pension Sunderland, die in vielen grotesken Szenen geschildert wird, und bewohnt ein Zimmerchen in der Vorstadt. Sie wird Stern des Tages. Ihr reicher Impresario Harry Goldweiser möchte an ihrer Seite das Glück seiner armen Jugend wiederfinden, die alten Gefühle beschwören aus der Zeit, als er „sein Mädel nach Coney Island führte" und sein Tütenabendbrot mit ihr teilte. Während sie auf der Szene Beifallsstürme erregt, ergibt sich Stan dem Trunk. In Kleidern sinkt er neben ihrer Garderobe in die Badewanne und schläft ein. Sie muß ihm Mädchenkleider anziehen, damit er wieder auf die Straße kann. Aber trotz seiner Verkommenheit liebt sie ihren „kostbaren Idioten", wie sie ihn nennt. Er ist übrigens schon verheiratet, was er selbst komisch findet. Aber seine Frau, die kleine Schauspielerin Pearline, liebt den Untreuen. Ohnmächtig bricht sie vor dem Hause zusammen, aus dem man den verbrannten Stan geschleppt bringt. In der Trunkenheit hat er nach langer Irrfahrt durch die nächtliche Stadt, deren Zukunftsbild aus Stahl, Glas, Ziegel und Zement er träumte, im brennenden Haus den Tod gefunden. Ellen vergißt ihn nicht über neuen Abenteuern. Aber das Kind, das sie von ihm im Schoß trägt, läßt sie töten, und zu Goldweiser sagt sie im Dachgarten überm Park: „Können Sie eine Frau verstehen, die manchmal den Wunsch hat, ein ganz gewöhnliches Straßendirnchen zu sein?"

Von Oglethorpe ist sie geschieden und heiratet Jimmy Herf, den jungen Journalisten, dessen Schicksale in gleicher Ausführlichkeit dargestellt werden wie die ihren. Er ist aus gutem Hause, verliert früh den Vater, und auch seine Mutter erlebt er nur als Kind. Der Onkel Merivale will ihn in sein Büro aufnehmen, wo er sich mit seinem Vetter zusammen zu einer regelmäßigen Laufbahn emporarbeiten soll. Aber ihn lockt die Freiheit, wenn er über die Straßen „durch Pfützen voll Himmel" wandert. Als „neugebackner Reporter" hat er eine Liebschaft mit der Schauspielerin Ruth, die in der Pension Sunderland haust. Da hört er zum erstenmal durch die Tür Ellens Stimme. Stan, sein Jugendkamerad, macht ihn später mit ihr bekannt. Nun sieht er ihre schmalen, eckiggeformten Hände, ihren schönen Hals mit dem großen Knäuel kupferbraunen Haares. Sie schickt die andern fort, er muß ihr Gesellschaft leisten, bis sie ihren Tee zu Ende getrunken hat, er sitzt ihr errötend und stammelnd gegenüber.

Einmal sucht Stan bei seinem Freunde Jimmy Zuflucht für Ellen und sich; sie werden von ihrem Gatten überrascht, der hinterm Fenster im Regen halb pathetisch, halb witzelnd die weibliche und die „Pressehure" beschimpft. Ellen ist fort. Jimmy fühlt den Zedernduft ihrer schweren Flechten und die Seidigkeit ihres Körpers. Als sie ihm nach Stans Tod bekennt, daß sie ein Kind von dem Geliebten trage und behalten wolle, bewundert er ihre Tapferkeit. Sie geht fort, er küßt die Stufe, auf der sie gestanden. Im nächsten Bild flirtet sie mit irgendeinem eleganten Burschen, im übernächsten geht sie zur weisen Frau.

Beide, Jimmy und Ellen, sind dann im Weltkrieg in Europa in der Presseabteilung des Roten Kreuzes, heiraten, machen eine schöne Reise durch die Provence und kommen schließlich mit ihrem Baby nach New York heim. Es ist die Zeit der Prohibition. In des kleinen Martin Wärmflasche mischen sie ihren Freunden vom Mitgebrachten einen Drink. Sie müssen ärmlich leben in engem Zimmer, wo es milchig-sauer nach Babywindeln riecht. Sie schlägt vor: „Könnten wir uns nicht ein zweites Schlafzimmer in der Nähe besorgen, jetzt, wo unsere Bürostunden so verschieden liegen und du die Nächte durcharbeitest?" Sie ist Herausgeberin des „Manners" geworden, des angesehenen Journals, „das die

Pracht des Ritz an den bescheidensten Herd zaubert". Er aber fühlt sich nur noch als automatische Schreibmaschine. In dem elenden einsamen Zimmer, das er sich genommen hat, langt er die versteckte Rumflasche unterm Bett hervor; fiebernd eilt er durch die Stadt der zerwühlten Alphabete, der vergoldeten Letterreklamen; was er sieht und hört, wird ihm zur Reporterphrase.

Er kann von Ellen nicht lassen und kann nicht mit ihr leben. Sie wird wieder von vielen umworben. Baldwin will sich scheiden lassen, um sie zu erringen. Aber in seiner Gesellschaft fühlt sie sich eisig und starr werden. Es ist, „als hätte man ihre Photographie an ihre Stelle gesetzt". Der Anwalt bekommt in ihren Augen ein hölzernes Marionettengesicht, und als er ihr im Auto gesteht: „Lange Jahre war ich, wie ein mechanisches Spielzeug aus Blech, innen hohl", erwidert sie mit erstickter Stimme: „Sprechen wir nicht von mechanischen Spielzeugen." Hinter zitternden Glasfenstern läßt sie sich küssen. Wie eine Ertrinkende sieht sie aus dem einen Augenwinkel wirbelnde Gesichter, Straßenlaternen, kreisende nickelglänzende Räder. „Sie wird wohl diesen Baldwin heiraten", gesteht Jimmy seinem Freunde Congo beim dritten Glas Bourbon. „Da sitze ich dreißig Jahre und voller Lebensgier. Wenn ich genügend romantisch veranlagt wäre, hätte ich mich vermutlich längst umgebracht ..." Er bleibt am Leben, aber von New York treibt ihn die Verzweiflung fort. Im Vorzimmer der Freunde, mit denen er den letzten Abend verbringt, fragt ihn ein Mädchen: „Warum gehst du nicht unter die Verbrecher?" – „Woher weißt du, daß ich's nicht tue?" Er küßt die Weinende und langt nach seinem Hut. Auf der Straße ist er mit einem Mal glücklich.

Durch den Nebel geht er zur Fähre von Manhattan, an der das Buch beginnt und schließt. Auf dem Fährboot ist er eine Weile allein und fühlt sich wie auf einer Privatjacht. Drüben wandert er durch perlige Morgenfrühe eine Betonstraße zwischen Abladeplätzen, an Waggongerippen, Fordgestängen und formlosen Massen zerfaulenden Metalls entlang. Als dann ein Möbelwagen an einer Benzinstation hält, fragt er den Mann am Steuer, ob er ihn aufsitzen lassen wolle. „Wie weit wollen Sie denn?" – „Weiß nicht ... Ziemlich weit." Das sind die letzten Worte des Buchs.

Wir haben nicht von den vielen, denen er auf seinen Wegen durch die Landschaft New York begegnet, sprechen können, Liebespaaren,

Verbrechern, Bankrotteuren und millionenreichen Exporteuren, nicht von den Zimmern, in die Nachbarstimmen durch dünne Zwischenwände dringen, von all den Straßen und Gegenden, mit denen wir immer vertrauter werden, vom Broadway und der Fünften Avenue und Bowery und dem Hafen, wo die Schiffe als Schattenskelette in den Himmel ragen ...

„Manhattan Transfer" (von Paul Baudisch ausgezeichnet ins Deutsche übertragen, erschienen im Verlag S. Fischer, Berlin) ist ein Buch, das bei der ersten Lektüre durch seine Fülle überwältigt und verwirrt wie ein Fiebertraum und dann beim Wiederlesen – man kann es oft wieder lesen und dann auf jeder Seite aufschlagen – immer mehr entdecken läßt von dem seltsamen Lebewesen New York.

Fred Hildenbrandt: Großes schönes Berlin

Rembrandt Verlag, Berlin-Zehlendorf

In diesem kleinen, temperamentvoll geschriebenen Buch gibt uns der Verfasser eine Kostprobe des Vielen, was er über Berlin zu sagen hat. Den Rhythmus, das vielgerühmte Tempo der Stadt mit dem Begleitbaß „Arbeiten, arbeiten!" stellt er – einstweilen – mehr theoretisch fest. Seiner darstellenden Kraft gelingt besser das Andere, das, was dem Tempo die Waage hält. Das zeigt sich z. B., wenn er von dem schmächtigen, blassen Omnibusführer inmitten seiner robusten Kollegen erzählt oder die wunderlichen Mitglieder der Sekte „Hingabe", die Backfische des Westens, die das Haus der großen Schauspielerin belagern, die Mädchen des Nordens und Ostens, die vom großen Leben träumen, beobachtet.

Es ist zu hoffen, daß vor dem hellen, unbeirrten Blick eines Mannes, der hier nicht zu Hause ist, später einmal ein Gesamtbild der Stadt erstehen wird. Geschickte Zeichnungen von Albert Reinhardt schmücken das Buch.

Heinrich Spiero: Fontane

A. Ziemsen Verlag, Wittenberg

Hier haben wir alle Fontanes, den Balladendichter, den Journalisten, den Wanderer durch Spree-, Havel- und Oderland, den Theaterkritiker, den Schöpfer historischer Romane und Novellen und den Meister des späten „Sphärenromans". Und als Menschen: den Hugenottensproß und preußischen Patrioten, den Begeisterten und den Skeptiker, den liebevollen Kenner des märkischen Adels und echten Demokraten, den besten Berliner. Wir erleben, wie er anders wurde und immer derselbe blieb. Das wunderbare Reifwerden dieses westlichen Esprits im Widerstreit und Zusammenklang mit seiner Liebe zum Nordisch-Heroischen wird sichtbar im Rahmen eines breitangelegten Zeitbildes, zu dessen Darstellung der Verfasser durch seine früheren Schriften über Raabe, Heyse, das poetische Alt- und Neu-Berlin etc. gut vorbereitet war.

Es ist besonders dankenswert, daß er ausführlich bei Fontanes Jugend und Frühwerk verweilt, und bei Lebens- und Kunstkreisen, die uns ferner liegen als die des alten Fontane, der für uns der eigentliche ist. Nun werden wir darauf hingewiesen, wie seine „Verbindung von Größe und Genre", seine Art, das scheinbar Beiläufige, Nebensächliche zu schildern, seine „amour du petit fait" von Anbeginn in seinen Schöpfungen hervortritt. Ein besonders gelungenes Kapitel ist das vom Bühnenkritiker, von dem als Theaterfremdling gedeuteten Th. F., der auf seinem Ecksitz und „Sperrfort" im Schauspielhaus saß, „den Oberkörper vorgeneigt in leibhafter Fragestellung".

Das beigegebene reiche bibliographische Material unterrichtet über die ganze Fontane-Forschung und -Literatur.

Czardasklänge in Moabit

Operettenpremiere auf der Liebhaberbühne

Es beginnt mit einem tiefen Knix, einem Hofknix aus guter alter Zeit, wie man ihn heutzutage selten zu sehen bekommt. Den führt die Dame aus, welche den Begrüßungsprolog spricht. Die Operette, die uns vorgeführt wird, ist ja nicht nur irgendeine Premiere, sondern zugleich die Feier des Siebenten Stiftungsfestes des Henckelschen Musikvereins „Fledermaus". Treu trefflichen Traditionen ist dann auch Theater und Musik. Und der Herr Kapellmeister und Komponist, der sich nach dem Prolog zum hochverehrten Publikum wendet, um auf die unvermeidlichen Schwierigkeiten einer Dilettantenaufführung hinzuweisen, kann unserer Anerkennung versichert sein. Er hat den eifrigen vollschlanken Damen und ihren Partnern sein Werk gut einstudiert, und ihnen die nötige Portion Czardasfeuer ins Blut gezaubert.

Das Stück, von den beiden Justizinspektoren Henckell und Roll verfaßt, spielt nämlich in der lebensfrohen Heimat dieses Tanzes unter Gräfinnen, Baronen, Lebemännern, eleganten Leutnants von den Grenzjägern und zigeunerischen Bauern. Die Damen des Chores bewährten sich als Landmädchen im Mieder, als vornehme Gäste auf der Soiree im Schlosse, ja auch als Barmaids im feuchtfröhlichen Lokal. Und die Hauptdarsteller wurden nach jedem Solo und Duett heftig beklatscht und mußten das meiste wiederholen.

Dabei befanden sie sich vor ziemlich kritischen Zuhörern, die zum großen Teil die Proben des Musikvereins miterlebten und sich auf Nuancen verstehen. Mir sind sehr subtile Äußerungen aus dem Publikum zu Ohren gekommen. So meinte z. B. eine Tischnachbarin (man saß an Tischen und bekam Kaffee und Kuchen) von der einen jugendlichen Liebhaberin, sie hätte nicht das Schwarze anziehen sollen, das sie zu alt macht, sie hat doch ein Lila …

Hier müßte ich eigentlich, wie es bei Premieren üblich ist, eine Art Modeschau einschalten, und dabei auch von den zartfarbigen Toiletten der Töchter und den diskreten dunklen Seidenkleidern der Mütter im Moabiter Hohenzollernsaal sprechen, sowie von der korrekten Festkleidung der Herren um vier Uhr nachmittag, die jede Premiere im Westen

Berlins beschämte. Wilhelm II., der als Admiral auf der Kommando-
brücke aus einem Wandbild auf seine weiland Untertanen niederschau-
te, konnte zufrieden sein mit seinen Moabitern.

Die Heldin des Stückes, die vielumworbene, temperamentvolle Gräfin Lucia Valesca, verkleidet sich einmals als Bauerndirne und beschwört dadurch über sich und den Geliebten Unheil herauf. Das gibt
dem Komponisten Gelegenheit, zwischen all dem Lustigen am Ende
des zweiten Aktes auch einige tragische Töne anzuschlagen, was eine
gute Abwechslung gibt gegen die humoristischen Szenen des Barons
Mikocz-Rasseltan und der komischen Agathe von Patzewitz, die ihn
mit ihrer Liebe verfolgt. Zuletzt aber geht alles gut aus. Anfang und
Ende des Ganzen ist Trunk und Tanz. Fingerschnalzender, hüften-
stemmender Zigeunertanz, taillentastender, herüber und hinüber nik-
kender Schieber und vor allem Walzer, Walzer, von dem wir aus einem
Liede hier wieder erfahren, daß er doch der schönste aller Tänze sei.

Und nach der Vorführung hat das Publikum in beiden Sälen weiter-
getanzt. Hoffentlich bis tief in die Nacht hinein und hoffentlich unter
Mitwirkung der Künstler, die mit Beifall und Blumen überschüttet
wurden, als der eingedrungene Presseberichterstatter diese lebenskräftigen Mitbürger verließ, welche sich in den Mußestunden ihrer anstren-
genden Berufstätigkeit der Kunst widmen.

Adolf Behne, Sasha Stone:
Berlin in Bildern

Verlag Dr. Hans Epstein, Wien

In fast hundert Aufnahmen führt Sasha Stone Stätten und Gesichter
Berlins an uns vorüber. Er läßt die Riesenschlote des Kraftwerks ragen
und die Brücke als stählernes Spinnweb von der Fabrik über den Fluß
greifen, alte Kirchmauern dämmern und die Spree an historischer und
zugleich malerischster Stelle, am Mühlendamm, in das Herz der Stadt
dringen. Das älteste Haus, der älteste Hofgang wechseln ab mit jüng-
stem Bahnhof, Sportforum und Avus. Fliegeraufnahmen veranschauli-
chen in weiter Übersicht Stadtkern, Tiergarten und Beispiele der neue-

sten Siedlungsbauten und der schaurigen Baublöcke älterer Mietskasernen. Daneben finden wir liebevolles Detail eines Brunnens, eines
Tores, einer schlüterschen Kriegermaske, Arbeiter auf dem Heimweg,
Kinder auf dem Spielplatz, Spreewälderin und Blumenfrau. Viel Brük-
ken und Schleusen des Binnenhafens Berlin bekommen wir zu sehen,
dessen Bedeutung den meisten Berlinern gar nicht bekannt oder bewußt ist. Neben Meisterwerken alter Baukunst aus den Zeiten Kno-
belsdorffs, Schlüters und Schinkels und den imposanten Neubauten der
letzten Jahre und Jahrzehnte, Funkturm, Warenhaus, Verlagshaus usw.,
gibt es hier und da auch ein Stück der falschen wilhelminischen Pracht
zu sehen, aber da hat der Künstler immer so günstige Stunden und
Standpunkte gewählt, daß die Atmosphäre die Greuel der Architektur
aufsaugt. Unnötig, auf eine Reihe besonders origineller Aufnahmen
hinzuweisen, wie die eines Schaufensters, in dem sich eines der roma-
nischen Häuser spiegelt, oder die des Wittenbergplatzes nach dem Wo-
chenmarkt, wenn die Straßenfeger die Szene beherrschen. Es ist wichtiger, das Ganze zu loben.

Ein Anhang kurzer Anmerkungen orientiert den Fremden. Adolf
Behnes Einleitung, dem Träger neuer Baugesinnung in Berlin, dem
Stadtbaurat Wagner gewidmet, erzählt das architektonische Schicksal
der Fischer- und Schiffersiedlung westlich und östlich des Spreeüber-
gangs, aus der durch Lage und Weltgeschichte eine Riesenstadt wurde.
Er verschweigt nicht, was an ihr von Fürsten und Bürgern gesündigt
worden ist, stellt aber neben die Verdienste der großen alten Baumeister
auch die ihrer würdigen Nachfolger in neuester Zeit ins rechte Licht
und blickt vertrauensvoll in die Zukunft des internationalen Lufthafens,
als welcher Berlin seine uralte Mission, Mittler zwischen Ost und West,
zwischen Nord und Süd zu sein, am freiesten wird erfüllen können.

Albrecht Schaeffer: Mitternacht

Insel Verlag, Leipzig

In den großen und kleinen Novellen dieser Sammlung dringt der Dichter in das Reich des Grauens und in die Nacht des menschlichen Herzens. Unfaßbares macht er begreiflich und Unsichtbares fühlbar durch seine Kunst, die Stätte des Geschehens zu schaffen, das Haus und den Garten mitten in dem Sumpfland der Masuren, wo sich das Schicksal des „höllischen Sebastian" und derer, die er bedroht, vollzieht; das unheimliche Haus an der Brücke, das die Taten des Lustmörders verbirgt und offenbart, den Erkerwinkel, in dem vier Menschen den Tempel des Schlafs erstehen sehen, darin der mythische Muttermörder Zuflucht findet. Eine Geige: „ein wenig Ahorn und Fichte, Darm und Silber, ein Gehäuse, das den Druck einer starken Faust nicht ertrüge", wird zum Sinnbild. Sein ganzes Lebensschicksal sieht „Christacker, der Betagte" im Zauber einer auf seinen Knien liegenden Katze. Ein besonderes Kleinod der Sammlung ist die seltsame Erzählung „Vom Fäßchen, vom gelöschten Namen, vom goldenen Griffel und den wissenden Füßen". Das ist mit der Stimme einer Frau erzählt, Bericht, Erinnerung und Legende wunderbar durcheinandergemischt. Leise wie diese Stimme ist auch die Stimme des Dichters selbst in Dichtung und Prosa dieses Buches, aber sie redet eindringlicher zu uns als vieles Laute, Überbetonte, Unterstrichene seiner lebhaften Zeitgenossen.

Martin Beradt: Leidenschaft und List

Ernst Rowohlt Verlag

Nach längerem Schweigen tritt einer unserer besten Erzähler mit einem Roman hervor, dessen erste Lektüre spannend und ergreifend ist, der aber seine ganze Fülle und Feinheit erst bei der zweiten hergibt. Meisterhaft ist hier die echte alteuropäische Mischung von Vernunft und Triebbesessenheit, wie sie sich am deutlichsten im französischen Wesen manifestiert, herausgearbeitet, und zwar in rein epischem Ton, der alle Gegensätze, Sublimes und Banales, Holdes und Ekelhaftes, große Leidenschaft und kleine Misere in ein harmonisches Weiterrollen zwingt. Ein Balzac-Kosmos: Portierfrau und Aristokrat, Flickschneider und Kleriker, Schutzmann und Winkeladvokat, Versicherungsagent und Bordellmutter. Fast ohne ein Wort der Beschreibung wird durch unablässiges Geschehen Stadt und Land sichtbar, die Treppe eines Freudenhauses, ein verträumter Provinzwinkel, die Möbel im Vorzimmer eines Advokaten, Reklamen an Straßenwänden, die Vorstadtwirtschaft und der Gerichtssaal, in den „alle Gassen des unterirdischen Paris münden". Durch die Darstellung eines Unglücksfalls ersteht greifbar nahe vor uns das tosende Gedränge der großen Boulevards. Eingesponnen in ein Gewebe aus vielen Schicksalen frecher und feiger, starker und schwacher Wesen wird die herrschsüchtige, ruhelose Heldin des Buchs zweimal zur Mörderin. Es überwächst sie immer wieder die Gestalt ihrer gewalttätigen und verschlagenen Mutter, die sie um Geld und Glück prellt. Dies Buch ist Gerichtschronik, Geschäftsbericht und Märchen vom Menschenherzen in einem. Es wird sowohl als Zeitdokument wie als Kunstwerk dauern.

Otto Stoessl: Das Haus Erath

Paul List Verlag, Leipzig

Die neue vom Verfasser neu durchgearbeitete Ausgabe dieses großen Romans vom kleinen Sterben der Bürgerwelt ist sehr zu begrüßen. Hier ist sie aufgebahrt in all ihrer behaglichen Schwermut, ihrer Sparsamkeit und Festlichkeit, mit ihren Hausfrauensorgen und ihrem Herzenskummer, Weihnachtsfeiern und „Lämmerhüpfen", Kindern, die sonntags den Großvater im „Kirschholzenen" besuchen, jungen Paaren im Park und im Salon, dem alten Hausarzt, dem befreundeten Faktotum usw. Der dauernde Abschied vom alten patrizischen Hause, der immer weiter greifende Verlust der schützenden Penaten, Wahllosigkeit und Berechnung neuer Lebenswege, vieler Geschwister Haß- und Liebesverbundenheit, das alles ist in der reichen Breite guter alter Erzählerkunst dargestellt in einem schmackhaften und gewissermaßen bekömmlichen Deutsch, wie man es heutzutage selten liest.

Auferstehung von Lemkes sel. Witwe

Im Titania-Palast

Das ist eine Überraschung, nach ernsten Kulturfilmbelehrungen über die Piraten der Tiefsee, nach Grotesktänzerinnen und excentric entertainers, mit einmal hinter den linienstrengen Wölbungen des hochmodernen Theaterraums im Titaniapalast zu Steglitz – das alte Kellerlokal „Zur unterirdischen Tante" aus der Ackerstraße auftauchen zu sehen!

Erdmann Graesers behagliches und behäbiges Berlin auf der zappelnden Leinwand! Liebevoll bis ins letzte Detail hat die Regie (Carl Boese) die Kleinwelt der Häkelschoner auf geschweiften Sofas und der zackig gerahmten Familienbilder, der Rollmöpse und der „Röllchen" beschworen. Der Höhepunkt ist die Hochzeit im Kellerlokal, bei der die Herren sich die Schniepel aus dem „Frackverleih Norden" ausziehen, als ihnen zu heiß geworden ist, und auch noch die Gummikragen ab-

knöpfen und über die Blumenarrangements der Festtafel hängen. Und
draußen das Volk der Nachbarinnen um die herrliche Brautkarosse!
Und das Manschettenbukett in Bräutigams unsicherer Hand.

Und die Anna im Brautstaat. Dies resolute Berliner „Meechen", das
was fürs Herz braucht, aber dabei immer den Kopf oben behält (Lissi
Arna), ihr „Dussel" und Herzliebster Willem (Fritz Kampers), die ollen
Lemkes aus dem Schöneberger Weißbiergarten (Gustav Rickelt und
Frieda Richard), die unvergleichliche Tante Marie (Margarete Kupfer)
und alle die andern (Wolfgang Zilzer darunter), Onkel Karl mit der
Schmalztolle, der verführerische Klaviervirtuose in den grünen Haus-
latschen, Portier, Rollkutscher, Drehorgelmann usw., sie erbauen zusammen das alte unverwüstliche Berlin von Lemkes sel. Witwe.

Man muß das sehen, wie sie sich ums Hochzeitsbett der Bierleiche
scharen und im dustern Zimmer tropfende Stearinkerzen aufs Holz der
Bettpfosten pflanzen – man muß diese Schummerwelt sehen in dem
hohen Palast, der draußen in strahlenden Röhren allabendlich Steglitz
im Licht feiert.

Francis Jammes: Der Rosenkranzroman

Jakob Hegner, Hellerau

Werk um Werk des französischen poeta christianissimus übersetzt,
verlegt und druckt Jakob Hegner mit liebevollster Sorgfalt. Nach
Almaide, Röslein, Klara, Marie und Bernhardine besitzen wir nun in
schwebendem und getragenem Deutsch auch die Geschichte der
frommfrohen und fromm ergebenen Dominica, auf welche die Geheimnisse des Rosenkranzes, die freudenreichen, die schmerzhaften und die
glorreichen angewandt sind. Mit einem Gebet an die heilige Jungfrau
beginnt und endet das Buch, und verflicht die irdischen Begebenheiten
mit den Offenbarungen, Bildern und Gleichnissen der kirchlichen Überlieferung. Wenn dabei auch der Eiferer Jammes, der das entgottete
Frankreich der Trennung von Kirche und Staat mit Spott und Gram
angreift, häufiger als in den früheren Werken die süße Feldpredigt des
Dichters Jammes über die Wunder der Welt und des Herzens unter-

bricht, wir finden doch immer wieder überraschende und bezaubernde Worte, die die schöne Leiblichkeit und irdische Anmut seiner Gotteskinder darstellen. Eine südliche Üppigkeit liegt in der schwelgerischen Hingabe, mit der sie „niedersinken vor der nahenden Monstranz wie gemähtes Getreide" und schmelzen „wie die Kerze unter dem flammenden Herzen, das sie krönt und sie zugleich verzehrt".

Mario von Bucowich: Berlin

Albertus Verlag, Berlin

Alfred Döblin, der seit vielen Jahren im Osten von Berlin wohnt und wirkt und als Mensch und Dichter mit dem Wesen dieser Stadt tief vertraut ist, hat dem Buch ein Geleitwort vorausgeschickt. Darin warnt er davor, Berlin auf seine sogenannten Sehenswürdigkeiten hin anzuschauen und danach zu beurteilen. Dieser Nachlaß früherer Fürsten und ihrer Baumeister sei sichtbar und zu photographieren. Aber das lebende, das werdende Berlin sei es eigentlich nicht. Und dann spricht er von der großartigen Monotonie dieser Massensiedlung, aus der das Einzelne sich nicht abhebt. „Nur das Ganze hat ein Gesicht und einen Sinn." Jeder seiner lapidaren Sätze ist voller Erfahrung und Wahrheit. Aber den Künstler, den er geleiten wollte, hat er damit im Stich gelassen. Wie sollte er photographieren, um möglichst ein ganzes Berlin sichtbar zu machen?

Dem Altertümlichen ist er gut beigekommen, indem er neben oft Gesehenes, wie etwa den Krögel, das selten Angesehene setzte: den Hof in der Brüderstraße, das spitze Dach in der Fischerstraße. Manches hat er durch Beleuchtung stärker verwirklicht, wie z. B. die Reitersilhouette des Alten Fritzen. Durch solche Beleuchtungstechnik hat er aus weniger geglückten Kunstwerken Schönheit gewonnen. Das „kolossale" Denkmal Kaiser Wilhelms I. mit seinem vielen Umbau wird durch einen Lichteffekt zu dunkel jagender Masse. Ja sogar der schreckliche Dom wird durch rauchigen Dämmer gerettet. Ausschnitte, Säulenhallen, die in halber Höhe abgeschnitten sind, Durchblick durch ein Portal bringen die Schönheit der alten Gebäude wie Loge Royal York, Schloß Monbijou, Palais Ephraim, Universität, Zeughaus usw. besser zur Geltung als Gesamtansichten es vermöchten. Wir werden aufmerksam auf Einzelheiten, die wir nie oder nicht genug beachtet haben. Wo die Natur in das Stadtbild eingreift, gelingt es dem Künstler, auch das Heutige, das Unhistorische sichtbar zu machen, so in den zahlreichen Bildern der Spreeufer, der Grachten, Häfen und Fabrikengegend oder in denen des Tiergartens, Friedrichs- und Humboldthains. Sehr märkisch-berlinisch sind auch Blätter wie Golfclub Wannsee und Pichelswerder. Typische Gestalten der Stadt tauchen auf: die Passanten Unter den Linden, an der Kranzler-Ecke, die beiden Mädchen vor den Tiergartenbüschen, der Mann mit den Luftballons, von Kindern umgeben, die Leute am Bücherwagen, der Wurstmaxe. Von der Welt der Arbeit und des Vergnügens zeugen die Stätten wie Siemensturm oder Capitol, aber man vermißt da die Menschen, das Gedränge, den „Betrieb". Und unter Verkehr an der Gedächtniskirche stellen wir uns denn doch etwas Turbulenteres vor als das sanfte Bild, das so heißt. Auch hat der Berliner bei dem Worte Ackerstraße andere Empfindungen, als das gleichnamige Blatt wiedergibt. Der Vorwurf, daß hier Berlin nicht berlinisch gesehen ist, ließe sich gegen eine Reihe an sich schöner Photographien erheben, allein sie verschwinden in der Fülle der 256 Blätter des reichen und stattlichen Werkes.

Besuch bei Jack von Reppert-Bismarck

In einer Gartengegend des neuen werdenden Berlin, wo sogar die Untergrundbahnstationen ländliche Reize haben wie Bahnhöfe kleiner Kurorte, gehe ich an Frühlingsbeeten vorüber in ein helles Haus. Man führt mich an bunten Bildchen vorbei treppauf, und ich trete in ein Zimmer, das ich auf den ersten Blick für eine Kinderstube halte. Die Wand über dem großen Diwan ist voller Figuren aus Kasperles kleinem Welttheater, und zwischen den Kissen liegt Spielzeug herum. Ich sehe zur andern Wand hin: die ist ganz bedeckt mit einem Fresko. Darin bewegen sich Engelsmädchen auf winzigen Varietérädern, und ein lustiger Clown steht kopf auf dem Kopf des traurigen Clowns. Wo sind die Kinder, die mit und unter diesen Dingen spielen? Da mitten im

Zimmer am Tisch sitzt, etwas geduckt, ein kleines Mädchen über ein Blatt Papier gebeugt. Es hat die Zungenspitze zwischen den Zähnen. Es zeichnet wohl? Als es dann etwas erschrocken aufsteht, befinde ich mich nicht einem Kinde, sondern einer durchaus erwachsenen jungen Dame gegenüber, die sogar schon eine kleine Gattin ist. Und zwar von dem, der das Kasperletheater da drüben gemacht hat und mit ihr zusammen an dieser Puppenstube des Lebens und der Kunst baut. Fast tut's mir leid, daß sie mich schon bemerkt hat. Ich hätte ihr gern beim Zeichnen zugesehen. Nun, dafür bekomme ich jetzt aus den Mappen Blatt um Blatt gereicht und bin mitten in einer Welt von Wesen, die sich einer besondern Art von Glückseligkeit erfreuen: Mädchen, die beieinander und bei sanften Tieren lagern und stehen, heiter in leichten, zärtlich wehenden Hüllen, bisweilen auch ein bißchen verkleidet in altertümliche Kostüme oder Faschingsfetzen. Burschen mit Tieraugen und durstig offenen Lippen, manche als derbe Gesellen in Sweatern, manche als elegante Herrchen in Sommercomplets. Auch Kinder, richtige Kinder beim Straßenspiel. Aber kindhaft sind sie alle, gehören alle in eine paradiesische Welt, wo man es noch versteht, friedlich in zierlichen Gruppen beieinander zu rasten und sich zu bewegen, einfach dazusein, sichtbar, vorhanden.

Während ich in den zartfarbigen leichten Blättern stöbere, läßt sich die Herrin dieser holdseligen Kinderstube ein wenig interviewen. Sie kann sich kaum einer Zeit entsinnen, in der ihr das Spiel mit Stift und Farbe noch nicht eine liebe Gewohnheit war. Abends, wenn beide schon in ihren Bettchen lagen, erzählte ihr die ältere Schwester aus der biblischen Geschichte, und die kleine Jack zeichnete auf Zettelchen den winzigen David und den Riesen Goliath, setzte auf Mariens Schoß das Jesuskind – oh, es saß nicht ganz schoßgerecht, es schwebte in Faltenhimmeln, etwas jenseits und etwas abgehalten –, sie ließ den zwölfjährigen Jesus in Wasserstiefeln vor würdigen Bart- und Brillenmännern stehen, ließ den Verklärten in stürmischer Himmelfahrt an die Wolke stoßen. Das war die Zeit ihrer ersten Künstlerschaft und, was die Lust am Werke betrifft, ihrer reifen Zeit näher als die dazwischenliegende Periode des akademischen Studiums. Bei dem war ihr nicht ganz wohl, und der ersten Schule ist sie entlaufen. In der zweiten aber „entdeckte" sie ein guter und verständnisvoller Lehrer; er hatte einmal ihre Schülerblätter, die sie, wenn er zur Korrektur kam, in den Papierkorb verschwinden ließ, aus eben diesem Korb hervorgelangt und mit Wohlgefallen betrachtet. Sehr zum Verdruß der größeren und dickeren Mitschülerinnen, welche das zarte Geschöpf, das da mitlernen und mitzeichnen wollte, nie recht anerkannten und ihm nie einen guten Platz einräumten. Für Jack blieb nur eine schmale Spalte zwischen den umfangreichen Nachbarinnen, und dahindurch mußte sie in Eile erwischen, was sich dem Modell abgewinnen ließ. Aber gerade diese Enge und Eile hatte ihr Werk gefördert. Nach diesen unruhigen Tagen gab es dann eine gelindere Studienzeit in der Sommerfrische am See, wo sie Babys zeichnete und malte, die ihr wunderbar stillhielten. Seither ist Linie und Farbe der Kindheit in ihrem Werk geblieben, zärtlicher Umriß und paradiesfarbener Hintergrund. Und ihr liebstes Handwerkszeug sind Pastell und Wasserfarbe.

Ich schaue von den Blättern auf und sehe an der Wand einen auf den Arm geschmiegten Mädchenkopf. „Das ist ein Lieblingsbild", sagt Frau Jack, „ich habe es verkauft. Weil ich es aber selbst so gern habe, hat der Besitzer es mir auf einige Zeit zurückgeliehen." Ja, sie trennt sich schwer von ihren Geschöpfen. Bei jedem Verkauf gibt es einen kleinen Abschiedsschmerz, und manchmal fließen sogar Tränen. Da war letzthin ein Mädchen mit einer grauen Dogge. Das mußte weit fort bis nach Amerika. Dort soll es eine schöne Dame geschenkt bekommen. „Wenn es nun bei der im Zimmer hängt und sie mag es nicht?" meint Jack.

„Sie wird es schon mögen", beruhige ich, „aber am Ende bekommt das kleine Mädchen mit der großen Dogge Heimweh nach dieser Kinderstube!"

Ein Epilog

Mitten aus reichem Schaffen, aus einer Fülle von Plänen und Entwürfen hat den 55jährigen *Hofmannsthal* plötzlich der Tod abgerufen, der Tod, mit dessen geheimstem Wesen schon der wunderbare frühreife Jüngling vertraut war, der (damals „Loris" sich nennend) die Welt mit den dramatischen Gedichten „Der Tor und der Tod" und „Der Tod des Tizian" überraschte. Um die Zeit, da diese Werke bekannt wurden, drang eine kleine Anzahl Gedichte des jungen Wieners in immer breitere Öffentlichkeit, Gedichte, die uns allen zu einem dauernden Besitz geworden sind. Auch diese Verse „Die Terzinen über Vergänglichkeit", die „Ballade des äußeren Lebens" usw. haben die einmalige Schönheit todesnaher Wesen. Man hat damals kaum eine Fortsetzung des hofmannsthalischen Frühwerks erwartet. Worte, wie die berühmten aus dem Spiel vom Tor und vom Tode

> „Warum bemächtigt sich des Kindersinns
> so hohe Ahnung von den Lebensdingen,
> daß dann die Dinge, wenn sie wirklich sind,
> nur schwache Schauer der Erinnrung bringen"

schienen letzte, nicht erste Worte.

Und doch ist dieser Späte, dieser „Erbe" zu dem geworden, den einer seiner Verehrer den „Meister der Vielgestaltigkeit" genannt hat. Sehr weit wurde der Kreis seiner Stoffe. „Mein Lebenswerk", sagte er selbst einem Unterredner, „bewegt sich, wenn Sie so wollen, in den verschiedensten Stilen, meine Arbeit läuft auf vielen Gleisen."

Neben den Nachdichtungen und Neudichtungen antiker Motive, neben der Erneuerung der „Alkestis" des Euripides, des sophokleischen Ödipus, den Tragödien „Elektra" und „Ödipus und die Sphinx" entstanden Dramen und Erzählungen aus dem Morgenland wie „Die Hochzeit der Sobeide" und „Die Frau ohne Schatten", Stücke aus der flimmernden Rokokowelt Casanovas wie „Der Abenteurer und die Sängerin" und „Christinas Heimreise"; neben den Singspielen, welche der Dichter mit Richard Strauß zusammen schuf, entstand ein Mysterienspiel: „Jedermann, das Spiel vom Sterben des reichen Mannes", eine Komödie aus der Gegenwart, „Der Schwierige", dies einzigartige Stück

Wiener Lebens, das die deutsche Öffentlichkeit nicht genügend gewürdigt, das deutsche Theater nicht oft genug gespielt hat, und noch in den letzten Lebensjahren des Dichters gelang ihm das barocke Trauerspiel „Der Turm", das den sehr Gegenwärtigen und modern Empfindenden in Geistesnachbarschaft zu Calderon bringt.

Mehrere Bände prosaischer Schriften sammeln seine Betrachtungen und Essays. Und in diesen findet sich als beste Erläuterung zum eigenen Werke des Dichters, was er in immer neuen Wendungen über das Wesen der Dichtung und des Schaffenden gesagt hat. Wie ihn von jeher diese Probleme beschäftigten, dafür zeugen seine kurzen Aufsätze in den frühen „Blättern für die Kunst". Da lesen wir:

„Was der Dichter in seinen unaufhörlichen Gleichnissen sagt, das läßt sich niemals auf irgendeine andere Weise (ohne Gleichnisse) sagen: nur das Leben vermag das gleiche auszudrücken, aber in seinem Stoff, wortlos."

Die Beziehung von Sein und Schaffen beschäftigt Hofmannsthals Gedanken immer wieder. Noch in einer seiner letzten Veröffentlichungen, dem Dialog „Die Mimin und der Dichter", geleitet er uns durch einen spielerischen Streit zu den nachdenklichen Schlußworten:

„…es gibt nur einen Weg, wie das Wort ins Leben herüberkann."

„Und der wäre?"

„Wenn es der Schatten ist, den die Tat vorauswirft."

Noch ist Hofmannsthals Gestalt und sein Rang im deutschen Geistesleben umstritten. Aber wenn die Stimmen verstummen werden, die Zartheit Wirklichkeitsferne, Erlesenheit lebensfeindlichen esoterischen Kultus nennen, wenn anderseits diejenigen, denen die wunderbare Weltlichkeit seiner Komödien und Singspiele als verspielte Abtrünnigkeit von der ursprünglichen Berufung erscheint, die Wesenseinheit dieses Einzigen empfunden und begriffen haben werden, dann wird Hofmannsthal seinen Platz inmitten der wenigen Großmeister des Wortes haben

Intimes China
Cheng Tscheng: Meine Mutter

Gustav Kiepenheuer, Berlin

Ein Geschenk ist dies Buch. Zierliche Spende auf einem Hausaltar. Gedanken hingereicht wie Blumen. Leicht dargebrachte Weisheit. Getuschtes Leid. In der Sprache des jungen chinesischen Denkers, Forschers, Technikers und Reformers Cheng Tscheng, in den kurzen bilderreichen Sätzen dieses neu-orientalischen Französisch, dessen Eigenart der Übersetzer Paul Cohen-Portheim sehr glücklich in geistverwandtes Deutsch übertragen hat, liegt große Suggestionskraft. In musikalischen Parallelismen verlaufen Ereignis, Gleichnis und Meinung. Statt des rätselhaften China der Zeitungsberichte, statt des immer etwas fremd bleibenden Märchenlandes aus Elfenbein, Lack, Bronze und Jade erleben wir die Heimlichkeiten der chinesischen Familie. Ihr Organismus, „ihre Größe und ihr Jammer, ihre intime Struktur, ihre unendliche pflanzenartige Kraft" ist des Verfassers Ausgangspunkt. Mit nachdenklich hockenden kleinen Chinesenfrauen teilen wir Reis und Leid. Hauptperson des Buches ist Chengs eigne Mutter. Ihr Leben, wie sie es den geliebten Kindern erzählt, die sie mit reizendem Kosenamen „meine kleinen Ahnen" nennt, ist das China, das wir kennenlernen. Wie das Reich unter der Kaiserin-Witwe, der strengen Wahrerin der Tradition, muß sie unter der herrischen Schwiegermutter leiden. Sie geht den ganzen Schmerzensweg der chinesischen Frau, der mit dem Tage beginnt, da ihre Füße unter Qualen in „ein paar Goldlilien" verwandelt werden. Viel Totentrauer erlebt sie. Zuerst um die eigne Mutter: „Ich trug Trauerkleidung. Mein Kleid war weiß. Es schneite. Eine Leinenkappe auf meinem kleinen Kopf, von der sieben Schleifen herabhingen, verbarg mein kleines tränendurchfurchtes Gesicht." Zuletzt um den Gatten: Schöne Trauertänze finden zu seinen Ehren statt. Jeder Tänzer hält in der Hand eine Laterne in Form eines Lotus. China tut viel für seine Toten. „Die Kunst für die Lebenden ist nicht so schön wie die für die Toten."

Die gütige Frau weiß Lehre und Erzählung, Familien- und Weltgeschichte, Persönlichstes und Allgemeinstes wunderbar zu verweben.

Aus der Welt ihrer Ahnen, zu denen sie den großen Laotse zählt, überliefert sie den Kindern die merkwürdigen Märchen vom himmlischen
Rinderhirt und der Spinnerin, vom Herrn Vielwisser und Herrn Nicht-
wisser und das unserm „Fischer und seine Frau" verwandte Märchen
vom Bettler, der immer etwas Bessres werden wollte. Doch lebt sie auch
in den Problemen und Nöten der Gegenwart, durchdringt mit frauen-
hafter Klugheit die politischen Ereignisse und teilt ihren Zuhörern die
Ergebnisse kollektivistischen Denkens mit. Sie lehrt ihre Kinder und
uns „das ABC der Menschlichkeit" und Gemeinschaft.

Dem Buch ist eine bedeutende Einleitung von Paul Valéry beigegeben, die den Verfasser und seine Welt dem Leser nahebringt und in den
Worten gipfelt: „Dies ganze Buch führt übrigens die Gedanken zu Europa zurück ... Hier wie dort leidet jeder Augenblick an Vergangenheit
und Zukunft. Es ist klar, daß Tradition und Fortschritt zwei große Feinde des Menschengeschlechts sind."

Gruß an Knut Hamsun

Wenn uns Lesen noch manchmal ein so unmittelbares Glück ist, wie in
früheren Zeiten das Anhören von Sagen und Geschichten es gewesen
sein mag, so danken wir es diesem Einzigen, dessen Bücher die heilige
epische Langsamkeit haben, dem Einen, der erzählen und immer weiter
erzählen kann.

Dr. Heinz Kindermann (Hg.):
Volksbücher vom sterbenden Rittertum

Herm. Böhlaus Nachf., Weimar

In der großen Sammlung literarischer Kunst- und Kulturdenkmäler in Entwicklungsreihen, die Professor Kindermann mit den Forschern Professor W. Brecht und Professor D. Kralik herausgibt, liegt uns aus der Reihe der Volks- und Schwankbücher der erste Band vor, welcher der Literatur des sterbenden Rittertums gewidmet ist. Angefügt ist dem Bande ein Überblick über die ganze Reihe der hier neuerscheinenden Volks- und Schwankbücher, und die Titel dieser Reihe verheißen uns Wiedersehen mit alten Jugendbekannten und Überraschungen. In den Büchern „von Weltweite und Abenteuerlust" werden wir den Herzog Ernst, in denen „von der leidenden Frauenseele" Magelone und Melusine, in denen „von der närrischen Weisheit" Eulenspiegel, in denen „vom irdischen Glück und ewiger Sehnsucht" Fortunatus und Faust wiederfinden, – wiederfinden nicht in der wohl sympathischen, aber eben doch für unsere „höhere Jugend" von einst übersetzten und zubereiteten Gestalt, die ihnen Gustav Schwab gegeben hat, sondern im jeweils reinsten Text, wissenschaftlich erläutert und glossiert.

Der vorliegende Band enthält neben Altbekanntem wie die „Haimonskinder" große Seltenheiten. Da ist ein Stück aus der „Zerstörung Trojas", wie sie nach dem Trojabuch des Nördlinger Ratsherrn Hans Mair mit Benutzung früherer Prosabearbeitungen mittelalterlicher Dichtung der Drucker Günther Zainer um 1476 zu Augsburg herstellte. Eine kuriose Welt halb verbürgerlichter, halb entarteter Ritter lernen wir da kennen, die sich Jason und Hercules, Peleus und Laomedon nennen, auch allerlei wankelmütige Weiber voll „fleischlicher Begierd", auf die des Verfassers Wort zutrifft, daß „eine jekliche Fraw des Mannes allzeit begeret, recht als die Materi begert die Form". Aus den Göttern der Heiden aber ist ein kunstreiches Zaubervolk geworden, das „Kreuter und der Steyn Kraft" erkennt. Ein Druck aus dem Jahre 1500 erzählt die Geschichte des Begründers der Capetingerdynastie, wie sie nach französischen Chansonvorlagen die Gräfin Elisabeth von Nassau-Saarbrücken zur Abenteuergeschichte eines skrupellosen und brutalen

Metzgerenkels namens Hug Schapler umgestaltet hat. Im Gegensatz zu Hug Schapler strotzt der männliche Held der schönen Liebesgeschichte „Pontus und Sidonia" von christlichen und ritterlichen Tugenden, und sein Edelmut mitten in einer Welt, in der die rohe Gewalt vorherrscht, der er denn auch manchmal selbst verfällt, hat etwas Romantisch-Retrospektives. Es vermischen sich alte Ideale mit den Erfahrungen und Meinungen neuer Gegenwart in diesen merkwürdigen Unterhaltungs-romanen einer Übergangszeit.

André Gide: Die Schule der Frauen

Deutsche Verlagsanstalt, Stuttgart

Geschichte einer Ehe. Ein geschlossenes kleines Kunstwerk, das sich der Reihe von Büchern einfügt, die Gide unter dem Titel „Récits" zusam-menfaßt: „Die enge Pforte", „Isabella", die „Pastoralsymphonie" usw. Dies Frauenleben liegt etwas abseits von dem großen bekennerischen und somit fragmentarischen Œuvre des Dichters. Die Darstellung be-hält, selbst wo von Erschütterndem und Hoffnungslosem berichtet wird, etwas Anmutiges, Gefälliges. Aus Schöpferferne sieht der Dichter auf seine Gestalten. Er ist nicht umdrängt von ihnen wie in den „Falschmünzern". Er hat sie entlassen, sieht sie an wie Gott die Welt am siebenten Tag: „und siehe da, es war alles sehr gut". Ein hübsches Ge-schenkbuch für alle, die das „Lebenswahre" lieben.

In ein Tagebuch schreibt die andächtig liebende Braut von 1894 Er-lebnisse und Gedanken für den Geliebten auf, und in dasselbe Heft zwanzig Jahre später die enttäuschte Frau von 1914 ihre Kritik über den Mann, den sie nicht mehr liebt. Als Frau ihrer Erziehung und Generati-on ist sie ihm treu geblieben und hat einem Menschen, für den seine Frau nur ein Teil seines Komforts ist, ein unnützes Lebensopfer ge-bracht. Meisterhaft ist ihr Robert charakterisiert durch die zwiefache Betrachtungsart: verblendete Verehrung und zornige Kritik. Und neben ihm der freigeistige Vater, der geschickt und schlecht mittelnde Geistli-che, die tapfre Tochter, welche als Vertreterin einer neuen Jugend zu Ende denkt, was die Mutter sie zu denken gelehrt hat, selbst aber noch nicht zu denken wagte. Führt der Kampf der wohlbeschaffenen und aufrichtigen Frau gegen Menschen und Institutionen zu keinem äußeren Siege, so verschafft ihr doch der Dichter mit Hilfe des Weltkrieges ein heldisches Ende. Sie stirbt als Pflegerin in einem Lazarett für ansteckende Krankheiten ohne Ruhm und Verdienstkreuz.

Wie in dieser Novelle die sogenannten kleinen Züge und die Streiflichter auf Gesellschaft und Zeitgeschichte dem Gang der Handlung eingefügt sind, darin ist die lebenskluge „Schule der Frauen" zugleich eine Schule der Darstellungskunst. Und wenn wir von diesem Buch, das uns in der treuen und angenehm zu lesenden Übersetzung von Käthe Rosenberg vorliegt, über Leben und Kunst belehrt worden sind, werden wir mit neuer Lust zurückfinden in die Urlandschaft und Weite der „Nourritures terrestres" (erscheint demnächst deutsch unter dem Titel *„Uns nährt die Erde"* in demselben Verlag), in die bedrängende städtische Enge der „Falschmünzer" und in die Tiefen des Bekennerbuchs „Stirb und werde".

André Gide:
Stirb und werde / Die Schule der Frauen

Deutsche Verlagsanstalt, Stuttgart

Von der deutschen Gesamtausgabe der Werke des nunmehr sechzigjährigen Meisters liegen zwei neue Bände vor, ein breitangelegtes selbstbiographisches Bekennerbuch und eine objektive kleine Erzählung, in welcher der Dichter aus Schöpferferne auf seine Gestalten sieht. Die Konfessionen und Selbstdarstellungen in „Stirb und werde", deren sprachliche Reize Ferdinand Hardekopf in seiner Übertragung mit dichterischer Sicherheit wiedergegeben hat, enthalten mehr als den Werdegang und das Lebensbild einer großen Persönlichkeit, mehr als ihre Beziehung zu seltsamen und bedeutenden Zeitgenossen. Es wird in diesen Aufzeichnungen die Welt aller Kinder der großbürgerlichen Kultur mit ihren nüchtern verständigen Vordergründen und ihren christlichen und heidnischen Hinterwelten und Geheimnissen sichtbar fühlbar. Ein Genie der Neugier erlebt schon an den ersten Kinderspielen die Tiefe der Lust und die Gefahr des Forschens. Wie in Gärten, Landschaften und allerlei wunderlichen Menschen, so botanisiert es auch in den Irrgängen des eigenen Herzens. Glut des Erlebens und Kühle der Beobachtung lösen einander in reizvollem Wechsel ab. Mit gleicher Meisterschaft wird ein Kindermaskenball, eine Kalvinistenandacht und ein literarischer Salon dargestellt, mit gleicher Aufrichtigkeit werden mystische Beklommenheiten in der dämmernden Stube und heidnische Liebesstunden im lichten Süden bekannt.

Neben dieser weitverzweigten Schöpfung haben wir in der „Schule der Frauen" (gut und getreu übersetzt von Käthe Rosenberg) ein schmales, geschlossenes Kunstwerk, die Geschichte eines „übervorteilten Herzens". In ein Tagebuch schreibt die andächtig liebende Braut von 1894 Erlebnisse und Gedanken für den Geliebten auf und zwanzig Jahre später in dasselbe Heft die enttäuschte Frau ihre Kritik über den nicht mehr geliebten Mann, dem sie ein vergebliches Lebensopfer gebracht hat. Führt der Kampf der wohlbeschaffnen und aufrichtigen Frau gegen Menschen und Institutionen zu keinem äußeren Sieg, so verschafft ihr doch der Dichter mit Hilfe des Weltkriegs ein heldisches Ende. Ein Buch voll zarter Frauenkunde.

Stefan Großmann

Er ist ein Wiener Kind und eine Berliner Gestalt. Das Berlin von heute kann ich mir ohne Großmann in der Mitte gar nicht vorstellen. Er kann sogar Berlinisch sprechen mit einem sehr angenehmen Wiener Oberton oder Pedal. Er hat von Jugend auf etwas getrieben, wovon ich nicht viel verstehe, Politik. Er ist aus einer sehr guten politischen Schule. Victor Adler war sein großer Lehrer und in Victor Adlers Zeitung hat Großmann sich seine journalistischen Sporen verdient. Für vieles hat er gekämpft und vieles bekämpft. Das können nicht nur Minister, Volksvertreter und Zeitungsindustrielle bezeugen, sondern auch Gefangene und ihre Richter.

Hat Liebe zum Lebendigen und zum Menschlichen ihn zur Politik gebracht, so hat gerade sie ihn wiederum über die Grenzen des politischen und journalistischen Wirkens gelockt. Großmann ist nämlich ein Dichter, eine merkwürdige Art von Dichter. Mit der Aufzählung seiner Werke kann man ihn nicht umschreiben. Er hat nicht nur seine eigenen

Werke geschrieben, sondern als Wegweiser und Anreger im Werk vieler anderer mitgewirkt. Was er selbst für die Bühne geschrieben hat, ist nur ein kleiner Teil seiner Bühnenwirksamkeit, dieses langen, an Erlebnis, Erfahrung und Erfolg reichen Weges von der Wiener Volksbühne bis zu der, auf der heute sein neuestes dramatisches Geschöpf das Rampenlicht erblickt. Es ist eines von vielen, die er im Sinne trägt und von denen er in der Fülle der Gesichte leider die Hälfte wieder vergißt. Da Großmann aber ein geselliger Geist ist, kann ein miterlebender Freund einen Teil seiner Einfälle und Gedanken rechtzeitig festhalten. Das hat uns zusammengebracht. Es ist herrlich, mit Großmann zusammen und um die Wette zu dichten. Nie hätte ich mich an ein richtiges Theaterstück und gar ein Volksstück und Zeitstück gewagt, wenn ich nicht Großmann an seinem Schreibtisch gegenüber gesessen, nicht mit ihm durch den Garten seiner Launen und Ideen gegangen wäre.

Dr. Franz Leppmann: 1000 Worte Deutsch, ein Sprachführer für Nachdenkliche

Ullstein, Berlin

Ein neues Tausendwortebuch und diesmal – nach Französisch, Englisch, Spanisch, Türkisch usw. – Deutsch! Deutsch für Deutsche? Also muß es sich um mehr handeln als um Vokabeln, Wendungen und ein bißchen Grammatik und Syntax. Einen Sprachführer für Nachdenkliche nennt Franz Leppmann seine zehn Heftchen, die reinlichen Gebrauch der Muttersprache lehren. Wendet er sich damit anscheinend nur an Leute, die, auch unaufgefordert, gern nachdenken, so wird doch auch mancher, der, wie die meisten Berliner, „zu nichts kommt", und zu müßigem Nachdenken keine Zeit zu haben glaubt, wenn ihm diese kleine Sprachlehre in die Hand gerät, seine helle Freude haben und anfangen nachzudenken. Mit einemmal werden ihm die Worte und Sätze, die er täglich im Munde führt, neu und wesenhaft vorkommen, und es wird etwas in ihm erwachen, das die meisten Menschen gar nicht kennen, das Sprachgefühl. Und wenn es nach Goethes Wort das Geschäft der besten Köpfe ist, die Muttersprache zugleich zu reinigen und zu bereichern, so steckt doch in jedem Lebendigen ein geborener Sprachforscher und Sprachschöpfer. Man muß ihm nur Mut zu dem eignen Gefühl und Verstand machen. Und das versteht der Verfasser ausgezeichnet. Und woraus er seine Beispiele und „Gegenbeispiele" wählt! Aus Märchen und Polizeiverordnung, aus Bibel und Reklame, aus Altdeutsch und Berlinisch. Der „kleine Schäker" dient ihm dazu, die schwache Beugung des Eigenschaftswortes zu lehren. Reizende Babys läßt er gegen das Gesetz des Ablauts sündigen, um ihren Müttern diesen Begriff klarzumachen. Nirgends ist seine Belehrung doktrinär oder steifleinen. Immer ist es ihm um die Lebendigkeit der Sprache, um ihre Freiheit im Gesetz zu tun. In der Behandlung der Fremdworte hält er vorsichtig und sicher die Mitte zwischen Sprachreinigung und Würdigung der Nuance. Lustig plaudernd wie einer, der amüsante Anekdoten erzählt, teilt er mit, was aus wissenschaftlichen Lehrbüchern zu gewinnen für den schulentwöhnten Menschen schwierig und reizlos ist. Dabei gibt er aber nirgends Bildungsbrocken, sondern führt überall in Zusammenhänge, weiht den Leser in das bildhafte Wesen der Worte, in ihre Schicksale, in die Erweiterungen und Verengungen ihrer Bedeutung ein. Jedem Heftchen ist erstens ein kurzer Abschnitt „Sprachwidriges – Fehlerhaftes" mit ergötzlichen Blüten aus der Amts- und Alltagssprache angefügt. Ihm folgt ein zweiter „Vielgebrauchte Worte". In dem erfahren wir, wo sie alle herkommen, die Kind und Kegel, Bausch und Bogen, die Lappen, durch die man geht, die Büsche, auf die man klopft, die lange Bank, der gegebene Korb, die gerochene Lunte, der abgelaufene Rang usw.

Schaefer-Ast hat die Heftchen reizend illustriert und uns den „stark gebeugten" Mann, Abrahams Schoß, die reitende Artilleriekaserne, die Steigerungsform: Lieb, lieber, am liebsten und hundert andere Lehrgegenstände leibhaftig vorgeführt. Und so ist ein Werk zustande gekommen, aus dem man vergnügt lernt, was vielleicht am schwersten zu lernen ist, das nämlich, was man schon zu wissen meint.

Um Krinoline und Tournüre

Berlin, Anfang Oktober [1930].

‚Das kommt mir so bekannt vor!' war mein erstes Gefühl beim Umherschauen in der Ausstellung „Um Krinoline und Tournüre", Mode und
Kleinkunst 1830–1890, die unter der Leitung von Dir. H. G. Albrecht im
Hause Friedmann & Weber in Berlin stattfindet. Habe ich in Kinderzeiten noch solche Kleider gesehen, damals, als die Frauen so weit umgeben waren von Stoffmassen und, wenn sie sich bewegten, soviel rau-
schender Überfluß mitwanderte, soviel reges Kleinzeug, Rüsche, Volant
und Schleife, voranflatterte und hinterdrein wehte? Oder kenn ich es
bloß aus Bildern und Familienalben und es ist nur durch zeitliche
Nachbarschaft zu Späterem so „erlebt" geworden, als habe ich die Damen selbst angestaunt, deren Hüllen hier versammelt sind. Das ist ja
nicht Museumskostüm, Völkertracht, das ist eben getragenes Kleid. Es
gespenstert noch ein Rest Lebenswärme in diesen Hülsen. Vernunft ergänzt, daß mancherlei aus dieser Vergangenheit in der neuesten Mode
wieder auflebt, und dann sehe ich mich nach Bezeichnungen und Jahreszahlen um und lasse mich über das Einzelne belehren. Da hängt die
„ägyptische" Abendhaube, welche die Kaiserin Eugenie zur Einweihung des Suezkanals trug. Weit breitet sich mit mächtiger Courschlep-
pe über einen Diwan die große, von Worth geschaffene Robe, in der
Marie Geistinger Offenbachs „Herzogin von Gerolstein" war. Nah in
einem Glaskasten liegt ihr Fächer, helles Schildpatt und weiße Strau-
ßenfeder. Die vielen Kleider und Hüte, welche insbesondere die Ko-
stümsammlung Budzinski hergeliehen hat, tragen Namen berühmter
Berliner, Wiener und Pariser Modehäuser, Gerson, Pechstein und Hermine Manasse, Birot, Reboux und Angèle. Eitel Pracht und Glanz, in die
wir einst Märchenprinzessinnen hüllten, strahlen aus dem gelblichen
Atlas des Brautkleides aus den achtziger Jahren. Das Foulardgewand
mit den japanisierenden Ornamenten entstammt der Zeit, als der „Mi-
kado" Europa eroberte und seinen Operettenorient in Stoffe und Geräte
zeichnete. „Sortie de Bal", Eisvogelbesatz und enganliegende Mantille,
die in weite Ärmel endet, umgeben geträumte Schultern. In hellen
Mullroben ist sommerliches Huschen, aufgehalten und gesteuert von

stattlicher Tournüre. Von fern glaube ich Schellengeläut zu hören beim Anblick des wattierten Schlittenkleides aus bordeauxroter Seide. Aber es sind nur die ersten Zirptöne einer der vielen Spieluhren in der Nähe. Denn all die Damen ohne Leib stehn nicht etwa leer im Raum, sie sind umgeben von Möbel und Gerät ihrer Epoche. Die ältesten Stücke, das damastene, noch ganz in Empireform gehaltene Ballkleid, das leinene Kleidchen aus der „Gavarnizeit" und den schottischen Taftrock umrahmt ein Sommerzelt im Geschmack der dreißiger Jahre. Auf die Krinolinendamen schauen von den Wänden steife englische Fayencehunde, Aquarelle von Hosemann und Krüger, Porträts von Winterhalter und Waldmüller; es warten Sofasitze und bequeme tiefe Sessel auf sie, in denen sie sich gut niederlassen und ihr Gefieder ausbreiten können, und es gibt Fußbänkchen für die Schuhe, die schmal aus der Überfülle der Stoffe vorlugen. Frühstückstische sind hingestellt, auf denen neben Tassen und Kannen das Handarbeitskörbchen nicht fehlt. Auf dem Toilettentisch steht zwischen Handspiegel und Handschuhkasten die silberne Glocke für die Zofe und etwas höher der Haubenstock, dem die Samtschleifen des Hutes ums bemalte Gesicht gebunden werden sollen. Auf Etageren und in Vitrinen ist Kleinkunst versammelt, Damen aus Porzellan, Könige aus Biskuit, Tragantfigürchen. Schöner Schmuck liegt nah zur Hand: Chrysopras, Amethyst, Granaten und Korallen. Auf den Blumentisch und ins Fenster hat man eine altertümliche Flora gepflanzt, den Blümchen ähnlich, die auf den Bezug der Knickschirmchen gestickt sind: ganz Garnitur.

Dort auf die gußeiserne runde Bank aus einem alten Steglitzer Garten haben sich neulich, angetan mit Roben, die hier zu sehen sind, einige Damen der jetzigen Berliner Gesellschaft niedergelassen; man hat sie photographiert und das Bild in ein Album voll ähnlicher Bilder getan. Es ist hübsch, darin zu blättern und die Schönen von heute anzusehen: etwas zaghaft lächeln sie und wundern sich, wie „statiös" sie auf einmal geworden sind in den weiten Faltenburgen ihrer Ahninnen und wie verschmitzt sie schmachten in Perlenkappe, Florentinerhut, Manonschute und Capuchon. Von dem Album sehn wir auf zu einer Reihe Modekupfer, in denen der Weg verfolgt ist, der 1830 mit „Schinkenärmeln" beginnt und 1890 mit Schinkenärmeln endet: die Frauengestalt von Männersehnsucht und Schneiderphantasie immer aufs neue übertrieben und eingeengt, gefesselt und freigegeben – und schauen zurück

in die Zimmer, es ist ein Spätnachmittag: Mahagoni der Möbel verdämmert, Kleingewürfeltes und Großgemustertes, Lila, Myrthengrün
und heller Mull verschwimmt, in tiefer Schleppe ertrinkt eine Rose.
Könnte – wenn für Derartiges in unserer armen Zeit Muße, Laune
und Geld zu finden wäre – die Sammlung in diesen vier, fünf Zimmern
nicht der Grundstock werden zu einem richtigen Modemuseum, in das
gerettet würde, was in Truhen und Schränken des Privatbesitzes verborgen bleibt und in öffentlichen Sammlungen inmitten der mehr offiziellen Kunst seinen intimen Charakter einbüßt?

Landschaft des Kindes

Zu Adalbert Stifters hundertfünfundzwanzigstem Geburtstag

Ein Knabe sitzt vor dem Hause auf einem alten großen Stein im ersten
Frühling, „wenn die milder werdenden Sonnenstrahlen die erste Wärme an der Wand des Hauses erzeugen", und schaut auf die geackerten,
noch nicht bebauten Felder. Und später geht er an der Hand des erzäh-
lenden Großvaters den Fußpfad durch Wiesen, den Weg zwischen Feldern, den grauen Rasen zwischen den Stämmen der Bäume, immer von
einem Stamm zum anderen. „Es wäre wohl ein ausgetretener Weg gewesen, aber auf dem Rasen war es weicher und schöner zu gehen."
Zwei Schwestern, „da sie schon größer waren, da sie mit den Füßlein
über Hügel und Täler gehen konnten, da die Körperchen schlanker und
behender empor zielten", gehen zwischen Steinen, auf denen ein ver-
dorrtes Reis oder eine Feder liegt oder die Bachstelze hüpft, und als sie
zu dem Bächlein kommen, „in welchem die grauen flinken Fischlein
schwimmen und um welches die blauen schönen Wasserjungfern flattern", und über den breiten Stein, den ihnen der Vater als Brücke über
das Bächlein hat legen lassen, steigen sie auf den Nußberg, „der rings-
herum rund ist, der eine Spitze hat, der die vielen Gebüsche trägt – die
Krüppelbirke, die Erle, die Esche und die vielen vielen Haselnußstau-
den – und der weit herum sieht auf die Felder, auf denen fremde Menschen ackern, und auf weitere unbekannte Gegenden. Bruder und kleine Schwester gehen am Weihnachtstag über den Bergrücken, den die

Leute den ‚Hals' nennen, vom Elterndorf zu dem der Großmutter, und auf dem Heimweg geraten sie in einen Schneefall. Sie verlieren den Weg, sie können die nächsten Bäume nicht sehen, sie furchen den Schnee mit ihren kleinen Füßen. Und dann sind sie auf steilem Grat und auf Eis, winzige wandelnde Punkte im Unendlichen. Bald aber umgibt sie ein Gewölbe so blau, wie sonst nichts auf der Welt, viel tiefer und viel schöner blau als das Firmament. Allein sie verlassen diese hütende Höhle, sie gehen einen Eiswall hinab bis zu Steinblöcken, die, gegeneinander und übereinander gelagert, sich zu Hütte und Dach fügen, da rasten sie. Und am Himmel erblüht ihnen ein blaßgrünes Licht, vor dessen Schimmer die Sterne erblassen, ein neuer Trost. Wir fühlen, sie werden heimfinden. Sie bleiben umrahmt von dem Gehege, das wir Natur nennen. Natur beschützt sie vor Natur."

Durch Stifters Geschichten, durch das Gefilde seiner Worte bewegt man sich wie diese seine Geschöpfe in der Landschaft. Und selbst seine Gedanken, die der uns fremd gewordenen Zeit entstammen, als es einen Restbestand von früher gab, den man das Gute, Wahre und Schöne nannte, selbst diese Gedanken haben bei Stifter etwas sanft Tragendes, Geleitendes. Daß er ein Mann war, der sich gegen die Welt verschloß und, wie er in einem späten Brief sagt, „ganz von seiner eigenen inneren Gestalt" lebte, daß er Verdruß und klägliche Mühe in Amt und Bürgerwelt hatte und ein düsteres Ende nahm, das vergessen wir in seiner geschaffenen Welt, die auch, wo er gelegentlich Erschreckendes, Tragisches, man möchte sagen „Erwachsenes" darstellt, seliges Gefilde bleibt.

Es ist der fragmentarische Anfang einer Art Selbstbiographie erhalten, der seine ältesten Erinnerungen, seine Vorkindheit, ja geradezu seine Geburt darstellt. Abgesehen davon, daß darin manches gewiß sehr aufschlußreich für moderne Seelenkunde sein mag, ist uns bedeutsam, wie er aus dem Schreckhaften und Unleidlichen, ein Einzelnes, ein Losgelöstes zu sein, sicher zurückfindet in einen Schoß der Seligkeit. Und vielleicht kann man, wenn es sinnvoll ist, des Dichters Geburt zu einem Datum und mit einer Jahreszahl zu feiern, dies am besten tun, indem man in seinen Worten nachliest, wie Stifter auf die Welt kam:

„Weit zurück in dem leeren Nichts ist etwas wie Wonne und Entzücken, das gewaltig fassend, fast vernichtend in mein Wesen drang und dem nichts mehr in meinem künftigen Leben glich. Die Merkmale, die festgehalten wurden, sind: es war Glanz, es war Gewühl, es war unten. Dies muß sehr früh gewesen sein, denn mir ist, als liege eine hohe, weite Finsternis des Nichts um das Ding herum.

Dann war etwas anderes, das sanft und lindernd durch mein Inneres ging. Das Merkmal ist: es waren Klänge.

Dann schwamm ich in etwas Fächelndem, ich schwamm hin und wieder, es wurde immer weicher und weicher in mir, dann wurde ich wie trunken, dann war nichts mehr.

Diese Demi-Inseln liegen wie feen- und sagenhaft in dem Schleiermeere der Vergangenheit, wie Urerinnerungen eines Volkes.

Die folgenden Spitzen werden immer bestimmter, Klingen von Glocken, ein breiter Schein, eine rote Dämmerung.

Ganz klar war etwas, das sich immer wiederholte. Eine Stimme, die zu mir sprach, Augen, die mich anschauten, und Arme, die alles milderten. Ich schrie nach diesen Dingen.

Dann war Jammervolles, Unleidliches, dann Süßes, Stillendes. Ich erinnere mich an Strebungen, die nichts erreichten, und an das Aufhören von Entsetzlichem und Zugrunderichtendem. Ich erinnere mich an Glanz und Farben, die in meinen Augen, an Töne, die in meinen Ohren, und an Holdseligkeiten, die in meinem Wesen waren.

Immer mehr fühlte ich die Augen, die mich anschauten, die Stimme, die zu mir sprach, und die Arme, die alles milderten. Ich erinnere mich, daß ich das ‚Mam' nannte.

Diese Arme fühlte ich mich einmal tragen. Es waren dunkle Flecken in mir. Die Erinnerung sagte mir später, daß es Wälder gewesen sind, die außerhalb mir waren. Dann war eine Empfindung wie die erste meines Lebens, Glanz und Gewühl, dann war nichts mehr.

Nach dieser Empfindung ist wieder eine große Lücke. Zustände, die gewesen sind, mußten vergessen worden sein.

Hierauf erhob sich die Außenwelt vor mir, da bisher nur Empfindungen wahrgenommen worden waren. Selbst Mam, Augen, Stimme, Arme waren nur als Empfindung in mir gewesen, sogar auch Wälder, wie ich eben gesagt habe. Merkwürdig ist es, daß in der allerersten Empfindung meines Lebens etwas Äußerliches war, und zwar etwas, das meist schwierig und sehr spät in das Vorstellungsvermögen gelangt, etwas Räumliches, ein Unten. Das ist ein Zeichen, wie gewaltig die Einwirkung gewesen sein muß, die jene Empfindung hervorgebracht hat. Mam, was ich jetzt Mutter nannte, stand nun als Gestalt vor mir auf und ich unterschied ihre Bewegungen, dann der Vater, der Großvater, die Großmutter, die Tante. Ich hieß sie mit diesen Namen, empfand Holdes von ihnen, erinnere mich aber keines Unterschiedes ihrer Gestalten. Selbst andere Dinge mußte ich schon haben unterscheiden können, ohne daß ich mich später einer Gestalt oder eines Unterschiedes erinnern konnte. Dies beweist eine Begebenheit, die in jene Zeit gefallen sein mußte. Ich fand mich einmal wieder in dem Entsetzlichen, Zugrunderichtenden, von dem ich oben gesagt habe. Dann war Klingen, Verwirrung, Schmerz in meinen Händen und Blut daran, die Mutter verband mich, und dann war ein Bild, das so klar vor mir jetzt dasteht, als wäre es in reinlichen Farben auf Porzellan gemalt. Ich stand in dem Garten, der von damals zuerst in meiner Einbildungskraft ist, die Mutter war da, dann die andere Großmutter, deren Gestalt in jenem Augenblicke auch zum ersten Male in mein Gedächtnis kam, in mir war die Erleichterung, die alle Male auf das Weichen des Entsetzlichen und Zugrunderichtenden folgte, und ich sagte: ,Mutter, da wächst ein Kornhalm.'

Die Großmutter antwortete darauf: ,Mit einem Knaben, der die Fenster zerschlagen hat, redet man nicht.'

Ich verstand zwar den Zusammenhang nicht, aber das Außerordentliche, das eben von mir gewichen war, kam sogleich wieder; die Mutter sprach wirklich kein Wort, und ich erinnere mich, daß ein ganz Ungeheures auf meiner Seele lag. Das mag der Grund sein, daß jener Vorgang noch jetzt in meinem Innern lebt. Ich sehe den hohen schlanken Kornhalm so deutlich, als ob er neben meinem Schreibtische stünde; ich sehe die Gestalten der Großmutter und Mutter, wie sie in dem Garten herumarbeiteten, die Gewächse des Gartens sehe ich nur als unbestimmten grünen Schmelz vor mir; aber der Sonnenschein, der uns umfloß, ist jetzt ganz klar da.

Nach dieser Begebenheit ist abermals Dunkel.

Dann aber zeichnet sich bleibend die Stube ab, in der ich mich befand."

Ein Liebespaar

Zu den großen Paaren der Liebeslegende, die „musterhaft in Freud' und Qual" sind, gesellt sich ein neues, eines aus unserer liebesarmen Zeit. Es heißt Henry und Catherine. Er ist Amerikaner und Sanitätsoffizier in der italienischen Armee, sie ist Engländerin und Krankenschwester. Henry berichtet selbst die Geschichte seiner Liebe in dem neuen Buch des großen amerikanischen Dichters Ernest *Hemingway*, das im Original „A farewell to arms" und in der vortrefflichen deutschen Übersetzung *„In einem andern Land"* heißt. (Ernst-Rowohlt-Verlag, Berlin.) Mitten im Weltkrieg ist dieser Liebe das Lager aufgeschlagen. Und der immer sinnloser werdende Allerweltskrieg bekommt einen Sinn dadurch, daß er diese beiden zusammengebracht und ihr Beieinander mit dauernder Trennungsgefahr gerahmt hat, die der Liebe so gut tut.

Ich rede wie von Menschen, die wirklich gelebt haben. Das macht, man kann sich schwer vorstellen, daß sie „ausgedacht" sind; daß dies Buch „verfaßt" ist. Man sieht und hört ihn, diesen prächtigen Burschen und düstern Trinker, diesen Weltwanderer, der in den Krieg verschlagen ist wie in ein Reiseabenteuer. Man gewinnt ihn lieb, wie alle ihn gern haben, Kameraden, Priester, Graf, Mixer und Hotelportier.

Er ist einer der Starken, denen die Hand leise zittert, wenn sie einen allzu leichten Gegenstand anfassen. Gewalttätig und bebend gerät er in die Liebe. Er wird verwundet, kommt ins Lazarett und sieht sie wieder, die er einmal schnell, frech und fromm geküßt hat, noch ohne zu spüren, was damit begann. Und nun wird das Lazarett den beiden und uns zur ganzen Welt. Das Leben weht zu ihnen herein als Fledermaus, als Regennacht, als Schwesterngeschlurf. Aber dann muß er wieder ins Feld, und sie ist schwanger. „Wir werden immer zusammenbleiben", sagt sie. „Ja, nur daß ich um Mitternacht fort muß", sagt er. Und doch bleiben sie zusammen: Wenn er fern von ihr im Wagen der Rückzugskolonne eindöst, bläst ihm der Westwind seine süße, liebste Catherine herab, und sie flüstert mit ihm, bis er von des Nachbarn Kraftwort aufwacht (es gibt recht derbe Kraftworte in diesem zartesten Buch!). Und wenn er allein auf Planken eines Eisenbahnwagens liegt, findet er das Lager etwas hart für Catherine. Im Wirrwarr des Rückzugs wird er als vermeintlicher Deserteur mit anderen ebenso Unschuldigen beinah erschossen. Aber da springt er in ein rettendes Wasser und „hat seinen Separatfrieden gemacht". Und nun holt er sich seine Catherine, rudert sie Tag und Nacht, immer in Gefahr, verfolgt, verhaftet, erschossen zu werden, über einen See in die Schweiz. Alle Umstände, alle Menschen müssen den beiden Liebenden dienen. Sie sind wie die Kinder im Märchen: „Hinter uns Nacht, vor uns Tag." Allein, als sie nun ganz beisammen sein können nach so viel Unsicherheit, Trennung und Abschied, da stirbt sie ihm weg bei der Geburt des mitsterbenden Kindes. Heimlich haben sie schon immer Angst gehabt – und wir mit ihnen: es wird nicht gut ausgehen.

Nichts Traurigeres gibt es als Catherines Sterben und nichts Ergreifenderes als die Erzählung von diesem Sterben, die immer nur trocken Umstände, Nebensachen, Fortgang des Geschehens bringt. So tapfer war sie und solch eine Gesellin dem guten Gesellen; in so unvergeßlich einfachen, kleinen Worten haben sie einander ihre Liebe gesagt, so gut zusammen gegessen, getrunken, gewacht und geschlafen. Und man kann sich keine spätere Lebenszeit denken, in der die beiden nicht weiter so herrlich und munter und liebevoll miteinander gewesen wären. Aber da steht er nun vor der Toten, und „es war, als ob man einer Statue Lebewohl sagt".

Du darfst getrost weinen über diesem Buch, verwöhnter Leser, Tränen der Verzweiflung über das Menschenleben und Tränen des Entzückens über die Liebe.

Die größte Mietskasernenstadt der Welt

Man hält ein Prachtwerk (*Werner Hegemann: „Das steinerne Berlin". Gustav Kiepenheuer, Berlin*) mit 63 Tafeln und vielen Textabbildungen, in großer Antiqua gedruckt, in Händen. Man erwartet Behagen und Belehrung und gerät in ein Schlachtfeld. Schon der Untertitel: „Geschichte der größten Mietskasernenstadt der Welt" wirkt polemisch, und bereits auf einer der ersten Abbildungen kehrt einem der König, den Hegemann nur mit Anführungsstrichen den „Großen" nennt, seinen Rücken und den Schwanz seines Pferdes zu, und darunter unterhalten sich Kant, der nie nach Berlin kam, und Lessing, der aus Berlin vertrieben wurde, in die Denkmalsecke gedrängt hinter des Königs Ungunst; auf einem der nächsten Bilder erleben wir an Keller und Einzimmerwohnung Großstadtgrausen. Worte wie „verbaut, protzig, armselig" stehen auf den ersten Seiten. Und die Frage, ob die Reichshauptstadt, die „geradezu eine Selbstdarstellung des Staates und Fürstenhauses" ist, ein Ausdruck deutschen Geistes und deutscher Bildung sei, wird so aufgeworfen, daß man gleich das „Nein" ahnt. Erst wird man traurig, man weiß schon, diese Stadt ist fehl und irr gewachsen, diese ungeduldige, unruhige Kolonistenstadt im leeren Osten ist von ihren Einwohnern nie genug geliebt worden. Sie haben ihr Berlin kritisiert oder sich etwas darauf zugute getan, daß es schön und groß sei. Wir Kinder der Stadt haben bei aller Mühe, unsere Stadt so intensiv wie möglich zu bewohnen, in vielen Teilen von Berlin ein Gefühl der Leere, einen terror vacui. Wir wissen allerlei Gründe dafür: Werden wir nun wieder nur den alten Tadel bekommen?

Es kommt einer mit Maßstab, Zahl und Exaktheit, einer vom Fach, Architekt von Beruf, ein Städtebauer, der fast ein Menschenalter seine Studien in Amerika und Europa gemacht hat, und baut uns Seite um Seite, Bild um Bild das tragische Schicksal unserer geliebten und verfehlten großen Stadt auf und, da sie Vorbild wurde für die städtebauliche Behandlung vieler anderer deutscher Städte, ein deutsches Schicksal. Aber wenn er nur Tatsachen aufzählte! Den frühen Verlust der städtischen Freiheit, den zwecklosen Bastionenbau, dessen gezackte Reste nur Verwirrung im Stadtplan hinterließen, Willkür und „Turmfimmel" des Soldatenkönigs, die verhängnisvolle Hypothekenordnung Friedrichs II., das Schicksal des mißverstandenen Knobelsdorff, dessen schöner Plan des Friedrichsforums an des Königs Eigensinn scheitert, die vergeblichen Bemühungen aller Wohnungsreformer, Huber, Faucher, Gräfin Dohna, Carstenn, das Wüten des Bodenwuchers, der Spekulation, den schlimmen Straßenplan von 1862, der Millionen zur Mietskaserne verurteilt, die Bepackung noch unberührter Gelände mit Mietskasernen, zu deren Beseitigung Jahrhunderte nötig sind, den Fluch des „Fünfmilliardensegens", das Aufkommen des Geschmacks an der Etagenwohnung, das Fortdauern der lebensfeindlichen Maßnahmen auch im endlich freien und selbständigen Berlin. Wenn er nur die traurigen Tatsachen erzählte! Aber Hegemann hat eine merkwürdige Art der Polemik. Was er tadelt, wird nicht einfach bedauerlich, sondern aufregend, er macht den Leser zum Zeitgenossen all derer, die an der Stadt gesündigt haben; er rechtet und der Leser rechtet mit ihnen um jeden Stein, man läßt den alten Königen, Verfassern von Bauordnungen, den „maßgebenden Stellen" aus alter Zeit nicht die historische Ruhe. Und der große Reiz des grollenden Erzählens ist, daß immer mitaufgebaut wird, was einmal wünschenswert gewesen wäre, daß neben dem wirklichen, meist mißratenen Berlin lauter Wunschstädte erstehen, die wir miterleben und aus deren Möglichkeit wir immer neue, wenn auch immer wieder zerstörte Hoffnungen auf eine bessere Stadt schöpfen. Der Verfasser läßt den Leser nicht müde, verzagt zurück, sondern in einem wütenden „Quand même", er aktiviert unsere kritische Einsicht. Und obwohl es vielleicht ein Wahn ist, gerade bei diesem vernichtend strengen Gericht über alles, was auch jetzt noch und immer wieder Verfehltes unternommen wird, haben wir das Gefühl, es müßte doch noch glücken, wir müßten doch aus dem Neben- und Durcheinander von Garstigem und Wertvollem, von Solid und Unecht noch eine rechtschaffene Stadt erbauen können, heut und morgen: Nur nicht aufgeben, nicht nachlassen im Kampf gegen die falsch wackeren, die engherzig beschränkten „maßgebenden Stellen"! Hegemanns Art, nicht zu beklagen, sondern anzuklagen, Tote und Lebende mit derselben Leidenschaft anzuklagen, ist ansteckend. Man hat bei der Lektüre seines durchaus gelehrten, fachwissenschaftlich fundierten, gründlichen, lückenlosen Werkes, als Laie, als flanierender Stadtbetrachter, als Zuschauer, der vom Historischen nur das Pittoreske genießt und an Statistiken und Feststellungen sonst etwas gelangweilt entlang- oder vorübergeht, mit einmal das Gefühl: Hier handelt es sich um dein eignes Wohl und Wehe. Tua res agitur! Man fühlt fast eine Schuld, daß man manchem Berliner Baufrevel in der Jugend einen gewissen träumerischen Reiz des schlechten Geschmacks abgewann. Der beschauliche Leser wird politisiert. Ob nur zu einem Wahn? Wer fragt in der leidenschaftlichen Spannung dieser Lektüre danach. Er fühlt: hier geht es um das eigene Schicksal, vielleicht um deiner Kinder Daseinsglück und Gesundheit, er empört sich gegen ruchlos dumme Spekulation, gegen sinnlose Raumverschwendung, gegen das Hochherrschaftliche. Er bekommt ein kräftiges Für und Wider. Er nimmt Partei. Insbesondere wenn er erfährt, was die Entwicklung seit der Revolution beweist: daß nämlich trotz aller Erfahrungen, Vergleiche und Belehrungen Berlin noch weiter

Mietskasernen gebiert, Menschen kaserniert und die deutsche Wohnart
so entscheidend bestimmt, daß die Mehrzahl großer und kleiner Städte
die Berliner Mietskaserne nachahmt. Man kann Hegemanns Buch nicht
belehrt und verdrossen zumachen. Finster und „bleichen Eifers" bricht
man auf von dieser Lektüre, um die Welt und zunächst einmal Berlin
zu bessern.

Margaret Goldsmith: Ein Fremder in Paris

Paul List Verlag, Leipzig

Das Schicksal des heimatlos gewordenen jungen Ungarn, seine Fremdheit in Paris, sein vages Künstlertum, seine Art Schönheit, die ihn fast
zum „Gigolo" macht, sein etwas plötzliches Ende durch einen symbo-
lisch anmutenden Verkehrsunfall, das alles scheint mir nicht den Wert
dieses Buches auszumachen. Das eigentlich Interessante an dem Werk
der jungen amerikanischen Autorin, für deren Kulturkenntnis Sinclair
Lewis sich einsetzt, ist die Schilderung der amerikanischen Bohème
vom Montparnasse, der Menschen, für die Paris ein geistiger Trödel-
markt ist, der Lebens- und Arbeitsdilettanten, die in den Cafés und
Ateliers herumsitzen und, wie ein Übelwollender, der sie gegen Honorar psychoanalysiert, von ihnen sagt, „bis in alle Ewigkeit ihre Instru-
mente stimmen, ohne daß sie je zu spielen brauchen", der Pseudointel-
lektuellen von falscher Ungezwungenheit, der Genußprobierer, die,
wenn sie sich betrinken, wie Säuglinge aussehen, der Liebesprobiere-
rinnen. Die Versuche dieser Wesen mit Paris und ihre komischen und
traurigen Folgen schildert die Verfasserin mit weiblicher Bosheit und
weiblichem Mitleid. Ihre treffsicheren Wendungen sind von Magda
Kahn in ein sehr angenehm zu lesendes, graziöses Deutsch übertragen.

John Galsworthy: Der Patrizier

Roman. Paul Zsolnay, Wien

Das Zusammenleben von vier Generationen eines alten Adelsgeschlechtes auf Landsitzen und in London umfaßt dies Buch. Gegen den „malerischen Verfall" der Aristokratie erhebt sich in dem heldischen Lord Miltoun tragischer Widerstand. Er opfert der Idee: Autorität und Tradition, die er im Parlament verficht, sein Liebesglück. In den Gestalten seiner Angehörigen ist das Leben des Adels im gegenwärtigen England so reich abgewandelt wie das der Großbürger in den Büchern der „Forsyte-Saga". Wunderbar ist das Heute dieser Menschen durchdrungen mit dem Aroma der Vergangenheit.

Heinrich Hauser: Die letzten Segelschiffe

S. Fischer, Berlin

Rudyard Kipling: Fischerjungs

Paul List, Leipzig

Hundertzehn Tage auf einem der großen Segelschiffe, die noch aus alten Schiffahrtszeiten fortbestehen! Mitschaffend und zuschauend zugleich, erlebt der Verfasser „Schiff, Mannschaft, Meer und Horizont". Die Luft, durch die zu seinen Häupten die Maste hoch am Himmel taumeln, macht, wie er bekennt, gleichzeitig nachdenklich und gedankenlos. Das gibt ihm einen schöpferisch glückhaften Zustand der Ergriffenheit und Benommenheit, der aus seinen Aufzeichnungen epische Gebilde macht, wie die Beschreibung des Segelbergens oder die Darstellung des Segelmachers, der ein Maler ist und eine aussterbende Kunst pflegt, wenn er Leinwand näht, oder den Bericht über den dreiwochenlangen Kampf um das Kap Horn oder ein Kapitel wie „Familie in Bildern", in dem ein Matrose, der Freiwache hat, seine Familienphotographien zeigt und aus seinen und des Dichters Worten Gestalten erstehen. Die immer etwas fremd und abenteuerlich klingenden Worte der Seemannssprache bekommen bei ihrer Wiederkehr die Intensität von Worten aus alter Sage. Das Schiff, „unser Dorf", ist eine in sich abgeschlossene Welt, auf der sich eine urtümliche Menschengemeinschaft bildet, in welcher Unbezahlbares geleistet und in einem Zustand der Geldlosigkeit gelebt wird. Lebendige Wesen sind die Segel, zu denen wir aufschauen, sie sind aus organischen Stoffen, leiden und erholen sich und altern wie die Gesichter der Seeleute, sie werden gepflegt und geflickt wie die Wunden und Beschwerden der Matrosen, die den Verfasser bei seinem Medizinbuch und seiner primitiven Apotheke besuchen.

Bei allem, was berichtet wird, ob vom Leben und Sterben eines kleinen Vogels, ob von den großen Albatrossen, Haien, Schweinsfischen, Walen, ob von der Treibhausflora im Skylight oder von den Träumen der Seeleute: immer fühlt man die Bewegung und große Stille des Schiffes, in dem es keine Maschinengeräusche gibt, man sieht die schwankenden Schatten des Tauwerks. Die singenden Drähte der Takelage, der bald gehässige, bald wohlwollende Wind und alle Arten Wolken, die schwer lastenden und die kleinen vor dem Sturm, die aussehen wie Kommata und Fragezeichen, spielen mit, auch wenn von Heimat oder Mädchen gesprochen wird oder wenn der merkwürdige Kapitän, dieser Neptun im Netzhemd, Philosophie und Aberglauben laut werden läßt.

Wunderbar landet, von Karfreitag bis Ostersonntag, das Schiff und das Buch. Das geht ganz allmählich, und phantastische Mischträume von See- und Landfahrt leiten es ein, bis man endlich den ungewohnt gewordenen Erdenweg in den Beinen spürt und Pflanzen riecht mit einem Kopfweh wie nach schwerem Rausch.

Solche Tagebücher des Beobachtenden und Mitschaffenden reden eindringlicher zu uns als die kräftigsten Seeromane, von denen wieder einer vorliegt in *Rudyard Kiplings „Fischerjungs"*, von *Norbert Jacques* glänzend übertragen. Die Geschichte vom Sohn des reichen Mannes, der auf der Fahrt von New York über Bord gespült, von der Jolle eines Fischerschoners aufgefischt und in der Umgebung kräftiger und wunderlicher Leute, des Kapitäns, seines Sohnes, des Negerkochs, des Portugiesen, selbst eine Art „Vollblut-Sandbank-Fischer" wird, gibt dem ebenso berühmten wie gewandten Verfasser reiche Gelegenheit, See,

Schiff und Schiffsleute darzustellen, aber es bleibt bei einer besonders
gediegenen Gattung reiferer Jugendlektüre, und Wind und Wetter wird
in diesem Buch Hilfsmittel der Darstellung, während bei Hauser alles
Gegenstand der Darstellung ist.

Stefan Großmann: Ich war begeistert

S. Fischer, Berlin

Wenn einer, der, wie er selbst es ausdrückt, durch allerlei Tode, Krankheiten und Leiden durchgegangen ist – und das in einer Zeit großer
Welterschütterungen und als Sohn verarmter Wiener Bürger, der mit
siebzehn Jahren anfangen mußte, sein Brot zu verdienen, und als deutscher Schriftsteller und Journalist –, wenn so einer der Geschichte seines
Lebens den Titel gibt „Ich war begeistert" und den Ton dabei nicht auf
das Zeitwort legt und dies sein Leben einen reizenden Serpentinenweg
nach oben nennt und eine Gelegenheit, sich die Welt anzuschauen,
dann horchen wir auf: da wird uns mehr versprochen als Mitteilung
von Wissen, Erfahrung, Erkenntnis. Und Großmann hält, was er in Titel
und Vorwort verheißt. Sein Buch ist eine erzählende Lehre des Genusses, dieser schwersten Lebenskunst, es teilt uns eine beglückende Le-
benshaltung mit. Der Gewinn, die Quintessenz seines an Partnern und
Gegnern, an Überraschungen und Enttäuschungen, an Erfolg und Miß-
lingen reichen Daseins ist anschauende Heiterkeit, ist die Weisheit des
Türmers im „Faust".

Die ersten Kapitel geben düstern Hintergrund, den Branntweinla-
den, den der junge Realschüler jeden Morgen um vier aufschließen
muß, und dann ein finsteres Pariser Proletarierviertel; aber dem Umgang mit den Gästen des Ladens verdankt der Jüngling den ersten lebendigen Kontakt mit der arbeitenden Klasse und somit die erste soziale und politische Schulung, und die Nachbarschaft des alten Karlsthea-
ters gibt ihm die erste Berührung mit der Welt der Bretter; und im düsteren Belleville empfängt er die Lehren der Not, der Einkehr und Einsamkeit innerhalb schicksalsvoller Steinmassen. Zurückgekehrt studiert
er Sinn und Wesen des Sozialismus weniger in Büchern und Theorien

als an Menschen, in Berlin an Gustav Landauer, in Wien an Viktor Adler, dessen Menschen- und Führergröße ihm zu einem der entscheidendsten Erlebnisse wird. Aber das Leben, das ihn immer vor beengender Jüngerschaft und Nachfolge eines einzigen Meisters bewahrt hat, bringt ihn in dieser Wiener Zeit in den Bannkreis von Peter Altenberg: er hat das Glück, diesen immer Hingerissenen und Hinreißenden kennenzulernen, ehe Literatur und Publikum von ihm wußte; an P. A. erlebt er das Naturphänomen Dichter. Den Gereiften bringt dann der Weltkrieg in das große Berliner Zeitungshaus. Hat er selbst auch nur das Feuilleton zu verwalten, das er vor dem Druck der Kriegszensur bewahren kann, so erfährt er doch aus naher Anschauung, wie die vier Kriegsjahre den Charakter der Journalisten „auszehren", wie Geist und Gefühl vergewaltigt werden, und seine Zitate aus dem Zensurbuch des Kriegspresseamts gehören zu den erschütterndsten Dokumenten der „großen Zeit".

Es ist nicht möglich, in einem kurzen Referat auch nur aufzuzählen, wen Großmann alles an merkwürdigen, in gutem und bösem Sinne bedeutenden Menschen aus naher oder nächster Berührung kennengelernt hat; und er schafft mit meisterlich sicherer Hand, wenn er aus der Fülle der Erfahrungen und Beobachtungen das wenige Entscheidende wählt, um sinnfällig Gesicht und Gebaren und damit Eigenart, Schicksal und Rang von Männern wie Erzherzog Franz Ferdinand, Ernest von Körber, Ebert, Rathenau, Erzberger zu zeichnen. Mit einem besonderen, zarteren Faden sind in das Gewebe dieser Lebensgeschichte die Frauendinge eingefügt. Beim nachzeichnenden Wiedersehen der Frauengestalten ist der Verfasser ganz frei von der Eitelkeit der Selbstbiographen und läßt das eigene Wesen ganz der geliebten Erscheinung Platz machen und Rahmen geben. Die Chronik der Nachkriegszeit, in der sich ihm sein Leben und Wirken zu einem breit angelegten Zeitbild erweitert, mündet schmal und anmutig in einem „Privatissimum" über das Glück des Alternden an seinen Töchtern, in deren Atmosphäre ihm neue wunderbare Jugend zuteil wird. Das Bekenntnis der letzten Seiten des reichen Buches ist „das Gefühl einer sanften Weltverbundenheit" und die Einsicht, daß gerade der Betrachtende, ins Anschauen Versunkene seine besondere Art hat, die Welt zu wandeln.

Rut Landshoff: Die Vielen und der Eine

Verlag Ernst Rowohlt, Berlin

Von Louis Lou, einem Mädchen von heute und aus Berlin, berichten die New Yorker Zeitungen: „Sie trinkt nie und ist immer besoffen." Ja, so muß man wohl jetzt sagen für das, was früher hieß: „Jugend ist Trunkenheit ohne Wein." In dieser trockenen Trunkenheit stürmt das Mädchen Louis Lou durch die alte und neue Welt. Eine Eroberin ist sie, aber sie legt keinen Wert auf Beute. Jungen Matrosen, Caddies und englischen College-Boys ist sie der beste Kamerad, sie ist ritterlich zärtlich zu der kleinen Prinzessin Maria Kusmin, „der süßesten Prinzessin seit den norwegischen Märchen", sie ist wunderschön im weißen Hauchkleid (Modell Chanel, Rouge de Printemps) und noch schöner, wenn sie frierend im Boot von Jack und Joe einen dreckigen Jugendsweater über dies Kleid zieht. Meist ist sie in Gesellschaft und dabei oft recht einsam und abseitig, und nie genau zu den andern passend, sie fürchtet, einsam zu sterben mit ihrem Hunde Cecil, dem „wichtigsten Hunde der Welt". Sie weiß, Freunde sind nur Reserve. Mit manchen zankt sie sich auch, aber das vergißt sie bald: „Ich habe keine Zeit, böse zu sein." Bisweilen beschließt sie, ihr Leben einschneidend zu ändern. Manchmal möchte sie Ruhe haben zum Traurigsein, aber dann gibt es wieder Frauenbeichten, Jungenschwatz, Mixerklatsch und Sport und Spaß. Tapfere Louis Lou: wenn's ihr schlecht geht, läßt sie das nicht einmal sich selbst merken. Es ist solch ein Durcheinander auf der Welt. Die flachsblondesten, abenteuerlichsten Seeleute entpuppen sich als enttäuschende Spießer. Und mancher junge Gentleman kann wunderbar aussehen, aber lieben kann man ihn doch nicht. Und der eine, den sie jahrelang liebt, ohne daß sie selbst darauf kommt, Percy, der alles so herrlich verkehrt macht, Percy, der gar nicht merkt, wie wenig er die gute Meinung verdient, die er von sich selbst hat, Percy, mit dem bezaubernden Lächeln, das immer netter wird, während er es an allen probiert, – dem geht sie immer aus dem Weg. Sie denkt selten an ihn, aber dummerweise träumt sie manchmal von ihm. Sie trotzen beide einander und schieben immerzu Land- und Seebreiten, Situationen und Menschen zwischen sich. Zuletzt aber hat ihre Schöpferin ein gütiges Frauenmitleid

mit ihrer Louis Lou und verschafft ihr das uralte und zuverlässige Lie-
beslos: geraubt zu werden. Als sie in 1500 Meter Höhe hinter dem steu-
ernden Percy sitzt in der „Motte", die er eigens grün hat anstreichen
lassen, weil sie mal gesagt hat, daß sie diese Farbe nicht mag, da oben,
während sie ihre Tränen in Ermangelung eines Taschentuchs mit Putz-
baumwolle abwischt, merkt sie endlich, sie hat ihn lieb. Und er „fliegt
sie" zum Happy end in ihr geliebtes Berlin, die Kinderstube ihres verzweifelten Übermuts

Rabindranath Tagore: Aus indischer Seele

Drei Novellen. Philipp Reclam jun., Leipzig

Drei auserlesene kleine Stücke aus dem unerschöpflichen Werk des
großen Inders. Mrinmaji, das wilde Bengalenmädchen, das hold widerstrebend in der indischen Kinderehe zum Weibe reift. Der Brahmanen-
knabe Tarapad, der allen Banden, auch denen der Liebe, entfliehend zur
„großen liebelosen Mutter, der weiten Welt" flüchtet. Die Fürstentoch-
ter aus dem Geschlecht der Könige von Delhi, die dem unerreichbaren
reinen Empörer umsonst ihr Leben opfert. Fremde Welt und Landschaft, durch die der Wind „klagt wie ein verwaistes Dämonenkind",
durch die Kunst des großen Mittlers zwischen Ost und West uns wunderbar nahe gebracht.

Georg Hermann: November achtzehn

Deutsche Verlagsanstalt, Stuttgart

Georg Hermanns bewährte Kunst, einen die Straßen entlang spintisieren und so im Weitergehen Vergangenheit und Gegenwart, fremde Schicksale und das eigene Leben aus der Stadtlandschaft ablesen zu lassen, kommt in seinem neuen Buch zu besonderer Entfaltung. Das Thema ist wie geschaffen für seine erzählerische Eigenart. Die Stadtlandschaft ist das verhungerte, verschmutzte Berlin von 1918, der Zeit, da der sonst so erfreulich glatte Rasen des Lützowplatzes „mottenfräßig" geworden ist, da leicht verwundete Feldgraue unter den Büschen sitzen und ihre Prothesen sonnen, da neben den Straßenhändlern, welche „Das elegante Berliner Leben" statt einer Mark für nur zehn Pfennig an belebten Straßenkreuzungen feilbieten, die ersten Kriegszitterer, echte und falsche, hocken (einen vergleicht der Dichter der „merkwürdigen Pflanze aus den Sümpfen von Südkarolina, die ständig die Blätter bewegt, ohne daß man einen Grund dafür angeben könnte"), der Zeit, da junge Frauen in der Elektrischen bei Gerüttel und schlechtem Licht aus vergriffenen Schmökern Wirklichkeitsersatz lesen und alte vor Hauswänden plötzlich zusammenbrechen, der Zeit, da man sich gewöhnt hat an Kriegsbrot, das wie Glaserkitt schmeckt, und an Kriegsblinde, die lachen.

Durch diese Landschaft bewegt sich „unjung und nicht mehr ganz gesund" der „Held" des Romans, Schriftsteller und Journalist, „Daseinszuschauer von Beruf", und sein Gang ist zugleich Gedankengang. Er sieht alles an mit Augen, die nie „Ja", selten „Nein" und immer „Vielleicht" zu sagen scheinen. Da geht er sympathisch schwerfällig in seinem Havelock, der „schon 1909 eine Unmöglichkeit gewesen", gestützt auf seinen Stock Marley, den er bei einem Londoner Trödler gekauft hat und der aus dem Nachlaß jenes Marley sein könnte, den es nie gegeben hat, der nur als „tot wie ein Türnagel" bei Dickens vorkommt. Da geht er und schleppt mit den allgemeinen Kriegssorgen die Sorgen um seine zerrüttete Ehe, die Sehnsucht nach seinen fernen Kindern und Sorge und Süße seiner jungen Liebe. Er begegnet allerlei Kriegsexistenzen, Bekannten, Freunden und solchen, mit denen ihn Schicksal verknüpft, das weitergeht während des Gesprächs; und was mit ihm und den andern geschieht, ist ebenso gelinde in seinen Gang und Gedankengang verwoben wie tausend Einzelheiten, Nuancen, Wendungen, Parenthesen, in welche das Bild der Zeit und das dieser Stadt eingefangen ist, in der nur gewisse Teile des Tiergartens und „die stillen, runden, riesigen Augen" der Havelseen weder den Krieg mitgemacht haben noch die Revolution mitmachen wollen. Neben all den Zeitgestalten, dem dicken „See-Elefanten" von Sanitätsrat, der „keine Parteien, nur Patienten kennt", der Schwägerin, die sich selbst Liebesbriefe des fernen, treulosen Gatten schreibt, des Halbwüchsigen, der in Kniehosen „wie ein Erwachsener auf einem Bösenbubenballe von einst", Silben verschluckend die große Zeit als Schriftführer einer revolutionären Jugendgruppe abreagiert, neben Kunstfreunden, bei denen man in geschweiften Sesseln sitzend aus einer echt Frankenthaler Tasse Tee trinkt und Krieg und Revolution vergißt, sind da zwei Frauen, die er nicht wegdenken könnte aus seinem Leben, eine sagenhaft alte, die, gleich einem uralten Papagei im Prunkbauer, in ihrer Tiergartenvilla, bei Bildern von Menzel und Knaus, Daubigny und Genelli, Hosemann und Krüger haust (wie vollendet altberlinisch sind so beiläufig Treppenhaus und Zimmer dieser Villa dargestellt!), und – im großen Zeitungshaus, im Zimmer nach der Hofseite, das vom Summen der Druckmaschinen erfüllt ist – die junge Ruth, „schön wie eine dunkle Göttin" in ihrer frühen Reife schwerblütiger Frauen der Bibel. In den Armen dieser mit immer neu dichtender Zärtlichkeit umgebenen und umschriebenen Gefährtin erwacht er am neunten November in seinem Vorortzimmer aus einem seltsamen Italientraum vom Telephonklingeln, das ihm die seinerseits bereits halbverschlafene Revolution verkündigt, kommt mit ihr wieder in die Stadt, sieht die Lastautos mit roten Fahnen und Soldaten, die schon „einen gewissen Revolutionsschmiß angenommen haben", sieht abends das alles aufflackern und sich verschleiern in zuckendem Fackelschein, um endlich abzufahren und gerade noch als Letztes von Berlin das Bezirkskommando in der General-Pape-Straße vorübergleiten zu sehen, „diesen unerschöpflichen Brunnen der Tränen".

Das gemeinsame deutsche und insbesondere Berliner Schicksal und das besondere dieses Menschen mit der merkwürdigen Zuschauerdistanz zum fremden und auch zum eigenen Leben (aber die Ruth mit ihrer entschlossenen Jugend und ihrem hold gefährdeten Tod- und

Leben-Spiel reißt ihn doch bisweilen recht nah an die Dinge des Tages heran) ist in diesem Buch so eindringlich und dabei gelinde dargestellt, daß man es – wenn solche Superlative nicht so abgegriffen wären – des Dichters Georg Hermann reifstes Werk nennen möchte.

John Galsworthy: Auf der Forsyte-Börse

19 neue Kapitel zur Forsyte-Saga. Paul Zsolnay, Wien

Das Buch führt vom Jahre 1821, da der „Freisasse" Forsyte in der Postkutsche nach London kommt, bis zum Tage des Waffenstillstands 1918, an dem Soames Forsyte, der Kunstfreund, den jubelnden Massen ausweicht. Verblaßte Daguerreotypien, unabgesandte Briefe, Tagebuchbekenntnisse werden von Nachkommen der Erlebenden aus alten Truhen gehoben. In den Gesprächen tauchen Herren mit Kotelettenbart und Damen in Krinoline und Turnüre und mit den entsprechenden Gefühlen auf. Das gibt bezaubernde kleine Balladen und Romanzen, die das große Epos vom englischen Bürger umspielen, abrunden, vertiefen.

Adam Kuckhoff: Scherry

Rütten & Loening, Frankfurt a.M.

Auf seinem Ruhesitz in einem Alpental trifft der Verfasser (oder das „Ich" dieses Buches) den berühmten Artisten, der ihm merkwürdige Erlebnisse, insbesondere mit seinem Mit- und Gegenspieler, bekennt, die verhängnisvolle Schicksalsverknüpfung des genialen Menschen mit einem guten und klugen Manne, der „nur den einen Fehler hat, kein schöpferischer Mensch zu sein", und im Zusammenhang damit sein ganzes Leben, die Gründe seiner Flucht aus der Öffentlichkeit, die Tragik seines Seins und Wirkens. „Ja, das sind schwierige Dinge für den, der sie verstehen will … wie einen psychologischen Vorgang und doch so einfach für den, der es einmal erlebt hat", sagt resümierend am Ende seiner Bekenntnisse Scherry zu seinem Unterredner und Verfasser. Und damit spricht er auch des Lesers Empfindungen aus, der treu und mit einer etwas quälenden Spannung den geistvollen Wendungen und Schilderungen gefolgt ist. Manchmal regt sich bei dieser Lektüre in ihm der Wunsch, statt dieser nachträglichen Konfessionen und Feststellungen eine Geschichte im einfachen Nacheinander alter Novellenform erzählt zu bekommen, in der nicht soviel angedeutet und ausgedeutet wird. Hat der Dichter einmal dem großen Clowngenie „das Recht auf das eigne Bild" weggezaubert und Grock-Scherry zu seinem Geschöpf gemacht, so hätte er noch intensiver schalten und gestalten können. Er ist gewandt genug, sich im Nachwort als den von seiner Dichtung Gedichteten auszugeben, aber auch das ist nur eine Ausdeutung des Umstandes, daß er nicht schlechthin erzählen konnte. Gleichwohl ist sein Unternehmen weit mehr als ein interessanter Versuch, und Schilderungen, wie die der Vorführung von Scherrys berühmter „Nummer" im Zimmer eines Bauernhofes, das „vorgibt, ein Theater zu sein", sind hervorragende schriftstellerische Leistungen.

Ergötzlich ist, daß Kuckhoffs Buch ungefähr gleichzeitig erscheint mit dem Erinnerungsbuch von Scherrys Urbild (*Grock, „Ich lebe gern"*), in welchem sich der Künstler als „bürgerlich bis in die Knochen" bekennt und darstellt. Wer stellt nun den wahren Grock dar, er selbst in seinen absichtlich „bürgerlichen" Erinnerungen oder sein Umdichter in dem „geistigen Detektivroman" „Scherry"? Doch wohl der Dichter, der in immer neuen Worten und Wendungen um das Geheimnis des wunderbaren „Spaßmachers" wirbt, welcher heute vermag, was sonst nur die Dichter vermochten, „das allen Gemeinsame so zu gestalten, daß es wieder alle ergreift, den Geistigen nicht anders als den Armen im Geiste".

Hermann Stegemann:
Die letzten Tage des Marschalls
von Sachsen

Deutsche Verlagsanstalt, Stuttgart

Der bekannte Geschichtsschreiber des Weltkriegs ist als Sechziger zur Belletristik zurückgekehrt, die er in seiner Jugend pflegte. Die Gestalt des galanten und heldenhaften Moritz von Sachsen gibt ihm Gelegenheit, seine ungewöhnlichen kulturhistorischen Kenntnisse zur dichterischen Ausgestaltung eines Weltbildes aus der späten Barockzeit zu verwerten. Die große Novelle ist geschickt so aufgebaut, daß dem Helden erst auf dem Sterbelager ein Geheimnis offenbar wird, welches sein Liebesschicksal mit dem zweier Kriegsgefährten verknüpft. Bonbonnieren und Tabaksdosen, allegorische Mythologie und Anspielungen auf Kunst und Literatur möblieren stilecht Rede und Vorgang. Wenn sich der Leser von dieser Art intimer Historienmalerei auch mehr belehrt als ergriffen fühlt, ist dem Werk doch Reife und Würde nicht abzusprechen.

Herbert George Wells:
Der Diktator oder
Mr. Parham wird allmächtig

Roman. Mit Zeichnungen von David Low. Paul Zsolnay, Wien

Mr. Parham wird allmächtig, aber nur in der Spukwelt einer spiritistischen Sitzung, in welcher der „Geist der Herrschaft" in den wackeren Gelehrten eindringt und aus ihm den britischen Mussolini macht. Als solcher besucht er die andern Diktatoren, kreist Sowjetrußland ein, gerät, im neuen Weltkrieg, in Konflikt mit dem „traditionslosen" Amerika und denen im eignen Land, die ihm das beste Giftgas vorenthalten, wird in die Luft gesprengt und – wacht enttäuscht auf, mitleidig von seinem Autor entlassen, dem er Gelegenheit gegeben hat, den Zeitgenossen soviel Witziges und Bitteres zu sagen. David Lows Karikaturen sind prächtig.

Liam O'Flaherty: Herr Gilhooley

S. Fischer, Berlin

Von dem Dichter O'Flaherty berichtet sein Freund Heinrich Hauser, der des Iren Kriegsbuch „Die Bestie erwacht" und seine berühmte „Nacht nach dem Verrat" übersetzt hat, daß er von einem Raubfürstengeschlecht aus Galway, einer uralten Hafenstadt, abstammt. Über dem Stadttor ist die Inschrift eingemeißelt: „Vor der Wut der O'Flaherty bewahre uns, o Herr!" Von der Gewalt dieser Ahnenfurie, die in all seinen Werken zu spüren ist, ist auch etwas eingegangen in die Gestalt des „Herrn Gilhooley". Dieser breitschultrige, schmalhüftige Mann von fünfzig Jahren hat als Ingenieur in Südamerika zwanzig Jahre lang ein arbeitsames und ehrenhaftes Leben geführt und dann etwas früh seinen Lebensabend in Dublin begonnen. Er könnte sorglos leben, aber es ist eine Unruhe in ihm, er sieht aus „wie ein großes, träges Tier, das in einen Käfig eingesperrt und durch lange Gefangenschaft mürrisch geworden ist". Als melancholischer Flaneur streift er durch Straßen und Schenken, einsam nicht nur wenn er allein, auch wenn er in Gesellschaft von Kumpanen ist. Da bringt eine Zufallsbegegnung in sein schicksallos gewordenes Dasein etwas Schicksal und Lebenswärme. Ein Mädchen, das er von der Straße aufgreift, wird zum Gegenstand seiner ruhelosen Sehnsucht nach Unnennbarem. Er klammert sich in dauernder Angst, ihn zu verlieren, an diesen späten Besitz. Aber die junge Nelly, die in ihm nichts als Zuflucht und Station auf ihrem Wege gesucht hat, ist nur Beute seiner vor Gier und Raubkraft zitternden Hände. Mörderhände sind das, und so sehr sich in ihm das Zarte seiner Liebe gegen alle Gewalt sträubt, es ist unabwendbar, man fühlt es schon lange voraus, zuletzt müssen die furchtbaren Hände die Geliebte erwürgen.

Das Buch hat einen nachtwandlerischen Rhythmus. Die Stadt, durch die der tragische Trinker und Liebhaber fast unablässig unterwegs ist, wirkt mit ihren auftauchenden, zudringlichen, verdämmernden Menschengestalten fremd und vertraut wie die Traumstadt, in der man nie war und die man immer wiedererkennt.

„Einmal im Bürgerkrieg", erzählt in einem seltsamen Gespräch der Tabakhändler Bill Hanrahan, dessen Laden jahrelang Treffpunkt der irischen Revolutionäre gewesen ist, dem Herrn Gilhooley, „sah ich draußen auf der Straße Männer liegen mit Gewehr im Anschlag, die auf den Feind lauerten, und, stellen Sie sich vor, sie erzählten einander Märchen." Solch einem Märchen von der Glückseligkeit lauscht beständig der Held des Buches, während er mörderisch lauert. Und beides teilt sich dem Leser mit, die mordsüchtige Spannung und die Sehnsucht nach der Glückseligkeit. Und der tödliche Ausgang der Geschichte ist eine Erlösung.

Hugh Walpole: Jeremy und sein Hund

Roman. J. Engelhorns Nachf., Stuttgart

In diesem selbständigen Mittelstück der Jeremy-Trilogie gibt der große Kenner der Knabenseele eine Fülle von Abenteuern, die sein junger Held in Kinderstube, Schulhof, Sommerfrische erlebt im alltäglichen Kampf zwischen Lebenslust und Knabenehre, Pflichtgefühl und Verlockung, Ehrfurcht und Kameradschaft. Und Hamlet, der treue und tapfere Hund, hat im Haus und auf der Kleinstadtstraße ähnliche Proben seines Charakters zu bestehen. Die Umwelt der beiden prächtigen Gesellen, das Schul- und Familienleben der ausgehenden Viktorianischen Epoche, hat schon reizvolle Patina der Vergangenheit.

Herbert George Wells: Einstweilen

Roman. Paul Zsolnay, Wien

In das gesellige Idyll eines verwunschenen Rivieragartens bringt der
dichtende Philosoph Gegenwartsprobleme und Zeitereignisse wie den
englischen Generalstreik und den italienischen Faschismus als Gespräch, als Brief und plötzliches Abenteuer. Zwei Liebenden und jungen Eheleuten spiegelt sich das Weltgeschehen im eignen Erleben, und
mit dem Kinde, das sie erwarten, reift ihnen Mut und Fähigkeit, mitzu-
arbeiten an einer neuen Ordnung der menschlichen Gemeinschaft, die
ihrem Zusammensein einen würdigeren Rahmen geben wird als das
vorläufige Behagen ihrer opportunistischen Sippe und Gesellschaft.

René Schickele: Der Wolf in der Hürde

S. Fischer, Berlin

„Sein Herz klopfte in der Schwebe zwischen Deutschland und Frankreich, angesichts des Rheines, der ein heiliger Strom war", heißt es in
der zweiten der drei Erzählungen, die das Gesamtwerk „Das Erbe am
Rhein" bilden, von dem Elsässer Claus von Breuschheim, dessen Bewußtsein erkennend und miterlebend auch in dem dritten Roman „Der
Wolf in der Hürde" Brennpunkt des Geschehens ist. Dieser Claus bleibt
in den Gegensätzen der Familienangehörigen, im Kampf der heimischen
Parteien wie in dem Streit der Weltmächte ein „Monstrum von freiem
Menschen" voller Liebe und Einsamkeit. Auf das Schicksal seiner
grenzländischen Heimat sieht er mit derselben Wehmut und Heiterkeit,
aus derselben Ferne und Nähe wie auf das Geschick geliebter Menschen
und sein eigenes. Nirgends greift er mit Willkür oder Fanatismus ein,
aber er wirkt und waltet gelinde als „Siegelbewahrer des Anstandes
und der Gerechtigkeit" und verwaltet, aller Vergänglichkeit trotzend,
das alte Erbe am Rhein. In seinem Leben, so bekennt er schon in der
ersten Erzählung, findet ja nie etwas ein Ende, und alles, was einmal

angefangen hat, mit ihm zu leben, will und kann nicht sterben. Wohl weiß er: Wenn einmal Europa *existieren* wird, spielt das kleine Satir- und Trauerspiel zwischen Rhein und Vogesen nicht mehr, und hört Europa auf, so ist das Elsaß nur eine Zündholzschachtel im brennenden Hause. Patriotismen und Nationalismen hat er als Angelegenheit nicht der Gesinnung, sondern der Sinnenlust durchschaut; aber ein Ewiges ist ihm Volk und Heimat, und sein Elsaß, „das Land der unerschöpflichen Geduld", so vielfach gemischt und doch einzig, mit Acker, Rebe und Wiese verschwiegen wie eine Mutter, dieser „lustige Garten voll Wei- zen und Wein" und traurige „cimetière de passage" des Völkermordes, Elsaß, das für ihn der Rhein nicht vom Nachbarlande trennt, sondern zu dem Lande vereinigt, ohne das es nie ein rechtes Europa geben kann, es gehört nicht ihm, sondern er gehört diesem Elsaß, und sein „Grenz- gebiet" fleht den Tag herbei, wo Franzosen und Deutsche in „einer Aufwallung von Großmut und gläubigem Leichtsinn" aus ihm einen gemeinsamen Garten machen. Seit Urzeiten lebt seine Familie hier, hat viele Katastrophen überdauert, von der Wechselflut fremder Eroberer umschaukelt, aus der immer wieder das Erbe auftauchte, „geheimnis- voll fruchtbar und funkelnd wie ein ganz junges Mädchen".

In einem Mädchen bekommt nun noch einmal Unschuld und Verlo- renheit des Landes Gestalt, in einem schwebenden, „im verzehrenden Lichte lächelnden" Wesen, der Dichterin und Tagesschreiberin Aggie Ruf, die eine große Seele und zugleich ein kleiner blonder Irrwisch, ein „gewichtloser Atemzug der Schöpfung" ist. Immer behält sie, allem gegenüber, was sie die Wirklichkeit nennt, das Weltbild eines frühreifen Mädchens, das in den fremden Gesichtern die eigenen Gesichte sieht. Wunderbar ist Aggies Erscheinung und flüchtiger Gang am Rand des Lebens vom Dichter sichtbar gemacht; mit Zartheit und zwingender Deutlichkeit ist dies einzige und unvergleichliche Menschenkind ge- zeichnet. Sie wird das Opfer dessen, der dem Buch den Titel gegeben hat, des Wolfes, der in die Hürde von Land, Freundeskreis und Familie einbricht, des heimatlosen Abenteurers Silvio, der einem Helden zum Verwechseln ähnlich sehen kann, ein Genie der Lüge ist, Verderb des Landes wird, liebende Frauen und gläubige Wähler jungenhaft ver- schlagen erobert und ausbeutet. Während Aggies Liebe sein schlagkräf- tiges politisches Pathos und damit seine Karriere noch fördert, verdü- stert sie selbst, die überhelle, durchscheinende; und als er sie genug ausgenutzt hat und entbehren kann, hat dies Raubtier, diese „schöne Ganzkanaille", noch die Chance, daß es für die Welt unklar bleibt, ob er sein todgeweihtes Opfer in den Untergang stieß oder nur fallen ließ.

Aggies Schicksal ist verwoben in die große Familienchronik der Breuschheim, die alle auftauchen unter der Haustür, wo steinern die Erbauer des Schlosses, Mann und Frau, knien, vom alten Balthasar mit seinem Band Plutarch oder den Eclogen des Vergil in der Hand bis zu der jüngsten Generation, deren unbeschwertes Wesen eine neue Hoffnung in schwerer Zeit wird. Es sind wohlbeschaffene Geschöpfe, diese letzten der Rheingaskogner, Jacquot und Gabriele, die Führer der „Weißen Scharen", die ihren Bundesgruß „Friede durch die Jugend" mit erhobenem Arm lerchenhaft durch die Luft schießen lassen. Auch in der Fremde behaupten sie ihre reine Art. Von den älteren nach Genf mitgenommen, erringen die beiden „Völkerbundkinder" die Freundschaft des großen Franzosen mit dem Schnauzbart und den Seemannsaugen, den sie Christophorus nennen, weil er auf seinem leicht gekrümmten Rücken das Kindlein Weltfrieden zu tragen scheint. Und wunderbar begegnen sich alte und junge Weisheit in den Gesprächen, die er mit ihnen führt in den Pausen, während drinnen im Kongreßsaal die Reden übersetzt werden.

Sie sind eine Hoffnung auch für Claus, den schöpferisch Betrachtenden, der in Menschen und Wolkengebilden liest, dem Jahreszeiten zu leibhaftigen Gestalten werden. Seine „angeborene Unart, sich vom Leben verwöhnen zu lassen", ist Tiefsinn des Genießers, der den wunderbaren Duft der Vergänglichkeit einatmet und zu den Geretteten gehört, denen ein Schauspiel mehr sein kann als ihr Schicksal. Aus seinem Munde glauben wir die Stimme seines Dichters deutlich zu hören.

Arthur Schnitzler: Flucht in die Finsternis

S. Fischer, Berlin

Ein, zwei Tage vor des Dichters Tode kam in die Hände seiner Leser
diese kleine Geschichte von einem, der immerfort vom Leben Abschied
nimmt und seinen Tod ahnt. Aber, „was sind Ahnungen? Doch nur
Gedankenfolgen innerhalb des Unbewußten ... Wir aber reden von
Zwangsvorstellungen!" Aus dem tragischen Ablauf solch einer mit
wissenschaftlicher Exaktheit und reicher Kunst dargestellten Zwangs-
vorstellung hat Schnitzler eine Media-Vita-Dichtung gemacht, eine
letzte ergreifende Variation zu seinem großen Thema:

> „Mitten wir im Leben sind
> von dem Tod umfangen."

Lebensabschied, Todesahnung ist diese Novelle auch in den Momenten,
wo den, dessen letzte Tage hier geschildert werden, seine fixe Idee, er
müsse durch seinen geliebten Bruder sterben, nicht bedrängt. Eben
durchlebte Augenblicke fühlt er wie lang vergangen und ist sich selbst
„ein verschwimmendes Bild seiner eigenen Erinnerung". Einmal singt
er vor sich hin „mit einer schönen dunklen Stimme, die ihm selber
fremd vorkam". Vielleicht ist es gar nicht meine Stimme, denkt er. Vielleicht bin ich es überhaupt gar nicht selber. Vielleicht ist es mein letzter
Traum, den ich träume, der Traum auf dem Sterbebett. Und da kommt
ihm in Erinnerung an ein Gespräch ein seltsamer Unsterblichkeitsge-
danke: Da für alle Sterbende im letzten Augenblick das ganze Leben
mit unfaßbarer Geschwindigkeit noch einmal abrollt und dies erinnerte
Leben natürlich auch wieder einen letzten Augenblick hat und dieser
letzte wieder einen letzten, so bedeutet am Ende das Sterben „nichts
anderes als die Ewigkeit – unter der mathematischen Formel einer unendlichen Reihe". Alles, was dieser Wanderer in den Tod erlebt, bekommt Süße und Wehmut des Wiedersehns, die Straßen und Zimmer
der Heimatstadt Wien und die Fahrten über Land und die Gesichter
geliebter Menschen. Und diese Geschichte, deren Thema doch eigentlich Angst vor dem Tode, Verfolgungswahn, Besessenheit ist, hat nichts
Gehetztes und Grausiges, sondern ein dauernd sanftes Hinübergleiten,

Heimgleiten in das Andere, das Nichtmehr-Ich, das Nichtnur-Ich. Dazu kommt die herbstliche Reife, das Gehaltene, Musikalische einer Prosa, die in dem Leser weiterklingt, auch im Dröhnenden sanft wie die Klänge, die Schnitzlers todgeweihter Sektionsrat nachts im einsamen Gasthauszimmer vom Kirchturm herüberschwingen hört und die lange forttönen, „als wolle die Nacht sie nicht wieder herausgeben".

Walter Muschg: Gotthelf. Die Geheimnisse des Erzählers

C. Beck'sche Verlagsbuchhandlung, München

Der Pfarrer von Lützelflüh, der als Pseudonym den Namen Jeremias Gotthelf wählte – Jeremias, den Namen des anklagenden Propheten –, wurde und wird noch bisweilen den versonnen dichtenden Landgeistlichen zugezählt, wie sie die Aufklärungszeit verherrlichte. Diesen milden Lebensweisen gegenüber war er in Leben und Werk ein grollender Kämpfer, ein dämonischer Priester, bei unermüdlicher Aktivität vereinsamt, bei derbstem Wirklichkeitssinn ein Mystiker, als Verfasser polemischer Zeitromane an politischen und sozialen Kämpfen seines Landes und seiner Zeit beteiligt und mit seinem Fühlen und Erleben in sagenhafte Urwelt wie in eine eigene Vorzeit zurückreichend. Mannigfaltigkeit und Einheit dieser mächtigen Gestalt schildert und deutet zum erstenmal in umfassender Weise der Züricher Literarhistoriker Walter Muschg in seinem breit angelegten, auf reichem, zum Teil unveröffentlichtem Material fußenden Werk. Er hebt ein „in seinem Heimatboden besonders tief wurzelndes Genie mit dem ganzen Unterreich seiner Erscheinung" aus, läßt es aufwachsen in einer Landschaft voll Erdjugend, in einer Siedlung, die durch die Jahrhunderte eins der größten Einzelhofgebiete Europas geblieben ist, reich an Herkommen, Ritus und heidnischen Resten, zeigt die erotischen Gründe seiner genialen Beobachtungsgabe, ein Liebesverlangen, das „die Form der Neugier angenommen hat", die den jungen Vikar in Küche und Kammer der Bauernhäuser treibt und zeitweise berüchtigt macht. Er grenzt ihn ab gegen die Zeitgenossen, die alte Sagenstoffe romantisch neu zu beleben suchten, und läßt ihn, jenem anderen großen Schweizer, dem Deuter des Mutterrechts, Bachofen, verwandt, am Mythos der Mutter Erde weiter dichten, läßt den von Zeitgenossen und Nachfahren oberflächlich als Reaktionär Bezeichneten seine Menschheit nach kosmischen Gesichten und Abhängigkeiten ordnen. Auch die voreilig abstempelnden Kunstrichter, die in Gotthelf nur den „ersten großen Naturalisten der deutschen Literatur" sehen, weist er in ihre Schranken und läßt ihn in allem Gegenständlichen, in all dem fanatisch beobachteten Detail die Mächte, nicht die Dinge spüren und dichten. Eine wilde Liebe nennt er Gotthelfs Beobachtungswut und sein Weltgefühl das des Primitiven, dem das Universum noch nicht in Objekt und Subjekt zerspalten ist.

Eines der aufschlußreichsten Kapitel des Werkes ist das über die Sprache. Gotthelf „verkörpert in genialer Verkürzung das sprachliche Schicksal der alemannischen Schweiz, wo eine jahrhundertelange Spannung zwischen Mundart und Schriftsprache den Gang des Geistes beeinflußte". Diese Spannung zeigt sich bei ihm als dauernde schöpferische Unruhe. Muschg weist nach, wie das Mundartliche bei seinem Dichter in den verschiedenen Werken vorherrscht oder zurücktritt, wie es nicht nur den Wortschatz, sondern auch den Satzbau bestimmt, wie es sich zwangsweise vordrängt, wie Gotthelf dabei zu einer wechselnden, aber immer organischen Mischung gelangt und welche Entwicklung er im Lauf seines sprachschöpferischen Schaffens durchmacht, bis er sich eine Art Eigensprache erworben hat. Während ein Fritz Reuter sich ausschließlich auf den Dialekt zurückzieht, ein Auerbach seine Prosa „zugunsten des aparten Effekts" mit mundartlichen Bruchstükken aufputzt, hat Gotthelfs „Sprachgefühl den Dialekt in eine Sphäre weggehoben, die nur vom Schöpfer her überschaut und begriffen werden kann". Von lutherischer Intensität ist Gotthelfs Gefühl für die Sprache, für die Macht des Wortes, das er eine unsichtbare Hand, „wunderbar und vielfach befingert", nennt. Auch wo er Abstraktes auszudrükken hat, bleibt er konkret. Es finden sich Wendungen bei ihm wie „vorgestreckte Zärtlichkeit", und in der Einleitung eines Referates über die Visitationsberichte des Kantons, das statt des üblichen statistischen Auszugs die dichterische Rechenschaft eines Landpfarrers enthält, bekennt er selbst: „Die Gabe der Abstraktion ist mir versagt ... Meine Gedanken haben meist Fleisch und Bein. Gestalten, freundliche, feindselige, eine eigene Gespensterart, bevölkern meine Seele, kommen und schwinden, handeln und reden. Was ich von diesen Gespenstern höre, an ihnen sehe, das ist meine Abstraktion, wenn ich es so nennen darf." Diese Unfähigkeit, zu trennen und zu scheiden, ist ein Teil seiner Größe. In seinen Bauerngeschichten lebt gegenwärtig ein versunkenes Jahrtausend fort. „Dämonische Götter stehen im Hintergrund, und die Gesichter und Reden der Menschen verdämmern ins Ewige hinein."

Gertrud von Le Fort:
Die Letzte am Schafott

Kösel & Pustet, München

Diesem kleinen Kunstwerk eines späten zarten Katholizismus hat die Verfasserin, die durch ihren Roman „Das Schweißtuch der Veronika" bekannt wurde, mit sicherem Geschmack den Briefstil des achtzehnten Jahrhunderts gegeben, hat das vergossene Märtyrerblut nicht als grausigen Fleck auf dem Holz des Mordgerüstes gerinnen lassen, sondern reinlich als Rubin gefaßt. Gedichtet hat sie das Gotteswunder im schwachen Wesen. Die zarte Blanche, die vor der Wirklichkeit so tief erschrickt, die, wenn sie zum Mut ermahnt wird, sich zu allem andern noch vor ihrer Angst ängstigt, dieses schmale Frauenwesen mit Bewegungen von abgezirkelter Anmut im engen Mieder, bekommt und verdient als Postulantin im Kloster den Namen „de Jésus au jardin de l'Agonie". Ihre Größe ist es, daß sie „der Angst treu bleibt", in ihren Händen wird das Kapellenfigürchen des Petit Roi de Gloire zum Himmelskönig, und wenn sie als letzte der Karmeliterinnen von Compiègne das Schafott besteigt und ihre kindliche Stimme das „Deo patri" jubelt wie ein Vögelchen, wird sie die Heldin der Heldinnen. Ihre würdige, wissendere Gegenspielerin ist Schwester Marie de l'Incarnation, die Nonne aus königlichem Geblüt, der in Augenblicken der Leidenschaft die feinen Adern an den Schläfen schwellen wie die Ströme Frankreichs im Gewitter. Sie bringt, überlebend, das Opfer ohne Hoffnung, das Opfer nur für Gott. Sie weiß, daß Leben schwerer als Sterben ist. In diesem Buch, das den Frommen einen Gottessieg verkündet, erleben wir auch rührende Menschlichkeit, wie zum Beispiel in der Gestalt der greisen Schwester Jeanne de l'Enfance, die dem Petit Roi de Gloire ein neues Hemdchen näht, das ein wenig schief wird, denn ihre Augen sind fast hundertjährig, „aber sie ließ sich diesen Dienst nicht nehmen".

Sir Galahad: Mütter und Amazonen

Albert Langen, München

Bachofens unsterbliches „Mutterrecht" schmückt in der alten Basler Ausgabe als Titelvignette das Reliefbild eines Lekythos: in eiförmigem Rahmen Thetis, die unsterbliche Gattin des Sterblichen, in Trauer versunken über den Waffen des großen toten Sohnes. Solch ein würdiges und vieldeutiges Bild gehörte auch auf den Umschlag des merkwürdigen Werkes, in dem Sir Galahad es unternimmt, eine erste weibliche Kulturgeschichte zu entwerfen. Statt dessen reiten über diesen Umschlag rot ins Blaue beilschwingende Girls, die wohl Amazonen sein sollen. Diese Reklame ist ebenso irreführend wie gewisse witzige und kokette Bemerkungen im Text, so gleich im Vorwort, wenn versprochen wird, aus Rücksicht auf die notorisch leichte geistige Ermüdbarkeit des Lesers „die reichlich vorhandenen Rosinen auf geradezu teuflische Weise der Gesamtmaterie derart einzuverleiben, daß diese mitzuschlucken weniger mühsam sein dürfte, als jene herauszuklauben". Diese „Rosinen" sind das einzig Störende in dieser großen und weitgreifenden Arbeit. Sir Galahad hat für Wesen und Gesetze der „magischen Menschheit" ein sicheres Frauengefühl. Sie ist eingedrungen in die Gesetzmäßigkeit des Mythos, jene unbewußte Gesetzmäßigkeit, die er, nach Bachofens Wort, mit der Natur teilt. Treu folgt sie ihm, dem „souveränen Deuter im ungreifbaren Reich des Bedeutsamen", der in den Traditionen des Mythos wirkliche Erlebnisse des Menschengeschlechts erkannte. Und was sie ihm nacherlebt, ergänzt, bestätigt, erweitert die Kenntnisse, zu denen ihr die Forschungen eines Frobenius, eines Frazer verhelfen, und der „neue Blick in die junge ethnographische Weite", den sie Robert Briffault verdankt. So baut sie die alten Frauenreiche auf, schaut die großen Mütter, die Schöpferinnen des Mannes, der ihrer von Anbeginn gegebenen Unwandelbarkeit gegenüber ein Sekundäres, Gewordenes ist, die Herrscherinnen der Reiche, in denen „das Weltgeschehen bezogen ist auf die Polarität Mutter – Sohn, Bruder – Schwester". Ihr „mutterrechtlicher Spaziergang über den Globus" führt sie durch Amerika, Indien, zu Tibetanern und Malaien, zu den afrikanischen Königinnen, in Gegenden, wo sie noch in letzter Zeit nachweisbare Spuren und Reste des alten Mutterrechts findet.

Besonders wertvoll und gar nicht „rosinenhaltig" ist der Abschnitt, der die verschiedenen Theorien über das Mutterrecht nebeneinanderstellt. Bachofens Dreistufentheorie, die Vaertingsche Pendeltheorie, die Kulturkreislehre von Frobenius, sowie die Auseinandersetzung mit den soziologischen Hypothesen, die tapfere Abwehr der Versuche von Rationalisten, Vorgänge in der magischen Menschheit durch die „Produktionsmittel" zu erklären, die Reinigung der Exogamie von den Vorurteilen der Psychoanalytiker.

Wenn Sir Galahad dann die „Tochterreiche" behandelt und die Amazonen „herangaloppieren" läßt, erhebt sich ihre Darstellung zu schöner Sichtbarkeit. Die früher als sagenhaft angezweifelten Amazonenreiche werden begreiflich „als notwendige Schöpfung aus feurigster Askese".

Wir haben viel aus dem Buch dieser Frau zu lernen, auch wo Polemisches zum Widerspruch reizt, besonders aber, wo ein mildes mütterliches Wissen sie „so völlig reif und süß" gemacht hat, wie es ihre Amazonen waren, wenn sie am Ende ihrer weiten Fahrt Städte gründeten.

Axel Munthe: Das Buch von San Michele

Deutsch von G. Uexküll-Schwerin. Paul List, Leipzig

Aus seiner Patriarcheneinsamkeit auf Anacapri blickt Axel Munthe, Leibarzt der Schwedenkönigin und berühmter Europäer, zurück auf ein reiches Leben voll Abenteuer und Erkenntnis. Ungestümer Kumpan, Wanderer auf Alpengletschern und durch Tundren von Lappland, Modearzt in Paris und Rom, aufopfernder Helfer in Pestbaracken von Neapel und unter Erdbebentrümmern von Messina, mit namhaften Persönlichkeiten und namenlosen Sonderlingen aller Art in Berührung, ehrfürchtiger und ironischer Freund aller Kreatur, hat er ein Buch geschrieben voll Männlichkeit und Kindheit, bald große Zeitgeschichte, bald zeitloses Märchen.

E. A. Rheinhardt: Josephine

S. Fischer, Berlin

In seiner ersten „Tragikomödie eines Kaisertums" hat Rheinhardt den Lebenslauf Napoléons III. ebenso ausführlich erzählt wie den seiner Eugenie und der Weltgeschichte ebensoviel Raum gegeben wie der Liebes- und Ehegeschichte. In seinem neuen Werk, über das er nur den Namen der Frau setzt, „Josephine", bemüht er sich, „mit dem Historischen hauszuhalten" und das Weltgeschehen ganz von Josephines frauenhaft intimem Standpunkt anzusehn. Und gerade diese Einschränkung gibt seiner Darstellung besonderen Reiz. Er läßt ein verspieltes Geschöpf von den märchenhaften „Inseln" kommen, läßt es mit eigenem und fremdem Schicksal und Gefühl, dem Reiz des Augenblicks und kleinen nahen Zwecken hingegeben, umgehn, sich damit behängen wie mit Schmuck, darin wühlen, lächerlich und weinerlich, wie in Chiffons. Sein „großes Frauenzimmer" erlebt den ruhelosen Zeitenwandel wie wechselnde Moden, und ihre Aktivität in der Kostümierung des großen Trachtenfestes, das Weltgeschichte heißt, macht er uns leibhaft sichtbar und bringt sie und mit ihr Ancien Régime, Revolution, Directoire, Konsulat und Kaiserreich in aufleuchtenden Augenblicksbildern unsern Sinnen nahe. In all ihren Lebenszeiten und -gezeiten erfaßt er seine Heldin in ihrem ganzen Durcheinander „von Ja und Nein, von Naturhaftem und Gesellschaftlichem, von Empfindsamkeit und Berechnung". Man spürt bei der Lektüre: dies ist gegenüber früheren Materialsammlungen, Enthüllungen, idolschaffenden Legenden die wahre Geschichte des Kreolenmädchens mit seiner „pflanzenhaften, negerhaften Vergeßlichkeit", der Witwe Beauharnais mit der mäßigen Ehrbarkeit und den unmäßigen Schulden, die „sich's arrangierte" und die „ce drôle de Bonaparte", wie sie den düstern kleinen Offizier, der in die neue Uniform eines Divisionsgenerals noch nicht recht hineingewachsen schien, in einem Brief nannte, nach einigem Zögern heiratete, weil besser scheinende Partien zur Zeit nicht zu machen waren. Lau und spärlich antwortet sie auf seine Briefe vom italienischen Feldzug, „die heftigsten und innigsten Liebesbriefe, die aus einem Menschenalter auf uns gekommen sind", und während er sie herbeisehnt, genießt sie in Paris, das noch nie so himmlisch war, den Ruhm des Mannes, der sie zur Notre-Dame-de-la-Victoire macht.

Josephines Kindheit, Jugend, Ehe mit Beauharnais und erste Jahre mit Napoléon füllen weit über die Hälfte des Buches aus. Das letzte Drittel ihres Lebens, ihre „große Zeit" als Gattin des Konsuls und Kaisers, ist für ihren neuen Biographen nicht so sehr das Eigentliche wie die früheren. Das hört auf mit der berühmten Versöhnungsnacht, in der Napoléon die Frau, von der er sich schon trennen wollte, die ganz Unterworfene und Todmatte, in seine Arme nimmt. Die ungeheuren Veränderungen ihrer Lebensumstände verwandeln dann ihr Wesen nicht mehr. Alles eigen schicksalbringende Abenteuer hat aufgehört, und sie ist zufrieden, wenn man sie ihre vielfältigen kleinen Spiele weiterspielen läßt, die unruhvollen Spiele voll prickelnder Lust, voll unendlicher Verschwendung, gegen die Napoléon recht nachsichtig ist. Er freut sich, daß ihre Empfänge und Empfangsräume den Leuten gefallen, und das bestärkt ihn darin, Josephine immer mehr „mit einer Art privaten Ministeriums für Geschmack und Schönheit zu betrauen". Tragikomisch ist es, wie die beiden, die sich abwechselnd zu früh und zu spät und meist aneinander vorbei geliebt haben, zuletzt miteinander auskommen. Über seine Feldzüge und Siege schreibt er ihr Briefe eines Kaufmanns, der seiner Frau von Geschäftsreisen und -abschlüssen berichtet.

Rheinhardts Josephine besitzt weder die herbstliche Schwermut des großen erreichten Zieles, die man ihr angedichtet hat, noch, als die Herrlichkeit zu Ende geht, die große Entsagung. Es wird nur unbehaglich um diese „Unhistorische, die zwar eine Stellung, aber keine Mission hat". Ihre Kauflust wird manischer Zwang, die Alternde greift gehetzt und lustlos in das Glitzernde, das ihr einst Leben bedeutete. Und nach der qualvollen Zeit der Scheidung gibt es noch einmal lauter recht unbequeme Weltgeschichte, bis endlich der Besuch der alliierten Fürsten in Malmaison neuen Glanz verheißt. Aber da ist sie schon krank, und ehe sie die neue royalistische Konjunktur ausnutzen kann, stirbt sie. Als dann am Ende der Hundert Tage Napoléon, sein Urteil erwartend, durch den Garten geht, in dem Josephines Blumenfreudigkeit tropisch weiter blüht, durch die Zimmer, in denen es „ein wenig modrig und dennoch nach ihr riecht", da läßt ihn der jüngste Dichter seiner Josephinenliebe sagen: „Sie hat mich doch geliebt, sie hat mich geliebt." Und wenn er das erfunden hat nach allem, was er so tatsachentreu und herzenskundig berichtet, wenn er das nur erfunden hat, dann hat er gut erfunden.

Johannes V. Jensen: Der Gletscher, mit einer Vorgeschichte: Das verlorene Land

S. Fischer Verlag

Jensens Mythos vom ersten Menschen, zu unserer Jugendzeit in zwei Büchern erschienen, liegt jetzt in einer wohlfeilen Ausgabe vor, wir feiern ein Wiedersehen mit der schönen Erregung, in der wir einstmals lasen vom Urvolk im tropischen Walde unterm Vulkan, vom Einbruch der Eiszeit und von den trotzigen Einzelgängern, die in immer neuer Form das Feuer dem Menschen dienstbar machen: Fyr, der dem Vulkan die Flamme raubt, seine Mahlzeit mit ihr teilt und sie hinunter trägt zu den andern. Drang mit den immer wandernden Augen und den Händen, die erfinderisch nach Neuem tasten, der aus dem Stein den magischen Funken schlägt. Hvidbjörn, aus dessen Feuerwerkzeug späterhin das geheime Zeichen wird, das heilige Sonnenzeichen, das das Unfaßbare bedeutet – und seither als vielverwandtes Hakenkreuz leider recht heruntergekommen ist. Wie heftig wir mit ihnen die Welt von Anbeginn erlebten, das erste Fell, das erste Schiff, und Schlitten, Spindel, Karren und Acker – und das erste Lächeln des erjagten Weibes am Meeresstrand! Wie wir fortrasten aus der Horde mit dem zentaurischen Varg, dem Pferdebezwinger und Ahnherrn aller Reitervölker!

Ob Jensens nordische Urgeschichte mit dem heutigen „Stand der Wissenschaft" noch in Einklang steht, weiß ich nicht, aber wunderbar vereinigt sich Wissen und Sage in dem Mythos, den der Dichter „von einem Ritt auf dem Hel-Pferd hat, einem teuflisch-himmlischen Galopp in Gesellschaft der Toten durch das verlorene Land". Und wie zuletzt seine dänischen Kinder, wenn sie tief im Grase liegen, in wetterharten Kräutern die tropischen Bäume der Urzeit hellseherisch ahnen, so wird dies neu-alte Buch unserer jungen Generation „Ahnung und Gegenwart" schenken. Jensens Menschheitsmorgen ermuntert und verjüngt und macht uns in all seinen Erscheinungen bewußt, welche verlockende Gefahr, welche grausige Lust es ist, ein Mensch zu sein.

Sommerlektüre
Ratschläge über neue Bücher

Die „andern Bücher" soll ich Ihnen, liebe und verehrte Freundin, für die Ferienzeit aufschreiben. Wenn ich Sie recht verstehe, heißt das: in des Herrn Gemahls Koffer wandern mit an den Strand die wichtigsten Tagesfragenblätter, die letzten historischen Biographien und das neueste halbe Dutzend Wallace u. Co. Kurz, für Bildung und Lesestoff ist gesorgt, und Sie brauchen ein paar schöne Geschichten, die von Heute und Immer sind. Ich nenne Ihnen geschwind, was mir in den Sinn kommt, und wenn ich den Brief abschicke, wird mir natürlich einfallen, was ich alles vergessen habe. Fangen wir mit Berlin und dem guten Johann *Pinneberg* an. Romane in Feuilleton-Fortsetzungen lesen Sie nicht, haben aber doch schon viel von ihm gehört und bekommen nun seine Geschichte in Buchform vorgelegt:

Hans Fallada: „Kleiner Mann – was nun?"

(Rowohlt), die Geschichte eines Angestellten, Branche Konfektion, der mal Arbeit hat und mal keine, der ein liebes Weib hat, die ein Kind bekommt, und sie lieben sich von Herzen und wissen nicht, was morgen wird. Und da wir das alle nicht wissen, lesen wir in der Geschichte dieses armen Burschen in schlichtester Form unser eigenes Schicksal und spazieren dabei – nach längerem Aufenthalt in echter Kleinstadtwelt – durch berlinischstes Berlin. Zweitens zur Abwechslung was ganz anderes: Weit weg von Heimat und Gegenwart mit dem höchst unamerikanischen Amerikaner *Thornton Wilder* an die griechische Insel, auf der „*Die Frau aus Andros*" (E. P. Tal u. Co.) Unruh bringt über Männer und Frauen. In wem werden Sie sich da wiedererkennen? Ein sehr anderer Amerikaner – Sie kennen und lieben ihn seit „Fiesta" – *Ernest Hemingway*, der Erzähler par excellence, bringt Sie in unsere verzweifelte und komische, ziellose und besessene Gegenwart zurück zu Boxern, Stierkämpfern, Jockeys, Reisenden und Indianern. „*In unserer Zeit*" (Rowohlt) ist der Sammeltitel seiner gedrungenen Kurzgeschichten. Danach sollen Sie wieder mal eins der Riesengebäude von *John Dos Passos* erklettern, seinen Monstre-Roman zweier Kontinente „*Auf den Trümmern*" (S. Fischer). Viel Schicksale neben- und durcheinander, überstrahlt von einer unheimlichen Weltwochenschau. Ein großer deutscher Schicksalbündler und -verweber ist *Hermann Broch* in dem dritten Roman seiner „Schlafwandler", „*Huguenau oder die Sachlichkeit*" (Rheinverlag), er hat eine ganz neue Art erfunden, Geschichtsphilosophie und Menschenkunde mitzuteilen, ohne dabei, wie es sonst in Romanen üblich, seine Gestalten gebildete Gespräche führen zu lassen. Der Gang seiner Erzählung ist Lehre. Und wir haben viel von ihm zu lernen.

Im neuen Rußland begegnet Ihnen die junge Wienerin *Lili Körber* und erzählt, wie es ihr ergangen ist im „roten Betrieb" der Leningrader Putilow-Werke. Aus ihrem Tagebuch „*Eine Frau erlebt den roten Alltag*" (Rowohlt) erfahren Sie vielleicht mehr und unmittelbarer vom Menschenleben in der Sowjetunion als aus den vom Herrn Gemahl mitgenommenen theoretischen Schriften. Da Sie sich keinen *Traven* entgehen lassen, werden Sie seinen prächtigen Goldgräberroman „*Der Schatz der Sierra Madre*" (Universitas-Verlag) am Ende schon gelesen haben. Aber kennen Sie schon den von Gott geliebten und von Teufeln gehetzten Vagabunden, den Schlesier *August Scholtis*, dessen Herz – nach René Schickeles schönem Wort – zu groß ist für ein Vaterland und zu klein für zwei, und wissen Sie schon, wie sein „*Ostwind*" (S. Fischer) weht?

Nun aber zuguterletzt noch eine richtige Liebesgeschichte. *Wilhelm Speyer*, von dem Sie gerade, verkleidet in die Form eines Kriminalromans, eine große Männerbeichte gelesen haben, seinen „Roman einer Nacht", legt Ihnen in einer Reiseerzählung, die schlicht „*Sommer in Italien*" (Rowohlt) heißt, eine zweite Beichte ab, aus der Sie die süßesten und herbsten Geheimnisse des Mannesherzens erfahren. Glückliche Reise!

Jules Romains: Jemand stirbt

S. Fischer, Berlin

Endlich ist aus dem reichen Œuvre von Jules Romains nun auch das
kleine Buch ins Deutsche übersetzt und neuer Leserschaft zugänglich
geworden, in dem vielleicht am intensivsten und jedenfalls in einfach-
ster Form die eigentümliche Weltanschauung zum Ausdruck kommt
und Kunst wird, für die der Dichterphilosoph bereits vor längerer Zeit
das Wort ‚unanimisme' geprägt hat.

Im vierten Stock eines Mietshauses des kleinbürgerlichen Pariser
Stadtviertels Ménilmontant stirbt irgendeiner, von dem auf der Welt
nur wenige gewußt haben, im Heimatdorf die alten Eltern und ein paar
Nachbarn, in Paris einige ehemalige Berufsgenossen und die Leute hier
im Haus. Er stirbt und bekommt dadurch eine Zeitlang ein neues Leben
im Bewußtsein der andern. Dies Leben in den andern ist keine vag ab-
strakte Form der Erinnerung, es ist eine lebendige Tatsache, die eingreift, verändert, lockert und bindet, Zusammenhänge und Gegensätze
schafft. Der Tod wird eine gruppenbildende Macht. Indem das Wesen,
welches früher der pensionierte Lokomotivführer Jacques Godard war,
sich von einem verwesenden Leichnam ablöst, vervielfältigt es sich und
geht ein in hundert lebende Körper. Die spüren es nun einzeln und
miteinander. Und was es mit ihnen anstellt, das ist meisterhaft erzählt.
Dadurch, daß sie alle, mitten im Leben, ‚des Todes sind', der Portier des
Mietshauses, der als erster den Verstorbenen sieht und seinen Tod den
anderen Mietern mitteilt, der alte Vater, der von der Heimat aufbricht,
zu Fuß, im Postwagen und in der Eisenbahn sich langsam Paris nähert,
die Kinder, die im Hause für einen Kranz sammeln, die Frauen auf der
Treppe, die Teilnehmer des Begräbnisses und zuletzt noch der junge
Mann, dem viel später auf einem Spaziergang dieser Jacques Godard,
dessen Leichenzug er halb zufällig begleitet hat, einfällt – im körperlichen Sinne des Wortes: einfällt – dadurch, daß sie alle ihm eine Weile
lang offenstehn, bekommt der Tote und bekommen sie durch ihn wunderbares Dasein, er gelangt und wir schauen in Untergründe der Menschen, wo nicht mehr gedacht wird. Das führt tiefer als alle Psychologie
und bleibt doch einfach und erschütternd alltäglich. Der Mensch als

Schauplatz, nicht als Besitzer des Lebens wird offenbar in der großen Szene des Leichenzugs, in der Wanderschaft des Verstorbenen durch die Träume der Hausbewohner und auch in ganz flüchtigen Momenten, z. B. wenn die Reisenden im Postwagen von dem alten Vater den Tod Godards erfahren: da trennen sich ihre Rücken von den Wänden, alle Müdigkeit und das Bedürfnis, bequem zu sitzen, ist verschwunden. Die Gesichter sehen aus, als neigten sie sich vor, um ein Kind in der Wiege schlafen zu sehn.

In diesem Buch werden alle Vorgänge ohne Umdeutung, ohne Erklärung dargestellt in sinnfälligen Wendungen, die die deutsche Übersetzerin N. Collin sorgsam und oft sehr glücklich nachgeschaffen hat, und wir bekommen als Geschichte erzählt den großen Schöpfungsprozeß, den wir das Sterben nennen, das Leben, das unser wird, wenn jemand stirbt.

Fräulein Tschang.
Ein chinesisches Mädchen von heute

Aus dem Chinesischen übertragen von Franz Kuhn. Paul Zsolnay, Wien

Das China dieses Gesellschaftsromans, der im heutigen Schanghai spielt, ist für den europäischen Leser eine überraschende Mischung aus Alt und Neu. Fräulein Tschang und ihre Liebhaber treiben ihre harmlosen und schlimmen Spiele zwischen ehrwürdigen, unentwegten Zopfträgern, korrupten Geschäftsleuten, rauflustigen Geheimbündlern, überwacht von ängstlichen Eltern und Auslandspolizei, unterstützt von schlauen Chauffeuren und operettenhaft intrigierenden Zofen. Das gibt ein flackerndes Schattenspiel; Opium vermengt sich mit Benzin, Bildersprache mit Alltagsjargon, Wind von Westen mit dem Duft des Ostens.

John Dos Passos:
Auf den Trümmern.
Roman zweier Kontinente

„Auf den Trümmern" ist das dritte Romangebäude riesenhaften Stils, erbaut von John Dos Passos, dem Amerikaner aus spanischem Blut, der mit „Manhattan Transfer" die überlieferte Form der Erzählung zerbrochen und eine neue Art Epik geschaffen hat. „Manhattan Transfer" war der Roman der Stadt Neuyork, die, was auf ihren Straßen und in ihren Häusern geschieht, erlebt „wie ein Organismus die Vorgänge in seinem Innern". „Der 42. Breitengrad" umfaßte das Leben des ganzen Erdteils von Kanada bis Mexiko vom Ende des 19. Jahrhunderts bis zum Beginn des Weltkriegs. Das neue Buch „Auf den Trümmern" (der amerikanische Titel lautet: „1919") nennt sich stolz „Roman zweier Kontinente". Es ist zeitlich im wesentlichen auf das letzte Kriegsjahr und den „Ausbruch" des Friedens beschränkt, schildert aber innerhalb dieser kurzen Zeitspanne den Zusammenbruch einer ganzen Menschheitsepoche und ihrer Kultur. Jede einzelne Geschichte des Buches – und es gibt darin eine Reihe Romane, mehrere Novellen, viele Lebensskizzen und Augenblicksbilder – ist zugleich Kollektivgeschichte. All die verschiedenen Menschentypen haben eine unheimliche Verwandtschaft; das gemeinsam erlebte Stück Weltgeschichte hat allen sein Siegel aufgeprägt. Die einzelnen Romanteile werden zerschnitten, durchquert, bestrahlt von einer Weltwochenschau Nr. XX bis Nr. XLIII und überblickt von einem Kamera-Auge Nr. 30 bis Nr. 44. Jede Weltwochenschau enthält in hastender verwirrender Reihenfolge Plakate, Reklamen, Schlagzeilen, Refrains.

Ein Beispiel für viele:

Weltwochenschau XXVII

DER VERWUNDETE HELD EIN BETRÜGER
AUSSAGE DER EIGENEN FRAU VOR GERICHT

Und mitten im grausen Schlachtengewühl,
Die Krankenschwester still und kühl,
Die Rose vom Niemandsland

271

nach den Mitteilungen der vielen Tausende, die sich versammelt hatten, um dem Stapellauf beizuwohnen, und Augenzeugen des Unglücks waren, schien das Gerüst sich einfach wie eine riesige Schildkröte umzudrehen und seine Insassen in das acht Meter tiefe Wasser zu schleudern. Das geschah genau vier Minuten vor dem Zeitpunkt, für den der Stapellauf angesetzt war

> *Ach, die Pariser Schlacht*
> *Hat mich zum Strolch gemacht*

BEGINN DER BRITISCHEN OPERATIONEN AN DER AFGHANISCHEN GRENZE

> *Ich will nach Hause, ich will nach Haus,*
> *Die Kugeln, die pfeifen, die Kugeln, die mähn,*
> *Ich will nicht mehr in den Graben gehn,*
> *Ach, schickt mich nach Hause, übers Meer,*
> *Da kriegt mich der Allemand nicht mehr.*

IN DIESER KRITISCHEN ZEIT IN DER SOZIALE UMWÄLZUNGEN ZU BEFÜRCHTEN SIND KÖNNEN STAATSFEINDLICHE ZUSAMMENKÜNFTE NICHT GESTATTET WERDEN

> *Ach, mein Gott, ich bin zum Sterben zu jung*
> *Ich will nach Haus*

NANCY LÄSST SICH DURCH KEINE FLIEGERBOMBEN IN SEINEM NACHTLEBEN STÖREN

LEICHE IM KOFFER
> DIE POLIZEI SUCHT NACH
> DER TÄTOWIERTEN FRAU

Straßenräuber überfallen zwei Trambahnwagen

Das Kamera-Auge ist eine am besten als surrealistisch zu bezeichnende Folge von Bericht, Vision, Stimmungsbild, Versreihen, eine Art Photomontage aus Worten ohne Interpunktion. Da tauchen Stadtbilder, Ereignisse wie der Zarenmord, ein Generalstreik, Fieberphantasien eines im Spital Erwachenden auf. Ein Pariser Beispiel:

„Immer saßen zwei siamesische Katzen mit blauen Augen und rußig schwarzen Schnauzen im Fenster des Wäscherladens gegenüber der kleinen Molkerei, wo wir frühstückten, eingepfercht zwischen die alten dichtgedrängten schiefergrauen Häuser des Lateinischen Viertels über steilen, schmalen Straßen gemütlich im Nebel, winzige Straßen, bunt von vielfarbigen Kreidelichtern, übersät mit winzigen Kneipen, Restaurants, Farbenhandlungen und alten Drucken, Betten, Bidets, schales Parfüm, leises Geprutzel schmorender Butter ...

als die Dicke Bertha in die Seine fiel, gab es einen concours de pêche in den hellgrünen Kähnen zwischen all den bärtigen Fischern

mit Netzen fischten sie die Elritzen aus dem Wasser, die Erschütterung hatte die Fische betäubt ...

Paris kommt ins Zimmer, in den Augen des Stubenmädchens ... Zichoriengeschmack im Kaffee und der rissige Glanz auf den Hörnchen kleine Klümpchen sehr süßer ungesalzener Butter

in dem gelben Umschlag des Buchs, hinter dem meines Freundes lächelnde Miene verborgen ist

Paris 1919

paris-mutuel

Rouletterad, das rund um den Eiffelturm kreist, rotes Feld, weißes Feld, Poesie der Manifeste, stets frisch gefärbt an den Kiosken und Losungen mit Kreide an die Rotunden gemalt."

Das Neben- und Durcheinander der vielen Stimmen, die wir vernehmen, soll uns immer wieder zum Bewußtsein bringen, daß es auf die einzelne Geschichte, das eindeutige Bild eigentlich nicht ankommt. Aus dem kunstvollen Gewebe lassen sich einzelne Fäden herauslösen, in denen sich die Geschichte einiger „Helden" darstellt.

Da kommt in eine argentinische Hafenspelunke der Matrose Joe Williams aus Washington, der im Streit einen Vorgesetzten „fertiggemacht" hat und nun nicht länger bei der Marine bleiben kann. Ein Verkäufer falscher Zeugnisse verschafft ihm einen Posten auf einem Dampfer nach Europa. Das Schiff legt in Liverpool an, und da gerade Weltkrieg ist und Joe keinen Paß hat, wird er als vermeintlicher deutscher Spion von der Fremdenkontrolle untersucht und eingesperrt, dann vom Konsulat befreit und heimverfrachtet. In Norfolk möchte er bei der Stenotypistin Della bleiben und Arbeit an Land bekommen. Statt dessen: Neue Heuer, infolge einer Bummelnacht Spital in Neuyork, trostloses Umherirren, Überfahrt nach Alexandria mit einem Schiff, das offiziell Konserven, in Wahrheit Munition transportiert, glückliche Tage in St. Nazaire, wo ein nettes Mädchen ihn das „Parlewuen" lehrt. Bei einer Überfahrt mit Granatzündern und Stahlbarren von deutschem Unterseeboot torpediert, auf englischem Patrouillenkreuzer, der ihn ausbootet, wieder für einen Spion gehalten, glücklich heim, Aussicht auf Beförderung zum Dritten Maat. Mit dieser frohen Botschaft kommt Joe zu Della. Sie feiern eine kuriose Hochzeitsfeier, und in der Hochzeitsnacht muß Joe schon wieder an Bord. Della hat um zehn Uhr durchaus noch in den Film gehen wollen. Da kann man's ihm nicht verdenken, daß er nach der nächsten Überfahrt sich in Bordeaux von einer kleinen Marceline gern ihren petit lapin nennen läßt. Neue Heuer. Tropisches Fieber in St. Thomas. Nächster Besuch bei Della: Da stehen Bonbonnieren mit angeknabberten Pralinen und Gläser mit Schnapsresten herum, und ihre Lippen schmecken nach Schminke, und immer, wenn sie heimkommt, bringt sie irgend so ein verfluchter Armeeoffizier bis vor die Tür. Nach einem Zank läuft Joe davon. Und es paßt in seine Stimmung, sich auf dem nächsten Schiff wie ein Sträfling behandeln zu lassen, Deck scheuern und Farbe abkratzen zu müssen. Ein Jahr lang hin und her zwischen Neuyork und St. Nazaire. Dort sucht er am Waffenstillstandstag eine Jeanette, die lieb mit ihm war das vorigemal, und kriegt Streit mit einem Negeroffizier, der mit ihr tanzt. Eine Flasche saust auf seinen Kopf herab, die ihm den Schädel zerschmettert.

Joe Williams ist im Strom der Zeit versunken. Aber ist dem gebildeten feinfühligen Dick, Herrn Richard Ellsworth Savage, sein Leben nicht ebenso weggenommen von der furchtbaren Zeit wie jenem armen Matrosen – wenn er auch alles überlebt? Dicks Mutter ist eine verarmte Generalstochter. Den Vater hat er nur flüchtig gekannt. Der ist ins Zuchthaus gekommen. Vom Gymnasium kommt Dick als Page in ein Hotel; in der stickigen Dachmansarde rezitiert er seinem Kollegen Heiligenballaden, die er gedichtet hat. Nebenan gehen die Kellnerinnen kichernd und raschelnd zu Bett. Ein Geistlicher nimmt sich des Jünglings an, und mehr noch des Geistlichen Gattin, die Modejournale und „fortschrittliche" Bücher liest und eines Tages den jungen Dick verführt: Woraufhin er von „scharlachroter Sünde" dichtet. Ein befreundeter Anwalt unterstützt seine Studien und stellt ihn in seinem Büro an. Um diese Zeit ist Dick schon „heidnisch" gesinnt. Auch pazifistisch. Als er aber erfährt, er könne schneller und bequemer sein Examen machen, wenn er sich zum Militär stelle, meldet er sich beim Freiwilligen Sanitätsdienst und kommt nach Frankreich. In Paris irrer Bummel durch grelle Lokale der zum Schutz gegen feindliche Flieger verdunkelten Stadt. Als Sanitäter bei Verdun sieht er die Soldaten auf Lastwagen fluchend in die Schlacht fahren. Sie sehen aus „wie zum Tode Verurteilte auf den Henkerskarren der Schreckensherrschaft". In Italien wird seine Abteilung überschwenglich begrüßt und kräftig betrogen. Einmal besucht er allein das winterliche Venedig, das „zerbrechlich und leer wie eine abgeworfene Schlangenhaut auf der Lagune schwimmt". Wegen kriegsfeindlicher Äußerungen, die italienischen Offizieren zu Ohren kommen, wird er via Rom nach Paris abgeschoben, bekommt Lust, nach Spanien zu desertieren und sich dort ganz seinen Freiheitsträumen zu widmen. Aber er fährt statt dessen brav nach Amerika heim, wo ihm sein alter Gönner, der Anwalt, der schon von dem italienischen „Zwischenfall" weiß, trotz allem – nicht umsonst ist Dick der Enkel eines namhaften Generals – eine Offizierstelle verschafft. Die Majore, mit denen er nun in Paris und Bordeaux zusammentrifft, lassen ihn nicht mehr von ihrer Seite, denn er versteht sich auf Mädchen und Weinjahrgänge, der melancholische Dick. Nach dem Waffenstillstand kommt er in die Diplomatengesellschaft, deren Hauptquartier das Hotel Crillon an der Place de la Concorde ist, und soupiert mit Prominenten.

Auf einer Dienstreise nach Rom lernt Dick ein junges Mädchen kennen, das im Hilfswerk für den Nahen Osten angestellt ist. Das ist „Töchterchen" aus Texas. Die hat trotz großer Jugend schon viel erlebt, hat mit Malern und Anarchisten geflirtet und sie doch schlecht behandelt. „Immer bin ich gemein zu den Menschen, die ich gern habe", entschuldigt sie sich. Bei einem Auflauf hat sie einem Polizisten, der einem Mädchen einen Tritt versetzt, ins Gesicht geschlagen und ist verhaftet worden. Die Zeitungsnotiz „Junge Ballschönheit aus Texas insultiert Polizisten" hat ihren Papa aufs Krankenlager geworfen, und sie ist heimgereist zu ihm und hat ihm zum Trost sein neues Landhaus schön im Tudorstil eingerichtet. Als der Krieg erklärt ist, widmet sie sich dem Roten Kreuz und tanzt abends mit Fliegeroffizieren. Um einen Liebeskummer zu vergessen, geht sie mit dem Hilfswerk für den Nahen Osten nach Europa, aber die „alten Hennen" im Büro gehen ihr auf die Nerven, und sie ist froh, als sie Dick und seine Freunde in Rom kennenlernt und mit ihnen bummeln kann. In Villa Adriana erklärt sie Dick: „Oh, ich bin ganz verrückt nach Ruinen und Landschaften", und als sie in der Campagne zu einer Laubhütte kommen, beginnen die Zärtlichkeiten. Aber Dick muß nach Paris zurück, bald bekommt er von „Töchterchen" einen schwermütigen Brief:

Lieber Schatz!

Ich sitze an meinem Schreibtisch in diesem elenden Loch, das wie ein Käfig voller alter Katzen ist, die mir schrecklich auf die Nerven gehen. Liebling, ich liebe Dich so innig. Wir müssen uns bald wiedersehen. Was bloß Papa und Buster sagen werden, wenn ich einen hübschen Mann aus Europa nach Hause bringe. Zuerst werden sie wütend sein, aber ich glaube, sie werden es bald überwinden. Hol's der Fuchs, ich will nicht mehr am Schreibtisch sitzen, ich möchte durch ganz Europa reisen und mir alle Sehenswürdigkeiten ansehen. Das einzige, was mir hier Freude macht, ist ein kleiner Zyklamenstrauß auf meinem Scheibtisch. Erinnerst Du Dich noch an die süßen, kleinen, rosaroten Zyklamen? Ich war arg erkältet und bin scheußlich allein. Diese methodistischen Temperenzler und Moralfritzen sind die ekelhaftesten Menschen, die ich je getroffen habe. Hast Du schon einmal Heimweh gehabt, Dick? Ich glaube nicht. Laß Dich sofort wieder nach Rom schicken. Es tut mir leid, daß ich dort oben, wo die Zyklamen blühten, ein so affiges, dummes, kleines Mädelchen war. Es ist schwer, eine Frau zu sein, Dick. Laß Dir nichts abgehen, aber vergiß mich nicht. Ich liebe Dich so.   Anne Elisabeth.

Die alten Hennen vom Hilfswerk werden böse, weil „Töchterchen" so viel mit einem italienischen Leutnant ausreitet – was sie doch wahrhaftig nicht aus Flirt tut –, und schicken sie nach Amerika zurück. Sie macht Station in Paris. Als sie Dick im Hotelkorridor entgegenläuft und ins Gesicht sieht, weiß sie schon, er liebt sie nicht mehr. Tapfer sagt sie: „Mach dir keine Sorgen meinetwegen ... Ich werde es schon irgendwie arrangieren." Als sie fort ist, denkt Dick: „Man kann nichts unternehmen, ohne sofort andere Menschen unglücklich zu machen."

Es tat ihm leid, daß er nicht viele Leben hatte, damit er eines davon mit Töchterchen verbringen könnte. Vielleicht ein Gedicht drüber schreiben und es ihr schicken? ... In dem Café vis-à-vis dreh'n die Kellner die Stühle um. Es tat ihm leid, daß er nicht viele Leben hatte, damit er auch ein Kellner sein und abends die Stühle umdreh'n könnte.

Um „Töchterchen" bemüht sich in Paris ein alter Verehrer. Sie denkt ans nützliche Heiraten und ist nah daran, ihm Geständnisse zu machen. Als er sie aber beim Tanzen küßt, ekelt ihr vor diesem Mann. Sie geht zu einem Tisch französischer Offiziere, und da ist einer, ein Flieger, der ihr ein tour en avion verspricht. Sie will, daß er ein Looping mache. Als sie gegen Morgen am Flugplatz ankommen, sind seine schönen Augen ein wenig gläsern. Und der Mechaniker warnt. Aber Töchterchen besteht auf ihrem Wunsch. Dreimal machen sie den Looping. Als beim erstenmal die Sonne kreist, wird ihr fast schlecht. Beim zweitenmal sieht sie „Paris wie ein gesticktes Nadelkissen mit all seinen Türmen aus dem Milchnebel tauchen". Und beim dritten stürzen sie ab.

„Berühmte Schönheit aus Texas bei einem Flugzeugunglück getötet. Von einem Offizier sitzengelassen", liest Dick in der Zeitung. Schrecklich unangenehme Sache. Er möchte ein so harter Mensch sein, daß ihm alles egal wäre. „Wenn die Geschichte über uns hinwegtrampelt, ist nicht Zeit für hübsche kleine Gefühlchen", sagt er bei einem Empfang in der schönen Wohnung der Miß Eleanor am Quai de la Tournelle, aus deren Fenstern man „durch das zarte Ornamentwerk des schmiedeeisernen Balkons auf die Seine schaut, auf die Spielzeugdampfer mit blaulackierten Schuten im Schlepptau, auf die Raketenbögen der Apsis von Notre Dame." Dort empfängt Miß Eleanor abends ihre Freunde, nachdem sie tagsüber Alben mit Bildern von zerstörten französischen Bauernhöfen und hungernden verwaisten Kriegskindern behufs Propaganda in Amerika vollgeklebt hat. Zu Besuch ist unter andern Eveline Hutchins, ihre Kollegin vom Roten Kreuz, die heute mit ihrem Bräutigam „weggefeiert" wird. Morgen reisen die beiden heim.

Eveline ist eine Pfarrerstochter, ihre Mutter hat gemalt und theosophische Bücher gelesen. Bei ihren ersten körperlichen Erkenntnissen bekam Eveline Todessehnsucht. Früh schon meinte sie, die große Liebe liege hinter ihr, ihr Leben sei vorbei und sie müsse sich der Kunst widmen. Nach einer Enttäuschung macht sie mit ihrer Freundin Eleanor in Chikago ein Geschäft für Innendekoration auf, das zwar nicht viel einbringt, sie aber mit interessanten Menschen zusammenführt. Zur Pflege ihrer kranken Mutter kommt sie nach Santa Fé und lernt dort unter schwindsüchtigen Malern und Literaten einen Spanier kennen, der Maler, Anarchist und behufs Lebensunterhalt Tischler ist. Leider ist er mit einer dicken Mexikanerin verheiratet, die ihnen auf die Spur kommt. Pepe muß bei seiner braven, wenn auch dummen Frau bleiben und darf Eveline nicht wiedersehen. Als der Krieg erklärt ist, geht Eveline mit ihrer Freundin Eleanor als Rote-Kreuz-Schwester nach Paris. Da waltet der schöne Propagandachef J. W. Moorhouse mit den blauen Knabenaugen, der dafür sorgen will, daß „die Zivilisation nicht auf Erden untergehe". Ein Zyniker aus dem Kreise nennt diesen J. W. zwar „ein ordinäres Megaphon", aber beide Mädchen, Eleanor und Eveline, sind in ihn verliebt, was zu allerlei Verwicklungen führt. Als Eveline mit ihm eine heimliche Autoreise durch Frankreich machen darf, wird sie aber nicht recht glücklich. Während der Friedenskonferenz spielt J. W. eine große Rolle im Hotel Crillon, er gehört zu Präsident Wilsons nahen Freunden. Aber eigentlich blamiert er sich nur. Eveline liebt ihn gar nicht mehr, den alten Windbeutel, besonders seit sie ihn einmal mit ihrer Freundin Eleanor überrascht hat. Alle Welt glaubt, ihr liefen alle Männer nach, und manchen glaubt sie manchmal schrecklich zu lieben. Ihr letzter Versuch ist der Student und Infanterist Paul Johnson, der noch keine festen Anschauungen hat und sie für eine gefährliche Frau hält. Auf der Heimfahrt von einem Ausflug nach St. Germain – sie fahren dritter Klasse, sie müssen sich schon einschränken – gesteht sie ihm, daß sie ein Kind erwarte. Paul ist verlegen und ritterlich. „Ich will den kleinen Balg haben", sagt sie. „Ich will alles im Leben durchmachen." Er nickt. Man konnte sein Gesicht nicht mehr sehen. Der Zug war in einen Tunnel eingefahren.

„Töchterchen" starb. Eveline überlebt. Aber wird sie glücklich werden?

Die vier größeren Romane im Roman „Auf den Trümmern" werden unterbrochen von ein paar kurzen, manchmal bitter kurzen Lebensabrissen berühmter und unberühmter Zeitgenossen. Da ist der fröhliche Kämpe Roosevelt, trotz Brille ein guter Schütze, berühmt als Elch- und Bärenjäger und Kommandant der Texasreiter, trotz Ehrsamkeit von nützlich kurzem Gedächtnis und dadurch emporkommend bis zum Präsidentenposten und Nobelpreis, im Weltkrieg aber schnell vergessen. Todkrank liegt am Waffenstillstandstage der „fröhliche Amateur mit grinsendem Gebiß und wackelndem Zeigefinger", der Forschungsreisende, Magazinreporter, Viehtreiber, Moralist, Politiker, ehrsame Massenredner mit kurzem Gedächtnis im Hospital.

Ferner Mister Wilson, der zwei Jahrhunderte kalvinistischer Geistlichkeit im Blute hat und von seinem Vater zwischen Bibel und Wörterbuch erzogen worden ist, der Geschichtsprofessor, Universitätspräsident, Gouverneur von New Jersey und schließlich Präsident von USA wird. Seine Parole „strikte Neutralität" und „zu stolz zum Kriege" verwandelt sich zeitgemäß. Der Krieg wird „die Gesundheit des Staates, bringt den Achtstundentag, hohe Löhne und das luxuriöse Vergnügen, Mutter eines gefallenen Helden zu sein". Er wird gewonnen „mit Hilfe des allmächtigen Gottes, des kubanischen Zuckers, kaukasischen Mangans, amerikanischem Weizens usw." Wilson reist im Triumph durch Europa, die Völker begeistern sich für seine Vierzehn Punkte. Aber dann mischen zwei alte Männer, Clemenceau und Lloyd George, mit ihm die Karten und er kann zu Haus den Politikern und dem Gott seiner Väter erklären, wie sehr er übers Ohr gehauen worden ist. Er redet und redet, um seinen Glauben an die Worte zu retten, redet immer noch, als er schon todkrank ist und kaum noch stehen kann.

Dazu Vater und Sohn J. P. Morgan, der alte bei seinen schweren Zigarren und nachdenklichen Patiencen im Wallstreetbüro, der im Testament seine Seele in die Hände des Erlösers und in die seines Sohnes und Nachfolgers die Kontrolle über soundso viel Nationalbanken, Trustgesellschaften, Eisenbahnnetze usw. befiehlt. Der junge, der ein schweigsamer Mann und ein mehr konstitutioneller Monarch ist, dessen „Vorschläge" aber am Ende der Friedenskonferenz Gewalt über 54 Milliarden haben.

An diesen Großen und vielen Kleinen wird immer wieder dargetan, in welcher Trümmerwelt faulender Ideen, fiebriger Vitalität, heroischer Versuche, opportunistischer Anpassungen, in welchem Elend von Genußgier und Genußunfähigkeit eine ganze Menschheit lebt. Und mit dem Leichnam des unbekannten Soldaten, dessen armseliges Friedens- und Kriegsleben der Dichter zu guter Letzt erzählt, wird das sterbende Zeitalter feierlich in der Gedächtnishalle des Nationalfriedhofs von Arlington in Virginia beigesetzt.

Werner Bergengruen:
Baedeker des Herzens

Verlag Tradition, Berlin

Der Verfasser hat es sich, wie er selbst sagt, in den Kopf gesetzt, etwas Freundliches zu tun in einer unfreundlichen Zeit. Und das ist ihm mit seinem „Reiseverführer" vollauf gelungen. Er genießt und lehrt das große und das kleine Glück des Reisens. Er verführt dazu, mit dem Reisen Kindheitsträume von fremden Ländern und wunderbaren Abenteuern zu erfüllen. Nicht, um an ein Ziel zu kommen oder um ein Pensum zu absolvieren, schickt er uns auf Reisen, sondern um den ewigen Nomadentrieb des Herzens zu stillen, unterwegs zu sein und dabei in andere Verfassungen der eignen Seele zu gelangen. Allen Autobesitzern und Schlafwagenbenutzern zum Trotz befährt er das Land zwischen Rhein und Sudeten, zwischen Ostsee und Lago maggiore langsam mit einem Fahrrad, und das soll ihm nicht etwa das fehlende vollkommnere Vehikel ersetzen, sondern – das Pferd. Wir lernen von ihm mitten durch die Gegenwart altertümlich zu reisen, ihm folgend pflegen wir die noblen Rückständigkeiten des Gefühls. So kommen wir den fremden Ländern und Menschen viel näher, als wir erwarteten. Er überrascht die Italiener beim Zeitunglesen im Kaffeehaus und die Franzosen beim Angeln. Speisekarten verraten ihm Geheimnisse. Die hübsche Stadt Nancy – ihm, dem dichtenden Chronisten Karls des Kühnen besonders lieb und vertraut – offenbart unmittelbarer als berühmtere Stätten mit ihrer Place Stanislas das Wesen der Rokokoarchitektur: „Geometrie, von Rosen überblüht". An solchen glücklichen, ganz en passant gefundenen und vorgebrachten Formulierungen ist das kleine Büchlein reich. Auch zu den Worten kommt Bergengruen gereist. Wortkunde wird ihm zu einer reizenden Spielerei. Man lese nur, was er an dem Worte ‚Mömpelgard' alles erlebt, was ihm bei dem Worte ‚Baumschulendirektor' einfällt. Immer wieder entdeckt er die deutsche Kleinstadt mit ihren winkligen Häusern, die ‚sich selbst zur Ruhe gesetzt haben', und das Hintergründige ehemaliger Residenzen, in denen „der Schnörkel nicht nur Architektur und Umgangsform, sondern Seelenbestandteil" ist. Er versteht es aber auch, die weite Welt in nächster

Nachbarschaft zu erleben, einen Abstecher in den Kaukasus zu machen, indem er durch ein kleines Stück der pflanzengeographischen Abteilung des Botanischen Gartens spaziert oder in einer Vorstadtstraße das Zelt der Telephonarbeiter als Wigwam der Rothäute sieht. Ihm wird es zu einer Reise in die Vergangenheit, wenn er die alte Passage an der Berliner Friedrichstraße durchquert oder auf einem Bücherkarren die ‚Eselsbrücken' seiner Schulzeit wiederfindet.

Zum Genuß des Reisens gehört eine gute Portion Humor und die Fähigkeit, sich der Komik der eignen Situation mit zuschauerischem Behagen bewußt zu werden. Darauf versteht sich unser Reiseverführer ausgezeichnet. Wie erquickend ist seine „Führung" durch das „Normalschloß"! Und von Morgensternischem Geiste die Plauderei über die Stationen, an denen man nie aussteigt, die geradezu abstrakt gewordenen Kreuzungspunkte der Bahnlinien.

Titelzeichnung und Schutzumschlagsbild betonen das Humoristische des Buches; es sollte uns freuen, wenn sie dadurch verführen, den Reiseverführer zu lesen, und man dann überm Lesen vergißt, daß diese Ausschmückungen bei weitem nicht das hohe künstlerische Niveau des Textes haben.

Liam O'Flaherty: Verdammtes Gold

S. Fischer, Berlin

Das Gold dieser Verdammnis ist nicht nur das kostbare Metall, das wahnwitzige Beutegier aufrührt, es flimmert auch in den Haarschlangen der „fremden Dirne, der gelbhaarigen Schlumpe von Gottweißwoher", die der reiche Ramon Mor, der Beherrscher der irischen Landstadt Barra, sich eingefangen hat und die denen, die sie begehren, zum Verderben wird. Auf ihrem Scheitel schimmert es rötlich, am Hinterkopf ist es dunkler. Auch ihre Augen sind goldfarben, und die langen Wimpern haben goldne Spitzen. Goldschatten fällt über die elfenbeinweiße Haut. „Wer bist du und von wannen kommst du, goldnes Haupt, zu dieser Stadt am Meer, geleitet vom wackern Sohn Hausiermichels, eines berühmten Mannes seiner Zeit", hebt in der verrufenen Talschenke der

Trottel und Dichter Danvers seinen „Sang vom Goldnen Weibe" an; und eine Symphonie in Gold in allen Tönen von Mondblässe bis zur Blutröte ist die ganze Erzählung, die in den bald rasenden, bald stokkenden Verlauf von wenigen Stunden Leidenschaft und Untergang eines Weibes, derer, die es verfolgen, und das Schicksal einer ganzen Stadt und ihrer ländlichen Nachbarschaft zusammendrängt. Ramon Mor, der König von Barra, der im Umkreis von zwanzig Meilen allen Handel in Händen hat, glüht im Hochgefühl seiner Macht und fühlt sich dabei doch wie in einer Falle, verlassen, krank, verurteilt. Er muß handeln, befehlen, streiten, um den sonderbaren Schwindel in seinem Kopf loszuwerden. Er ist nicht der hagere Geizhals der Überlieferung, sondern ein massiger Mann von löwenhaftem Aussehen. Sein angegrautes zottiges Haar sträubt sich zu einem Schopf, den er sich weigert, abschneiden zu lassen, aus Angst, ein Stück von sich herzuschenken. Es ist sein Fluch, daß er sich nicht hingeben kann, auch nicht an die junge Nora, vor deren Schönheit die Manneskraft des geizigen Machthabers versagt. Er bewacht sie mit Wut und ängstlicher Zärtlichkeit in seinem großen verwahrlosten Hause, das dumpf nach altem Mörtel riecht und wo ihn seine winzige Mutter umschleicht, die Alte mit den verschrumpelten Lippen, die dem Verschluß eines zugeschnürten Beutels gleichen; sie vergöttert ihren Sohn mit der habsüchtigen Liebe einer Bäuerin und haßt die Schwiegertochter. Habsucht oder Verfolgungswahn ist alle Liebe in diesem Buch, alles Wohnen ist ein Höhlenhausen, die Prozession der Leute, die zum Markte kommen, ist wie die Wanderung eines Nomadenstammes auf der Suche nach neuen Weideplätzen. Die Beziehungen von Bauer, Bürger, Arzt, Wirt, Priester zueinander ist ein dauerndes Belauern und Überlisten, Erraten und Verraten. Besessene sind sie alle, Wesen, deren Denken Angst und Gier ist, die leibhaftige Teufel erblicken und Gott wie einen Dämon beschwören und anklagen („Ich warne dich, Gott!"). Und in einer Art Besessenheit ist diese Dichtung von den Besessenen und Verdammten geschrieben. ‚Write or burst' (Schreib oder platze): nach diesem Grundsatz, so berichtet sein Übersetzer, der Dichter *Heinrich Hauser*, arbeitet O'Flaherty.

Jacques Chardonne:
Eva oder das unterbrochene Tagebuch

Erich Reiß, Berlin

Der Mann, der dies Tagebuch schreibt, nennt sich einen Menschen, dem das einzige Glück zuteil geworden, das es auf der Welt gebe: „Ich liebe die Frau, mit der ich lebe und die meine Frau ist." Und um sein Glück zu erhalten, glaubt er „ein Geheimnis, einen Weg" zu wissen: er darf die Geliebte nicht anders haben wollen als sie ist. Das ist die große Stärke und die schrankenlose Schwäche seiner Liebe. Sein ganzes Dasein wird durch diese Frau bestimmt. Jede Regung seiner Eva klingt verstärkt in ihm wider. Ihre Reizbarkeit verurteilt ihn, der von Natur gesellig zu sein meint, zur Einsamkeit. Aber gerade, daß sie so empfindlich ist, das liebt er an ihr. Denn „eine wahrhaft innere Gemeinschaft mit einem Menschen kommt aus der Empfindlichkeit". Alles, was sie im Geringsten von ihm entfernt, wird ihm zur Qual. Wenn er mit ihr ein Konzert besucht und sieht Evas durch die Musik verstörtes Gesicht, spürt ihre sprachlose Verzückung, so wird ihm die Geliebte unerreichbar in eine Welt entrückt, in die er ihr nicht zu folgen vermag. Und er will sie doch hegen in einer Atmosphäre, die nur ihm gehört.

Gewohnheiten läßt er nicht aufkommen. „Solange man liebt, hat die Gewohnheit kein Daseinsrecht", das ist einer der großen Sätze, die in diesem kleinen Buche stehn. Über Evas reales Wesen bleibt er ständig im wunderbar Unklaren. Er liebt ihr „wandelbares inneres Gesicht". Er liebt seine Ungewißheit und fühlt, daß er nicht weiß, ob Evas wechselnde Erscheinung nicht nur auf Schwankungen seines eignen Herzens beruht. Seine Liebe bewegt sich in der Sphäre, wo äußerste Selbstsucht und äußerste Hingabe ineinander übergehn, wo, mathematisch gesprochen, minus unendlich und plus unendlich verschmelzen. Alles hat er auf die Karte dieser einzigen Liebe gesetzt, die ein Wagnis des Herzens ist. Don Juan erscheint ihm „als ein kleiner Abenteurer, zu schüchtern, um einer wahren Liebe fähig zu sein". Er vergöttert seine Abhängigkeit, seine selig-unselige Unfreiheit.

Am Ende des Buches geschieht etwas Tragikomisches: Eva verläßt ihn. Und ein wissender Freund versichert ihm, sie habe ihn niemals geliebt. Damit bricht das Tagebuch ab. Damit und mit der Erklärung, daß diese Ehe trotz allem für ihn schön, lehrreich und ergreifend war, denn „das Leben ist immer groß".

In einer Zeit und Welt, in der es den sogenannten Ideen recht schlecht geht, dichtet Chardonne unbeirrt weiter an der Idee der Liebe, noch dazu in ihrer bedrohtesten Form: der Ehe. Nach Chardonne ist der Pessimist immer im Unrecht. Man muß des Dichters ritterlichen Eigensinn bewundern.

René Schickele: Himmlische Landschaft

S. Fischer, Berlin

Hauptpersonen dieses – merkwürdiger- und beglückenderweise im Jahr der vielen Wahlen und Notverordnungen erscheinenden – Buches sind Himmelschlüssel und Seidelbast, Pfingstrose und Holunder, Wiese und Wolke. Der Dichter selbst ist Zuschauer im Theater dieser Wesen. Er ist Gärtner seiner Heimat, des „geründeten Gartens zwischen Schwarzwald und Vogesen". Den bestellt er mit wunderbaren, vielfachen Gleichnissen. Schickeles Gleichnisse haben einen heutzutage seltenen Sprachzauber. In ihnen saugt das Bild immer ganz den Gedanken auf, auch wenn sie so köstlich grotesk sind wie das von der Eiche, die „heraldisch gewordener Kummer, Bauchgrimmen des Waldes" ist, oder das vom Hahnenfuß: „Goldknöpfe für die Joppen jener Liftboys, die Dichter und Heilige bei der Himmelfahrt bedienen." Licht und Farbe wird in ein Tun, ein Geschehen umgesetzt: Der Wipfel der jungen Esche versprüht im Himmel, Holunderbüsche werden Springbrunnen, die sprudelnd mit den weißen Monden ihrer Blüten spielen: im „maßlosen Mittag" sind die verschwimmenden Berge „ein Hauch auf einem Spiegel"; über glühenden Weinbergen tanzen „pfingstliche Zungen": die Rebstecken, die mit unruhigen Spitzen in der Sonne flirren. Blumenzwiebeln sind eine Dynamitladung von Farben, die zu ihrer Zeit explodiert. Das gibt Fanfaren, gelbe Sarabanden, das gibt Gezwitscher und Donner aufrührerischer Farben. Eine Dichtung wie das Kapitelchen „Herbstpflanzung" ist in ihrer zarten Gewalt wortgewordener Van

Gogh. In ganz kurzen Sinnsprüchen, Glossen, versartigen Zeilen wirken Schickeles Worte manchmal wie Beschwörungsformeln, mit denen er allerlei Gewächs aus dem Boden seiner geliebten Heimat hervorlockt. Er „buhlt mit Rosen, spricht mit Bäumen". Er darf von sich sagen, daß er das Gras wachsen hört, ohne damit etwas Übertragenes zu meinen: er hört es unterm Regen sirren und knistern und vernimmt den zarten Laut, mit dem es in der Sonne trocknet. Er ist einer, der sich nicht nur auf das Schauen versteht, sondern auch auf jene tiefere Art von Schauen: das Horchen.

Sein schöpferischer Blick „hat den Wolken, die vorüberschweben, den wesenlosen, einen Sinn gegeben", hat unter ihnen an erlesenen Tagen erlesene Gebilde entdeckt: weiße Robben sieht er sich schieben und in Seelöwen verwandeln. Kavalkaden ziehen durch seine Himmelslandschaft und Drachen der Vorzeit. Ganz im Bilde bleibend, steigert sich sein Gleichnis zur Sage: dann sieht er den Rhein gespenstisch als Fluß der Nibelungen, der „den ganzen Goldschatz des Sonnenuntergangs in seinen Fluten wälzt", dann erlebt er heidnische Tage. Heuwagen, von Kuh und Pferd gezogen, werden ihm, wankend im Gleichschritt der Tiere, zu Altären einer uralten Gottheit. Und so wird das schmale Buch, das – im zierlichen Schmuck von Hans Meids haarfeinen Zeichnerglossen zum bildhaften Text – zunächst nur ein schönes Geschenk- und Gedenkbuch für Freunde der Landschaft zu sein scheint, zu einer neuen dichterischen Eroberung der Welt. Und der Dichter, der in seinen sozialen und politischen Essays und Erzählungen ein lebendiges Gewissen seiner rheinischen Heimat geworden ist, wird in diesem Werk ihr lebendiges Lied.

Wilhelm Speyer: Sommer in Italien

Ernst Rowohlt, Berlin

Ein zartblauer Umschlag, ein zierliches Bild von der Stadt mit den vielen Türmen, ein bescheidener Titel: ‚Sommer in Italien, eine Liebesgeschichte', so präsentiert sich das neue Buch von Speyer. Die Geschichte beginnt – nach einem geheimnisvoll vordeutenden Eingangssatz – mit einer Autofahrt, und durch viele Seiten des Buches gleitet und stürmt die moderne Maschine. Aber diese Maschine hat einen ‚Menschenvogelton', wenn ihr Klaxon klingt. Sie kann zu einem ‚mythologischen Gefährt' werden, ‚das ohne Widerstand zu finden, überirdische Meere der Luft durchsegelt'. Und die Welt, durch die sie zu einer Art Ferienfahrt ihren Herrn trägt, ist nicht nur die ‚königlich schöne Halbinsel', die Sehnsucht aller ‚Süder' aus Norden, sie ist ein Garten der Erkenntnis. Eine Stätte ist in diesem Garten, an der allein kann der Liebende der Geliebten wirklich begegnen, eine Stunde ist in diesem Sommer, die auf diese Begegnung wartet. Dies weltliche und gesellschaftliche Buch birgt eine erotische Erkenntnistheorie in Märchenform. Es ist das Märchen von dem Manne, der die Frauen immer wieder als Trugbilder von sich fort bannen, an einen Horizont der Sichtbarkeit projizieren muß. Aber Eine ist unter ihnen, die sein magisches Spiel überdauert, und all seine Irrfahrt zu ihr hin und von ihr fort bekommt das eine Ziel: ihr wahrhaft zu begegnen. Mitten in der ‚gnadenlosen Ebene' der Lombardei kommt die Gnade, die Gunst der Stunde, der ewige Augenblick. So ausgedeutet, klingt das etwas amateur-philosophisch, aber erzählt, von Speyer erzählt, wird es wunderbar leibhaft. Und hier wird, stärker als in irgendeinem seiner umfangreicheren Werke, Speyers Eigenart deutlich, das sogenannte Mondäne als ein Märchenkleid um Urgestalten zu legen. Das Rüstzeug aus dem modernen Arsenal der Frau wird dem dichtenden Blick des Helden – und seines Schöpfers – zum mythologischen Attribut. Damen werden zur Galathea und ägyptischen Helena.

Diese schöne Legende von Irrweg und Ziel, von Enttäuschung und Glück der schöpferischen Liebe endet mit dem seligen – und verzweifelten – Entschluß des Helden, ‚das giftige Geschenk des schönen Gottes zu genießen'.

Julius Meier-Graefe: Der Vater

S. Fischer, Berlin

Den großen Kunstbetrachter als Romanschriftsteller zu erleben, ist zunächst eine Überraschung. Dann aber bestätigt der Erzähler, dessen epische Tugenden wir übrigens aus novellistischen Werken und dem, was er vor Pyramiden, Tempeln und Palästen über seine Mitmenschen aufgeschrieben hat, kennen oder kennen sollten, die Eigenart des Denkers. Im Grunde sind Meier-Graefes Kunstbücher ebenso autobiographisch wie dieser Roman. Und das Wesentlichste an diesem Roman ist ebenso überpersönlich wie des Verfassers Welt- und Kunstanschauung. Das neue Werk ist die Geschichte der Väter und Söhne des ausgehenden neunzehnten Jahrhunderts, demonstriert an zwei markanten Gestalten, an zweien, bei denen sowohl Gegensatz wie Verwandtschaft, das Auseinander und das Zueinander der Generationen, „Krach" und Erbfolge im Guten wie im Schlimmen, im Tragischen wie im Komischen besonders deutlich wird. Oh wie sich diese stirnrunzelnden Verschweiger aus der Zeit der „Verdrängungen" im Grunde liebhaben! Wo Gefühl Ausdruck fordert, hat dieser, man möchte sagen, verschämte Dichter eine bittre, ironisierende Kürze, und gerade dadurch werden seine Sätze Volltreffer ins Herz. Sein Wissen um die Wahrnehmungsschichten der Wirklichkeit übertrifft allen absichtlichen Expressionismus, wenn er z. B. von seinem jungen ‚Helden', der sich für ein Schülerduell vorbereitet, sagt: „Er wechselte die Kleider. Das Zimmer war noch schmaler und länger als sonst und schien einem andern zu gehören. Zum erstenmal bemerkte er auf dem Stich an der Wand, der die Festung Glatz darstellte, eine Lämmerherde mit Hirt."

Der Sohn leidet an dem Vater, er nimmt im Streit der Eltern die Partei der Mutter, aber mit heimlicher Liebe hängt er an dem lebenskräftigen Manne, bei dem das Künstlertum, das in dem Jungen noch Hemmnis des äußeren Erfolges ist, sich in Willenswucht umgewandelt hat. Vom Sohne gesehn, erleben wir den Arbeiter und Genießer, den Wirtschaftsführer und Lebemann. Und mit ihm seine Welt, die junge deutsche Industrie im Westen und in Schlesien. Der Sohn haßt die Schornsteine, aber die Wunder des werdenden Stahls prägen sich ihm tief ein.

Und so lebt er durch und gegen den Vater. In jeder problematischen oder gesteigerten Situation seines jungen Daseins taucht das Bild des Alten ihm auf, sogar im Séparée. Selbst wenn er sich dem Erzeuger gewachsen glaubt, hat sein Lächeln „die sardonische Demut Talleyrands im Gespräch mit Napoleon". Die größte Erschütterung seines Lebens ist der Tod des Vaters, mit dem das Buch schließt. Erst als er den Vater verliert, begreift er ihn. Die Geschichte dieser beiden ist ein Stück Kulturgeschichte.

John Galsworthy: Blühende Wildnis

Roman. Deutsch von Leon Schalit. Paul Zsolnay, Wien

Fortsetzung des Romans „Ein Mädchen wartet" und zweiter Band einer Trilogie, die „vom Staat und seinen Dienern, vom Kampf zwischen Dogmengeist und Menschentum" handelt. Im Rahmen einer von Krisen erschütterten aristokratischen Gesellschaft, die in Vorurteilen lebt und ironisch darüber plaudert, die Geschichte einer unseligen Liebe, erlebt und erlitten von einem Mädchen „der besonders feinen alten Porzellanart, die sich nicht kitten läßt". Vertraute Gestalten aus der Forsyte-Sippe stehen der Heldin liebevoll und hilflos zur Seite. Blühende Wildnis, in der Absterbendes und Auflebendes seltsam durcheinander wuchert.

Antoine de Saint-Exupéry: Nachtflug

S. Fischer, Berlin

„Luftmeer" – solch ein Wort war uns bisher eine etwas abgeblaßte, übertragene Ausdrucksweise. In dieser Dichtung vom Nachtflug ist die Luft wirklich ein Meer und strömt mit allem, was sie an Klippen und Höhen und treibenden Gefahren in sich birgt, gegen das Flugzeug an. Wenn dann Mond- und Sternenglanz die Finsternis durchbricht, treibt es wie eine Barke in stilles Gewässer, schwimmt in einer Himmelsbucht. Dem Piloten, der im Dunkeln seine Hände am Steuer nur noch als etwas Fremdes an den Enden seiner Arme gefühlt hat, kehren diese Hände leuchtend und lebend wieder. Und an den ersehnten Morgen denkt er wie an einen goldenen Strand, an den man gespült wird nach schwerer Nacht. In der Novelle von Saint-Exupéry, der ein junger Flieger im französischen Luftpostdienst ist, – und nicht minder in dem gedrungenen und zarten, genauen und musikalischen Deutsch der Übersetzung von Hans Reisiger – besitzen wir eine kleine Odyssee der Fliegerei. André Gide, der das Buch mit einem schönen Vorwort einleitet, nennt es ein Heldengedicht aus der heroischen Erstlingsepoche der Luftfahrt und rühmt besonders das „Adelige" dieser leidenschaftlichen Erzählung. An dem Piloten selbst und nicht weniger an seinem großen Gegenspieler, Rivière, dem verantwortlichen Leiter des ganzen Flugnetzes, der die, über die er befiehlt, in eine Gefühlshöhe drängt, die mehr ist als Mut, an diesen beiden erleben wir eine neue heutige Form des Heldentums, eine wunderbare Identität von Tollkühnheit und einfacher Dienstpflicht, ein neues Glück, das nicht in der Freiheit besteht, sondern in der Hingabe an eine große Sache, an eine Pflicht höher als die Liebe. Sie fühlen, daß der Mensch seinen Endzweck nicht in sich selbst hat, sondern in etwas „anderem, dauerhafterem" (Gide zitiert zu diesem Gedanken die paradoxen Worte seines Prometheus: „Ich liebe den Menschen nicht, aber ich liebe das, was ihn verzehrt.")

Der Welt der Tat, die in diesen Männern leibhaftig wird, stellt der Dichter in der jungen Frau des Piloten die Welt des persönlichen Glückes gegenüber. Beide Welten sind im Recht und in ewigem Widerstreit. Diese Frauengestalt offenbart, „an welch erlauchter Substanz man, ohne es zu wissen, sich versündigt, indem man sich der Welt der Tat verschreibt". Beide Welten beherrscht der Dichter. Der Abschied seines schlichten Helden, der auf seinem Postflugzeug an der friedlichen Eroberung der Welt teil hat, von seiner jungen Gattin, welche weiß, in was für Gefahr er sich begibt, und fühlt, daß er schon unterwegs ist, daß sich seine breiten Schultern schon gegen die Nacht stemmen, ist große Epik wie des männermordenden Hektors Abschied von Andromache. Und dann sein Kampf im Zyklon, sein Irren durch den „lauernden Aufruhr" der Dinge, die Seligkeit des doch schon zum Tode Verurteilten im gleißenden Lichtmeer, das ist hinreißend und tragisch und auch für den unvergeßlich, der nie solche Lust und Gefahr erlebt hat.

„Klingende Gefäße"

Um die Jahrhundertwende kommt eine junge Bremer Malerin auf einem Ausflug im Oberbayrischen in die Werkstatt eines Töpfermeisters, der für seine Nachbarbauern die Häfen und Teller zum alltäglichen Gebrauch arbeitet. Sie sieht ihm lange zu, sie ist ergriffen vom Anblick der formenden Hände über der Drehscheibe, sie bittet ihn, ihr „mal zu zeigen, wie man das macht". Sie besucht dann den Meister wieder und wieder. Aus Ahnung und Eifer reift in ihr ein Entschluß, eine für die damalige Zeit und für eine Tochter aus norddeutschem Bürgerhaus nicht leichte Entscheidung. Ein paar Jahre später besucht sie Vorlesungen an der Berliner Technischen Hochschule, um die für ihr kühn erwähltes Handwerk nötige Chemie zu lernen. Dann geht sie in der Bunzlauer Fachschule noch einmal in die Lehre. Noch ein paar Wander- und Lehrjahre. Dann findet Auguste Papendiek in einem Bauernhaus ihrer bremischen Heimat Werkstatt und Heimstatt und in dem Ton ihrer Heimaterde den Werkstoff. Als erste Frau macht sie im Jahre 1912 vor der Bremer Gewerbekammer ihre Prüfung und wird die erste Töpferin mit dem Meisterbrief. Seither hat die heute Sechzigjährige mit Handwerkseifer, wissenschaftlicher Gründlichkeit und mit dem Unlernbaren, dem Können, das man Kunst nennt, an der Drehscheibe und an ihrem Ofen gewaltet und die alten vier Elemente Erde, Feuer, Wasser und Luft ihrem Werke stolz und demütig dienstbar gemacht.

Vor wenigen Tagen hat man sie in nahem Zusammenhang mit dem deutschen Handwerkstage in Bremen mit einer Ausstellung gefeiert, die eine Übersicht über die Entwicklung der Künstlerin gab von der Gebrauchskeramik ihrer ersten Zeit, die noch in fertigen Negativen gebrannt wurde, über die schon in eigener Werkstatt geschaffenen, in eigenen Formen gebrannten Stücke bis zu den Werken des letzten Jahrzehnts, die frei auf der Töpferscheibe gedreht sind. Eine weniger öffentliche, aber nicht minder bedeutsame Ehrung wurde der Meisterin zuteil, als vor einigen Jahren der große verstorbene, den Frankfurtern unvergeßliche China-Forscher Richard Wilhelm, dem Gefäße von Auguste Papendiek übersandt wurden, diese Werke mitten unter seine chinesischen Sachen, und zwar neben die Sung-Stücke, stellte. Denn ihre Gefäße klingen wie die vollkommensten Stücke des Ostens, wo man den Klang zu beurteilen pflegt, ob Brand und Glasur ganz gelungen seien.

Nichts Mechanisches, nichts Schematisches ist mehr an diesen „klingenden Gefäßen". Wie sie aufstreben, sich breiten, strecken, runden, daran fühlt man immer wieder ihr organisches Entstehen; man fühlt, wie sie Form wurden, in einem geradezu zärtlichen Widerstande der Masse gegen die bildende Hand; man spürt an ihren Schwellungen den Druck der Finger, die sie geformt haben.

Unsere Aufnahme zeigt, wie die Hände der Meisterin den Tonklumpen auf die Drehscheibe drücken, wie sie formgebend eingreifen, den schwingenden Rand ausgleichen, die Masse immer dünnwandiger gestalten, der gewollten Form nähern und das werdende Geschöpf von unten herauf abtasten, bis es seine endgültige Gestalt gewonnen hat.

Wie es dann weiter diesem gelblich-grauen, lederharten Tongebilde ergeht, wenn es nun zum ersten Brande in den Ofen kommt, um ihn dann ziegelrot als „verschrühter" Scherben zu verlassen, wie es mit Glasur begossen wird, mit der es seine geheimnisvolle „chemische Hochzeit" erlebt, und dann zum zweiten Brande in den Ofen kommt, bis zu dem großen Moment, wenn der Ofen ausgenommen wird, diese lange, schwierige, schicksalsvolle Entstehungsgeschichte des bißchen Tonerde, aus der die wunderbaren Gefäße werden, müßte man von der Meisterin selbst erzählen hören mit allen Einzelheiten, Vorbereitungen, Sorgen und Erfüllungen: das Lagern, das Sintern, das Feuerschüren, das Spähen durchs Schauloch in die Glut, das „mit der Hitze fühlen" … Wir können nur das Gewordene anschauen und im Gewordenen – das ist ja das Wunder des handgeschaffenen, nicht mechanisch hergestellten Werkes – das fortdauernde Werden spüren. Denn nicht nur die Form der Schalen und Vasen wächst und schwillt immer von neuem unter unseren Augen und Fingern, auch die Farbe ist kein starrer bunter Auftrag, der brennende Grund flammt sichtbar weiter durch das Türkis und Platingrün, das Nebelblau und Silbergrau der Glasur, er waltet noch in dem „duffen" Schimmer der intimsten Farben, er lebt.

So sind es denn lebendige Wesen, Geschöpfe, die teilhaben können an unserem all- und sonntäglichen Dasein, was die Künstlerin als Gebrauchs- und Zierstück uns auf Tisch und Bord gestellt hat, sie sind ein Stück ihrer niederdeutschen Heimaterde, unter den fühlenden Fingern zu schwingender Form geworden und zart weiterglühend von dem großen Brand.

NEUE BEITRÄGE ZUR
ROWOHLT-FORSCHUNG

auf Grund der jüngsten Ausgrabungen
mit Hilfe namhafter Gelehrter
zusammengestellt

von Fürchtegott Hesekiel [d.i. Franz Hessel]

1987 [1933]
Berlin-Havelstadt

Die Gestalt des Literaturführers *Ernst Rowohlt* – der von der zweiten Hälfte der dreißiger Jahre an bis über die Mitte des Jahrhunderts so überaus segensreich gewirkt hat – und seine kulturelle Bedeutung ist aus vielen Darstellungen und Dokumenten allbekannt und in die deutsche und europäische Geschichte eingegangen. Um so wichtiger ist es, daß neuerdings durch Entdeckungen, insbesondere im sogenannten Passauer Schutt1, auch die Anfänge und früheren Unternehmungen dieses Mannes einige Aufklärung erfahren. War doch infolge der großen Umwälzungen in den letzten Jahrzehnten, während welcher so viel Dokumente vernichtet wurden, über die ersten fünfundzwanzig Jahre von Rowohlts verlegerischer Tätigkeit lange ein schier undurchdringliches Dunkel gebreitet.

Die vorliegende Arbeit sucht nun die aufschlußreichsten der bisher aufgefundenen Druck- bzw. Schriftstücke zusammenzustellen und zu erläutern. Der Verfasser ist sich des zwangsläufig fragmentarischen und problematischen Charakters seines Unternehmens bewußt, glaubt aber schon dadurch der Wissenschaft einen wesentlichen Dienst zu leisten, daß er weitere Forschungen und Auslegungen anregt.

Den Instituten für chemische Paläographie zu Berlin, Rom, Zürich und Boston, den Forschern Professor Baldur E. Meyer, Dr. Zaccamucchi, Archivar Spähnli und C.A.P. Putnameforthing sei hier für ihre freundliche Unterstützung und Förderung meiner Arbeit mein wärmster Dank ausgesprochen.

Der Herausgeber

---

1 Diese Bezeichnung aus der Archäologie des alten Berlin für die berühmte Fundstätte im einst „Bayrisch" genannten Viertel der alten östlich der Havel gelegenen Stadt ist wohl jedem Gebildeten vertraut. Die Fundstätte befindet sich im Kellergeschoß eines in den fünfziger Jahren abgerissenen Gebäudes, in dem sich die Geschäftsräume des damals noch einfach „Verlag" genannten Rowohltischen Unternehmens während eines Dezenniums ganz oder zum Teil befunden haben. Die Urkunden, die sich in den Resten von Sammelmappen vorfanden, sind in meist sehr lädiertem Zustand. Aber die erhaltenen Bruchstücke, von denen wir hier einen Teil erstmalig veröffentlichen, bedeuten schon eine reiche wissenschaftliche Ausbeute. Zahlreiche Glasscherben, die zwischen den Papierresten lagen, werden zur Zeit noch chemisch untersucht. Es ist noch ungeklärt, ob die betreffenden Glasgefäße kultischen oder profanen Zwecken dienten.

Erstes Fragment[2]

(Eingerissenes Blatt einer illustrierten Zeitung, auf dem oben Namen des Blattes „Für die ..." zu entziffern ist. Rechts Reste der Photographie eines „Mixers" in weißem Dreß, der einen Mixbecher zu schütteln scheint. Links neben der Überschrift „Cocktails" vom Namen des Verfassers die Buchstaben ... RNS ... ... OWOH ..., was nebst anderen Konjekturen auf den Namen Ernst Rowohlt schließen läßt, Textreste wie folgt:)

... Das ist nicht mein Fall. Preismixen in der Hotelbar, mit der ‚Hausbar' als höchste Prämie, dort kann man mich vergebens suchen ... nehme ... das Mixerhandwerk zu ernst ... Apothekerorgie im kleinsten Kreis ... Männerecke ... sonderbaren Gewürzen. Sie flüstern für den Laien unverständliche algebraische Formeln ... Dezimalbrüche von Gin ... heilige Mixtur über die wissende Zunge gleiten ... Am schönsten hat der Cocktail geschmeckt, als er noch nicht Mode war. Beste Erinnerung: Als junger Bankbeamter in Bremen hole ich meinen Vater von der Börse ab und beobachte schon seine Miene, ob es heute auf dem Nachhausewege die kleine Zwischenstation ... Hilmanns Keller ... Damals gab es nur die klassischen Cocktails: Manhattan oder Martini ... nur das eine Glas des heiligen Aperi...[3]

Wir wissen aus anderen Quellen, daß R. aus einer alten Bremer Kaufmannsfamilie stammte. Der Großvater mütterlicherseits war, nach langen Seefahrerjahren, in Bremen Wasserschaut, der Großvater väterlicherseits Expedient der Weser-Zeitung, der Vater Fonds- und Effekten-Makler an der Bremer Börse. „Von diesen dreien", heißt es in einer Art autobiographischer Notiz R.s, die sich in einer ziemlich gut erhaltenen Nummer der alten gediegenen Weser-Zeitung findet, „habe ich, glaube ich, Eigenschaften geerbt, die mir in meinem Beruf genützt haben." Offenbar hat R. von seinen Altvordern auch eine gewisse Trinkfreudigkeit geerbt. Von dieser Seite seines lebhaften Wesens sind uns in ver-

---

2 Gefunden im Passauer Schutt.
3 Schon nach dem Beiwort „heilig" schließen wir auf eine Art kultischen Trunk, der „eröffnend", vorbereitend der Hauptmahlzeit vorherging.

schiedenen Quellen manche Stücklein überliefert. Darunter Anekdoten, an deren Glaubwürdigkeit wir schon deshalb zweifeln, weil R. in seiner großen Zeit, also in den vierziger und fünfziger Jahren unseres Jahrhunderts, sich, wie so viele der damals führenden Männer, des Alkohols fast ganz enthielt. Seine jugendliche Neigung zu geistigen Getränken, die nicht unbekannt geblieben ist, führt einer seiner Biographen auf Schüchternheit zurück und zitiert eine Äußerung des großen Mannes: „Ich war als Knabe und noch als junger Mann ziemlich menschenscheu und bedurfte, um mich in der Gesellschaft und im Geschäftsverkehr zu behaupten, gewisser Anregungsmittel, die mir dann eine oft mich selbst überraschende Sicherheit des Auftretens verliehen." Wie weit nun diese Anregung bei ihm zum Bedürfnis wurde, darüber maßen wir uns kein Urteil an, und wir verweisen jedenfalls einige allzu oft wiederholte Anekdoten ins Gebiet der übertreibenden Fabel, wie z. B. folgende, die sich u. a. zu Budapest auf einem Zeitungsblatt des „Pester Lloyds" gefunden hat.

Zweites Fragment

Ein Feinschmecker. Der Verleger Ernst Rowohlt, eine robuste Natur, ißt in vorgerückter Stunde gern Glas.[4] *Er nimmt sein oft geleertes Trinkglas, beißt ein Stück ab, zerkaut ... genießerisches Lächeln ... möglicherweise schluckt er es auch ... darüber nichts Gewisses ... Eines Nachts sitzt ein Herr bei der Gesellschaft, der auch Glas ißt. Dieser stellt, nachdem er den Kelch seines Sektglases zerkaut hat, den Rest, Fuß und Stiel, auf den Tisch zurück, worauf sich Rowohlt verwundert an den Esser wendet: ,Das lassen Sie stehen? Aber, Mann, das ist doch das Beste.'*

---

4 „Ins Glas beißen", volksetymologisch und durch die dem Philologen vertraute Vertauschung von r und l entstandene Bezeichnung für eine Gewohnheit der alten Zecher, die sie nach stärkeren Libationen ernüchtert haben soll, wie das Efeulaub, das der Grieche ins Haar flocht.

Wir geben weiter keinen Kommentar zu dieser törichten Anekdote und verweisen auf eine andere, die uns glaubhafter erscheint. Man hat das betreffende Blatt in einem betonierten Keller der Kochstraße, Berlin SW, gefunden, der viele interessante Zeitdokumente enthielt. Es lautet:

Drittes Fragment

... schleppt im Sonnenbrand einen großen schweinsledernen Koffer über die Straße ... barhäuptig ... Schweiß ... in dicken Strömen unter dem strohblonden Haar hervor. Sein sonst krebsrotes Gesicht ... purpurfarben ... „Mensch, ich muß zu einer Konferenz mit amerikanischen Verlegern."[5] Stöhnend setzt er den schweinsl...

„Und da schleppen Sie soviel Manuskr..."

... sieht mich mitleidig an: „Manuskripte? Bordeaux, Mensch, Bordeaux ..."

Aus dieser Geschichte geht wohl hervor, daß für einen Mann wie R. in der damaligen in vieler Beziehung krankhaften und auf Nervenreize angewiesenen Zeit der Alkohol eine Art Berufsnotwendigkeit, kaum ein Luxus und jedenfalls kein persönliches Vergnügen war. Daß sich diese Anekdote übrigens auf R. bezieht, schließen wir aus der Personalbeschreibung. Die blühende Röte des Gesichtes hat R. ja bis ins hohe Alter bewahrt. Noch auf den Bildern des Achtzigjährigen ist blonder Schimmer im Haar, und das ausdrucksvolle rundliche Gesicht mit der nicht gerade großen Nase hat die sympathische Glut eines grimmigen Babys. Diese strahlende Kindhaftigkeit seines Ausdrucks erklärt zum nicht geringen Teil seine eminente Wirkung auf Menschen und seinen Erfolg. Er erfüllte das berühmte Dichterwort:

---

5   Der Leser erinnert sich hier der bekannten „Prohibition", die damals eine große Rolle in U.S.A. spielte.

„Nur wo du bist, sei alles, immer kindlich,
So bist du alles, bist unüberwindlich."[6]

Aus der oben zitierten selbstbiographischen Notiz in der Weser-Zeitung wissen wir, daß R. in seiner Heimatstadt das humanistische Gymnasium besucht hat. Dieser Schulbildung verdankte er viel, wenn er das auch, wie er versichert, als Junge nicht immer einsehen wollte und sicherlich kein leichter Schüler war.[7] Jedenfalls ist schon frühzeitig bei ihm die Liebe zum Buch erwacht. Schon der junge Lehrling im Bremer Bankhaus Plump & Co. war ein eifriger Leser. „Es ist", schreibt er in der bereits erwähnten selbstbiographischen Notiz, „wohl während meiner Lehrzeit in der Bank kein Tag vergangen, an dem ich nicht der Buchhandlung des leider so früh verstorbenen Franz Leuwer und der Firma Johs. Storm, mit deren Inhabern mich heute noch die freundschaftlichsten Beziehungen verknüpfen, einen Besuch machte und mich über Neuerscheinungen unterrichten ließ. Meine Eindrücke dort sind wohl für meinen Entschluß entscheidend gewesen, nach beendeter Lehrzeit zum Buchhandel überzugehen."

Seit seinem achtzehnten Lebensjahre ist R., wenn unsere Konjekturen stimmen, verlegerisch tätig. Das erste Buch, das er herausbrachte, war ein Gedichtbändchen „Lieder der Sommernächte", zweifarbig und in achthundert numerierten Exemplaren von der berühmten Offizin Drugulin gedruckt. Der Verfasser dieses Werkes soll übrigens dann nie wieder gedichtet haben. Die Verlagsfirma Ernst Rowohlt, Paris-Leipzig, wurde aber nach einer glaubwürdigen Überlieferung im vierten Stock des kleinen Hotel de Brest zu Paris in einem einschläfrigen Zimmer gegründet Anno 1908. Als erstes bedeutsames Werk brachte R. den Gedichtband „Katerpoesie" von Paul Scheerbart heraus, für den er schon lange eine besondere Liebe hatte. Von der ersten Auflage dieses merkwürdigen Buches sollen noch heute einige Exemplare erhalten sein. Es ist wie so vieles, was R. entdeckt hat, nach langer Halbvergessenheit wieder berühmt geworden.

---

6 Goethe, Trilogie der Leidenschaft, Ed. Cotta, Bd. I, p. 286.
7 „Der Knabe Ernst war seinen Lehrern durch den jähen Wechsel von starrem Schweigen und Zornausbrüchen rätselhaft. Sie verkannten seine Begabung." Erinnerungen einer Bremerin. Boston 1980, pag. 33.

In diese Pariser Zeit fällt eine kleine charakteristische Begebenheit, die R. selbst in einem im Kochstraßenkeller gefundenen ganz erhaltenen Zeitungsblatt berichtet:

„Ich habe wenig Gelegenheiten in meinem Leben verpaßt. Ich bin, um mit dem Berliner zu reden, immer früh aufgestanden. Dabei fällt mir ein, daß ich doch einmal zu spät aufgestanden bin. Es war, wenn ich mich recht entsinne, um das Jahr 1908, während ich in Paris Buchhändler war, als einer meiner skandinavischen Freunde[8] mir ein Rendezvous mit Knut Hamsun versprach, den ich damals genau so verehrte wie heute. Dies Rendezvous sollte vormittags um 12 Uhr im Café de la Régence, gegenüber der Comédie Française stattfinden. Am Abend vorher spukten mir so viele der von Hamsun so oft und herrlich geschilderten Toddys im Kopf herum, daß ich erst gegen Morgen vom Montmartre herunterfuhr und mein müdes Haupt zur Ruhe legte. Wer beschreibt mein Entsetzen, als ich um 1 Uhr mittags aufwachte und, als ich dann um ½2 Uhr im Café de la Régence erschien, erfuhr, daß Hamsun vor einer halben Stunde seine Schachpartie beendet habe und fortgefahren sei. Das war wirklich eine verpaßte Gelegenheit, die damals mich wochenlang unglücklich machte."

Von einigen Forschern wird die Begründung des Verlages in Paris bestritten oder als nur provisorisch bezeichnet und die Stadt Leipzig als der eigentliche Gründungsort angesetzt. Wir finden über Begründung und Beginn des E.R.V. (Ernst Rowohlt Verlag) aufschlußreiche Hinweise in dem sehr umfangreichen Manuskript der „Erinnerungen" eines Literaturkritikers, dessen Name heute nicht mehr genau feststellbar ist. Nach einer dem fünften Band der „Erinnerungen" eingefügten Zeitungsbesprechung des im E.R.V. erschienenen Erstlingswerkes von Georg Heym muß der Name oder das Pseudonym Curtius gelautet haben. C. scheint bis ins hohe Alter zum engsten Freundeskreise R.s gehört und in der ersten Zeit dem Verlag als literarischer Berater zur Seite gestanden zu haben. Die Erinnerungen dieses beziehungsreichen Mannes sind im Dunkel geblieben, weil die Drucklegung 20 Bände erfordert hätte, welche Leistung seinerzeit keinem Verleger zugemutet werden konnte. Welche Gründe R. selbst verhindert haben, das Werk

---

8   Einige Forscher vermuten, daß es sich hier um den bekannten Dänen Müller, Erfinder des sog. Müllerschen Systems der Autogymnastik, handelt, dessen Anregungen R. in sportlicher wie in propagandistischer Hinsicht viel verdankte.

seines Freundes drucken zu lassen, wissen wir nicht. Wir hoffen, daß sich bald Gelehrte und ein Verlag entschließen werden, das in der Leipziger Staatsbibliothek lagernde Manuskript zu bearbeiten und zu veröffentlichen. Freilich sind gerade die den E.R.V. betreffenden Stellen auf stark holzhaltiges Papier der sog. Inflationszeit geschrieben, das bekanntlich nach einiger Frist zerfiel, so daß nur noch einzelne Bruchstücke entzifferbar sind.

Zumindest ergibt sich, daß der junge R. nach Erscheinen seiner oben erwähnten beiden Verlagsprodukte im Winter 1909/10 auf einem Festessen der Bibliophilengesellschaft[9] den jungverheirateten Studenten K. Lupus kennengelernt hat. Zu ihnen gesellte sich der dramatische Dichter Herbert Eulenberg, der damals in Geld- und Verlegersnöten war. Die fröhlich gesteigerte Stimmung fand darin ihren Ausdruck, daß mit 10 000 von Lupus zur Verfügung gestellten Mark der E.R.V. gegründet wurde, mit der Bedingung, daß er als erstes größeres Verlagsobjekt sämtliche Dramen Eulenbergs herausbringen sollte. Das Unternehmen wurde bald damit gekrönt, daß Eulenberg schon 1911 für sein Drama „Belinde" den Schillerpreis erhielt.

Der Memoirenschreiber scheint sehr ausführlich das Idyll in der Königstraße geschildert zu haben, wo in zwei Räumen des Vorderhauses der altberühmten Offizin Drugulin der junge Verlag installiert wurde. Ein einziges Zimmer diente zugleich als Schlaf-, Wohn- und Speisezimmer des Verlegers wie auch als Verlagsbüro und Empfangsraum. In einem Nebenraum war die Buchhaltung und ein kleiner Vorrat der Verlagswerke untergebracht. In einer launigen Anmerkung berichtet der Verfasser eine Episode, die wir hier wörtlich zitieren wollen:

„Als eines Nachts einige junge Mädchen vom Tanzboden hierhergeführt wurden und R. ihnen triumphierend die ringsum an den Wänden aufgestapelten Bücher seiner Produktion zeigte, langte eines dieser Mädchen ein Buch heraus,

---

9 Bibliophilen nannte man in jener Zeit nicht etwa, wie der Name zu besagen scheint, Freunde des Buches schlechthin, sondern eine Sekte von Raritätensammlern, die still und wild seltenen Editionen nachspürten. Sie gaben ihre eigene Zeitschrift heraus, und R. scheint eine Zeitlang Geschäftsführer dieser Zeitschrift gewesen zu sein. Aber das still versessene Dasein eines solchen Bibliomanen paßte nicht ganz zu der temperamentvollen und massiven Persönlichkeit unseres R. Sein Hauptinteresse galt immer wieder der jungen zukunftsträchtigen Literatur.

um es nach einem Augenblick und Hineinblick mit beispiellos verächtlicher Geste und dem Ausruf: ,Ach! … Sch… Gedichte!' wegzuwerfen."

"Wer wird es", so lautet eine andre erhaltene Stelle, "dem jungen Verleger verdenken, daß er, angesichts dieser Beengnis und Bedrängnis die Besprechungen mit seinen Beratern, Freunden und Autoren lieber in die Weinstuben von Wilhelm, wo alltäglich zu Mittag gespeist wurde, in den historischen ,Kaffeebaum', wo schon der junge Goethe den Humpen geschwungen hatte, und endlich mit besondrer Vorliebe in die C.T.-Bar des Centraltheaters verlegte. Wer wird sich wundern, daß manche nächtliche Sitzung, als Beweis beweglichen und stürmischen Geistes, mit mehreren zerbrochenen Glas- und Spiegelscheiben dieser Bar ihren Abschluß fand!"

Über diese Epoche in R.s Leben unterrichtet ferner ein gut erhaltenes autobiographisches Bruchstück, das R.s persönliche Bekanntschaft mit seinem merkwürdigen Verlagsautor Scheerbart erzählt.

Viertes Fragment

(Mittlerer Fetzen aus einem Feuilleton der "Frankfurter Zeitung" vom Juli 1931, Passauer Schutt)

Scheerbart wohnte damals in einer Souterrainwohnung in Zehlendorf. Ich habe ihn dort immer nur in Pantoffeln und ohne Kragen getroffen. Er arbeitete den ganzen Tag in seinem "Laboratorium" an der Erfindung des Perpetuum mobile. Sofort bei Beginn jeden Besuches, den wir ihm abstatteten, wurde zunächst einmal auf meine Kosten ein Kasten Bier geholt, und dann begannen die Erklärungen Scheerbarts. Er kam sich vor wie ein großer Ingenieur. Er hatte stets irgendeine Verbesserung an seinem Modell gefunden. Dies Modell stand auf einem großen Tisch in der Waschküche, in der auch noch eine große Hobelbank mit allem möglichen Tischler- und Mechanikerwerkzeug zu sehen war. Er brachte den sehr komplizierten Apparat in Bewegung, und wenn er dann nach einiger Zeit aufhörte sich zu bewegen, erklärte Scheerbart immer, daß eine ganz bestimmte Verbesserung noch erforderlich sei, dann sei der Tag des Herrn gekommen. Jede Erklärung irgendeines Einzelteils des komplizierten Apparates endigte mit dem Wort „wiesoschöneinfach", und stets vertröstete er uns auf ein paar Tage, dann würde alles in Ordnung sein und das Patent angemeldet werden. Wir, seine Freunde und vor allen Dingen seine Frau, nahmen die Sache todernst. Große Pläne wurden von Scheerbart geschmiedet. Wir alle sollten in der großen Verwertungsgesellschaft seiner Erfindung fabelhaft bezahlte Posten bekommen. Fast täglich lief in Leipzig eine jubelnde Karte ein, von denen ich fast noch hundert aufbewahrt habe, daß er nunmehr der Lösung wieder näher gerückt sei. Tischler und Klempner verdienten an ihm gutes Geld für die Anfertigung der verschiedensten Modelle, aber das „Perpeh", so nannte er seinen Apparat, wollte nicht laufen. Ich werde nie vergessen, was für ein Entsetzen ich spürte, als mir erzählt wurde, daß Scheerbart sich während der ganzen Zeit nur von „geschabtem Hering" auf Brot ernähre. Ich konnte mir damals von dieser Speise gar keinen Begriff machen. Aber jedenfalls war das wohl mit ein Grund für den unerhörten Bierdurst des Dichters. Schließlich entschloß sich Scheerbart dazu, ein Buch über seine Erfindungen zu schreiben, über das ich begeistert mit ihm einen Vertrag schloß. Das Buch über das Perpetuum mobile ist heute schon eine Seltenheit auf dem Büchermarkt geworden. Dem Buche selbst wurden unerhört komplizierte Konstruktionszeichnungen Scheerbarts für das „Perpeh" beigeheftet, die – ich weiß, daß ich mich über die ungeheuren Buchbinderkosten schon damals aufregte – sehr umständlich, auf Falz geklebt, dem Buche beigegeben wurden. Nach der Umschlagzeichnung wurden Plakate hergestellt und diese in Berlin an den Anschlagsäulen plakatiert. Ich fuhr über Samstag-Sonntag von Leipzig nach Berlin, wanderte von Plakatsäule zu Plakatsäule, um staunend mein Plakat mit meiner Verlagsfirma zu bewundern. Leider mußte ich feststellen, daß keinen einzigen Berliner diese Plakate interessierten. Um den Verkauf des Buches in Schwung zu bringen, kamen wir aber auf eine uns damals außerordentlich intelligent erscheinende Idee. Wir setzten uns in die Untergrundbahn, überschlugen auf jeder Station einen Zug und fragten bei den Stilkeschen Kiosken nach dem „neuen aufsehenerregenden Buche von Paul Scheerbart: das „Perpetuum mobile". Der unglückliche Verkäufer hatte von dem Buche noch nichts gehört. Wir erklärten, daß wir am nächsten Abend wiederkommen würden, deponierten den Preis des Buches in Höhe von RM 1,50. Als nun abends bei der Firma Georg Stilke aus allen Himmelsrichtungen von den Kiosken die Bestellungen einliefen, war das ganze Haus Stilke offenbar in größter Erregung über das neueste Sensationsbuch und gab eine große Bestellung per Expreß nach Leipzig auf. Ich kann der

Firma Georg Stilke heute mitteilen, daß ich dies Geschäftsmanöver nie wieder angewendet habe, trotzdem es uns damals äußerst genial erschien. Sollte die Firma Stilke von ihrer damaligen Bestellung, was ich beinahe befürchte, noch Exemplare auf Lager haben, so bin ich übrigens auch gern bereit, diese zum vollen Ladenpreis zurückzunehmen. Jedenfalls erreichten wir allmählich, daß das Buch in etwa 2000 Exemplaren verkauft wurde. Scheerbart hat sich bis an sein Lebensende mit der Erfindung des „Perpeh" beschäftigt. Mit ruhigem Gewissen kann ich erklären, daß ich weder an der „Katerpoesie" noch am „Perpetuum mobile" ein reicher Mann geworden bin. Aber trotz alledem glaube ich noch heute an Scheerbarts Genie, und ich will niemand versprechen, daß mich selbst ein hohes Alter davor bewahrt, eines schönen Tages mit einer Gesamtausgabe von Scheerbarts Werken, 1000 Seiten auf Dünndruckpapier, in Taschenformat, aufzuwarten.

Das hat er dann bekanntlich tatsächlich ein Menschenalter später fertiggebracht und damit eins der merkwürdigsten Dokumente dieser uns heute so fernliegenden dunklen Periode vor dem ersten Weltkrieg in unsere Zeit herübergerettet.

Was der große Dichter- und Dichterwerkentdecker in dieser kuriosen Zeit sonst noch aufgespürt hat, davon wissen wir leider wenig. Nur eine seiner verlegerischen Taten aus dieser Zeit ist dokumentiert. Damals hauste am Starnberger See der absonderliche Poet Gustav Meyrink. Er soll hoch oben in einem Baum, in den er ein Holzhäuschen eingebaut hatte, gearbeitet haben. Rowohlt kletterte eines Tages die Leiter zu dieser Behausung hinauf, und der Dichter las ihm die ersten vierzig Seiten seines Romans „Der Golem" vor. Kühn und sicher schloß R. daraufhin mit ihm einen Vertrag, zahlte einen gewaltigen Vorschuß, und das wurde sein erster großer Bucherfolg, an dem er dann aber persönlich nicht teilhatte, denn als das Werk im Jahre 1914 fertig wurde, hatte R. seinen Verlag bereits verkauft. Und dann kam der Krieg. Freiwillig als Fahrer zog er hinaus und kam als Fliegerleutnant wieder heim.[10] Wie es ihm dann gelungen ist, ohne Geld in den wilden Tagen

---

10 Über R.s Kriegserlebnisse fehlen uns leider authentische Nachrichten. Ich habe nur in den „Kriegserinnerungen ernster und munterer Art" von A. Mutrak 1953 einen Hinweis gefunden, p. 65. „Einer der verwegensten und in den Ruhezeiten lustigsten aus unserer Schar war der blonde Ernst. Er hatte immer ein Reclambändchen Jean Paul im Waffenrock, ob zur Lektüre oder nur als Amulett, blieb

des Januar 1919 seinen Verlag neu zu begründen, bleibt rätselhaft. Nach einer leider nicht authentisch belegten Überlieferung soll er damals seinem Freunde, dem Dichter W. Hasenclever begegnet sein, der gerade ein Drama vollendet hatte, das den für die Situation passenden Namen „Der Retter" hatte. Damit lief R. zu einem Theaterdirektor, der es annahm und gleich 200 Mark Vorschuß auf die Tantiemen zahlte. Von diesem Gelde sollen Dichter und Verleger geraume Zeit glücklich gelebt, ja sogar noch einen später sehr berühmt gewordenen Maler in ihre Notgemeinschaft aufgenommen haben.

Eine Stelle in den oben erwähnten Memoiren von Curtius spricht andeutend von einer Neugründung des E.R.V. im Jahre 1919.

Fünftes Fragment

(Sehr unvollständig erhalten aus den oben erwähnten Gründen)

... Wir waren damals, W. Has..., Kok... und ich ein paar Wochen im Weißen ... Aus dem benachbarten Sanatorium von Lahm ... kam bisweilen der bekannte Großindustrielle Bett...en herüber, um bei uns Fleisch zu essen, was er drüben nur in beschränktem ... Einmal bei reichlichem Mahle und noch reichlicheren Libati... die Wichtigkeit unserer neuesten Werke ... es sei in Berlin junger tüchtiger Verleger, den müsse er „gründen" ... sofort per Telegramm Ernsten herbestellt ... glücklich gelungen ...

Rowohlt siedelte sich an dem damals durch das alte Berlin fließenden Landwehrkanal an der Potsdamer Brücke an. Auf Besonderheiten seines Büros kommen wir noch weiter unten zu sprechen. Zunächst genü-

---

unbekannt. Denn nie hat ihn jemand lesen sehen, er war ja auch von Beruf Verlagsbuchhändler. Um eine Sektwette zu gewinnen, blieb er in einem unserer Barackenlager einmal eine volle Stunde in Uniform in einer großen Wassertonne stehn und hielt nur den Kopf und die Pulle mit Rum über Wasser. Dem Obersten, der vorüberkam und erstaunt vor der Tonne stehenblieb, meldete er sich vorschriftsmäßig: ‚Leutnant E. R. usw. zur Stelle, im Begriff, eine Wette zu gewinnen.'"

ge der Hinweis, daß in dieser Zeit die kühne Jugend aus allen literarischen Lagern bald zu ihm stieß. Er wurde ein ruhender Pol in der Erscheinungen Flucht und nannte sich selbst im Scherz gern einen Panchaotiker. Und wenn man ihn fragte, was er von den Zeitläuften halte, pflegte er grimmig lachend zu sagen: „Ich lasse mir meinen gesunden Pessimismus nicht rauben."

In dieser uns heute in vieler Beziehung kaum mehr vorstellbaren Zeit des krassesten Individualismus war für einen Verleger der Verkehr mit den Autoren ein besonders schwieriges Gebiet. Wir besitzen ein sehr aufschlußreiches Schriftstück von R.s eigener Hand, das in munter überlegenem Ton zu dieser Angelegenheit Stellung nimmt:[11]

Fingerzeige über Umgang mit Autoren

Von einem Verleger

Setz deinen Autor in einen bequemen Sessel, der niedriger ist als dein Stuhl, dann wirst du am besten mit ihm verhandeln können.

Reiche ihm etwas zu rauchen hinunter.

Setz eine leichtgefärbte Brille auf, damit er das Spiel deiner Augen nicht beobachten kann. Setz dich selbst möglichst in den Schatten und ihn in möglichst helles Licht.

Selbstverständlich ist es, daß dich dein Schreibtisch wie ein Festungswall umgibt.

Überlaß den Autor ungehemmt seinem Redefluß, wenn er dir von seinem Manuskript oder von seinem geplanten Buch erzählt. Geht ihm der Atem aus, so fange schüchtern an zu sprechen.

---

11 Ein allerdings unvollständiger Abdruck dieses Manuskripts, das wir unlädiert im Passauer Schutt aufgefunden haben, erschien in dem seinerzeit berühmten „Querschnitt", einer für die Epoche charakteristischen Zeitschrift, von der noch eine Reihe Exemplare in den Bibliotheken von Saloniki, Lund und Milwaukee erhalten sind. Wir geben hier den vollständigen Urtext.

Frage ihn nicht nach Einzelheiten seines Manuskriptes oder Plans. Sei von vornherein ebenso wie er selbst überzeugt von der Möglichkeit eines Erfolges seines Buches, denn du mußt dir sagen, daß du ihn von dem Mißerfolg, bevor er da ist, nicht überzeugen kannst.

Selbst die längste Besprechung darf nicht länger als eine halbe Stunde dauern. Davon hast du nur fünf Minuten Redezeit, in der dreimal das Wort Wirtschaftskrise vorkommen darf.

Der Autor, der dir am meisten mit seinen praktischen Kenntnissen vom Buchhandel im allgemeinen und im besonderen imponieren will, versteht sicherlich gar nichts davon. Hüte dich aber vor denen, die behaupten, sie seien keine Geschäftsleute und verstünden nicht das geringste von derartigen Dingen; sie sind gefährlich.

Gewonnenes Spiel hast du aber, wenn der Autor dir erklärt, er wolle seinen Anwalt befragen, mit diesem wirst du dann in fünf Minuten spielend fertig.

Wenn dir ein Autor erklärt, daß mehrere andere Verleger sich um ihn reißen, lehne das Angebot ab, ohne ihn weiter anzuhören.

Glaube einem Autor nicht, wenn er dir erzählt, sein ganzer Bekanntenkreis würde sein Buch kaufen. Da verschwinden nur die Freiexemplare; kein „Freund" oder „Bekannter" kauft ein Buch.

Fasse nicht irgendwelche Entschlüsse bei der ersten Unterhaltung, sondern denke über die Physiognomie des neuen Autors ein paar Tage nach. Sein Äußeres gibt dir mehr Einblick in das, was er kann, als das, was aus ihm als Redestrom herausbricht.

Bei der zweiten Besprechung ziehe deinen Lektor hinzu, der mit ihm freundlich plaudert und ihm mit seinen Kenntnissen imponiert.

Laß durchblicken, daß du im Grunde ein Idealist bist, aber laß ihn nicht den Eindruck haben, daß du vom Kaufmännischen nichts verstehst. Kein Autor wird dich selbst im Wesen richtig erkennen. Entweder bist du für ihn ein pfiffiger Kaufmann oder ein freundlicher Mäzen; du bist aber keins von beiden. Du

hast den blödesten Beruf der Welt ergriffen. Der Handel mit Häuten und Fel-
len ist eine klare Sache, der Handel mit Geistesprodukten wird immer ein Mit-
telding zwischen deinem persönlichen Geschmack und deiner Leidenschaft
einerseits und deinem Gefühl für eine gute Konjunktur andererseits sein.
Wenn du zwanzig Jahre dies Geschäft, das kein Geschäft ist, betrieben hast,
kannst du selbst nicht mehr unterscheiden, welcher Instinkt dich leitet, der
künstlerische oder der geschäftliche; du bist ein Zwitter geworden.

Bemühe dich trotzdem, den Autor von deiner Seriosität zu überzeugen, ob-
gleich du selbst fühlst, daß du eigentlich ein wilder Spekulant bist. Bedenke
stets, ohne es zuzugeben, daß du mindestens so närrisch bist wie der Autor.
Denn Bücher verlegen ist eine fast noch närrischere Betätigung als Bücher
schreiben.

Es gibt Autoren, die sich nicht ohne ihre Gattin in deine Höhle wagen. Laß alle
Register deiner Liebenswürdigkeit spielen, so wird sie vielleicht, wenn du
Glück hast, sich seinen Flüchen über dich nicht anschließen und sie mildern.
Führt s i e aber bei den Verhandlungen das Wort, so bist du so gut wie verlo-
ren. Jeder Versuch, sie für dich zu gewinnen, ist vergeblich. Kein Autor ist so
habgierig wie seine Frau. Mag sie ihn für einen großen Schriftsteller oder für
einen Trottel halten, auf jeden Fall wird sie versuchen, aus ihm herauszuschla-
gen, was nur geht, und du bist der Leidtragende.

Will dein neuer Autor sein Manuskript erst schreiben oder vollenden, so zahle
ihm nach Möglichkeit keinen Vorschuß, er hat dich an der Gurgel. Wenn du
ihm deinen letzten Pfennig gegeben hast, wird er erklären, daß er mit dem
Vorschuß nicht ausgekommen ist, er könne absolut nicht weiterschreiben,
wenn er nicht sofort an die Riviera reisen könnte. Er brauche die Stimmung
und die Atmosphäre der Riviera zur Vollendung seines Werkes, besonders
wenn er einen proletarischen Roman schreibt.
Willst du den schon gezahlten Vorschuß nicht verlieren, mußt du weiter
bluten. Es gibt kein Mittel, ihn zum Arbeiten zu zwingen. Wenn du etwa noch
ein Anfänger bist und ihm mit einem Prozeß drohst, so fährt er mit dem näch-
sten FD-Zug in die Ferne, und wenn es ernst wird, findet das Auge des Geset-
zes in seiner Wohnung höchstens ein Häufchen Pegasusmist; die Gerichtsko-
sten aber bezahlst du.

*Jeder Autor erklärt dir, daß sein Buch ganz billig auf den Markt gebracht wer-
den muß; rechnest du ihm aber das dabei für ihn abfallende Honorar vor, so
erhöht er die Preise.*

*Frage einen Autor nie, ob sein Buch in Fraktur oder Antiqua gedruckt werden
soll, er weiß nicht, was das ist.*

Rede nie mit ihm vom Satzspiegel, er versteht nichts davon.

*Ist der Vertrag geschlossen, so schließe dich der Ansicht des Autors an, daß du
ein Meisterwerk erworben hast. Laß dir von keinem anderen Autor weismachen, daß es dies nicht ist, sondern glaube an dies Buch selbst dann noch, wenn
du es verramschen mußt.*

*Rechnest du mit dem Autor ab und der Absatz seines Buches hat nicht die
Dimensionen angenommen, die er erwartete, so zucke mit keiner Wimper,
wenn er anfängt, dir zu erzählen, wieviel Buchhändler ihm gesagt hätten, daß
sie Hunderte von Exemplaren seines Buches täglich absetzten. Du mußt dir
darüber klar sein, daß er stets glauben wird, du betrügst ihn mit den Absatzzahlen. Er hat ja von doppelter Buchführung und Lagerkonten keine Ahnung.*

*Versuche auch nicht, ihm klarzumachen, daß es Schwindel ist, wenn jeder
zweite Mensch, mit dem er über sein Buch spricht, behauptet, er habe es gekauft – er wird dir nicht glauben. Auch nicht, daß ein Exemplar seines Buches
durch unendlich viele Hände wandert – alles das versteht er nicht. Rede nicht
mit ihm über Propaganda, er wird stets behaupten, daß du für die anderen
Bücher deines Verlages in dieser Hinsicht mehr tust.*

*Wundere dich nicht, wenn sich dein Autor in den Tagen des Erscheinens sei-
nes Buches wie eine schwangere Frau benimmt und der Meinung ist, daß mit
dem Stichtag des Erscheinens eine neue Zeitrechnung beginnt. Stärke ihn
lieber in diesem Glauben und laß dich von seinem Fieber anstecken. Je mehr
Leuten du erzählst, daß du das beste Buch des Jahres herausgebracht habest,
desto besser wird das Buch gehen.*

*Sei dir darüber klar, daß du Tag und Nacht für deinen Autor telephonisch zur
Verfügung stehen mußt.*

Sei bei der Angabe des geschätzten Absatzes nicht optimistisch und nicht pessimistisch. Du mußt ein Fingerspitzengefühl dafür haben, was du ihm an Absatzzahlen zumuten kannst. Wenn die Quartalsabrechnung kommt, wird sich ja ohnehin alles finden.

Rechne damit, daß du die Schuld hast, wenn sein Buch nicht gefressen wird, daß es aber nur wenige Autoren gibt, die dir deinen ehrlichen Anteil am Erfolg zugestehen.

Bist du mit deinem Autor menschlich befreundet, so empfiehl ihn einem anderen Verleger, denn das sicherste Mittel, deinen Freund zu verlieren, ist, ihn zu verlegen.

Du kannst mit ziemlicher Sicherheit damit rechnen, daß der Autor, mit dem du zuerst auf rein geschäftlicher Basis verkehrst, sehr schnell dein Freund wird.

Kneipen darfst du grundsätzlich mit einem Autor nur dann, wenn der Vertrag schon abgeschlossen ist. Kneipst du aber mit einem Autor, so vermeide jedes Gespräch über seine Bücher, sonst wird es ungemütlich. Merke dir, daß die besten Autoren die sind, die nicht von ihren Büchern sprechen.

Dein Meisterstück im Umgang mit den Autoren legst du aber ab, wenn du ihnen beigebracht hast, daß dein Vorteil auch ihr Vorteil ist.

Gewöhne dich daran, die Achseln zu zucken, wenn dir dein erfolgreicher Autor die Angebote deiner Konkurrenz-Verleger zeigt. Lächle, schweige und poche auf den Generalvertrag. Diese Umgangsregeln gelten im allgemeinen auch für Autorinnen. Es ist selbstverständlich, daß du dich nicht durch ihre äußeren Reize beeinflussen läßt.

Versuche, ihnen durch größte Sachlichkeit zu imponieren. Das wird dir vielleicht auch als Mann bei ihnen nützen, vor allem aber als ihr zukünftiger Verleger.

Oberster Leitsatz:

Laß dem Autor die Überzeugung, daß ihr beide Kulturfaktoren seid, aber sei dir selber darüber klar, daß auch der Lumpenhändler, den du ja in Form von Makulatur reich belieferst, die gleiche Daseinsberechtigung hat wie du und dein Autor.

Nach dieser grimmigen Kundgebung sollte man annehmen, daß R. seine Autoren bisweilen recht hart angefaßt habe. Aber dem war nicht oder nur selten so. Im Passauer Schutt haben wir eine Reihe Brieffragmente gefunden, die bezeugen, wie freundlich er mit diesen schwierigen Gesellen umging. Da ist z. B. einer, den er in jedem Brief mit „Lieber Sohn" anredet, und der ihn seinen lieben Vater nennt, woraus aber durchaus nicht auf ein verwandtschaftliches Verhältnis zwischen beiden Männern zu schließen ist. Mit diesem lieben Sohn hat R. wirklich große Geduld. Monatelang wartet er ruhig auf Teilsendungen eines längst bevorschußten Manuskripts. Der „Sohn" führt die tausend üblichen Gründe an, die ihn am Weiterarbeiten hindern. Der „Vater" tröstet ihn, lädt ihn zu sich ein: „Komm ein paar Tage her, wir machen ein großes Schneckenessen und bequatschen dabei die Sache weiter." Während dieses Besuches scheint R. seinen „Sohn" nicht gerade zur Arbeit gehetzt zu haben. Vielmehr spielte er die meiste Zeit mit ihm das damals übliche Tischtennis, das Ping-Pong genannt wurde. Rowohlt glaubte darin eine gewisse Meisterschaft erworben zu haben, was der „Sohn" lebhaft bestritt. Er verdroß den „Vater" geradezu durch seine immer wiederkehrenden diesbezüglichen Anspielungen. So schreibt er ihm in einem seiner nächsten Briefe folgende hämisch erfundene Anekdote: „Hier herrscht über folgende Angelegenheit große Aufregung: Unlängst wurde in einer Gesellschaft Ping-Pong gespielt. Zwei Herren gerieten in Streit und jeder behauptete, besser zu spielen als der andere. Schließlich rief der eine in höchster Wut dem anderen zu: ‚Sie spielen ja nicht besser als Rowohlt!' – worauf der so Beleidigte einen Revolver zog und seinem Gegner den Arm durchschoß. Vor Gericht wurde der Schütze freigesprochen, der Schimpfer aber zu drei Jahren Zuchthaus verurteilt!"

So ärgerte der „Sohn" seinen „Vater", statt fleißig weiterzuarbeiten. Der „Vater" aber blieb noch lange nachsichtig, schrieb nur sanft: „Ich

flehe dich an, liebes Söhnchen, mir wenigstens einen Termin anzuge-
ben, mit dem ich rechnen kann." Ein andermal: „Ich bitte dich drin-
gend, lieber Sohn, mach keine Zicken[12] und schicke endlich was. Du
weißt, bei Papa herrscht Ordnung."

Endlich reißt ihm denn doch die Geduld, und er schreibt einen
Donnerbrief, der beginnt: „Lieber Sohn, ich verfluche dich und deine
Nachkommen bis ins 27. Glied, wenn du mir nicht endlich Nachricht
gibst, wann wir mit dem Manuskript rechnen können. Bitte bedenke,
daß ich immer dein treuer Vater war, dem du -zigtausend schuldest ..."

Ob der „Sohn" je das Manuskript geliefert hat? Wir wissen es nicht.

Während R. in der Hauptstadt schuftet, scheinen sichs seine Autoren auf Reisen und angenehmem Landaufenthalt wohlergehen zu lassen. Darüber gibt es eine tagebuchartige Aufzeichnung von R. aus dem
Jahre 1926:

*„Unter meinen Autoren gibt es kaum unangenehme Menschen – sonst wären
sie ja nicht Autoren meines Verlages. Außerdem sind sie die Hälfte des Jahres
nicht in meiner Reichweite, also können sie mir nicht gar zu unangenehm
werden. Der eine sitzt im Sommer auf Capri, der andere in Biarritz, der dritte
irgendwo in der Provence oder im Salzkammergut, wieder ein andrer sitzt
zwar im Tessin, hat sich aber dafür eine direkte Telephonverbindung nach
Berlin legen lassen, um für pünktlichen pekuniären Nachschub sorgen zu
können.*

*Die Autoren schreiben mir anfangs die schönsten Ansichtskarten mit viel
Sonne, blauem Himmel und schönen Frauen in Badekostümen, so daß ich vor
Neid platze, da ich hier für sie unter den bekannten schweren Zeiten schwitzen
und mit Druckern und Sortimentern kämpfen muß. Nach einiger Zeit schreiben mir meine Dichter keine Karten mehr, sondern Briefe. Vorwurfsvoll fragen
sie an, ob denn die Korrekturen noch nicht fertig wären oder wo weiterer Vorschuß bliebe; dann werden die bisher so angenehmen Dichter zu unangeneh-
men Mahnern und bereiten mir schlaflose Nächte."*

Wenn erst einmal die vielen oft so rätselhaften Fragmente des Passauer
Schuttes insgesamt chemisch behandelt und mit der zeitgenössischen

---

12 Auch „Zicklein", ursprünglich kleine Ziegen, im damaligen Slang vermutlich
Ausflüchte oder Winkelzüge bedeutend.

Memoirenliteratur verglichen worden sind – und diese Arbeit kann sich noch auf Jahre erstrecken –, wird man ein Bild gewinnen von dem großzügigen und intimen Verhältnis R.s zu seinen Autoren sowie zu seinen sonstigen Geschäftsfreunden. Häufig finden sich wie in den oben erwähnten Briefen an den „Sohn" intime Anreden wie „Lieber Genosse" oder gar „Lieber Großvater". Auch einen „lieben Onkel Georg Heinrich" haben wir entdeckt und glauben in ihm den auch heute noch unvergessenen G.H. Meyer wiederzuerkennen, der einer von R.s besten Freunden und Beratern gewesen ist. Seltsam mutet auf ein paar Zettelresten die Anrede „Lieber Bruder Sommer" an. Sie hat zu den merkwürdigsten Konjekturen geführt. Außer der Anrede sind immer nur ein paar Worte erhalten wie: „komm du zu ..." oder „bin sicherlich bei ..." oder „wenn's diesmal nichts wird ..." Fast gleichlautende Reste hat man in einer anderen Schuttstelle des „Bayrischen Viertels" gefunden, die man für die Erstblätter dieser Passauer Durchschläge ansprechen wollte. Und da diese sich in einem Raum fanden, den die chemische Untersuchung nach anderen Spuren für eine Art Turnhalle halten wollte, hat man auf Beziehungen zu einem befreundeten Sportsmann oder Sportlehrer geschlossen, der vielleicht einer Sekte angehörte, die geschwisterliche Anrede pflegte, wie dies damals häufig vorgekommen sein soll. Wir möchten indessen diese Fragmente für Teile von Dichtungen franziskanischer Natur ansehen und an des Heiligen Anreden „Fra Sole" und ähnliches erinnern. Hier berühren wir das noch dunkle Gebiet der Rowohltischen Dichtung, auf die wir im Rahmen unserer Arbeit noch nicht weiter einzugehen für angemessen halten.

Verschiedene Anekdoten der Memoirenliteratur bestätigen R.s Generosität im Verkehr mit seinen literarischen Pflegekindern. So soll er einmal jedem seiner gangbarsten Autoren zu Weihnachten eine goldene Uhr geschenkt haben. Wozu folgende, übrigens nicht authentisch belegte, aber doch wahrscheinliche Geschichte überliefert wird.[13]

---

13 Zeitungsblatt, einem Kartothekrest aufgeklebt, Titel und Datum der Zeitung abgerissen. (Pass. Sch.) Eine ähnliche, fast gleichlautende Anekdote erzählt der Südamerikaner Lazarillo de Torres (1941-1975) in seinen „Erinnerungen eines Sortimenters" von einem zeitgenössischen Autor, was uns darin bestärkt, an der Glaubwürdigkeit der oben über R. berichteten Geschichte zu zweifeln.

Der kleine Dichter XY, von dem vor Jahren ein schmales Versbändchen bei Rowohlt erschienen war, kam zu ihm und beschwerte sich, daß er leer ausgegangen sei.

Rowohlt will ihn nicht kränken. „Das hätte ich ja fast vergessen", sagt er liebenswürdig, geht schnell in ein Geschäft und kauft dem Dichtersmann eine Uhr für zwölf Mark fünfzig.

Beglückt zieht der mit seiner Beute von dannen.

Aber drei Tage später ist er wieder da.

„Herr Rowohlt", schimpft er, „Ihre Uhr geht nicht."

Rowohlt legt sich breit in den Stuhl zurück und sagt:

„Ja, glauben Sie denn, Verehrter, daß Ihre Gedichte gehn?"

So töricht wie dieser Lyriker waren wohl nur wenige von R.s Autoren, aber leicht hatte er es nie mit ihnen, weder mit den erfolglosen noch mit den erfolgreichen. Auch diese letzteren beschweren sich manchmal bei ihm, der doch ein Meister und ein Fanatiker der Propaganda war, daß er nicht genug für ihre Werke „tue". Meistens antwortet er ihnen sehr liebenswürdig und klärt sie schonend auf. Wenn er dann aber mal lospoltert, ist es besonders erbaulich, davon zeugt u. a. dieses Brieffragment.

Sechstes Fragment

… sagt mir, daß irgendeine … Ihnen weismachen will, sie habe in sechs Buchhandlungen Ihr Buch nicht bekommen.

Dieses Weibsbild sollte man hängen, vierteilen oder notz... Denn das ist doch so sicher wie zwei mal zwei vier ist, daß … Vielleicht hat die junge Dame in der Ackerstraße[14] in einer Papierhandlung nach Ihrem Buch gefragt …

Wenn R. sich hier etwas kräftiger Ausdrücke bedient, darf uns das nicht wundernehmen; einmal lag es in der Zeit und dann war der große

---

14 Wo sich diese Straße befand, wissen wir leider nicht. Es finden sich indessen einige andeutende Bemerkungen über ihre Lage in Leopold Wronckens „*Suburra*", 3. Bd., pag. 123/24. Dorpat 1968.

Mann in dieser Beziehung besonders herzhaft. Es wird überliefert, daß er noch im hohen Alter und bei sehr veränderten Zeitumständen häufig an Freund und Feind mit der bekannten Aufforderung herangetreten sein soll, die dem Ritter Götz von Berlichingen zugeschrieben wird. So finden sich denn auch im Passauer Schutt in den Briefresten wiederholt Stellen wie „Du kannst mich ..." oder „Sie können mich ...", bisweilen sogar „Du" bzw. „Sie" „kannst" bzw. „können mich kreuzweis ..." Und da wir hier nur die Durchschläge seiner mit der Maschine geschriebenen Briefe haben, ist anzunehmen, daß es in seinen leider zum größten Teil verlorengegangenen handgeschriebenen Briefen vielleicht noch kräftigere Wendungen gegeben hat. Auch in dieser Beziehung wäre es dankenswert und verdienstvoll, wenn die Wissenschaft weiterhin in den Nachlässen seiner berühmten und unberühmten Zeitgenossen nach Rowohltdokumenten forschen würde. Es könnte da mancherlei Erstaunliches und nicht nur für ihn, sondern für diese ganze individualistisch grobianische Epoche Interessantes zutage treten.

Wir machen uns heute, nachdem die Literatur wie alle anderen geistigen Berufe fest in das Staatsgefüge eingegliedert ist – was nicht zum wenigsten der Energie des fünfzig- und sechzigjährigen Rowohlt zu danken ist –, kaum einen Begriff, wie schwer der verlegerische Beruf in den ersten Dezennien des Jahrhunderts war. Dauernde wirtschaftliche Krisen, beginnend mit der Zeit der Inflation und Deflation[15], hemmten alle Unternehmungen. Man mußte schon ein Panchaotiker sein wie Rowohlt, um sich in diesem Chaos zu behaupten. Und als er in einem besonders schlimmen Jahre schließlich auch einmal in Schwierigkeiten geriet und das einem in Dingen der Wirtschaft sehr erfahrenen Freunde mitteilte, soll dieser ihm ermunternd geantwortet haben: „Laß nur, du bist immer und auf allen Gebieten ein Pionier und Bahnbrecher gewesen. Wart nur, im Herbst werden deine Kollegen alle insolvent sein – die haben dir ja immer alles nachgemacht!"[16]

Einer speziell sozialwissenschaftlichen und mit den Handelsbegriffen jener lang vergangenen Zeit vertrauten Forschung muß es vorbehal-

---

15 Für diese rätselhaften Begriffe finden sich die besten Definitionen in E.B.D. Pleyters „Handels- und Wechselrecht im chaotischen Zeitalter". Boston 1977.

16 „Erinnerungen eines Globetrotters" von Sven Guildensmith. London und Tel Aviv 1949, pag. 177ff.

ten bleiben, einmal den Weg aufzuzeichnen, den Rowohlt aus dem Dickicht dieser wirren Epoche gefunden hat.

Damals gab es wunderliche Einrichtungen im Handelsverkehr, zum Beispiel eine Art papierne Erklärung, die man Akzept nannte, ein Wort, das wohl auf das lateinische accipere („annehmen") zurückzuführen ist und dessen Wesen auf einer bloßen Annahme beruhte. Es ist inzwischen ebenso wie das Wort „Wechsel", das heute nur waidmännisch vom Wilde gebraucht wird, aus der Handelssprache verschwunden. Damals aber spielte es eine große Rolle. Es bestand sogar in dieser Zeit der ewigen Auf- und Abrüstungen eine berittene kommerzielle Truppe, die man Wechselreiter nannte. Vor diesen gefährlichen Akzepten hatte schon der Vater Rowohlt seinen Sohn Ernst gewarnt. Es ist ein Brief erhalten, in dem der alte Herr den Sohn beschwört: „Eins versprich mir, lieber Ernst, unterschreibe nie ein Akzept." Jahre und Jahrzehnte vermied der Sohn denn auch diese gefährlichen Papiere, bis endlich in der Zeit der Hochinflation einer der großen Verführer ihn für verrückt erklärte, wenn er nun nicht auch mitmachte und sich, wie alle Welt, ein „Notgeld" anschaffte. Rowohlt aber tat das eigentlich nur im Interesse seiner hungrigen Autoren.

Für diese arbeitete er wirklich im Schweiße seines Angesichtes. Damals war eine Zeitlang das Geld so entwertet, daß man schon große Papierbündel davon haben mußte, um die nötigsten Lebensmittel zu kaufen. Rowohlt gewann die Freundschaft eines der größten Papierbündelherstellers, holte selbst die Riesenballen von der Bahn ab und schaffte sie schwitzend in Lastautos, die er dann zu den armen Poeten fuhr.

Gegen Ende des Weltkrieges und in der Folgezeit waren einige Leute daran reich geworden, daß sie eine Art Papier herstellten, das für Hemden und Säcke verwertet wurde, woran bei Militär und Zivil großer Bedarf war. Rowohlts imposanter Energie gelang es, diese Männer zu veranlassen, ihre großen Papiermassen für idealere Zwecke herzugeben, und er gründete damit verschiedene Zeitschriften, von denen noch Reste von verschiedener Farbe gefunden worden sind, eine grüne, eine gelbe und eine weiße. Solange diese Zeitschriften seinen idealen Zwecken dienten, verwaltete er sie selbst; als dann mit der Zeit seine Helfer darauf kamen, mit diesen Papieren Geschäfte zu machen, überließ er ihnen die Hefte und wandte sich neuen Zielen zu. Denn immer lag ihm nur an der geistigen Bewegung, nicht an dem armseligen Ertrag. Er erfaßte das Wort Umsatz bereits im heutigen Sinne der dauernden wirtschaftlichen Metamorphose, er erkannte oder ahnte den notwendigen Austausch der Aggregatzustände und setzte immer wieder Festes in Flüssiges um.

Über die damalige, mit den, wie gesagt, heute schwer verständlichen Worten Inflation und Deflation bezeichnete Epoche seiner Wirksamkeit gibt es wenig Dokumente. Man hat bisher nur einige rätselhafte Zettel mit seiner Unterschrift gefunden. Und zunächst hat man diese Unterschrift nicht einmal als die seine erkannt. Sein berühmter Namensschnörkel steht nämlich auf diesen Papieren nicht in der üblichen horizontalen Stellung, sondern seltsam schräg, manchmal sogar fast senkrecht. Vielleicht ist dies auf kultische Gebräuche eines geheimen Bundes, dem er angehörte, zurückzuführen. Hier kommen wir in das Gebiet des religiös Mystischen, wo wir auf Vermutungen angewiesen sind. So wird unter anderem überliefert, er habe bisweilen mitten am Vormittag sein Büro plötzlich verlassen, sei tief in das Innere der Stadt geeilt und dort stundenlang geblieben, obwohl er beim Weggehen gesagt habe: „Ich komme in zehn Minuten wieder." An welcher Urquelle er in solchen Fällen Erkenntnis schöpfte und ob ihn wie den sagenhaften König Numa Pompilius eine Quellnymphe, eine Egeria, beriet, wir wissen es nicht. Das Bild einer solchen Göttin vermutet man in einer der Fresken, die man bei den Ausgrabungen gefunden hat, welche bei der Herstellung der Potsdamer Hochstraße gemacht wurden. Dicht an dem seinerzeit trockengelegten Landwehrkanal hat nämlich vor der sogenannten Passauer Epoche sein Büro gelegen. Und in diesem muß nach den gefundenen architektonischen Resten ein größerer Saal mit Fresken geschmückt gewesen sein. In diesem feierlichen Raum, der wohl kaum dem einfachen Geschäftsbetrieb gedient haben mag, fanden vermutlich die großen Literaturorgien statt, die er damals zelebrierte. Aus Aufzeichnungen von Zeitgenossen Rowohlts wissen wir von diesen Festen der Propaganda, bei denen Rowohlt den Kunstrichter mit dem Künstler zusammenzubringen verstand und wunderbare Übereinstimmung zwischen den schaffenden und den urteilenden Geistern herstellte. Wenn es aber dabei zu Gegensätzen kam, verstand er versöhnend oder gewaltsam einzugreifen, indem er den Streitenden einen Gesinnung ausgleichenden Trank reichte oder die störrisch Bleibenden mit eigener

Hand vor die Tür setzte. Rowohlt war bekanntlich ein athletisch gebauter Riese, um dessen mächtiges Muskel- und Knochengerüst sich nur zeitweilig eine Fettschicht melancholischer Versonnenheit lagerte, die er aber immer wieder in Gewaltmärschen und Sportübungen abtrainierte. So war er auch den meisten Gegnern im Kampf überlegen. Und selten wagte einer ihm zu widerstehn, wenn er gewaltsam seinen Willen durchsetzen wollte. Nur von einem winzigen Mann, den er aus fremdem Stamm entführt hatte und viele Jahrzehnte bei sich hegte – „Paulchen" nannte er ihn –, wird überliefert, er habe bisweilen des Riesen Willen gebeugt. Nahm Rowohlt ihn wütend in die Höhe und funkelte ihn zornig an, so flüsterte der Kleine ihm seltsame Worte ins Ohr, und beruhigt und mit mildem Lächeln sank der Riese in sich zusammen.

Die Feste über dem Wasser des Kanals machten den benachbarten Anwohnern großen Eindruck. Beim Höhepunkt der Feierlichkeiten sollen die begeisterten Teilnehmer bisweilen an die offenen Fenster getreten sein. Dann wurden die heraufschauenden Profanen der Straße mitergriffen von dem Rausch der Eingeweihten und jubelten ihnen zu.

Man wußte im damaligen Berlin von diesen Festen, aber nur wenigen war der kultische Charakter derselben vertraut. Ja selbst unter den Teilnehmern waren viele, die ahnungslos mitmachten und, wenn Rowohlt in einem bestimmten Moment seinen berühmt gewordenen Schrei ausstieß, diesen für nichts weiter als ein lustiges Brüllen hielten, während wir heute wissen, daß diese Rowohltische Gewohnheit auf das „Euhoe" bzw. „Evoe" der antiken Bacchanten zurückzuführen ist und jeweils ein neues Stadium des Festes eröffnete. So ist auch nur den Eingeweihten ganz verständlich gewesen, was es bedeutete, wenn R. gegen Ende der Nachtfeier Teile seiner Kleidung heftig herunterriß. Auch hierin wie in so vielem ist er Träger altgeheiligter Tradition gewesen.[17]

Den Festtagen entsprachen einige Trauertage, die sich in ziemlich regelmäßigen Abständen wiederholten und merkwürdigerweise meist auf den 21. des Monats fielen, was wohl wiederum mit religiösen Vor-

---

17 Auf solche kultischen Gewohnheiten des Halbentkleidens ist wohl auch R.s berühmtes Porträt, das der ihm nah befreundete Maler Gulbransson für das Vollständige Bücherverzeichnis des E.R.V. vom November 1930 gezeichnet hat, zurückzuführen. Es stellt den großen Mann als halbentkleideter Angler dar. Zeitgenossen sollen an diesem Bilde Anstoß genommen und in seinem Gesichtsausdruck, in dem wir eine religiöse Erstarrung wahrnehmen, ein zynisches Behagen gelesen haben. „Das ist das Los des Schönen auf der Erde."

stellungen dieser rätselhaften Zeit zusammenhängen mag. An diesen Tagen war Rowohlt ziemlich unzugänglich, zog sich in seine Privatgemächer zurück oder lagerte sich einsam an der obenerwähnten Urquelle. Um so beweglicher war er in seinen munteren Tagen. Hat er doch noch im hohen Alter Deutschland ein paar dutzendmal im Jahre in seinem Flugzeug überquert, um überall die Bedürftigen mit Literatur zu versorgen und zur Lektüre anzuregen. Und schon in seinen jüngeren Jahren, als er noch kein Flugzeug besaß, soll er große Fahrten im Auto zu demselben Zweck gemacht haben. Nach einigen Quellen sogar in ältester Zeit auf einem Motorrad, das der gewaltige Mann aber so sehr in Anspruch nahm, daß dies Gefährt eines Tages unter seiner Last zusammenbrach.

*

Hier wollen wir diese, wie bereits gesagt, notwendig fragmentarische und lediglich weitere Forschungen vorbereitende Studie abschließen und verweisen nur noch auf einige ergänzende Werke bzw. Teile von Werken:

Trebor Lisum, Dreißig Jahre ohne Eigenschaften, Geschichte eines Romans und seiner Publikation. Verlag der Parallelaktion. Wien 1950.

Ole Kasels, Mein geliebter Brotgeber. 5. Band der wortbrüchigen Erinnerungen. Tegernsee 1952.

Rudolf Wilhelm Eduard, Wie sag ich's meinem Verleger? Ein Capriccio. Berlin und Lucca 1945.

Und endlich aus dem großen dreibändigen Standardwerk von Trehnak und Gidel, Geschichte der Propaganda im tragischen Zeitalter, das Kapitel „Schleich ins Fenster". Bd. II, S. 44ff. Honolulu und Haparanda 1961.

ANHANG

Hartmut Vollmer

Nachwort

Die literarische Tätigkeit Franz Hessels stellt sich in einer beeindru-ckenden Vielfalt dar. Als Erzähler, Romancier, Essayist, Lyriker, Dra-matiker, Kritiker, Übersetzer, Herausgeber und Lektor war er überaus aktiv am literarischen Leben der Weimarer Republik beteiligt und hat es wesentlich mitgeprägt.[1]

Der vorliegende Band widmet sich vor allem dem Feuilletonisten und Kritiker Hessel. Die hier gebotene Sammlung umfasst Texte, die Hessel nicht für eine Buchpublikation vorgesehen hatte[2] oder die im Vergleich zu späteren Buchfassungen bemerkenswerte Differenzen auf-weisen, Arbeiten, die überwiegend nur als Zeitungs- und Zeitschriften-drucke erschienen sind.

Die Bibliographie, die dem vorliegenden Band angefügt ist, zeigt ei-ne erstaunliche Quantität der Periodika-Veröffentlichungen Hessels und ein breites Spektrum der Publikationsorgane, in denen er vertreten war. Dass viele seiner Texte mehrfach veröffentlicht wurden, dokumen-tiert nicht nur die zahlreichen Kontakte des Schriftstellers zu den Feuil-leton-Redaktionen namhafter Zeitungen in den 1920er- und frühen 1930er-Jahren, sondern dürfte auch auf den Vertrieb durch Feuilleton-Agenturen zurückzuführen sein. Unverkennbar hatte es Hessel ver-standen, den Gesetzen des modernen ,Literaturmarktes' zu folgen und die große Nachfrage nach Feuilleton-Beiträgen, mit denen sich ein ein-trägliches Geschäft machen ließ, zu bedienen.

Unter ästhetischen Aspekten ist das Feuilleton immer wieder dem Vorwurf ausgesetzt gewesen, triviale Unterhaltungsware zu sein oder belanglos-oberflächliche ,Tagesschreiberei' zu liefern, die mit Kunst nichts oder wenig zu tun habe. In den 1920er-Jahren lässt sich jedoch an reichlichen Beispielen eine ästhetisch bedeutende Verflechtung von

---

1 Vgl. dazu: *Über Franz Hessel. Erinnerungen – Porträts – Rezensionen.* Hg. v. Gregor Ackermann u. Hartmut Vollmer. Oldenburg 2001.

2 So sind in diesem Band auch nicht die Texte aufgenommen, die Hessel für die unveröffentlichte Sammlung *Frauen und Städte* zusammengestellt hatte (vgl. Bd. 3 der Werkedition); eine Ausnahme bilden hier allerdings veränderte Textfassun-gen von Zweitdrucken.

Journalismus und Literatur registrieren, durch die sich die ‚kleine' Prosaform als ein spezifisch literarisches Genre zu etablieren versuchte. – Franz Hessel zählt zu den wichtigsten Autoren dieser ‚kleinen Prosa', einer Gattung, der die Philologie allerdings misstrauisch und zwiespältig gegenübersteht. In einem Essay über Robert Walser äußerte Walter Benjamin 1929 deutliche Kritik an den Vorurteilen und den ignoranten Haltungen: „Was es mit dieser ‚kleinen Form' [...] auf sich hat und wie viel Hoffnungsfalter von der frechen Felsstirn der sogenannten großen Literatur in ihre bescheidenen Kelche flüchten, wissen eben nur wenige. Und die andern ahnen gar nicht, was sie einem Polgar, einem Hessel, einem Walser an ihren zarten oder stachligen Blüten in der Öde des Blätterwaldes zu danken haben".[3] Der erwähnte Alfred Polgar hatte schon 1926 betont, dass die ‚kleine Prosa' die *zeitgemäße* literarische Form sei, denn das moderne Leben sei „zu kurz für lange Literatur, zu flüchtig für verweilendes Schildern und Betrachten, zu psychopathisch für Psychologie, zu romanhaft für Romane, zu rasch verfallen der Gärung und Zersetzung, als dass es sich in langen und breiten Büchern lang und breit bewahren ließe".[4]

Obwohl Hessel sich immer wieder der alltäglichen Dinge und Geschehnisse annahm, war er kein journalistischer ‚Tagesschreiber': er sei „nie in die Ebene des Journalismus hinuntergestiegen", erklärte Stefan Großmann, der Herausgeber der Zeitschrift *Das Tage-Buch* und selber Autor einer beachtlichen ‚kleinen Prosa'.[5] Als problematisch betrachtete Hessel den beruflichen Auftrag und die Pflicht des Journalisten, über etwas Besonderes, möglichst Spektakuläres, schreiben zu *müssen*, um die Bedürfnisse und Erwartungen eines breiten Lesepublikums zu befriedigen und damit den eigenen schriftstellerischen ‚Marktwert' zu sichern. In seinem ‚Pariser Tagebuch' *Vorschule des Journalismus*[6] hat er diesen Konflikt reflektiert. Die dort geschilderte Rückkehr in die ‚Traumstadt' Paris, die Hessel durch den Weltkrieg verloren hatte, ist mit dem Arbeitsauftrag verbunden, über die Seine-Metropole journalis-

---

3 Walter Benjamin: *Robert Walser*. In: *Das Tage-Buch*, Jg. 10, H. 39, 28.9.1929, S. 1609-1611; zit. nach: W. Benjamin: *Gesammelte Schriften*, Bd. II/1. Hg. v. Rolf Tiedemann u. Hermann Schweppenhäuser. Frankfurt/M. 1977, S. 324-328 (324).

4 Alfred Polgar: *Die kleine Form*. In: A. Polgar: *Orchester von oben*. Berlin 1926, S. 12.

5 Stefan Großmann: *Franz Hessel*. In: *Tempo*, Jg. 3, Nr. 5, 7.1.1930.

6 Erschienen in Hessels Erzählungsband *Nachfeier*, Berlin 1929, S. 98-176; vgl. Bd. 2 der Werkedition, S. 303-340.

tisch zu berichten. Doch statt mit dem Blick eines ‚Feuilleton-Ver-
werters' dem „Zweck" des Aufenthalts nachzugehen („Ich habe Themen und Aufgaben. ‚Eindrücke' soll ich ‚festhalten'. Ich soll sozusagen
vorbildlich erleben"), verliert sich der Besucher auf „ziellosen" Gängen
durch die Stadt in melancholische Erinnerungen an das Vorkriegs-Paris.
Die Versuche, aus seinen Beobachtungen brauchbare und „wohlbeschaffene" Feuilleton-Beiträge zu gewinnen, werden von den Erinnerungen, Reflexionen und Assoziationen des Flaneurs, von seiner Hingabe an die zweckfreien Eindrücke und Augenblicke, an scheinbare
Nebensächlichkeiten und Kleinigkeiten konterkariert. Die subjektivisti-
schen Aufzeichnungen des Paris-Besuchers füllen so eher ein persönliches ‚Tagebuch' – wie es der Untertitel der *Vorschule* deklariert – als
dass sie für eine Zeitung zu verwenden wären, wenngleich Hessel in
den Notizen durchaus publikumsinteressante Themen entdeckt: „Das
wäre ja schon beinah ein Feuilleton, was ich da aufgeschrieben habe.
Aber im Überlesen kommts mir fast frivol vor, daß ich einfach aus dem
Augenblickseindruck urteile." Wenig später stellt er während seiner
weiteren Betrachtungen nicht ohne Verwunderung fest: „Seltsam, ich
fange schon an, im Feuilletonton zu schreiben. Lern ichs doch noch?
Wird das ein Paris, das dem gewünschten Exportartikel für die deutsche Zeitung entspricht?" Selbstkritisch weiß Hessel um die journalistische Pflicht, allgemeinverständliche und interessante Beschreibungen
von Paris zu liefern, entwirft dabei aber sein eigenes, privat-persön-
liches Porträt der Stadt, deren Erinnerungsbilder er mit der Gegenwart
zu verknüpfen versucht; d. h. Innenwelt und Außenwelt sollen zur
Koinzidenz geführt werden, was allerdings angesichts der befremdli-
chen, entzaubernden modernen Veränderungen der Metropole miss-
lingt.

Wie ein selbstironisches literarisches Spiel mutet es an, wenn man
konstatiert, dass in Hessels ‚Pariser Tagebuch', gefüllt mit den ‚feuille-
ton-untauglichen' Aufzeichnungen, Texte integriert sind, die zuvor als
Zeitschriften- und Zeitungsdrucke erschienen waren. Tatsächlich hat
Hessel in der *Vorschule des Journalismus* in Abgrenzung zur zweckorien-
tierten journalistischen Arbeit sein ästhetisches Prinzip des ‚absichtslo-
sen' Schreibens aus der Perspektive des flanierenden Beobachters dar-
gelegt. Das Credo des Flaneurs lautet: „Wir Fatalisten des Zufalls glauben geradezu: Suchet nicht, so werdet ihr finden. Nur was uns an-

schaut, sehen wir. Wir können nur –, wofür wir nichts können." In seiner 1932 erschienenen Betrachtung *Von der schwierigen Kunst spazieren zu gehen* hat Hessel dieses ästhetische Programm weiter ausgeführt und die wahre Kunst des glücklichen Flanierens in einem selbstvergessenen und intentionslosen „Sichgehenlassen" gesehen, wodurch sich dem Spaziergänger die Straße „wie ein Buch" öffne, das er „lesen" könne, ohne sich auf die bedrängende Wirklichkeit „einlassen" zu müssen. Schon in Hessels Roman *Heimliches Berlin* (1927) heißt es: „Das Leben ist überall für dich da, gratis zu jeder Tageszeit, nur laß dich nicht ein, genieße alles, besitze nichts. Besitz beraubt." Erst die Aneignung raubt den Dingen, wie den Menschen in der besitzergreifenden Liebe, ihren Zauber, die Einzigartigkeit des „Ersten Blicks"[7], und macht sie, da Besitz nicht von ewiger Dauer sein kann, ‚sterblich'. Hessels Philosophie intendiert das Glück des Zuschauers, der sich aus der Distanz allem verbunden weiß, der alles gleichwertig betrachten kann und der schließlich sprechend/notierend/erzählend Beziehungen knüpft und frei am Leben teilnimmt.

Die erklärte Ziellosigkeit des Flanierens und Schreibens heißt freilich nicht, dass der ‚kleinen Prosa' Hessels keine ‚Absicht' zugrunde läge. Viele Prosatexte des vorliegenden Bandes verraten einen Auftrag des Schreibens, eine ‚journalistische Themenvorgabe', die Intention, zu erkunden und zu berichten. Diese ‚Vorgaben' fungierten offenbar als Initiierung und äußerer Rahmen eines Erzählens, das sich in einem lustvollen ästhetischen Prozess gewissermaßen verselbständigt, indem es detailverliebt, Geschichte(n) aufspürend, in beiläufige und unscheinbare Dinge und Begebenheiten abschweift, in sie eindringt und so dem häufig Unbemerkten und Nebensächlichen kraft der Sprache Bedeutung verleiht. Was mitunter lediglich wie eine der leichten Unterhaltung dienende harmlose Plauderei wirkt, erweist sich bei genauerer Betrachtung als Beobachtung und Kommentierung eines wortgewandten Zeitkritikers, der mit verständig-einfühlsamem, liebevollem und scharfsichtigem Blick – oft aus humorvoller, ironischer Distanz – Phänomene des alltäglichen Lebens fixiert und Brüche des modernen Da-

---

7 „Ich möchte beim Ersten Blick verweilen. Ich möchte den Ersten Blick auf die Stadt, in der ich lebe, gewinnen oder wiederfinden", schreibt Hessel einleitend in seinem Buch *Spazieren in Berlin*, Leipzig, Wien 1929, S. 7; vgl. Bd. 3 der Werkedition, S. 9.

seins aufdeckt. Mit der Typisierung der *Betrachtsamen Plauderei,* wie Hessel ein 1932 erschienenes Prosastück untertitelte[8], hat er die Doppelbödigkeit seiner Feuilleton-Texte zum Ausdruck gebracht.

Erzählfreudig ist der Philanthrop Hessel auf der Suche – auch dies eine Intention seines Schreibens – nach dem Menschlichen in einer immer unmenschlicher sich darstellenden Welt. Der Schriftsteller-Flaneur hat ein Auge und ein Herz für die ‚kleinen Leute', für die ‚Statisten' des großstädtischen Schauspiels, deren Sorgen und Sehnsüchte er protokolliert. Hessel registriert Merkwürdigkeiten seiner Zeit, seltsame Unstimmigkeiten, die unentwegt schreibmotivierende Fragen aufwerfen. Dass vieles nicht mehr ‚stimmt', in der modernen Realität, zwischen den Menschen, ist das Resultat einer disparaten, fragmentierten Wirklichkeit, die in der ‚kleinen Prosa' eine adäquate literarische Form findet.

Die zunehmend fremder werdende neue Zeit – die *Vorschule des Journalismus* hat dies bereits gezeigt – treibt Hessel in einen Strom der Erinnerung, der die vertraute, glückliche Vergangenheit heraufruft und den Bruch der Existenz manifestiert. Das im französischen Exil entstandene Erzählfragment *Letzte Heimkehr* gibt ein eindrucksvolles Zeugnis dieser Existenz-Spaltung und der Trauer über die verlorene Zeit, die Hessel erinnernd zu retten versucht, während er in der gegenwärtigen Realität ihre Zerstörung erlebt. Der Anlass der Paris-Reise hat sich im Vergleich zur *Vorschule* jedoch entscheidend verändert: der ‚Besucher' ist nun ein Vertriebener, der aus Hitler-Deutschland, aus dem heimatlichen Berlin, hat fliehen müssen und in Paris jetzt seine ‚letzte Heimat' erblickt. Noch einmal demonstriert das späte Erzählfragment die autobiographische Komponente im literarischen Werk Hessels, den stetigen Prozess, durch das erinnernde Schreiben das eigene Leben zu reflektieren und zu bergen. Gemeinsam mit den in der *Pariser Tageszeitung* 1938/39 veröffentlichten Prosastücken und dem nachgelassenen Romanfragment *Alter Mann* gewährt die Erzählung *Letzte Heimkehr* beredte Einblicke in die Exilsituation Hessels und dokumentiert die existenzielle Bedeutung seines Schreibens.

Das zur Literatur sich gestaltende erinnerte Leben offenbart sich als eine Suche nach dem (verlorenen) Glück, die bis zu den Anfängen der

---

8   *Guter Regen,* veröffentlicht am 19.7.1932 in der *Magdeburgischen Zeitung.*

Existenz zurückführt, wo der von Hessel postulierte „Erste Blick" für das Kind die Entdeckung der Welt konstituierte. Diese weltentdeckende Kindheitsperspektive hat Hessel als flanierender Schriftsteller zu bewahren versucht, um den ursprünglichen, unverfälschten Zauber des Erschauten und dessen poetische Aura zu erfassen. „Die Überzeugung, ein Dichter zu sein", bekennt er in seiner Prosaskizze *Die zweite Verszeile*, „habe ich, von keiner Skepsis gestört, eigentlich nur als Kind gehabt, und wenn ich später den Mut, etwas Selbständiges, ‚Schöpferisches' zu schreiben, fand, so war das immer eine Art Wiederfinden dieses kindlichen Selbstvertrauens." Der Eintritt des Kindes in eine wunderreiche Märchenwelt, wie ihn Hessel im *Lastträger von Bagdad*, seiner letzten Prosaveröffentlichung in der Zeitschrift *Die Literarische Welt*, Mitte 1933 erinnernd schildert, endet mit der Erkenntnis, dass der Erzähler „als Kind an der Schwelle dieser Welt – eingeschlafen" sei. In dieser ‚Schwellen-Erfahrung' hat Hessel eine Schlüsselbedeutung für sein „ganzes Dasein" gesehen: Das Tor zur Welt der Geheimnisse und Wunder öffnet sich nur dem Träumenden, der in der dichterischen Sprache die zauberhaften Geschichten der Kindheit fortzuschreiben vermag. – Eine Traumverwandlung der Realität erlebt gleichfalls der Flaneur, wenn er sich den Eindrücken und Erscheinungen hingibt, wobei die Straße für ihn zum „Wachtraum" wird und das Pflaster ihn „wiegt" „wie ein wanderndes Bett" (*Von der schwierigen Kunst spazieren zu gehen*).

*

Wie in seinen Erzähltexten zeigt sich auch der *Kritiker* Franz Hessel als ein einfühlsamer Betrachter. Seine Buch-, Theater- und Filmrezensionen, seine Ausstellungsberichte sowie seine Künstlerporträts sind Bekenntnisse zum persönlichen Eindruck; sie fällen keine vernichtenden Urteile, die harten und scharfen Töne liegen dem Rezensenten Hessel fern. Seine Kritiken beschreiben und charakterisieren eher als dass sie richten. „Ach das viele Urteilen!" klagt er denn auch in seiner Betrachtung *Von der schwierigen Kunst spazieren zu gehen*: „Selbst die offiziellen Kunstrichter sollten lieber etwas weniger urteilen und mehr besprechen. Wäre es nicht schön, wenn sie das, was sie zu behandeln haben, besprechen könnten wie die alten Zauberer und Medizinmänner

Krankheiten besprachen?" Das Kritikerverständnis, das sich hier artikuliert und dem Hessel in seinen Rezensionen gefolgt ist, geht zunächst, und grundsätzlich, von der Achtung eines Werks aus, das in der Besprechung *Be*achtung findet (auch bei einer negativen Kritik). Der Hinweis auf die „alten Zauberer und Medizinmänner", die „Krankheiten besprachen", zielt auf eine heilsame Beschwörung des Vollkommenen. Für Hessels Buchrezensionen – die von Kurzkritiken bis zu ausführlichen, mehrseitigen Wiedergaben von Romanfabeln reichen – bedeutet dies: eine Beschwörung der Kraft und des Zaubers der Sprache, eine Suche nach der „Erlesenheit" und „sinnlichen Intensität" der Worte[9], aber auch nach ihrer Präzision und Prägnanz. Hessels Neigung zum Zitieren aus den besprochenen Büchern und zu Nacherzählungen der Fabeln resultiert aus diesem Verständnis. „Ein Zauber ist das Wort", erklärt er programmatisch im Roman *Heimliches Berlin*, „und wer eines zitiert, sollte sich der Gefahr und Gnade bewußt sein. Zitieren heißt Geister beschwören." – In diesem Wissen lässt sich Hessel von den rezipierten Worten der Literatur anrühren und ergreifen. Dabei weist er stetig darauf hin, dass die der modernen hektischen Zeit entsprechende einmalige, rasche Lektüre eines Buches für ein tieferes Verstehen nicht ausreicht; erst das zweite Lesen, „frei von der Spannung, die bei der ersten Lektüre das Verweilen verhindert", wie Hessel in seiner Rezension von Max Brods Roman *Die Frau, nach der man sich sehnt* schreibt, öffnet den Blick für sprachliche Details und kann so erst den eigentlichen Reiz und die tiefe Bedeutung eines Werks, die Schönheit der Sprache und deren präzise Erfassung eines Gegenstands oder Themas vermitteln.

Viele der von ihm rezensierten Autoren und Autorinnen kannte Hessel persönlich, mit einigen war er befreundet, von manchen französischen Schriftstellern, die er in seinen Kritiken behandelte, übersetzte er Werke. Immer wieder begegnete er in den vorzustellenden Büchern Themen, Sujets, die ihm nahestanden, über die er selbst geschrieben hatte und weiterhin schrieb: Stadtporträts etwa und damit verbundene ästhetische Fragen, Geschichten über das menschliche Glück und Unglück, Fabeln über die Liebe, Erinnerungen an die Kindheit. Hessel war dementsprechend ‚urteilsbefugt'. Notiert er beispielsweise über „Georg

---

9   Vgl. Hessels Rezension v. Wilhelm Speyers *Schwermut der Jahreszeiten*.

Hermanns bewährte Kunst, einen die Straße entlang spintisieren und so im Weitergehen Vergangenheit und Gegenwart, fremde Schicksale und das eigene Leben aus der Stadtlandschaft ablesen zu lassen", betont er Stefan Großmanns „Einsicht, daß gerade der Betrachtende, ins Anschauen Versunkene seine besondere Art hat, die Welt zu wandeln", rühmt er Walter Benjamins literarischen „Zauberstab", „der einschrumpfen macht, was groß daherkam, und Kleinstes, Unscheinbares ins Riesenhafte verwandelt", oder verweist er bei einem Roman von Jules Romains auf den Menschen „als Schauplatz, nicht als Besitzer des Lebens", so wird man unweigerlich an Hessels eigene Erzählästhetik erinnert. In der Rolle des Literatur-*Rezipienten* verrät sich denn auch immer wieder der Literatur-*Produzent*.[10]

Vor allem seine ausführlichen Besprechungen in der Stuttgarter Zeitschrift *Weltstimmen* – über Romane von Proust, Dos Passos und Bronnen – bezeugen, wie Hessel durch das nacherzählende Eindringen in die vorzustellende Fabel offenbar die eigene Erzähllust aktivierte. „Wenn wir Proust lesen", so bemerkt er, „wird unser Interesse nicht durch die Folge von Ereignissen erregt, sondern durch ein dauerndes Wechselspiel von Erwartung und Erinnerung, die das Erlebte durchkreuzen. Zeit und Raum werden uns neu, es entsteht ein Neben- und Ineinander vieler Daseinsstufen." Gemeinsam mit Walter Benjamin hatte Hessel 1926/27 in Paris den zweiten und dritten Band von Prousts *A la recherche du temps perdu*, *Im Schatten der jungen Mädchen* (Berlin 1926, Hessel besprach diesen Band in den *Weltstimmen*) und *Die Herzogin von Guermantes* (München 1930), ins Deutsche übertragen. Dass die Übersetzung von der Kritik gerühmt wurde[11], war ein Resultat des

---

10 Eine derartige ‚schöpferische Inspiration' zeigt sich etwa auch in seinen Porträts von Künstlerinnen und Künstlern, indem Hessel versucht, das Geheimnis und die Originalität ihres Schaffens mit einer *adäquaten*, d. h. stilvoll-prätentiösen und oft poetischen Sprache zu erfassen (vgl. dazu auch die Künstlerinnenporträts in der Sammlung *Frauen und Städte*, Bd. 3 der Werkedition).

11 Vgl. etwa die Beurteilung Sylvia von Hardens: „Wer die französische Sprache beherrscht und im tiefsten Sinne des Wortes kennt, weiß Übersetzungen zu schätzen. Aus dem Französischen kann man überhaupt nicht übersetzen, weil die Sprache so kompliziert ist, daß der Charme und Esprit vollständig verloren gehen würde, man kann nur *nachdichten*, und was das bedeutet, sagt alles, um den beiden Übersetzern die künstlerische Huldigung zuteil werden zu lassen, die sie für ihre Leistung verdienen." (S. v. H. [Sylvia von Harden]: Rezension v. Marcel

genauen Einfühlungsvermögens Benjamins und Hessels, ihres sprachlichen ,Hineinversenkens' in die grandiose erinnerte Gedankenwelt Prousts. – Für Hessel selbst bedeutete Schreiben stets eine ,Suche nach der verlorenen Zeit'.

Während Proust die veränderte Zeit- und Raumerfahrung rückblickend auf die Welt der Belle Époque zur neuen Romanform gestaltete, öffnete John Dos Passos den Roman durch Montagetechnik für die adäquate Darstellung der chaotischen Wirklichkeitszersplitterung und der Wahrnehmungsüberflutung, wie sie in der modernen Großstadt zu erleben war. Hessel dürfte in beiden Autoren avantgardistischer Epik die eigenen erfahrenen und literarisierten Spannungen zwischen der alten und neuen Zeit, der inneren und äußeren, erinnerten und protokollierten Welt wiedergefunden haben. Wenngleich er das Großstadterlebnis nicht mit der radikalen formalen Konsequenz eines Dos Passos oder Alfred Döblin zur Gestaltung führte, stand er dennoch unverkennbar in der Entwicklung moderner Prosa. Besonders sein Roman *Heimliches Berlin*, der aus verschiedener Figurenperspektive die komplizierte Liebesgeschichte eines Frühlingstages des Jahres 1924 erzählt und dabei dem turbulenten Treiben der Metropole gewissermaßen einen zeitaufhebenden mythologischen ,Unterboden' gibt (Benjamin verwies darauf, dass der Roman „technisch der Photomontage" nahestehe[12]), bezeugt dies.

Hessels literarischer Standort – zwischen dem Rückblick auf die Tradition, der Verbundenheit mit der klassischen Ästhetik und der alten Erzählkunst, und der Integration in die Moderne, der Beachtung und Rezeption aktueller ästhetischer Entwicklungen – bestimmt auch seine Rezensionen, die kritische Perspektive und die Auswahl der besprochenen Bücher. In vielerlei Hinsicht hat sich Hessel dabei als ein *Literaturvermittler* gezeigt, der für die ausländische Literatur Brücken schlug zum deutschen Publikum, der sich jungen deutschsprachigen Schriftstellertalenten widmete und der namentlich als Herausgeber der

---

Proust: *Im Schatten der jungen Mädchen*. In: *Berliner Tageblatt*, 5.6.1927, Beil. *Literarische Rundschau*).

12 Vgl. Walter Benjamin: Rezension v. Franz Hessel: *Heimliches Berlin*. In: *Die Literarische Welt*, Jg. 3, Nr. 49, 9.12.1927, S. 15.

‚Monatsschrift' *Vers und Prosa* modernen Autoren eine – wenn auch nur kurzzeitige – Publikationsmöglichkeit verschaffte.[13]

Hessels schriftstellerische Existenz wurde vor allem durch die Arbeit im Verlag von Ernst Rowohlt gesichert und gefördert. In diesem Verlag veröffentlichte er in den zwanziger und frühen dreißiger Jahren nicht nur seine Romane, Prosasammlungen und dramatischen Arbeiten, hier fand der Schriftsteller als Lektor, Übersetzer und Herausgeber auch seinen literarischen ‚Tagesberuf' und ein wichtiges Forum des literarischen Lebens in der Weimarer Republik. Als eine humorvolle Hommage an Rowohlt verfasste Hessel mit Unterstützung weiterer Verlagsmitarbeiter unter dem Pseudonym ‚Fürchtegott Hesekiel' (das bereits auf seine späteren Publikationen in der *Pariser Tageszeitung* verweist) zur „heimlichen Feier" der „25jährigen Verlegertätigkeit im September 1933" die *Neuen Beiträge zur Rowohlt-Forschung*. Mit vielen Anekdoten, ironischen Anspielungen und Verschlüsselungen stellt Hessel in dieser Festschrift eine „scherzhafte Historie" des Verlags zusammen, zeichnet dabei ein anschauliches, sehr menschliches Porträt des „Literaturführers" und „Panchaotikers" Ernst Rowohlt und schildert insbesondere den recht problematischen Umgang des Verlegers mit seinen Autoren. – Die lediglich als Privatdruck erschienene Schrift, die eindrücklich die satirisch-ironische Seite von Hessels Œuvre dokumentiert,

---

13 In einem Brief an Hans Fallada vom 28.7.1923 schrieb Hessel über das Programm seiner Zeitschrift: „wir bereiten die Herausgabe einer Monatsschrift vor, die ‚*Vers und Prosa*' heißen und der rein schöpferischen Dichtung dienen soll. In 12 schmalen Heften jährlich wollen wir zu versammeln versuchen, was uns diese zeitgenössische Produktion an wirklich Gestaltetem zuträgt. Meinungsäußerungen, Kritiken und Abhandlungen überlassen wir den zahlreichen einschlägigen Organen und beschränken uns auf das rein dichterisch Entstandene, seien es Verse, Prosareihen, Novellen, Roman- und Dramenfragmente, Dialoge oder jene besondere Art Essays, die Kunstgebilde sind so gut wie Lied und Erzählung und das verkannte oder vergessene Wesen der Rhetorik erhalten oder erneuern. Wir wenden uns an eine Reihe Namhafter mit der Bitte um Mitarbeit, wollen aber, daß unser Unternehmen nicht durch die großen Namen, sondern durch das Essentielle der Beiträge bedeutsam werde. Wir wollen neben das, was uns bekannte Autoren beisteuern, das gute Gedicht des Unbekannten setzen und ihn dadurch, daß wir ihm für seine wesentliche Produktion eine Öffentlichkeit verschaffen, von dem gefährlichen Streben nach ‚Literatur' abzulenken versuchen." (Faksimile des Briefes in: Ernest Wichner u. Herbert Wiesner: *Franz Hessel – Nur was uns anschaut, sehen wir* [Ausstellungsbuch]. Berlin 1998, S. 80).

wird in der vorliegenden Ausgabe erstmals wieder vollständig veröffentlicht.

Bei aller Vielfalt seiner literarischen und publizistischen Tätigkeiten hat sich Hessel nie in das Zentrum der Öffentlichkeit gedrängt. Seine „geradezu kindliche Uneigennützigkeit"[14] blieb für ihn auch im regen Literaturbetrieb der Weimarer Republik gültig. Davon zeugen seine kritischen, übersetzerischen, editorischen und lektorischen Arbeiten, die Hessel als *Dienst an der Literatur* verstanden haben dürfte – mit denen sich in einer utilitären Zeit freilich auch die materielle Existenz sichern ließ. Diese Arbeiten werden in zukünftigen Untersuchungen noch umfassender zu würdigen sein. Eine Beachtung des *Kritikers* Hessel ermöglicht der vorliegende, abschließende Band der Werkedition.

---

14 Vgl. Helen Hessel: *C'était un brave. Eine Rede zum 10. Todestag Franz Hessels.* In: *Letzte Heimkehr nach Paris. Franz Hessel und die Seinen im Exil.* Hg. v. Manfred Flügge. Berlin 1989, S. 69-94 (71).

Textnachweise und Erläuterungen

Die Textgestaltung folgt der angegebenen Druckfassung. Orthographie-
und Druckfehler wurden korrigiert. Heute ungebräuchliche Schreib-
weisen – dies gilt auch für die anderen Bände der Werkedition – wurden behutsam modernisiert (z.b. „Über" für „Ueber", „Knie" für „Kniee",
„Waage" für „Wage"). Die Anordnung der in Zeitschriften und Zeitungen erschienenen Texte orientiert sich an der Chronologie ihrer Veröffentlichung.

Folgende Abkürzungen werden verwendet:

EZG	Franz Hessel: *Ermunterungen zum Genuß*. Berlin 1933; Neuausg. Berlin 1987
GVW	Franz Hessel: *Ein Garten voll Weltgeschichte. Berliner und Pariser Skizzen*. Hg. v. Bernhard Echte. München 1994
KP	Franz Hessel: *Ermunterung zum Genuß. Kleine Prosa*. Hg. v. Karin Grund u. Bernd Witte. Berlin 1981
LW	Franz Hessel: *Laura Wunderl. Münchner Novellen*. Berlin 1908; Neuausg., hg. v. Dirk Heißerer, München 1998
NF	Franz Hessel: *Nachfeier*. Berlin 1929; Neuausg. Berlin 1988
PÜS	Franz Hessel: *Persönliches über Sphinxe. Vier Berliner Skizzen*. Berlin 1990
SIB	Franz Hessel: *Spazieren in Berlin*. Leipzig, Wien 1929; Neuausg. München 1968; u.d.T. *Spazieren in Berlin. Beobachtungen im Jahr 1929*. Hg. v. Joachim Schreck. Berlin/O. 1979; u.d.T. *Ein Flaneur in Berlin*. Berlin 1984; hg. v. Moritz Reininghaus, Berlin 2011
TLG	Franz Hessel: *Teigwaren, leicht gefärbt*. Berlin 1926; Neuausg. Berlin 1986
VDI	Franz Hessel: *Von den Irrtümern der Liebenden und andere Prosa*. Hg. v. Hartmut Vollmer. Paderborn 1994
ZBS	Franz Hessel: *Spazieren in Berlin – Zwei Berliner Stätten*. Berlin 1929 (Privatdruck, in 150 nummerierten Exemplaren, zum 3. Stiftungsfest des ‚Fontane-Abends' am 14.11.1929)

u.d.K.	unter dem Kürzel
u.d.Ps.	unter dem Pseudonym
u.d.T.	unter dem Titel

Verstreute Prosa

Lob Münchens
In: *Faust. Eine Rundschau* (Berlin), Jg. 1, 1921, H. 1, S. 49f.; Nachdr. in: VDI.

Damast und Moder
In: *Prager Presse* (Prag), Jg. 2, Nr. 1, 1.1.1922, Morgen-Ausg., Beil. *Dichtung und Welt*, Nr. 1, S. If.
Hessel nahm diesen Text in seine Novellensammlung *Von den Irrtümern der Liebenden* auf, die im Spätsommer 1922 erschien. Für die Buchfassung veränderte er das Prosastück jedoch; er schrieb es um in die Ich-Form, als Erzählung des geheimnisvollen „kleinen Kunstprofessors" Dappertutto (vgl. Bd. 2 der Werkedition, S. 96-103).

„Kommandiert die Poesie"
In: *Das Tage-Buch* (Berlin), Jg. 3, H. 37, 16.9.1922, S. 1325f.; Nachdr. in: VDI.
„wie es Carl Sternheim kürzlich in diesen grünen Heften mit zwingender Logik bewies": bezieht sich auf Sternheims Glosse *Die stehlenden Dichter* (*Das Tage-Buch*, Jg. 3, H. 33, 19.8.1922, S. 1160f.).

Genieße froh, was du nicht hast
u.d.Ps. ‚Schnellpfeffer' in: *Das Tage-Buch* (Berlin), Jg. 3, H. 40, 7.10.1922, S. 1424-1427; Nachdr. in: VDI.
Hessel integrierte den Anfangsteil der Glosse später in veränderter Fassung in seinen Roman *Heimliches Berlin* (Kap. 9; vgl. Bd. 1 der Werkedition, S. 318f.). Eine frühere Textvariante zu diesem Roman, die sich als Typoskript im Nachlass befindet (Deutsches Literaturarchiv, Marbach), dokumentiert, dass Hessel bei der Konzeption von *Heimliches Berlin* ursprünglich noch umfassender auf das Prosastück *Genieße froh, was du nicht hast* zurückgriff, u.a. auch auf die Schilderung des beglückenden Erlebnisses mit der Fritzi-Massary-Zigarette.

Freundesrat
In: *8 Uhr-Abendblatt* (Berlin), Jg. 77, Nr. 159, 9.7.1924, 1. Beiblatt, S. 3.

Beim Zahnarzt
In: *Danziger Zeitung* (Danzig), Jg. 67, Nr. 303, 31.10.1924, S. [2]; zusammen mit den Prosastücken *Ich sehe ähnlich* (in: TLG) und *Der Ausländer* (in: EZG) u.d.T. *Bekenntnisse eines Hilflosen*.

Die „Füße" von Degas
In: *Königsberger Hartungsche Zeitung* (Königsberg), Nr. 1, 1.1.1926, Morgenblatt, 3. Bl., S. [2].

Wickinger und Wicken
In: *B.Z. am Mittag* (Berlin), Jg. 49, Nr. 94, 7.4.1926, 1. Beibl., S. [2f.].

Historische Anekdoten für die Gebildeten unter ihren Verächtern
In: *Danziger Zeitung* (Danzig), Jg. 69, Nr. 146, 28.5.1926, S. [2].

Zuvor in etwas veränderter Fassung veröffentl. u.d.T. *Kalauer für die Gebilde-*
ten unter seinen Verächtern in: *Das Tage-Buch* (Berlin), Jg. 2, H. 49, 10.12.1921,
S. 1523f.
Teile daraus in: EZG u.d.T. *Anregende Beispiele* (vgl. Bd. 2 der Werkedition,
S. 436-439).

Rundfahrt Berlin
In: *Magdeburgische Zeitung* (Magdeburg), Nr. 459, 10.9.1926, 1. (Haupt-)
Ausg., 3. Beil., S. 13; Nachdr. in: GVW.
Dieses Feuilleton lässt sich als Keimzelle von Hessels 1929 erschienenem
Buch *Spazieren in Berlin* betrachten; der Text bildet dort in veränderter und
erheblich erweiterter Fassung das zentrale Kapitel *Rundfahrt* (vgl. Bd. 3 der
Werkedition, S. 39ff.); vgl. dazu auch das im vorliegenden Band abgedruckte
Feuilleton *Spazieren in Berlin*.

Zärtliche Arabeske
In: *Magdeburgische Zeitung* (Magdeburg), Nr. 1, 1.1.1927, 1. (Haupt-)Ausg., 1.
Beil., S. 5; Nachdr. in: VDI.
Erster Teil u.d.T. *Herbstnachmittag* in: NF (vgl. Bd. 2 der Werkedition, S. 283).

Vorläufige Liste
In: *Sächsisches Volksblatt* (Zwickau), Jg. 36, Nr. 166, 19.7.1927, Beil. *Dichtung*
und Wahrheit.
Teile daraus in: EZG, abschl. Erzählerkommentar (vgl. Bd. 2 der Werkedition, S. 446f.).

Passagen
In: GVW, S. 107-109.
Zur Verfasserfrage des bislang Walter Benjamin und Franz Hessel gemeinsam zugesprochenen Textes vgl. dort den ausführlichen Kommentar v.
Bernhard Echte, S. 158-165; Echte legt überzeugend dar, dass der Text „aus-
schließlich von Hessel" stammt (ebd., S. 137).
Entstanden ist das Prosastück, das als die „erste Keimzelle" von Benjamins
Passagen-Werk anzusehen ist (Echte, S. 137), während Hessels und Benja-
mins Paris-Aufenthalt 1927. – Hessels Interesse an den großstädtischen Pas-
sagen dokumentiert sich auch in seinen Berlin-Beschreibungen. Zu erwäh-
nen ist hier besonders ein Feuilleton, das am 16.11.1928 unter dem Titel *Die*
Galerie der tausend Gelegenheiten. Das Gesicht der neuen Passage in der Zeitung
Tempo erschien und das Hessel in sein Buch *Spazieren in Berlin* integrierte
(*Friedrichstadt*, vgl. Bd. 3 der Werkedition, S. 173-175).

Karsamstagsgeschwätz
In: *Frankfurter Zeitung* (Frankfurt/M.), Jg. 72, Nr. 249, 1.4.1928, 2. Morgenbl.,
Beil. *Für die Frau*, Jg. 3, Nr. 4, April 1928, S. 13f.
Überarbeitete Fass. v. *Kleines Ostergelächter*, in: *Magdeburgische Zeitung*, 17.4.
1927; Nachdr. u.d.T. *Karsamstags-Geplauder* in: *Der Tag* (Wien), 19.4.1930;
u.d.T. *Der Hase und seine Eier* in: *Frankfurter Zeitung*, 9.4.1933, Beil. *Für die*
Frau, Jg. 8, Nr. 6.

Die zweite Verszeile
In: *Die Literarische Welt* (Berlin), Jg. 4, Nr. 14/15, 5.4.1928, S. 4; Nachdr. in: KP.

Bei den Kindern von Berlin O. Das Kasperle-Theater lebt noch!
In: *Tempo* (Berlin), Jg. 1, Nr. 60, 19.11.1928, S. [10].

Die nicht auf dem Programm stehen. Erfolgshelfer im Varieté
In: *Stadt-Anzeiger* (Köln), Nr. 617, 5.12.1928, Morgen-Ausg., Beil. *Die Zeit*, Nr. 49; Nachdr. in: VDI.
In veränd. Fass. als Teil v. *Berlins Boulevard* später in: SIB (vgl. Bd. 3 der Werkedition, S. 108-111).

Spazieren in Berlin
In: *Vossische Zeitung* (Berlin), Nr. 307, 25.12.1928, Beil. *Das Unterhaltungsblatt*, Nr. 302.
Unter dem Titel dieses Textes veröffentlichte Hessel 1929 sein großes Berlin-Buch. Er integrierte dort die ersten beiden Teile des Feuilletons (die Walfisch-Besichtigung und die Schilderung des Palais-Besuchs) in das Kapitel *Rundfahrt* und bildete aus dem dritten Teil das Kapitel *Dampfermusik* (vgl. Bd. 3 der Werkedition, S. 75f., 83-85, 138-140, sowie 56f.).

Öldruck-Statistik
In: *Das Tage-Buch* (Berlin), Jg. 10, H. 1, 5.1.1929, S. 33f.; Nachdr. in: VDI.
Als Teil v. *Etwas von der Arbeit* in: SIB (vgl. Bd. 3 der Werkedition, S. 21f.).

Bannmeile von Paris
In: *Die Literarische Welt* (Berlin), Jg. 5, Nr. 5, 1.2.1929, S. 3f.; Nachdr. in: GVW.
Wie die Texte *Nachmittagsball im Moulin Rouge* (*Das Tage-Buch*, 14.8.1926), *Existence* (*Das Tage-Buch*, 18.9.1926), *La butte rouge und der Mai* (*8 Uhr-Abendblatt*, 11.5.1927) und *Pariser Hotel* (*Das Tage-Buch*, 4.6.1927) integrierte Hessel das Prosastück *Bannmeile von Paris* in sein ‚Pariser Tagebuch' *Vorschule des Journalismus*, das 1929 im Band *Nachfeier* erschien. Für die Buchfassung überarbeitete Hessel den Text und trennte ihn in drei Teile (vgl. Bd. 2 der Werkedition, S. 318, 336-340).

Das Leibchen
In: *Das Tage-Buch* (Berlin), Jg. 10, H. 11, 16.3.1929, S. 445; Nachdr. in: VDI.
Als Teil v. *Urahne, Großmutter, Mutter und Kind* in: EZG (vgl. Bd. 2 der Werkedition, S. 389f.).

Alfonso mißt
In: *Das Tage-Buch* (Berlin), Jg. 10, H. 24, 15.6.1929, S. 1003; Nachdr. in: VDI.
Zuvor veröffentlicht u.d.K. ‚f.h.' in: *Breslauer Neueste Nachrichten* (Breslau), Jg. 42, Nr. 159, 14.6.1929, II. Ausg., S. 2f.

Eine gefährliche Straße
In: *Das Illustrierte Blatt. Frankfurter Illustrierte* (Frankfurt/M.), Jg. 17, Nr. 24, 15.6.1929, S. 686-688; mit Fotografien v. Umbo [d.i. Otto Umbehr, 1902-1980].

In veränd. Fass. als Teil v. *Etwas von der Arbeit* in: SIB (vgl. Bd. 3 der Werk-edition, S. 24f.).

Warum reise ich gerne? Antwort auf eine Umfrage
In: *Frankfurter Zeitung* (Frankfurt/M.), Jg. 73, 30.6.1929, Beil. *Für die Frau*, Jg. 4, Nr. 7, S. 4.
Beiträge zu dieser *Umfrage* lieferten neben Hessel Emmy Hennings, Joseph Roth, Hans Siemsen und Robert Walser.

Filmbörse
In: ZBS, S. 8-13; Nachdr. in: PÜS, GVW.
Zuvor erschienen u.d.T. *Berliner Filmbörse* in: *Deutsche Zeitung Bohemia*, 15.6. 1929; u.d.T. *Filmbörse* in: *Magdeburger General Anzeiger*, 19.7.1929; *Kölner Tageblatt*, 13.10.1929; veränd. Fass. u.d.T. *An den Frühling* in: EZG (vgl. Bd. 2 der Werkedition, S. 410-416).

Ball für die ältere Jugend
In: *Berliner Montagspost* (Berlin), Nr. 28, 29.7.1929, 1. Beil., S. [4].
In etwas veränd. Fass. als Teil v. *Von der Lebenslust* in: SIB (vgl. Bd. 3. der Werkedition, S. 35-37).

Vom Backofen, von den Überschuhen und dem Schweinchen
In: *Die Propyläen*. Beil. zur *Münchener Zeitung* (München), Jg. 27, Nr. 26, 28.3.1930, S. 201; Nachdr. in: VDI.
Teil als Erzählerkommentar in: EZG (vgl. Bd. 2 der Werkedition, S. 396f.).

Briefpapier
In: *Frankfurter Zeitung* (Frankfurt/M.), Beil. *Für die Frau*, Jg. 5, Nr. 11, November 1930, S. 13; Nachdr. in: VDI.

Stadtsommer
In: *Die Literarische Welt* (Berlin), Jg. 7, Nr. 27/28, 3.7.1931, S. 7; Nachdr. in: KP, GVW.
Als Teil v. *Sommer?* in: EZG (vgl. Bd. 2 der Werkedition, S. 422f.).

Lied von der Arbeitslosigkeit
In: *Der Montag Morgen* (Berlin), Jg. 9, Nr. 34, 31.8.1931, Ausg. A, S. 5; Nachdr. in: VDI.
Zuvor in etwas gekürzter Fass. veröffentl. u.d.T. *Vielleicht ein Volkslied*; vgl. dazu auch die Fass. in der Sammlung *Frauen und Städte* (Bd. 3 der Werkedition, S. 285f.). Hessel integrierte den Text später in veränd. Fass. in sein Romanfragment *Alter Mann* (2. Kap. des Ersten Teils; vgl. Bd. 1 der Werkedition, S. 353).

Lektüre unterm Weihnachtsbaum
In: *Die Literarische Welt* (Berlin), Jg. 7, Nr. 51/52, 17.12.1931, S. 3; Nachdr. in: KP.

Von der schwierigen Kunst spazieren zu gehen
In: *Die Literarische Welt* (Berlin), Jg. 8, Nr. 22, 27.5.1932, S. 3f.; Nachdr. in: KP.

In veränd. Fass. u.d.T. *Die Kunst spazieren zu gehn* in: EZG (vgl. Bd. 2 der Werkedition, S. 448-452).

Hier bekommt jeder sein Buch geschenkt
In: *Die Literarische Welt* (Berlin), Jg. 8, Nr. 49, 25.11.1932, S. 5 u. 9.
Rahmengeschichte (mit dem Untertitel *Eine Weihnachtsgeschichte, vier Wochen vor dem Fest zu lesen*) zu den Erzählungen v. Peter Huchel: *Geschichte des jungen Mädchens*, Fritz Bieber: *Geschichte des alten Mannes*, Walther Tritsch: *Geschichte des Heimgekehrten*, Franz Hessel: *Geschichte des alten Mädchens*, Hanna Haas: *Geschichte der beiden Kinder*.

Geschichte des alten Mädchens
In: *Die Literarische Welt* (Berlin), Jg. 8, Nr. 49, 25.11.1932, S. 9; Nachdr. in: VDI.
Teil v. *Hier bekommt jeder sein Buch geschenkt*.

Der Lastträger von Bagdad
In: *Die Literarische Welt* (Berlin), Jg. 9, Nr. 25, 23.6.1933, S. 3; Nachdr. in: KP.
Hessel hatte das Märchen vom ‚Lastträger von Bagdad' bereits in seinem Roman *Der Kramladen des Glücks* als Traumvision literarisiert (Kap. 2 des Zweiten Buches; vgl. Bd. 1 der Werkedition, S. 53f.).

Heben Sie noch Briefe auf? Das Ergebnis einer Umfrage
In: *Berliner Tageblatt* (Berlin), Jg. 62, Nr. 509, 29.10.1933, Sonntags-Ausg., Beil. *Die Brücke*, Nr. 41, S. 2.

Das Lederetui
In: *Die Dame* (Berlin), Jg. 61, H. 22, 1. November-Heft 1934, S. 4 u. 40; Nachdr. in: VDI, GVW (Textfassung der *Pariser Tageszeitung*, 9./10.7.1939, u.d.Ps. ‚Hesekiel').
Titelgebendes Prosastück der unveröffentlichten Sammlung mit *Geschichten in Briefen*. Dazu bemerkte Hessel einleitend (Typoskriptblatt im Nachlass):

„Liebende schreiben aneinander und an andere über ihre Liebe, ihre Erinnerungen, Hoffnungen, Enttäuschungen, berichten kleine und große Abenteuer, machen Geständnisse, haben Erkenntnisse, entschuldigen sich, machen Vorwürfe usw.
Einmal ein (erfundener) Frauenbrief über Casanova von 1762, einmal einer aus dem München um die Jahrhundertwende, mehrere aus dem Berlin der Nachkriegszeit, die meisten aber aus einer – übrigens in keiner Weise aktuellen – Gegenwart. Das Ganze ausklingend in eine Phantasie-Epistel an den Frühling und eine nie abgeschickte an Die Vergessene.

Die einzelnen Titel:

Das Lederetui [abgedr. im vorliegenden Band]
Dzug-Dämmerung [abgedr. im vorliegenden Band]
Die Radlampe [in: LW, vgl. Bd. 2 der Werkedition]
Heldenbraut [in: TLG, vgl. Bd. 2 der Werkedition]
Der trauliche Vollbart [in: TLG, vgl. Bd. 2 der Werkedition]

Frauenstimme über Casanova [u.d.T. *Brief über Casanova* in: TLG, vgl. Bd. 2 der Werkedition]
Märkische Epistel [jetzt in der Sammlung *Frauen und Städte*, vgl. Bd. 3 der Werkedition]
Vrenele [gestr., Text fehlt im Nachlass; ein Abdruck dieses Prosastücks konnte bislang nicht nachgewiesen werden]
Die erste Artischocke [in: EZG, vgl. Bd. 2 der Werkedition]
Weinzwang [in: TLG, vgl. Bd. 2 der Werkedition]
Ein alter Mann an eine junge Frau [abgedr. im vorliegenden Band]
Don Juans kleiner Bruder [u.d.T. *Ein Liebhaber der Wirklichkeit* in: EZG, vgl. Bd. 2 der Werkedition]
Leichtes Berliner Frühlingsfieber [in: NF, vgl. Bd. 2 der Werkedition]
Doris im Regen [in: NF, vgl. Bd. 2 der Werkedition]
Titipu [in: NF, vgl. Bd. 2 der Werkedition]
Gisela [u.d.T. *Gisela? Nein, die seh ich nicht mehr* in: EZG, vgl. Bd. 2 der Werkedition]
An den Frühling [in: EZG, vgl. Bd. 2 der Werkedition]
An die Vergessene [in: NF, vgl. Bd. 2 der Werkedition]."

Auf dem Typoskript von *Ein alter Mann an eine junge Frau* ist die Adresse „Berlin W 30 / Lindauerstr. 8" vermerkt, wo Hessel vom Frühjahr 1933 bis vermutlich Mitte/Ende 1935 gewohnt hat. Auf dem Typoskriptblatt, das den Titel, die Vorbemerkung und das Inhaltsverzeichnis der Sammlung *Das Lederetui* trägt, ist die Adresse „Berlin W 30 / Hohenstaufenstr. 24" angegeben; diese Wohnung bezog Hessel erst nach dem März/April 1935 (bis zu diesem Zeitpunkt hatte Hessels Sohn Ulrich, bevor er Deutschland verließ und nach Paris ging, bei seinem Vater in der Lindauer Straße gewohnt). Demnach dürfte das Prosastück *Ein alter Mann an eine junge Frau* zwischen 1933 und 1935 entstanden sein; die *Lederetui*-Sammlung hat Hessel erst *nach* seinem Umzug in die Hohenstaufenstraße und *vor* seiner Emigration nach Paris im Oktober 1938 konzipiert.

Zu Hessels Brief-Interesse vgl. auch seine im vorliegenden Band abgedruckten Betrachtungen *Briefpapier* und *Heben Sie noch Briefe auf?*

Ein alter Mann an eine junge Frau
Typoskript im Nachlass (jetzt im Deutschen Literaturarchiv, Marbach), 4 Blatt (pag. 1-3, S. 2 in doppelter, korrigierter Fassung). Ein Abdruck des Textes konnte bislang nicht nachgewiesen werden.
Hessel hatte diesen Text für die Sammlung *Das Lederetui. Geschichten in Briefen* vorgesehen; vgl. dazu die obigen Bemerkungen zum Prosastück *Das Lederetui*.

Eine falsche Verbindung
In: *Berliner Tageblatt* (Berlin), Jg. 64, Nr. 117, 9.3.1935, Abend-Ausg., Beil. *Kunst und Unterhaltung*.

D-Zug-Dämmerung
u.d.K. ‚f.h.' in: *Die Dame* (Berlin), Jg. 62, H. 11, 3. Mai-Heft 1935, S. 55-58.

Hessel hatte diesen Text für die Sammlung *Das Lederetui. Geschichten in Briefen* vorgesehen; vgl. dazu die obigen Bemerkungen zum Prosastück *Das Lederetui.*

Page und Königin

u.d.Ps. ‚Stefan Ulrich' [den Vornamen seiner beiden Söhne] in: *Berliner Tageblatt* (Berlin), Jg. 64, Nr. 315, 6.7.1935, Morgen-Ausg.; Nachdr. in: GVW (Textfassung der *Pariser Tageszeitung*, 18./19.12.1938, u.d.Ps. ‚Hesekiel').
Zuvor in leicht veränd. Fass. veröffentl. als Teil v. *Aus alten Pariser Gassen* (*Hôtel de Sens*) in: *Die Literarische Welt*, 28.11.1930 (jetzt in der Sammlung *Frauen und Städte*, Bd. 3 der Werkedition, S. 317-319).

Das Kind und die Wanduhr

In: Brief von Julie Rosenberg an Franz Hessel, 29.10.1938 (Deutsches Literaturarchiv Marbach). Abgedruckt in: Magali Laure Nieradka: *Der Meister der leisen Töne. Biographie des Dichters Franz Hessel*. Oldenburg: Igel Verlag, 2003, S. 162f.

Rue Mouffetard

u.d.Ps. ‚Hesekiel' in: *Pariser Tageszeitung* (Paris), Jg. 4, Nr. 954, 26./27.3.1939, S. 3; Nachdr. in: GVW.
Zuvor in veränd. Fass. veröffentl. als Teil v. *Aus alten Pariser Gassen* (*Mouffetard*) in: *Die Literarische Welt*, 28.11.1930 (jetzt in der Sammlung *Frauen und Städte*, Bd. 3 der Werkedition, S. 320-322).

„Der Zeigefinger von Paris"

u.d.K. ‚h.' in: *Pariser Tageszeitung* (Paris), Jg. 4, Nr. 958, 31.3.1939, S. 3; Nachdr. in: GVW.
Vgl. dazu die veränd. Fass. u.d.T. *Der Turm von Paris* in der Sammlung *Frauen und Städte*, Bd. 3 der Werkedition, S. 342f.

Bagatelle

u.d.Ps. ‚Hesekiel' in: *Pariser Tageszeitung* (Paris), Jg. 4, Nr. 984, 30.4./ 1.5.1939, S. 4; Nachdr. in: GVW.
Zuvor in veränd. Fass. veröffentl. in: *Frankfurter Zeitung*, 10.11.1929 (jetzt in der Sammlung *Frauen und Städte*, Bd. 3 der Werkedition, S. 348-350).

Ein Garten voll Weltgeschichte

u.d.Ps. ‚Hesekiel' in: *Pariser Tageszeitung* (Paris), Jg. 4, Nr. 1002, 21./22.5. 1939, S. 3; Nachdr. in: GVW.
Zuvor in etwas veränd. Fass. veröffentl. in: *Die Literarische Welt*, 3.10.1930 (jetzt in der Sammlung *Frauen und Städte*, Bd. 3 der Werkedition, S. 311-315).

Pariser Hotel

u.d.Ps. ‚Hesekiel' in: *Pariser Tageszeitung* (Paris), Jg. 4, Nr. 1020, 11./12.6. 1939, S. 4; Nachdr. in: GVW.
Zuvor in veränd. Fass. veröffentl. in: *Das Tage-Buch*, 4.6.1927, u. als Teil v. *Vorschule des Journalismus* in: NF (vgl. Bd. 2 der Werkedition, S. 307ff.).

Hier tanzt man noch
u.d.Ps. ‚Hesekiel' in: *Pariser Tageszeitung* (Paris), Jg. 4, Nr. 1049, 16./17.7.
1939, S. 3; Nachdr. in: VDI, GVW.
Teile daraus zuvor veröffentl. u.d.T. *Tanz Aller mit Allen. Paris tanzt* in:
8 Uhr-Abendblatt, 17.7.1930 (jetzt in der Sammlung *Frauen und Städte*, Bd. 3
der Werkedition, S. 332-334).

Pause in Paris
u.d.Ps. ‚Hesekiel' in: *Pariser Tageszeitung* (Paris), Jg. 4, Nr. 1073, 13./14.8.
1939, S. 4; Nachdr. in: GVW.
Zuvor veröffentl. in: *Kölnische Zeitung*, 4.8.1930 (in: VDI; jetzt in der Sammlung *Frauen und Städte*, Bd. 3 der Werkedition, S. 326-328).

Letzte Heimkehr
In: *Letzte Heimkehr nach Paris. Franz Hessel und die Seinen im Exil.* Hg. v. Man-
fred Flügge. Berlin: Das Arsenal, 1989, S. 7-41.
Das auf einem Schreibblock notierte, erst 1988 entdeckte Fragment (jetzt im
Deutschen Literaturarchiv, Marbach) entstand vermutlich 1939/40 im fran-
zösischen Exil, vielleicht aber auch schon kurz nach Hessels Ankunft in Paris im Herbst/Winter 1938. Neben Hessel selbst – unter dem Namen des
Protagonisten seines ersten Romans *Der Kramladen des Glücks*, Gustav Behrendt – treten im Text auf bzw. werden genannt: Thomas (Ulrich Hessel),
Kaspar/Gaspard (Stefan/Stéphane Hessel), Lella (Helen Hessel; vgl. dazu
das Romanfragment *Alter Mann*, Bd. 1 der Werkedition), Lothar (Wilhelm
Speyer), Claude (Henri-Pierre Roché), die Baronin (Alix de Rothschild), Maria (Maria Kreitner), Gisi (Luise Bücking), „ein Freund aus dem Münchner,
dem Schwabinger Kreise" (Oscar A. H. Schmitz), „der berühmte spanische
Maler" (Pablo Picasso). – Ausführlicher zum autobiographischen Hintergrund des Fragments vgl. die Anmerkungen v. Ulrich Hessel, Stéphane Hessel u. Manfred Flügge im Band *Letzte Heimkehr nach Paris*, S. 35-41.
Zum Manuskript des Textes zählen noch zwei handschriftliche Notizzettel.
Auf dem einen Blatt hat Hessel die Stichworte notiert: „Jan: Fest der Norma-
liens – Gaspards große Freundin und kleine Freundin / Febr: Tagebuch Hi-
storien u. Berliner Erinnerung / März: Biblio: Dank für Pasteur. Bitte, auch
wenn mit Arbeit fertig, sich weiter ihrer Mithilfe zu bedienen – Lothar reist
nach Süden / Gaspard schon bei G. Der vereinsamt. Doris verschwunden.
Ihr Robert im Norden festgenommen – Erinnerung: Tanz im Stadthaus –";
auf dem anderen Blatt finden sich die Notizen: „Mai: beim Anwalt für den
Bruder. Bruders Tod – / Brief der Haushälterin, juste als aus London hoff-
nungsvolle Nachricht kommt – / G. erzählt Gasp. Großvaters letzte Tage. /
Brief der Marburgerin: Gisi eines Nazi Gattin!"

Kritiken

Renée Sintenis
In: Fritz Gurlitt: *Das graphische Jahr*. Berlin: Fritz Gurlitt Verlag, 1921, S. [123].
Zur Bildhauerin und Grafikerin Renée Sintenis (1888-1965), die Franz Hessels Band *Sieben Dialoge* (1924) illustrierte, vgl. auch Hessels Feuilleton „*Seid nur fromm, wie der Grieche war"* – *Ein Motto zum Werk der Renée Sintenis* (*Frankfurter Zeitung*, 14.5.1933, Beil. *Für die Frau*); jetzt in der Sammlung *Frauen und Städte*; Bd. 3 der Werkedition, S. 209-211.

Wilhelm Speyer: Schwermut der Jahreszeiten
In: *Das Tage-Buch* (Berlin), Jg. 3, H. 41, 14.10.1922, S. 1456.
Rezension des Buches auch in: *Der Neue Merkur*, Sonderheft *Rheinland*, Jg. 6, H. 7/8, November 1922, S. VI.
Hessel war mit dem Rowohlt-Autor Wilhelm Speyer (1887-1952) gut befreundet; Speyer verhalf Hessel nach dessen Flucht aus Deutschland im Oktober 1938 in Paris zu einer Unterkunft und Anstellung bei der Baronin Alix de Rothschild (gespiegelt in Hessels Fragment *Letzte Heimkehr*, wo Speyer als ‚Lothar' auftritt); vgl. dazu auch Speyers Hessel-Porträt „*Komm, iß von meiner Suppe"*. *Franz Hessels Persönlichkeit* (in: *Letzte Heimkehr nach Paris. Franz Hessel und die Seinen im Exil*; a.a.O., S. 97-101). – Hessel würdigte Speyers erfolgreichen, 1927 erschienenen Roman *Charlott etwas verrückt* in seinem Buch *Spazieren in Berlin* (in den Texten *Berlins Boulevard* und *Südwesten*; vgl. Bd. 3 der Werkedition, S. 105 u. 191); im Januar 1933 rezensierte er Speyers ‚Liebesgeschichte' *Sommer in Italien* (im vorliegenden Band, S. 286).

Die Schießbude. Zur Aufführung im Theater am Kurfürstendamm
[Pantomime v. Karl Vollmoeller]
In: *Das Tage-Buch* (Berlin), Jg. 3, H. 43, 28.10.1922, S. 1506f.
Die Uraufführung von Karl Vollmoellers (1878-1948) in Kooperation mit dem niederländischen Musiker und Komponisten Jaap Kool (1890-1959) entstandener dreiaktiger Pantomime *Die Schießbude* fand am 19.10.1922 im Theater am Kurfürstendamm in Berlin statt.

Die Briefe der Madame Dubarry
In: *8 Uhr-Abendblatt* (Berlin), Jg. 75, Nr. 255, 11.11.1922, S. 2.
Nachdr. in: Jörg Plath: *Liebhaber der Großstadt. Ästhetische Konzeptionen im Werk Franz Hessels*. Paderborn: Igel Verlag, 1994, S. 152f.

Honoré de Balzac: Modeste Mignon
u.d.K. ‚f.h.' in: *Das Tage-Buch* (Berlin), Jg. 4, H. 3, 20.1.1923, S. 101.

Rudolf Borchardt: Die geliebte Kleinigkeit
In: *Das Tage-Buch* (Berlin), Jg. 4, H. 44, 3.11.1923, S. 1551f.
Der Lyriker, Erzähler, Essayist und Übersetzer Rudolf Borchardt (1877-1945), dessen *Schriften* ab 1920 im Rowohlt Verlag veröffentlicht wurden (von zwölf geplanten Bänden erschienen sieben, daneben mehrere Einzelausgaben), eröffnete mit dem Gedicht *Melusinens Lied* im Januar 1924 das erste Heft von Hessels Zeitschrift *Vers und Prosa*.

Ernst Weiß: Daniel
u.d.K. ‚f.h.' in: *Das Tage-Buch* (Berlin), Jg. 5, H. 33, 16.8.1924, S. 1159f.

Honoré de Balzac († 18. August 1850).
In: *Westfälische Zeitung. Bielefelder Tageblatt* (Bielefeld), Jg. 115, Nr. 189, 15.8.
1925, Unterhaltungsbeil. *Welt und Wissen*, S. [1f.].

Albert Ehrenstein: Lukian
u.d.K. ‚f.h.' in: *Das Tage-Buch* (Berlin), Jg. 6, H. 44, 31.10.1925, S. 1651.

Commerce
[Zeitschrift mit Texten europäischer Literatur, hg. v. Paul Valéry, Léon-Paul
Fargue u. Valéry Larbaud]
In: *Die Literarische Welt* (Berlin), Jg. 2, Nr. 9, 26.2.1926, S. 8.

Die Gräfin
[Rez. v. Franziska zu Reventlow: *Gesammelte Werke*]
In: *Die Literarische Welt* (Berlin), Jg. 2, Nr. 16, 16.4.1926, S. 5.
Vgl. dazu auch Hessels Text *Briefe der Gräfin Franziska zu Reventlow* in der
Sammlung *Frauen und Städte*, Bd. 3 der Werkedition, S. 206-208; zur Bezie-
hung Hessel-Reventlow vgl. den dortigen Kommentar v. Bernhard Echte.

Franziska Gräfin zu Reventlow
In: *Frankfurter Zeitung* (Frankfurt/M.), Jg. 71, Nr. 699, 19.9.1926, 2. Morgenbl.,
Beil. *Für die Frau*, Jg. 1, Nr. 7, S. 7.
Vgl. meine obige Bemerkung zum Text *Die Gräfin*.

Zeichnungen aus Jules Pascins Skizzenbuch Florida 1905
In: *Frankfurter Zeitung* (Frankfurt/M.), Jg. 71, Nr. 794, 24.10.1926, 2. Morgenbl., Beil. *Für die Frau*, Jg. 1, Nr. 9, S. 6.

Max Brod: Die Frau, nach der man sich sehnt
In: *Die Literarische Welt* (Berlin), Jg. 3, Nr. 42, 21.10.1927, S. 5.

Johann Jakob Bachofen: Urreligion und antike Symbole
In: *Reclams Universum* (Leipzig), Jg. 44, H. 9, 24.11.1927.

Hans Leip: Der Nigger auf Scharnhörn
u.d.K. ‚F.H.' in: *Die Literarische Welt* (Berlin), Jg. 3, Nr. 49, 9.12.1927, S. 14.

Arnolt Bronnen: Film und Leben Barbara La Marr
In: *Die Literarische Welt* (Berlin), Jg. 3, Nr. 50, 16.12.1927, S. 7f.
Vgl. dazu auch die längere Besprechung des Romans, die Hessel im April
1928 in der Zeitschrift *Weltstimmen* veröffentlichte.

André Gide: Die Falschmünzer
In: *Die Dame* (Berlin), Jg. 55, 1927/28, H. 7, 3. Dezember-Heft 1927, Beil. *Die
losen Blätter*, Nr. 7, S. 112.

Albrecht Schaeffer: Die Geschichte der Brüder Chamade
In: *Die Dame* (Berlin), Jg. 55, 1927/28, H. 10, 1. Februar-Heft 1928, Beil. *Die losen Blätter*, Nr. 10, S. 159.

Walter Benjamin: Einbahnstraße
In: *Das Tage-Buch* (Berlin), Jg. 9, H. 9, 3.3.1928, S. 361f.
Zur Beziehung Hessel-Benjamin vgl. den Kommentar v. Bernhard Echte zu Hessels *Versuch mit Wien*, Bd. 3 der Werkedition, sowie sein Nachwort in: GVW, S. 134ff.
Wenn Hessel in seiner Rezension auf Benjamins ,Zauberkunst' verweist, so erinnert dies an eine von Helen Hessel überlieferte Äußerung Benjamins, der nun Hessel als Zauberer charakterisiert: „Ja, wissen Sie denn nicht, Helen […], daß Hessel ein Zauberer ist? Und ein gefährlicher dazu, dem man das Handwerk legen sollte. Er versteht zu verwandeln. Ganz im Gegensatz aber zu den Königssöhnen, die bei der Berührung mit dem Zauberstab zu Stein oder zu scheußlichen Ungeheuern werden, geschieht uns durch sein raffiniertes Treiben viel Schlimmeres. Wir leben *auf* in seiner Gesellschaft, wir kommen zu uns selbst, zu einem Selbst, an dem wir Entdeckerfreuden haben und so viel Interesse und Gefallen finden, wie an uns. Und dann sitzt man da und ist in seinem Bann!" (Helen Hessel: *C'etait un brave. Eine Rede zum 10. Todestag Franz Hessels.* In: *Letzte Heimkehr nach Paris*; a.a.O., S. 74.)

Fritz Stahl: Paris, eine Stadt als Kunstwerk
In: *Die Literarische Welt* (Berlin), Jg. 4, Nr. 10, 9.3.1928, S. 6.

Arnolt Bronnen: Film und Leben Barbara La Marr
In: *Weltstimmen* (Stuttgart), Jg. 2, H. 2, April 1928, S. 41-46.

Lou Andreas-Salomé: Rainer Maria Rilke
In: *Die Literarische Welt* (Berlin), Jg. 4, Nr. 31, 3.8.1928, S. 5.

Marcel Proust: Im Schatten der jungen Mädchen
In: *Weltstimmen* (Stuttgart), Jg. 2, H. 6, August 1928, S. 204-208.
Hessel hatte den besprochenen Proust-Band zusammen mit Walter Benjamin übersetzt (erschienen im Verlag Die Schmiede, Berlin 1926).

John Dos Passos: Manhattan Transfer. Der Roman einer Stadt
In: *Weltstimmen* (Stuttgart), Jg. 2, H. 7, September 1928, S. 241-246.

Fred Hildenbrandt: Großes schönes Berlin
u.d.K. ,F.H.' in: *Die Literarische Welt* (Berlin), Jg. 4, Nr. 42, 19.10.1928, S. 6.

Heinrich Spiero: Fontane
u.d.K. ,F.H.' in: *Die Literarische Welt* (Berlin), Jg. 4, Nr. 44, 2.11.1928, S. 6.

Czardasklänge in Moabit. Operettenpremiere auf der Liebhaberbühne
In: *Tempo* (Berlin), Jg. 1, Nr. 54, 12.11.1928, S. [9f.].
In veränd. Fass. als Teil v. *Nordwesten* in: SIB (vgl. Bd. 3 der Werkedition, S. 160f.).

Adolf Behne / Sasha Stone: Berlin in Bildern
u.d.K. ‚F.H.' in: *Die Literarische Welt* (Berlin), Jg. 4, Nr. 46, 16.11.1928, S. 6.
Im gleichen Verlag wie Adolf Behnes und Sasha Stones *Berlin in Bildern* erschien 1929 Hessels Buch *Spazieren in Berlin*.

Albrecht Schaeffer: Mitternacht
u.d.K. ‚F.H.' in: *Die Literarische Welt* (Berlin), Jg. 4, Nr. 46, 16.11.1928, S. 6.

Martin Beradt: Leidenschaft und List
u.d.K. ‚F.H.' in: *Das Tage-Buch* (Berlin), Jg. 9, H. 49, 8.12.1928, S. 2126f.

Otto Stoessl: Das Haus Erath
In: *Das Tage-Buch* (Berlin), Jg. 9, H. 50, 15.12.1928, S. 2194.

Auferstehung von Lemkes sel. Witwe. Im Titania-Palast
In: *Tempo* (Berlin), Jg. 1, Nr. 92, 29.12.1928, S. [9].

Francis Jammes: Der Rosenkranzroman
u.d.K. ‚f.H.' in: *Die Literarische Welt* (Berlin), Jg. 5, Nr. 2, 11.1.1929, S. 5f.

Mario von Bucowich: Berlin
u.d.K. ‚f.H.' in: *Die Literarische Welt* (Berlin), Jg. 5, Nr. 13/14, 28.3.1929,
Osterbeil., S. 8.

Besuch bei Jack von Reppert-Bismarck
In: *Die Wochenschau. Westdeutsche Illustrierte Zeitung der Düsseldorfer Nach-
richten* (Düsseldorf), Nr. 25, 23.6.1929, S. 20f. (mit Illustrationen).
Vgl. dazu auch Hessels Text *Jack von Reppert-Bismarck*, der am 16.3.1930 in
der *Frankfurter Zeitung* erschien und den er für die Sammlung *Frauen und
Städte* vorsah (vgl. Bd. 3 der Werkedition, S. 235f.).

Ein Epilog
[zum Tod v. Hugo von Hofmannsthal]
In: *Magdeburgische Zeitung* (Magdeburg), Nr. 389, 19.7.1929, 1. (Haupt-)
Ausg., 2. Beil., S. 10.

Intimes China. Cheng Tscheng: Meine Mutter
In: *Die Literarische Welt* (Berlin), Jg. 5, Nr. 30, 26.7.1929, S. 5.

Gruß an Knut Hamsun
In: *Die Literarische Welt* (Berlin), Jg. 5, Nr. 31, 2.8.1929, S. 1 (Beitrag zu einem
Sammelartikel).

Volksbücher vom sterbenden Rittertum. Hg. v. Dr. Heinz Kindermann
u.d.K. ‚F.H.' in: *Die Literarische Welt* (Berlin), Jg. 5, Nr. 38, 20.9.1929, S. 6.

André Gide: Die Schule der Frauen
u.d.K. ‚f.H.' in: *Die Literarische Welt* (Berlin), Jg. 5, Nr. 44, 1.11.1929, S. 5.

Stefan Großmann
In: *Tempo* (Berlin), Jg. 3, Nr. 5, 7.1.1930; ebenso in: *Apollo, Brunnenstraße*. Volksbühne. Theater am Bülowplatz, 13.1.1930 [Theaterzettel zur Aufführung].

Stefan Großmann (1875-1935), Erzähler, Romancier, Dramatiker und Publizist, gab ab 1920 die zunächst im Rowohlt Verlag erscheinende Zeitschrift *Das Tage-Buch* – ab 1922 zusammen mit Leopold Schwarzschild – heraus, in der Hessel zahlreiche Beiträge veröffentlichte (vgl. die Bibliographie im vorliegenden Band). Die Zusammenarbeit beider Autoren führte Ende der 1920er-Jahre zum Projekt eines gemeinsam verfassten Berliner Volksstücks, das unter dem Titel *Apollo, Brunnenstraße* am 9.1.1930 an der Volksbühne Berlin uraufgeführt wurde und im selben Jahr unter dem Titel *Sturm auf Apollo* und unter der alleinigen Verfasserschaft von Stefan Großmann im Berliner Drei Masken Verlag erschien (vgl. Bd. 4 der Werkedition). Aus Anlass der Volksbühnen-Aufführung porträtierten sich Großmann und Hessel gegenseitig unter dem Titel *Wir über einander* in der Berliner Zeitung *Tempo*. – Großmann schreibt dort über Hessel:

„Er ist ein Berliner Junge und eine europäische Figur. Im Paris von gestern und heute ist er zu Hause, er spricht Französisch mit einem sehnsüchtig beneideten Sinn für die Nuance des Argot. Er hat sich von Jugend an einer Leidenschaft gewidmet, dem Gedicht. Er ist im Garten Stefan Georges groß geworden, in jenem nicht mehr existenten München, das uns allen unverlierbar ist. Früh hat er wieder in die Prosa zurückgefunden, aber er ist nie in die Ebene des Journalismus hinuntergestiegen. Er hatte und behielt den aufmerksamen Blick für die Kuriositäten des menschlichen Herzens, und wenn ich als junger Mensch ein Buch geschrieben haben möchte, so ist es sein ‚Kramladen des Glücks‘ (wie fast alle Hessel-Bücher bei Rowohlt erschienen). Eines seiner allerschönsten Bücher heißt ‚Irrtümer der Liebenden‘, und der Titel enthält schon den ganzen Hessel, den sanften Skeptiker, das unermüdliche Herz.
Der Glückliche, er hat sich in seinen Arbeiten zu sammeln gewußt, er hat sich nicht an dumme Gegenwarten verschleudert. Für unser Volksstück war er unentbehrlich, denn ihm gelingt im Schlafe, wonach ich alle Schreibmaschinentasten verzweifelt abklappere, das einfache Lied, der Song, das deutsche Chanson. Seine Welt liegt unter blauem Himmel, und da ich glaube, daß das Theater von heute nichts nötiger hat als *Heiterkeit, Heiterkeit* und noch einmal *Heiterkeit*, so hoffe ich, daß er, und ich bei ihm, den Weg zum gesungenen Lust- und Volksspiel der Gegenwart finden wird."

Großmann hat sich noch einmal über das Stück *Apollo, Brunnenstraße* und über seine Zusammenarbeit mit Hessel in der Betrachtung *Dichten zu zweien* geäußert, die am 17.1.1930 in der *Literarischen Welt* erschien (Jg. 6, Nr. 3, S. 7). In einem weiteren Beitrag, mit dem Titel *Französische Scherze*, der im Dezember 1926 im *Tage-Buch* erschien, lässt Großmann Hessel ausführlich über die Reize von Marseille zu Wort kommen:

Im Baedeker kommt Marseille schlecht weg, es hat keine Altertümer, es ist Herrn Baedeker zu wenig romantisch. Aber sind Sie schon einmal am vieux port durch das unfeine Viertel der Stadt gegangen? Die Gassen kriechen da, italienisch enge, den Berg hinauf. Die Leute, denen man begegnet, sind pittoresk genug, unglaublich fette alte Weiber, Mädchen mit violetten Socken an den Füßen und hellroten Kämmen im kohlschwarzen Haar, Neger, die vergnügt grinsen, Hafenarbeiter, die im Freien ihre portugiesischen Austern schlucken. Straßen mit wehender Wäsche von Front zu Front, und überall, in all diesen Berggassen, Vogelgezwitscher, überall Vogelgezwitscher. Es hängt vor jedem Fenster, vom ersten bis zum vierten Stock, ein Vogelbauer, und an sonnigen Tagen ist die helle Luft voll von Gezwitscher und Geflöte, von Trillern und Pfeifen. Verliert man sich von der Helligkeit der Küste in die Dunkelheit der engen Berggassen, so muß man sich, besonders am Abend, mit Schwerhörigkeit und Unempfindlichkeit ausrüsten. Neben den vielen kleinen Rotznasen, die da an einem vorbeiklettern, gibt es auch sehr viele Frauenzimmer an den Haustoren und vor dunklen, mysteriösen Geschäftsläden. Die Weiber sind meistens nach dem Geschmack der Matrosen, denn die Schiffe, die im alten Hafen liegen, liefern hierher die Hauptkundschaft. Die Schönheit wird hier meist nach dem Kilo gewogen, der Matrose will für sein Geld ein ordentliches Stück Fleisch haben. Natürlich gibt's auch kleine, weiß gepuderte Mädeln mit metallisch-fiebrigen Augen. Die fettesten Weiber aber, die Ruinen des Fleischmarktes, haben hauptsächlich die Funktion, den promenierenden, gelassen prüfenden Mannsbildern das Weitergehen zu erschweren. Sie lauern in ihrer zerfließenden Breite vor den geheimnisvollen Entrées auf jeden Mann, der über die holprige finstere Treppe hinaufgelockt werden könnte, sie pfeifen dem Kerl zu, der weitergehen will, sie schütten einen Kübel von Lockungen und Verheißungen über den Mann, der stehenbleiben soll, sie werfen ihm einen Spottpreis zu, und wenn er dann noch weitermarschieren will, dann halten sie ihn am Rock fest, preisen ihre frische Ware, und im Nu steht noch ein zweites und ein drittes Weibsbild neben dem unschlüssigen und geschmeichelten Mann, und alles redet auf ihn ein und zieht ihn zur Eingangstür und schubst ihn vorwärts. Der Kerl läßt sich das eine Weile schmunzelnd gefallen, plötzlich zerreißt er mit einem Ruck das Gedränge um ihn und wandelt weiter, gemächlich, gelassen prüfend. Dieses Umworbenwerden macht ja besonderen Spaß, das will der Mann zu Ende genießen.
In einer solchen Gasse, erzählte Franz Hessel, ging ich am Abend, mit einer sehr schönen, neugierigen Dame, die das Getriebe durchaus sehen wollte. Das Durcheinander, das Gedränge und Geschrei war ärger als sonst. Alle drei Schritt wurden wir angehalten, belacht, mit Einladungen überhäuft. Es war wirklich schwer vorwärtszukommen, aber da wir nur lachten und nur vorwärts wollten, so kamen wir vorwärts. Nachdem wir einige Belagerungen siegreich überstanden, drohte uns eine neue Einkreisung. Ein Frauenzimmer hielt meinen Überzieher fest, ich fürchtete, von der schönen Dame, die ich schützen sollte, abgetrennt zu werden, ich bereute schon, sie mitgenommen zu haben. Es wurde Abend und man konnte nur im Lichte der La-

ternen die Gesichter sehen, die einen umringten. Ich riß mich los und gab der Dame meinen Arm. Der Haufen uns nach. Plötzlich sehe ich eine unendlich fette Frau mit einem angeschwollenen und ganz zerklüfteten Gesicht auf uns zukommen, sie hebt den dicken Arm und ruft mit schriller Kommandostimme den Leuten, die uns schon wieder entourieren, zu: ‚Laissez ceux! Ces sont des amoureux!' Unvergeßlicher Befreiungsakt! Die Massen teilten sich, und wir schritten wie die Juden durchs Schwarze Meer, unbehelligt."
(Stefan Großmann: *Französische Scherze*. In: *Das Tage-Buch*, Jg. 7, H. 52, 25.12. 1926, S. 1981f.)

André Gide: Stirb und werde / Die Schule der Frauen
In: *Die Dame* (Berlin), Jg. 57, 1929/30, H. 14, 1. April-Heft 1930, Beil. *Die losen Blätter*, Nr. 14, S. 224.

Dr. Franz Leppmann: 1000 Worte Deutsch, ein Sprachführer für Nachdenkliche
u.d.K. ‚f.H.' in: *Die Literarische Welt* (Berlin), Jg. 6, Nr. 31, 1.8.1930, S. 6.

Um Krinoline und Tournüre
In: *Frankfurter Zeitung* (Frankfurt/M.), Jg. 75, Nr. 751, 8.10.1930, Abendblatt, S. 1.

Landschaft des Kindes.
Zu Adalbert Stifters hundertfünfundzwanzigstem Geburtstag
In: *Die Literarische Welt* (Berlin), Jg. 6, Nr. 42, 17.10.1930, S. 3f.

Ein Liebespaar
[Rez. v. Ernest Hemingway: *In einem andern Land*]
In: *8 Uhr-Abendblatt* (Berlin), Jg. 83, Nr. 249, 24.10.1930, 1. Beibl., S. [3].
Die Werke von Ernest Hemingway (1899-1961) erschienen in deutscher Übersetzung ab 1928 im Rowohlt Verlag. Von einer Begegnung Hessels mit Hemingway in den 1920er-Jahren in Paris berichtet Paul Mayer: „Zum Abendessen waren wir [Ernst Rowohlt, Paul Mayer] und Franz Hessel, der damals in Paris lebte, von Ernest Hemingway in ein chinesisches Restaurant in der Nähe der École Militaire eingeladen. Der große amerikanische Autor, zu jener Zeit in Deutschland noch ganz unbekannt, wirkte damals keineswegs so wie auf seinen späteren Bildern; er versteckte sich noch nicht hinter dem dichten Bart und hatte noch nicht die Pose des polyglotten Weltreisenden und Großwildjägers angenommen. Daß er trinkfest war, erfuhren wir nicht erst durch seinen Roman ‚Fiesta' und den folgenden ‚In einem andern Land'." (Paul Mayer: *Ernst Rowohlt*. Reinbek b. Hamburg 1968, S. 101f.).

Die größte Mietskasernenstadt der Welt
[Rez. v. Werner Hegemann: *Das steinerne Berlin*]
In: *Die Literarische Welt* (Berlin), Jg. 6, Nr. 46, 14.11.1930, S. 5f.

Margaret Goldsmith: Ein Fremder in Paris
u.d.K. ‚f.H.' in: *Die Literarische Welt* (Berlin), Jg. 6, Nr. 46, 14.11.1930, S. 7.

John Galsworthy: Der Patrizier
In: *Reclams Universum* (Leipzig), Jg. 47, H. 8, 20.11.1930.

Heinrich Hauser: Die letzten Segelschiffe / Rudyard Kipling: Fischerjungs
u.d.K. ‚F.H.' in: *Die Literarische Welt* (Berlin), Jg. 6, Nr. 47, 21.11.1930, S. 5f.

Stefan Großmann: Ich war begeistert
In: *Die Literarische Welt* (Berlin), Jg. 6, Nr. 48, 28.11.1930, S. 5.
Vgl. meine Bemerkungen zu Hessels Porträt *Stefan Großmann*.

Rut Landshoff: Die Vielen und der Eine.
In: *8 Uhr-Abendblatt* (Berlin), 13.12.1930, 4. Beibl.

Rabindranath Tagore: Aus indischer Seele
In: *Reclams Universum* (Leipzig), Jg. 47, H. 14, 2.1.1931.

Georg Hermann: November achtzehn
In: *Die Literarische Welt* (Berlin), Jg. 7, Nr. 2, 9.1.1931, S. 5.

John Galsworthy: Auf der Forsyte-Börse
In: *Reclams Universum* (Leipzig), Jg. 47, H. 16, 15.1.1931.

Adam Kuckhoff: Scherry
u.d.K. ‚f.H.' in: *Die Literarische Welt* (Berlin), Jg. 7, Nr. 4, 23.1.1931, S. 5.

Hermann Stegemann: Die letzten Tage des Marschalls von Sachsen
u.d.K. ‚f.H.' in: *Die Literarische Welt* (Berlin), Jg. 7, Nr. 6, 6.2.1931, S. 6.

Herbert George Wells: Der Diktator oder Mr. Parham wird allmächtig
In: *Reclams Universum* (Leipzig), Jg. 47, H. 36, 4.6.1931.

Liam O'Flaherty: Herr Gilhooley
u.d.K. ‚F.H.' in: *Die Literarische Welt* (Berlin), Jg. 7, Nr. 23, 5.6.1931, S. 8.

Hugh Walpole: Jeremy und sein Hund
In: *Reclams Universum* (Leipzig), Jg. 47, H. 47, 20.8.1931.

Herbert George Wells: Einstweilen
In: *Reclams Universum* (Leipzig), Jg. 47, H. 48, 27.8.1931.

René Schickele: Der Wolf in der Hürde
In: *Die Literarische Welt* (Berlin), Jg. 7, Nr. 44, 30.10.1931, S. 5f.

Arthur Schnitzler: Flucht in die Finsternis
u.d.K. ‚f.H.' in: *Die Literarische Welt* (Berlin), Jg. 7, Nr. 47, 20.11.1931, S. 6.

Walter Muschg: Gotthelf. Die Geheimnisse des Erzählers
In: *Die Literarische Welt* (Berlin), Jg. 7, Nr. 50, 11.12.1931, S. 5.

Gertrud von Le Fort: Die Letzte am Schafott
u.d.K. ‚F.H.' in: *Die Literarische Welt* (Berlin), Jg. 7, Nr. 50, 11.12.1931, S. 7.

Sir Galahad: Mütter und Amazonen
u.d.K. ‚F.H.' in: *Die Literarische Welt* (Berlin), Jg. 8, Nr. 1, 1.1.1932, S. 5.

Axel Munthe: Das Buch von San Michele
In: *Reclams Universum* (Leipzig), Jg. 48, H. 15, 7.1.1932, S. 594.

E. A. Rheinhardt: Josephine
In: *Die Literarische Welt* (Berlin), Jg. 8, Nr. 19/20, 6.5.1932, S. 11.
Der 1889 in Wien geborene und 1945 im KZ Dachau gestorbene Emil Alphons Rheinhardt, bekannt geworden vor allem als expressionistischer Dichter, aber auch als Biograph, Herausgeber und Übersetzer, veröffentlichte Beiträge in Hessels Zeitschrift *Vers und Prosa* und übersetzte für die von Hessel angeregte große Balzac-Ausgabe des Rowohlt Verlags die beiden Bände *Glanz und Elend der Kurtisanen* (1925). Hessel war später, nach der Emigration, zusammen mit Rheinhardt im Lager von Les Milles inhaftiert. Im Spätsommer und Winter 1940 besuchte er Rheinhardt in Le Lavandou (vgl. dazu die Erinnerungen Ulrich Hessels in: Manfred Flügge: *Gesprungene Liebe. Die wahre Geschichte zu „Jules und Jim"*. Berlin, Weimar: Aufbau-Verlag, 1993, S. 229).

Johannes V. Jensen: Der Gletscher, mit einer Vorgeschichte: Das verlorene Land
In: *Berliner Tageblatt* (Berlin), Jg. 61, Nr. 276, 12.6.1932, Morgen-Ausg., 6. Beibl. (*Literatur der Zeit*), S. [1].

Sommerlektüre. Ratschläge über neue Bücher
In: *Der Montag Morgen* (Berlin), Jg. 10, Nr. 26, 27.6.1932, Ausg. B, S. 7.

Jules Romains: Jemand stirbt
In: *Die Literarische Welt* (Berlin), Jg. 8, Nr. 27, 1.7.1932, S. 5.
Von Jules Romains (1885-1972) übersetzte Hessel in den dreißiger Jahren acht Bände des Romanzyklus *Les hommes de bonne volonté* (*Die guten Willens sind*), von denen sieben zwischen 1935 und 1938 im Rowohlt Verlag erschienen (die Übersetzung des achten Bandes befindet sich als Typoskript im Nachlass Hessels).

Fräulein Tschang. Ein chinesisches Mädchen von heute
In: *Reclams Universum* (Leipzig), Jg. 48, H. 42, 14.7.1932, S. 1570.

John Dos Passos: Auf den Trümmern. Roman zweier Kontinente
In: *Weltstimmen* (Stuttgart), Jg. 6, H. 8, August 1932, S. 334-340.

Werner Bergengruen: Baedeker des Herzens
In: *Die Literarische Welt* (Berlin), Jg. 8, Nr. 34, 19.8.1932, S. 5.

Liam O'Flaherty: Verdammtes Gold
u.d.K. ‚f.H.' in: *Die Literarische Welt* (Berlin), Jg. 8, Nr. 36/37, 2.9.1932, S. 9.

Jacques Chardonne: Eva oder das unterbrochene Tagebuch
u.d.K. ‚f.H.' in: *Die Literarische Welt* (Berlin), Jg. 8, Nr. 44, 28.10.1932, S. 5.

René Schickele: Himmlische Landschaft
In: *Die Literarische Welt* (Berlin), Jg. 8, Nr. 50, 2.12.1932, S. 5.

Wilhelm Speyer: Sommer in Italien
In: *Die Literarische Welt* (Berlin), Jg. 9, Nr. 3, 20.1.1933, S. 5.
Vgl. meine Bemerkungen zu Hessels Rezension von Speyers *Schwermut der Jahreszeiten.*

Julius Meier-Graefe: Der Vater
u.d.K. ‚f.H.' in: *Die Literarische Welt* (Berlin), Jg. 9, Nr. 6/7, 10.2.1933, S. 9.
Hessel hatte während seines Paris-Aufenthalts 1906-1913 den Kunstkritiker und -historiker Julius Meier-Graefe (1867-1935) in den Künstlerkreisen des ‚Café du Dôme' näher kennengelernt.

John Galsworthy: Blühende Wildnis
In: *Reclams Universum* (Leipzig), Jg. 49, H. 23, 9.3.1933, S. 880.

Antoine de Saint-Exupéry: Nachtflug
u.d.K. ‚f.H.' in: *Die Literarische Welt* (Berlin), Jg. 9, Nr. 11/12, 17.3.1933, S. 11f.

„Klingende Gefäße"
[über die Keramikkünstlerin Auguste Papendiek]
In: *Frankfurter Zeitung* (Frankfurt/M.), Jg. 78, Nr. 796, 5.11.1933, 2. Morgenbl., Beil. *Für die Frau*, Jg. 8, Nr. 18.

Neue Beiträge zur Rowohlt-Forschung. Auf Grund der jüngsten Ausgrabungen mit Hilfe namhafter Gelehrter zusammengestellt von Fürchtegott Hesekiel [d.i. Franz Hessel]. Berlin: Privatdruck, 1987 [1933].
Vorausdatiert auf Rowohlts 100. Geburtstag im Jahre 1987, legte Hessel diese Schrift mit der Bemerkung vor: „Zur heimlichen Feier seiner 25jährigen Verlegertätigkeit im September 1933 haben Freunde von *Ernst Rowohlt* diese scherzhafte Historie geschrieben, gedruckt, gebunden und dem Buchhandel vorenthalten". Als Mittelstück enthält die Schrift den veränderten Wiederabdruck von Rowohlts Empfehlungen *Über den Umgang des Verlegers mit Autoren*, die erstmals veröffentlicht wurden in der Zeitschrift *Der Querschnitt*, Jg. 13, 1933, H. 1, S. 61f. – Auf eine briefliche Anfrage Anton Kippenbergs vom 24.12.1934 nach dem Autor der *Neuen Beiträge* antwortete Rowohlt in einem Brief vom 3.1.1935: „Der Verfasser ist Franz Hessel, allerdings haben einige andere Leutchen durch Materialbeisteuerung mitgearbeitet." (Vgl. *Kurt Wolff/Ernst Rowohlt. Marbacher Magazin* 43/1987. Hg. v. Ulrich Ott, bearb. v. Friedrich Pfäfflin. Marbach/Neckar 1987, S. 98f.).
Nach Angaben in biographischen Dokumentationen über Ernst Rowohlt (1887-1960) begann Hessel seine Arbeit als Lektor des Rowohlt Verlags bereits 1919 (vgl. Paul Mayer: *Ernst Rowohlt*; a.a.O., S. 197 [Zeittafel v. Peter Zingler]; *Kurt Wolff/Ernst Rowohlt*; a.a.O., S. 81 u. 109). Da die Räumlichkeiten und die Ausstattung des im Januar 1919 neu gegründeten Verlags (Berlin W 35, Potsdamer Straße 123 B) anfangs sehr beschränkt waren und Hes-

sel ab Herbst des Jahres in Hohenschäftlarn wohnte, bestand diese Lektorentätigkeit vermutlich zunächst vorwiegend aus ‚Heimarbeit'. Hessel, der mit
seinem Roman *Pariser Romanze* 1920 sein erstes Buch im Rowohlt Verlag
veröffentlichte und bis 1938 für diesen Verlag tätig war, empfand große
Sympathie für seinen impulsiven ‚Arbeitgeber'; dies bezeugt etwa die Erinnerung Helen Hessels: „Wenn die Freunde und ich auf Rowohlt schimpften,
der ihn so sehr hetze und überlaste – und so schlecht bezahle –, wurde er
richtig böse. Er ließ nichts auf seinen Rowohlt kommen. Er hätte auch gratis
für ihn gearbeitet. Ich weiß nicht, welchen Abglanz antiker Gottheiten er in
Rowohlts Kopf entdeckt hatte, aber er liebte diesen Draufgänger sehr." (Helen Hessel: *C'etait un brave*; a.a.O., S. 92.) – Willy Haas, der Herausgeber der
Rowohlt-Zeitschrift *Die Literarische Welt*, schrieb über die Beziehung Ro-
wohlt-Hessel: „Das Bewegendste und Schönste an ihm [Rowohlt] war seine
Liebe zu einigen besonders zarten und empfindlichen Autoren, die meist
ganz auf ihn angewiesen waren, wie zum Beispiel Franz Hessel. Zu dem alten feinen Hessel, der seine stillen, klugen und schönen Bücher aus dem alten Berliner Westen oder aus dem vergangenen München oder aus Paris bei
Rowohlt herausbrachte, ohne daß sich das Lesepublikum viel darum scher-
te, zu dem Dichter Paul Mayer und einigen ähnlichen besonders sensitiven
Menschen konnte er geradezu zärtlich sein. Man hatte oft das Gefühl: Wen
er so beschützte, der war gefeit gegen alle Schläge des Schicksals." (Zit.
nach: Paul Mayer: *Ernst Rowohlt*; a.a.O., S. 209).
Rowohlt beschäftigte Hessel auch nach der nationalsozialistischen Macht-
übernahme weiterhin mit übersetzerischen und lektorischen Arbeiten. Von
1935 bis 1938 veröffentlichte er Hessels Übersetzung von Jules Romains'
Romanzyklus *Die guten Willens sind* in sieben Bänden (bis zum letzten Band,
Tempelsucher, wurde Hessels Name als Übersetzer genannt). 1938 wurde
Rowohlt selber mit dem Berufsverbot belegt: „wegen Tarnung jüdischer
Schriftsteller" (Paul Mayer: *Ernst Rowohlt*; a.a.O., S. 198).
Paul Mayer (1889-1970), Dichter, Übersetzer, Kritiker und gemeinsam mit
Hessel in den zwanziger und frühen dreißiger Jahren Cheflektor des
Rowohlt Verlags, dürfte an den *Neuen Beiträgen zur Rowohlt-Forschung* mit-
gearbeitet haben; wir finden ihn in der „scherzhaften" Schrift auch als
„Paulchen" gespiegelt, der den zornigen Rowohlt oft auf geheimnisvolle
Weise zu besänftigen verstanden und – obwohl ein „winziger Mann" – „bis-
weilen des Riesen Willen gebeugt" habe. Mayer und Hessel, die als jüdische
Autoren ein ähnliches Schicksal erlitten, verband eine freundschaftliche Be-
ziehung (vgl. dazu Mayers Porträt *Franz Hessel* in seinem Buch *Lebendige
Schatten. Aus den Erinnerungen eines Rowohlt-Lektors*. Reinbek b. Hamburg
1969, S. 53-59, wo es u.a. über Hessel heißt: „Den Verlag nannte er ‚die Schule' und ‚die Schmonzette' den Text der Umschlagseiten, auf denen die neuen
Bücher dem Leser schmackhaft gemacht werden sollen. Er steckte voller
Schnurren, Geschichten, Rätseln und Reimen. Selbsterfundenes mischte sich
mit Angelesenem zu kindlich-ernstem Spiel", S. 55). Gemeinsam übersetzten
sie den 1930 im Rowohlt Verlag erschienenen Band *Clémenceau spricht. Unterhaltungen mit seinem Sekretär Jean Martet*. – Zum Tod Hessels schrieb Mayer, der 1939 nach Mexiko emigriert war, einen poetischen Nachruf:

Franz Hessel

Nicht, daß Du starbst, entsetzt mich. Glaub' das nicht.
In dieser Zeit ist Tod ja ganz gemein
Und ohne Eignes, lediglich Bericht.

Wie aber starbst Du? Starbst Du ganz allein,
Du, der wie keiner sich den Freunden lieh?
Birgt Dich ein Massengrab? Deckt Dich ein Stein?

Gewiß ist nur: der Totenvogel schrie.
Grau und verdorben welkt die „Côte d'azur".
Kein Segler wagt sich mehr nach Sanary.

Dies aber wühlt in mir wie ein Geschwür,
Daß Dich Dein Herzens-Land verwarf, zertrat
Und Dich wie Kehricht fegte vor die Tür.

Du aber lächelst. Denn der Engel bat
Zu Deinem Ahnen Dich, dem heilgen Franz.

Der Du die Ernte bist aus seiner Saat
Und Blatt und Blüte aus der Demut Kranz.

(In: Paul Mayer: *Exil. Gedichte* [1944]. Stuttgart 1982, S. 52.)

Zeittafel Franz Hessel

1880   Am **21. November** wird Franz Siegmund Hessel als Sohn des jüdischen Getreidehändlers und späteren Bankiers Heinrich Hessel (1840–1900) und seiner Frau Fanny geb. Kaatz (1850–1931), Tochter eines Stadtrats in Posen, in Stettin geboren. Geschwister: Anna (vor 1874–1903), die bei der Geburt eines Kindes stirbt; Alfred (1877–1939), der später Professor für Geschichte in Straßburg und Göttingen wird; Hanns (1890–1967), der ab 1915 als Bankier in München tätig ist. – Die Familie wohnt in der Pölitzerstraße 99. Franz verlebt eine behütete und glückliche Kindheit (später, in seinem ersten, autobiographisch gefärbten Roman *Der Kramladen des Glücks*, 1913, schildert Hessel aber auch frühe Außenseitererfahrungen und Konflikte aufgrund seiner jüdischen Herkunft).

1888   Die Familie siedelt nach Berlin über; die Hessels wohnen zunächst in der Genthiner Straße 43, danach am Kurfürstendamm 239.

1890   Franz, der mit neun Jahren protestantisch getauft wird, ist ein verträumtes Kind; seine Lieblingsbücher sind die *Märchen aus Tausendundeiner Nacht* und die *Griechischen Sagen*.

1899   Abitur am Joachimsthaler Gymnasium. Zum Sommersemester schreibt sich Franz Hessel an der Albert-Ludwigs-Universität in Freiburg/Br. für das Studium der Rechtswissenschaft ein. Zum Wintersemester geht er nach München, wo er an der königlich bayerischen Ludwig-Maximilians-Universität das Studium der Jurisprudenz fortsetzt. Er bezieht eine Wohnung in der Kurfürstenstraße 59.

1900   Tod des Vaters, der ein beträchtliches Vermögen hinterlässt, wodurch Franz ein finanziell sorgenfreies Leben ermöglicht wird. Zum Sommersemester immatrikuliert sich Hessel an der Philosophischen Fakultät der Ludwig-Maximilians-Universität. Neue Wohnung: Schellingstraße 68/III. – Zum Wintersemester schreibt er sich an der Philosophischen Fakultät der Friedrich-Wilhelms-Universität in Berlin ein.

1901   Im Sommersemester studiert er wieder in München. Besuch von Lehrveranstaltungen der Philosophie, Literaturgeschichte, Altphilologie, Kunstgeschichte und Archäologie. Hessel wohnt zunächst in der Schleißheimerstraße 49, dann in der Adalbertstraße 58/IV. – Zwölf Gedichte Hessels erscheinen im *Avalun*, dem von Richard Scheid herausgegebenen *Jahrbuch neuer deutscher lyrischer Wortkunst*.

1902   Kontakte zu den Kreisen der Schwabinger Künstler und Bohemiens; Bekanntschaft mit Karl Wolfskehl (1869–1948) und dem Kreis um Stefan George (1868–1933). Freundschaft mit Oscar A. H. Schmitz (1873–1931). – Erneuter Wohnungswechsel: Amalienstraße 38/IV.

1903	Zum Sommersemester immatrikuliert sich Hessel für den Studiengang der Orientalistik. Beginn der Liebesfreundschaft mit Franziska zu Reventlow (1871–1918). Im **August** besucht Hessel gemeinsam mit Wolfskehl den Zionistenkongress in Basel. – Im **November** zieht er mit Franziska zu Reventlow, ihrem kleinen Sohn Rolf (1897–1981) und ihrem Freund Bohdan von Suchocki (1863–um 1955) in das Eckhaus Nr. 63 an der Kaulbachstraße (im Universitätsverzeichnis zum Wintersemester 1903/04 gibt Hessel zuvor als Adresse Dietlindenstraße 1/III an, wo Franziska zu Reventlow vor dem Umzug wohnt). – Abbruch des Studiums.
1904	Im **Januar** lässt sich Hessel als Student der Orientalistik an der Ludwig-Maximilians-Universität exmatrikulieren. Im **April** und **Mai** entstehen drei Folgen des von Franziska zu Reventlow und Hessel verfassten und herausgegebenen *Schwabinger Beobachters*, in dem das Treiben der ‚Georgianer' und der ‚Kosmiker' (um Ludwig Klages [1872–1956] und Alfred Schuler [1865–1923]) satirisch kommentiert wird (ein vierter, vermutlich im **August** entstandener Teil der Zeitschrift befindet sich als Typoskriptdurchschlag im Klages-Nachlass des Deutschen Literaturarchivs Marbach). – Von **August** bis **Oktober** reist Hessel mit Franziska zu Reventlow, ihrem Sohn Rolf und Suchocki nach Italien.
1905	Im Berliner S. Fischer Verlag erscheint Hessels erstes Buch, der Gedichtband *Verlorene Gespielen*; im *Münchner Almanach*, herausgegeben von Karl Schloss, veröffentlicht er *Die Sieben Raben. Lieder zu einem Märchen*.
1906	Im **März** verlässt Hessel München und geht – nachdem er seine Mutter in Berlin besucht hat – nach Paris. Er wohnt im Viertel Montparnasse, verkehrt in den Boheme-Kreisen des ‚Café du Dôme' und der ‚Closerie des Lilas' und schult sich in der Kunst des Flanierens. Zu seinen Bekannten und Freunden in Paris zählen u. a. Wilhelm Uhde, Jules Pascin, Marie Laurencin, Rudolf Levy, Max Jacob, Guillaume Apollinaire, Paul Fort, André Salmon, Gertrude Stein (durch die er auch Pablo Picasso kennenlernt), Julius Meier-Graefe und Thankmar von Münchhausen. Im **Mai** lernt Hessel Henri-Pierre Roché (1879–1959) kennen, der zu seinem besten Freund wird (Roché spiegelt diese Freundschaft später in seinem 1953 erschienenen Roman *Jules et Jim*, der Vorlage für den berühmten Film von François Truffaut, 1961). Hessel und Roché unternehmen gemeinsame Reisen durch Frankreich und nach Deutschland. Tagebuchaufzeichnungen Rochés berichten von den zahlreichen Frauen-Affären, in die sich die beiden Freunde verstricken.
1907	Liebesbeziehung zur Malerin Marie Laurencin (1883–1956). – Im **Frühjahr** Aufenthalt von Hessel und Roché in München; Wiedersehen mit Franziska zu Reventlow und Luise Bücking, einer aus Mar-

burg stammenden Freundin Hessels aus seiner Münchener Studenzeit. Erneute Reise von Hessel und Roché, Stationen sind Amsterdam, Mainz, Marburg und Frankfurt. Im **Dezember** reisen sie nach Berlin, wo sie bei der Mutter Hessels in der Charlottenburger Bleibtreustraße (Nr. 24) wohnen und Franziska zu Reventlow wiederbegegnen. Am **20. Dezember** ist Hessel, wie auch Robert Walser, Gast im Hause des Verlegers Samuel Fischer (Fischers Frau Hedwig, geb. Landshoff [1871–1952], ist eine Cousine Hessels). – Drei Gedichte Hessels (*Stimme einer Toten, Viel weher ist mein Weh ...*, *Karfreitag*) erscheinen in der zweiten Auflage von Hans Benzmanns Anthologie *Moderne Deutsche Lyrik*.

1908   Im S. Fischer Verlag erscheint Hessels Band *Laura Wunderl. Münchner Novellen*.

1910   Hessel bezieht eine Wohnung in der Rue Schoelcher (Nr. 4), unweit des Friedhofs von Montparnasse; in der Nachbarschaft wohnt Picasso.

1911   **Mitte des Jahres** unternimmt er zusammen mit Roché und dem Archäologen Herbert Koch (1880–1962) eine längere Griechenland-Reise.

1912   Im **Herbst** lernt er im ‚Café du Dôme' die Berliner Käthe-Kollwitz-Schülerin Helen Grund (1886–1982) kennen.

1913   Im **Mai** öffentliche Bekanntgabe der Verlobung von Franz Hessel und Helen Grund. Im **Juni** Heirat in Berlin. Im **August** reisen sie in Begleitung der Mutter Hessels durch Frankreich. – Im Frankfurter Verlag Rütten & Loening erscheint Hessels erster Roman, *Der Kramladen des Glücks*.

1914   Nachdem Franz und Helen den Winter in Blankensee bei Trebbin verbracht haben, ziehen sie im **Frühjahr** nach Genf, wo am **27. Juli** der Sohn Ulrich († 2003) geboren wird. – Nach Ausbruch des Krieges meldet sich Hessel, als ungedienter Landsturmmann, bei den deutschen Militärbehörden und wird als Zensor deutsch-französischer Korrespondenz in Straßburg eingesetzt.

1915   Hessel wird an die Ostfront versetzt, nach Thorn.

1916   Helen Hessel lebt mit dem Kind inzwischen wieder in Berlin, im Alten Westen, zwischen Landwehrkanal und Tiergarten (Friedrich-Wilhelm-Straße 15, Ecke Von-der-Heydt-Straße), wo Franz sie während eines Fronturlaubs besucht.

1917   Am **20. Oktober** wird der zweite Sohn Stefan († 2013) geboren.

1918   Hessel arbeitet im Berliner Pressearchiv. – Engere Freundschaft Helens mit Thankmar von Münchhausen (1893–1979); Hessel wird ihn später, im Roman *Heimliches Berlin* (1927), zum Vorbild nehmen für die Figur des jungen Wendelin von Domrau.

1919   Mit den Kindern zieht Hessel im **Herbst** nach Hohenschäftlarn im Isartal, etwa 20 km südlich von München; sie wohnen in der ‚Villa

Heimat'. Helen, die sich für einige Wochen auf dem Gut Borowke bei Posen aufhält, kommt erst zu **Weihnachten** nach.

1920 Im **August** kommt Henri-Pierre Roché zu Besuch nach Hohenschäftlarn. Zwischen ihm und Helen Hessel entsteht eine leidenschaftliche und turbulente Liebesbeziehung, die bis 1933 dauern wird. Auch der Archäologe Herbert Koch, der in Hohenschäftlarn weilt, wirbt um Helen. Helens Schwester Johanna (genannt ,Bobann', 1884–1941), die als Künstlerin in München lebt und sich von ihrem Mann Alfred Hessel, dem älteren Bruder von Franz (Heirat 1916), getrennt hat, kommt öfter zu Besuch. – Hessels zweiter Roman, *Pariser Romanze. Papiere eines Verschollenen*, erscheint im Berliner Rowohlt Verlag. Hessel, der durch die Inflation sein Vermögen verliert, arbeitet – neben Paul Mayer (1889–1970) – für Ernst Rowohlt (1887–1960) als Lektor (lt. Angaben in biographischen Dokumentationen über Rowohlt hat Hessel seine Lektorentätigkeit bereits 1919 begonnen).

1921 Im **Juli** lassen sich Franz und Helen Hessel scheiden. – Veröffentlichungen in der Berliner ,Rundschau' *Faust*, im *Tage-Buch* und in der *Dame*. Stendhals *Über die Liebe* erscheint in der Übersetzung Hessels im Verlag Georg Müller; für Stendhals Novellenband *Eine Geldheirat*, der ebenfalls im Münchener Georg Müller Verlag erscheint, übersetzt Hessel die beiden Erzählungen *Ernestine oder die Entstehung der Liebe* und *Vanina Vanini*. In Fritz Gurlitts Band *Das graphische Jahr* veröffentlicht Hessel eine biographische Betrachtung über *Renée Sintenis*. – Im **November** öffentliche Lesung in Berlin: „Dialoge in Versen".

1922 Im **Frühjahr** geben Franz und Helen Hessel ihr Haus in Hohenschäftlarn auf und kehren nach Berlin zurück; am **14. August** heiraten sie zum zweiten Mal. Die Familie wohnt (zusammen mit der Gouvernante Emmy Toepffer) weiterhin in der Friedrich-Wilhelm-Straße 15. – Im **Spätsommer** erscheint Hessels Novellenzyklus *Von den Irrtümern der Liebenden. Eine Nachtwache* im Rowohlt Verlag. In dem von Erich Singer herausgegebenen *Bänkelbuch* veröffentlicht Hessel sieben Gedichte; Publikationen im *Tage-Buch*, in der *Prager Presse*, im *Prager Tagblatt*, im *Berliner Tageblatt*, im *8 Uhr-Abendblatt* und im *Neuen Merkur*.

1923 Hessel gewinnt Rowohlt für die Idee einer Neuedition und Neuübersetzung einer vielbändigen Balzac-Ausgabe, die ein großer Verkaufserfolg wird; für diese Ausgabe übersetzt Hessel den Band *Junggesellenwirtschaft* und bearbeitet eine zeitgenössische Übersetzung der Erzählung *Seraphita* in dem Band *Buch der Mystik* (beide Bände erscheinen 1924). Rowohlt überträgt Hessel überdies die Redaktion und Herausgabe der neu gegründeten literarischen Monatsschrift *Vers und Prosa*. – Publikationen im *8 Uhr-Abendblatt*, im *Tage-Buch*, in der *Dame*, im *Leipziger Tageblatt*, in der *Deutschen Zeitung Bohemia* und im *Pester Lloyd*.

1924	Im **Januar** erscheint das erste Heft von *Vers und Prosa*; schon nach einem Jahr wird die Veröffentlichung dieser Zeitschrift wieder eingestellt; zu den Beiträgern zählen u. a. Rudolf Borchardt, Franz Blei, Robert Musil, Walter Benjamin, Albert Ehrenstein und Robert Walser. – Am **24. April** öffentliche Lesung Hessels „aus eigenen Werken" (*Neue Gedichte, Pantomime, Die Witwe von Ephesos*) in der Buchhandlung Spaeth in Berlin. – Im Rowohlt Verlag veröffentlicht Hessel seine *Sieben Dialoge*, mit sieben Radierungen von Renée Sintenis (1888–1965). Publikationen im *Prager Tagblatt*, in *Vers und Prosa*, in der *B.Z. am Mittag*, im *Berliner Tageblatt*, in der *Vossischen Zeitung*, der *Danziger Zeitung*, dem *Leipziger Tageblatt*, dem *Pester Lloyd* sowie der Zeitschrift *Der Die Das*. – Bekanntschaft und Freundschaft mit Walter Benjamin (1892–1940), der in Hessels Zeitschrift *Vers und Prosa* im **August** vier Baudelaire-Übertragungen aus den *Fleurs du Mal* veröffentlicht; durch ihn lernt Hessel Ernst Bloch (1885–1977), Siegfried Kracauer (1889–1966) und Ernst Schoen (1894–1960) kennen. Eine gemeinsame Bekannte ist die Medizinerin, Psychologin und Schriftstellerin Charlotte Wolff (1897–1986).
1925	Im **Juli** Umzug der Hessels nach Paris. Wohnung im Pariser Vorort Fontenayaux-Roses. – Das ‚dramatische Gedicht' *Die Witwe von Ephesos* erscheint bei Rowohlt. Im selben Verlag werden Casanovas zehnbändige *Erinnerungen*, übersetzt und herausgegeben von Franz Hessel und Ignaz Jezower, veröffentlicht. – Zahlreiche Publikationen in Zeitungen und Zeitschriften.
1926	Im **Februar** erste Veröffentlichung in der von Willy Haas herausgegebenen Zeitschrift *Die Literarische Welt* (*Commerce*). – Gemeinsam mit Benjamin arbeitet Hessel in Paris an der Übersetzung von Marcel Prousts *A la recherche du temps perdu* (die Bände *Im Schatten der jungen Mädchen* und *Die Herzogin von Guermantes* erscheinen 1926 und 1930). – Die Prosasammlung *Teigwaren, leicht gefärbt* erscheint im Rowohlt Verlag. Zahlreiche Publikationen in Zeitungen und Zeitschriften.
1927	Hessel ist in Paris weiterhin mit übersetzerischen und feuilletonistischen Arbeiten beschäftigt; Entstehung des *Passagen*-Textes. – Rückkehr nach Berlin, um weiter als Lektor und Übersetzer für Rowohlt zu arbeiten; Helen Hessel, die als Modekorrespondentin für die *Frankfurter Zeitung* tätig ist, und die Kinder bleiben in Paris. Wie in den Jahren zuvor kommt es in Helens Liebesbeziehung zu Henri-Pierre Roché immer wieder zu heftigen Konflikten. – Hessels dritter Roman *Heimliches Berlin* erscheint im Rowohlt Verlag. Zahlreiche Publikationen in Zeitungen und Zeitschriften. Freundschaft mit den Rowohlt-Autoren Alfred Polgar (1873–1955), Wilhelm Speyer (1887–1952) und Joachim Ringelnatz (1883–1934).

1928	Liebesfreundschaft mit Doris von Schönthan (1905–1961, der späteren Frau von Bruno von Salomon [1900–1952]). Erhaltene Tagebuchaufzeichnungen Hessels berichten von Unterhaltungsabenden in Gesellschaft von u. a. Walter Benjamin, Asja Lacis, Alfred Polgar, Wilhelm Speyer, Martin Beradt, Rut Landshoff, Siegfried Kracauer, Thankmar von Münchhausen, Grete Wiesenthal, Otto Klemperer, László Moholy-Nagy, Renée Sintenis, Leopold Schwarzschild und Ernst Rowohlt. – In der Wohnung der Friedrich-Wilhelm-Straße lebt Hessel in einem „Zimmer zum Hof"; die anderen Räume sind an einen Untermieter vergeben. – Von **August** bis **Oktober** besuchen Ulrich und Stefan Hessel ihren Vater in Berlin. – Yvette Guilberts Erinnerungen *Lied meines Lebens* erscheinen in der Übersetzung von Franz Hessel und mit einem Vorwort von Alfred Polgar im Rowohlt Verlag. – Zahlreiche Veröffentlichungen in Zeitungen und Zeitschriften.

1929 Am **19. Januar** Rundfunklesung in Berlin aus *Teigwaren, leicht gefärbt*. – Im **Frühjahr** dreiwöchiger Aufenthalt in Wien, „gehütet und geleitet von Polgar und den Seinen". Im **Sommer** Reise nach Paris, wo Hessel seine Frau und seine Kinder besucht, die in der Rue Ernest Cresson 13 wohnen. – Der Verlag Epstein, Leipzig und Wien, veröffentlicht Hessels Band *Spazieren in Berlin*; im Rowohlt Verlag erscheint die Prosasammlung *Nachfeier*. – Im **Oktober** erneute Reise nach Paris. – Die beiden Prosastücke *Das rheinische Mädchen aus Wendisch-Rietz* und *Filmbörse* erscheinen als Privatdruck (in 150 nummerierten Exemplaren) zum dritten Stiftungsfest des ‚Fontane-Abends' am **14. November** unter dem Titel *Spazieren in Berlin – Zwei Berliner Stätten*. Daneben zahlreiche Publikationen in Zeitungen und Zeitschriften.

1930 **Anfang des Jahres** Aufenthalt in Paris. Am **9. Januar** wird das von Stefan Großmann (1875–1935) in Zusammenarbeit mit Franz Hessel verfasste ‚Volksstück in zehn Bildern' *Apollo, Brunnenstraße* an der Volksbühne in Berlin uraufgeführt (das Manuskript erscheint unter dem Titel *Sturm auf Apollo* im Drei Masken Verlag). Der Band *Clémenceau spricht. Unterhaltungen mit seinem Sekretär Jean Martet* wird in der Übersetzung von Franz Hessel und Paul Mayer bei Rowohlt veröffentlicht. Daneben zahlreiche Publikationen in Zeitungen und Zeitschriften.

1931 Im **Januar** stirbt Hessels Mutter in Berlin. – *Marlene Dietrich* (mit vierzig Photographien) erscheint im Berliner Verlag Kindt & Bucher. Publikationen in diversen Zeitungen und Zeitschriften. Begegnung mit der jungen Lyrikerin Mascha Kaléko (1907–1975), deren ersten Gedichtband, *Das lyrische Stenogrammheft*, der 1933 bei Rowohlt erscheint, Hessel lektoriert. – Zusammen mit dem Musikwissenschaftler und Kapellmeister Ludwig Landshoff (1874–1941) übersetzt Hessel den englischen Text von Joseph Haydns *Nelson-Arie* (*Gesang von der Schlacht am Nil. Lines from the Battle of the Nile*) ins Deutsche; ebenso besorgt er, neben Karl Wolfskehl, die deutsche Übersetzung von einigen *Kanzonetten und Liedern* Haydns, die von Landshoff herausgegeben werden.

1932 Im **Januar** Wiedersehen mit Roché in Berlin. – Hessels Übersetzung von Marcel Arlands Roman *Heilige Ordnung* erscheint im Rowohlt Verlag; der Drei Masken Verlag veröffentlicht Albert Cohens Roman *Solal*, übersetzt von Franz Hessel und Hans Kauders (1880–1952). Daneben Publikationen in Zeitungen und Zeitschriften. Im **August** reist Hessel nach Paris, wo er Roché trifft; anschließend verbringt er seinen Urlaub mit der Familie auf Mallorca.

1933 Im **Frühjahr** Umzug in die Lindauer Straße 8. – Im **April** kommt Hessels Sohn Ulrich nach Berlin, um beim Rowohlt Verlag eine Lehre zu beginnen; bis zum Frühjahr 1935 wohnt er bei seinem Vater. – Im **Juni** erscheint Hessels letzte Prosaveröffentlichung in der *Literarischen Welt* (*Der Lastträger von Bagdad*). – Unter dem Pseudonym ‚Fürchtegott Hesekiel‘ gibt er zur 25-jährigen Verlegertätigkeit Ernst Rowohlts im **September** die *Neuen Beiträge zur Rowohlt-Forschung* als Privatdruck heraus. – Ebenfalls als Privatdruck wird zum siebten Stiftungsfest des Berliner ‚Fontane-Abends‘ am **14. November** das kleine Hessel-Heft *Zwei Berliner Skizzen* (*Persönliches über Sphinxe* und *Wird er kommen?*) in 70 Exemplaren vorgelegt. – Hessel übersetzt Opernarien Guiseppe Verdis, die von Kurt Soldan (1891–1946) herausgegeben werden: *Ausgewählte Opern-Arien für Tenor*, *Opern-Arien für Sopran* (2 Bde.), *Opern-Arien für Bariton*. – Hessels letzte Buchpublikation zu Lebzeiten, der Prosaband *Ermunterungen zum Genuß*, erscheint im Rowohlt Verlag.

1934 Im **Februar** und **März** erscheinen noch zwei Beiträge Hessels in der *Frankfurter Zeitung* (*Vom alten Münchner Fasching*, *Wird er kommen?*), im **Oktober** das Gedicht *Die Gliederpuppe* und im **November** das Prosastück *Das Lederetui* in der Zeitschrift *Die Dame*. – Übersetzung von Verdis *Opern-Arien für Baß*. – Rowohlt beschäftigt ihn (auch nach den Nürnberger Gesetzen von 1935) weiterhin mit übersetzerischen Arbeiten; er beauftragt Hessel mit der Übersetzung des Romanzyklus *Les hommes de bonne volonté* (*Die guten Willens sind*) von Jules Romains, die siebenbändig zwischen 1935 und 1938 erscheint. – Der Kittl Verlag, Leipzig, Mährisch-Ostrau, veröffentlicht Hessels Übersetzung von Julien Greens Roman *Der Geisterseher*.

1935 Am **9. März** erscheint Hessels Prosastück *Eine falsche Verbindung* im *Berliner Tageblatt*, am **6. Juli** unter dem Pseudonym ‚Stefan Ulrich‘ (nach den Vornamen seiner beiden Söhne) dort das Prosastück *Page und Königin*. – Unter dem Kürzel ‚f. h.‘ veröffentlicht er im **Mai** in der *Dame* die Erzählung *D-Zug-Dämmerung*. – Im **Sommer** widmet sich Hessel gemeinsam mit der Witwe von Joachim Ringelnatz, Leonharda (‚Muschelkalk‘, 1898–1977), der Nachlass-Edition ihres Mannes bei Rowohlt, die Hans Siemsen (1891–1969) herausgibt. – Neue Wohnung in der Hohenstaufenstraße 24.

1936 Hessel stellt vermutlich in dieser Zeit eine Prosasammlung unter dem Titel *Das Lederetui. Geschichten in Briefen* zusammen. – Im **Februar** erscheint sein Prosastück *Page und Königin* in der Wiener Zeitschrift *Die Bühne.*

1937 Sein Sohn Ulrich, der Deutschland 1935 verließ und nach Paris ging, besucht ihn in Berlin. – Im **März** erscheint Hessels Prosastück *Der Frühling* in der Zeitschrift *Die Bühne.*

1938 Im **Januar** Aufenthalt in Paris; Rückkehr nach Berlin. – Kurz vor der Reichskristallnacht gelingt es Helen Hessel, ihren Mann im **Oktober** mit Hilfe der entsprechenden Ausreisepapiere nach Paris zu bringen. (Wie Helen Hessel überliefert, gibt er als Erklärung für sein so langes Ausharren in Hitler-Deutschland Freunden gegenüber an, dass er sich nicht dazu „berechtigt" gesehen habe, „als ein Bevorzugter dem Schicksal der Juden zu entgehen".) Durch Vermittlung Wilhelm Speyers nimmt Hessel in Paris zunächst Unterkunft bei der Baronin Alix de Rothschild (1911–1982) und arbeitet bei den Rothschilds als Bibliothekar (Avenue Foch 30; Hessel wohnt in einem Nebengebäude in der Avenue Victor Hugo). – Noch vor der Emigration hat er für eine Prosasammlung mit dem Titel *Frauen und Städte* Texte zusammengestellt. – Für den Verlag von Gottfried Bermann-Fischer bearbeitet er Ruth Gerull-Kardás' Rohübersetzung von Jean Gionos Roman *Bergschlacht*, der **1939** in Stockholm erscheint. Ab **Dezember** (bis **August 1939**) publiziert er unter dem Pseudonym ‚Hesekiel' Prosastücke in der *Pariser Tageszeitung.*

1939 Die Hessels verbringen den **Sommer** unweit von Paris in einem Landhaus, wo sie u. a. von Wilhelm Uhde (1874–1947), Walter Benjamin und Marcel Duchamp (1887–1968) besucht werden. – Von **Juli** bis **September** erscheinen Prosastücke Hessels unter dem Pseudonym ‚Hesekiel' im *Argentinischen Tageblatt.* – Im **Oktober** Aufnahme Hessels in den deutschen Exil-PEN.

1940 Hessel muss sich, wie sein Sohn Ulrich, im Internierungslager von Colombes in der Nähe von Paris melden, wird jedoch nicht festgehalten, da er über der Altersgrenze liegt und sein Sohn Stefan inzwischen französischer Staatsbürger und Offiziersanwärter der Militärschule in Saint-Maixent ist. Im **April** gehen Franz, Helen und Ulrich Hessel nach Sanary-sur-Mer, einem kleinen Hafenort an der französischen Mittelmeerküste und Zufluchtsort deutscher Emigranten; die Familie wohnt zunächst in der Villa von Aldous Huxley (1894–1963), danach bei Madame Richarme, in einem kleinen Haus in der Ortsmitte (Montée de la Carreirade 28); Hessel bezieht das Turmzimmer des Hauses. Im **Mai**, nach der Invasion Frankreichs durch die deutsche Armee, wird Franz Hessel, wie kurz zuvor sein Sohn Ulrich, im Lager

Les Milles bei Aix-en-Provence interniert; danach Haft im Lager Saint-Nicolas bei Nîmes, wo Hessel an Ruhr erkrankt. Völlig erschöpft kehrt er zusammen mit Ulrich im **Juli** zu seiner Frau nach Sanary zurück. – Hessel arbeitet an seinem letzten, noch in den frühen dreißiger Jahren in Berlin begonnenen Roman *Alter Mann* (der, als Fragment, 1987 im Suhrkamp Verlag erscheint); ebenfalls im französischen Exil entsteht das Erzählfragment *Letzte Heimkehr* (das 1989 im Berliner Arsenal Verlag veröffentlicht wird). – Im **Spätsommer** und im **Winter** besucht Hessel Emil Alphons Rheinhardt (1889–1945), der mit ihm im Lager von Les Milles war, in Le Lavandou.

1941 Wie Alfred Kantorowicz (1899–1979), der nach seiner Haft in Les Milles ebenfalls Zuflucht in Sanary gefunden hat, in seinem Tagebuch notiert, erzählt ihm Hessel am **3. Januar** von einer neuen literarischen Idee: „er will uns überreden, während der Wartezeit mit ihm gemeinsam einen zeitgemäßen *Dekamerone* zu schreiben. Unter dem Titel *Erzählungen am Lagerfeuer von St. Nicolas* sollen Erlebnisse und Schicksale in unserem Jahrhundert eingefaßt werden. Ein guter Einfall – aber ich fürchte, dem gebrechlichen Franz Hessel wird die Zeit nicht mehr bleiben, ihn auszuführen." – Am **6. Januar**, nach kurzer fiebriger Krankheit, stirbt Franz Hessel in Sanary-sur-Mer. Er wird am **8. Januar** auf dem dortigen Friedhof beigesetzt. An dem Begräbnis nehmen neben Helen, Ulrich und Stefan Hessel sowie dessen Frau Vitia u. a. teil: Alfred Kantorowicz, Hilde Stieler, Erich Klossowski, Anton Räderscheidt und Hans Arno Joachim; die Grabrede hält Hans Siemsen.

Gregor Ackermann / Hartmut Vollmer

Bibliographie Franz Hessel

Die hier vorgelegte Bibliographie ist im Vergleich zum Verzeichnis in der Erstauflage der Hessel-Edition (1999) erheblich erweitert worden. Trotz vieler neuer Textfunde kann allerdings auch diese Bibliographie nicht den Anspruch auf Vollständigkeit erheben.

Nicht aufgenommen sind Texte, deren Publikation bibliographisch bislang nicht präzise und zuverlässig zu erfassen war oder für die ein Abdruck – dies betrifft einige Prosastücke aus den Nachlass-Sammlungen *Frauen und Städte* und *Das Lederetui* – bisher nicht nachgewiesen werden konnte (vgl. dazu die *Textnachweise und Erläuterungen* im vorliegenden Band und in Band 3).

Die Siglen in eckigen Klammern bei den Einzelveröffentlichungen (b) verweisen auf die Buchpublikationen (a). Folgende Abkürzungen werden neben den in Bibliographien üblichen Angaben verwendet:

u.d.K.   unter dem Kürzel
u.d.Ps.   unter dem Pseudonym
u.d.T.   unter dem Titel

Für Hinweise und Hilfen danken wir Hans-Joachim Heerde, Berlin, Barbara von Reibnitz, Basel, und Rainer-Joachim Siegel, Leipzig.

a) Buchveröffentlichungen

Verlorene Gespielen. Gedichte. Berlin: S. Fischer, 1905 (1924 übernommen v. Rowohlt Verlag, Berlin) [VG].

Laura Wunderl. Münchner Novellen. Berlin: S. Fischer, 1908; Neuausg., hg. v. Dirk Heißerer, München: P. Kirchheim, 1998 [LW].

Der Kramladen des Glücks. Roman. Frankfurt/M.: Rütten & Loening, 1913; Neuaufl. Berlin: Rowohlt, 1923; Neuausg. Frankfurt/M.: Suhrkamp, 1983; Düsseldorf: Lilienfeld, 2012 [KDG].

Pariser Romanze. Papiere eines Verschollenen. Berlin: Rowohlt, 1920; Neuausg. Frankfurt/M.: Suhrkamp, 1985; Düsseldorf: Lilienfeld, 2012 [PR].

Von den Irrtümern der Liebenden. Eine Nachtwache. Berlin: Rowohlt, 1922; Neuausg. München: Rogner & Bernhard, 1969; Paderborn: Igel, 1994 [IDL].

Sieben Dialoge. Mit sieben Radierungen v. Renée Sintenis. Berlin: Rowohlt, 1924 [SD].

Die Witwe von Ephesos. Dramatisches Gedicht in 2 Szenen. Berlin: Rowohlt, 1925 [WE].

Teigwaren, leicht gefärbt. Berlin: Rowohlt, 1926; Neuausg. Berlin: Das Arsenal, 1986 [TLG].

Heimliches Berlin. Roman. Berlin: Rowohlt, 1927; Neuausg. Frankfurt/M.: Suhrkamp, 1982; Düsseldorf: Lilienfeld, 2011; Berlin: Omnium, 2012; Hamburg: Tredition Classics, 2012; Berlin: Berlin Verlag Taschenbuch, 2013 [HB].

Zwei Skizzen (Die verliebte Lokomotive / Kinder aus ihrer Klasse). Stuttgart: Waldorf-Astoria Zigarettenfabrik A. G., [1928].

Nachfeier. Berlin: Rowohlt, 1929; Neuausg. Berlin: Das Arsenal, 1988 [NF].

Spazieren in Berlin. Leipzig, Wien: Epstein, 1929; Neuausg. München: Rogner & Bernhard, 1968; u.d.T. *Spazieren in Berlin. Beobachtungen im Jahr 1929.* Hg. v. Joachim Schreck. Berlin/O.: Der Morgen, 1979 [dort auch weitere Texte Hessels]; u.d.T. *Ein Flaneur in Berlin.* Berlin: Das Arsenal, 1984 (Sonderausg. als Bd. 8 der *Berlin Bibliothek, Berliner Zeitung,* Berlin 2007); hg. v. Moritz Reininghaus, Berlin: Verlag für Berlin-Brandenburg, 2011; dass.: Berlin: Bloomsbury, 2012 [SIB].

Spazieren in Berlin – Zwei Berliner Stätten (Das rheinische Mädchen aus Wendisch-Rietz / Filmbörse). Berlin: Officina Serpentis (Privatdruck zum ‚Fontane-Abend'), 1929 [ZBS].

Sturm auf Apollo. Ein Volksstück in zehn Bildern von Stefan Großmann [u. Franz Hessel]. Berlin: Drei Masken, 1930 [das Theaterstück wurde am 9.1.1930 an der Volksbühne in Berlin u.d.T. *Apollo, Brunnenstraße* uraufgeführt].

Marlene Dietrich. Mit vierzig Photographien. Berlin: Kindt & Bucher, 1931; Neuausg. Berlin: Das Arsenal, 1992 [MD].

Ermunterungen zum Genuß. Berlin: Rowohlt, 1933; Neuausg. Berlin: Das Arsenal, 1987 [EZG].

Zwei Berliner Skizzen. Wird er kommen? Persönliches über Sphinxe. Berlin: Privatdruck (zum ‚Fontane-Abend'), 1933 [ZBSK].

Ermunterung zum Genuß. Kleine Prosa. Hg. v. Karin Grund u. Bernd Witte. Berlin: Brinkmann & Bose, 1981 [KP].

Die Kunst, spazieren zu gehn, spazieren in Berlin. Mit 12 Original-Kupferstichen v. Tony Torrilhon. Denklingen: Fuchstaler Presse, 1983.

Alter Mann. Romanfragment. Hg. v. Bernd Witte. Frankfurt/M.: Suhrkamp, 1987 [AM].

Persönliches über Sphinxe. Vier Berliner Skizzen (Das rheinische Mädchen aus Wendisch-Rietz / Filmbörse / Persönliches über Sphinxe / Wird er kommen?) Berlin: Silver & Goldstein, 1990 [PÜS].

Von den Irrtümern der Liebenden und andere Prosa. Hg. v. Hartmut Vollmer. Paderborn: Igel, 1994 [VDI].

Ein Garten voll Weltgeschichte. Berliner und Pariser Skizzen. Hg. v. Bernhard Echte. München: Deutscher Taschenbuch Verlag, 1994 [GVW].

Ermunterungen zum Genuß sowie Teigwaren leicht gefärbt und Nachfeier. Die „kleine Prosa" 1926-1933. Hg. v. Peter Moses-Krause. Berlin: Das Arsenal, 1999.

Sämtliche Werke in fünf Bänden. Hg. v. Hartmut Vollmer u. Bernd Witte (Bd. 1: *Romane.* Hg. v. Bernd Witte; Bd. 2: *Prosasammlungen.* Hg. v. Karin Grund-Ferroud; Bd. 3: *Städte und Porträts.* Hg. v. Bernhard Echte; Bd. 4: *Lyrik und Dramatik.* Hg. v. Andreas Thomasberger; Bd. 5: *Verstreute Prosa, Kritiken.* Hg. v. Hartmut Vollmer). Oldenburg: Igel Verlag, 1999.

Von der schwierigen Kunst spazieren zu gehen. Lucerne: MC Graeff / Romanfürsorge Wuppertal, 2005 (Privatdruck für Dr. Andreas Sturies, Düsseldorf).

Übersetzungen

Une Nephertete raisonnable (übers. v. Cécile Knœrtzer). In: *La Revue Rhénane. Rheinische Blätter* (Mainz), Jg. 10, 1929/30, Nr. 6, März 1930, S. 42-44 [*Die vernünftige Nephertete,* in: TLG].

Die muntere Mörderin / The Cheerfull Murderess [Gedicht] (übers. v. Dorothea Gotfurt). In: *While I'm Sitting on the Fence.* Introduced by Martin Esslin. London: Oswald Wolff, [1967], S. 48-51 [synoptischer zweisprachiger Abdruck].

Promenades dans Berlin. Trad. par Jean-Michel Belœil. Grenoble: Presses Universitaires de Grenoble, 1989; Neuausg. Paris: L'Herne, 2012 [*Spazieren in Berlin*].

Romance parisienne. Les papiers d'un disparu. Trad. par Léa Marcou. Paris: Sell, 1990 [*Pariser Romanze. Papiere eines Verschollenen*].

L'arte di andare a passeggio. Cura di Eva Banchelli; trad. di Enrico Venturelli. Milano: Serra e Riva, 1991; Neuausg. Roma: Elliot, 2011.

The Seventh Dwarf (übers. v. Jack Zipes). In: *Spells of Enchantment. The Wondrous Fairy Tales of Western Culture.* Edited by Jack Zipes. New York: Viking, 1991, S. 613f. [*Der siebente Zwerg,* in: TLG].

Romanza parigina. Trad. e cura di Bruno Berni. Roma: Biblioteca del Vascello, 1993 [*Pariser Romanze*].

Le bazar du bonheur. Trad. par Léa Marcou. Paris: Calmann-Lévy, Sell, 1993 [*Der Kramladen des Glücks*].

Des amants et de leurs erreurs. Récits. Trad. par Jean Ruffet. Paris: Seuil, 1997 [*Von den Irrtümern der Liebenden*].

Le dernier voyage. Trad. par Françoise Borie. Paris: Le Promeneur, 1997 [*Alter Mann*].

Marlene Dietrich. Un portrait. Trad. par Josie Mély. Paris: Félin, 1997.

Paseos por Berlín. Trad. de Miguel Salmerón. Madrid: Tecnos, 1997 [*Spazieren in Berlin*].

Romanza parigina. Trad. di Enrico Arosio. Milano: Adelphi, 1997 [*Pariser Romanze*].

Le bazar du bonheur / Romance parisienne. Trad. par Léa Marcou. Paris: 10-18, 1998.

Encouragements au plaisir. Trad. par Philippe Delerm. Paris: Seuil, 2001 [*Ermunterungen zum Genuß*].

Marlene Dietrich: A Portrait (übers. v. Isabel Fargo Cole). In: *The Missouri Review* (Columbia, MO), Jg. 25, 2002, Nr. 3, S. 79-97 [enthält ferner: *Marlene As A Mother, Marlene As A Child*].

Romance en París. Trad. de Olga García García. Madrid: Errata Naturae, 2011 [*Pariser Romanze*].

Gli errori degli amanti. Trad. di Manuela Francescon. Roma: Elliot, 2012 [*Von den Irrtümern der Liebenden*].

Marlene Dietrich. Un ritratto. Trad. di Alessandra Campo. Roma: Elliot, 2012.

b) Veröffentlichungen in Zeitungen, Zeitschriften, Sammelbänden und Anthologien

Zwölf Gedichte. In: *Avalun. Ein Jahrbuch neuer deutscher lyrischer Wortkunst.* Hg. v. Richard Scheid (München), Jg. 1, 1901, Bl. XII.

Die sieben Raben. Lieder zu einem Märchen. In: *Münchner Almanach. Ein Sammelbuch neuer deutscher Dichtung.* Hg. v. Karl Schloss. München, Leipzig: Piper, 1905, S. 145-160.

Stimme einer Toten / *Viel weher ist mein Weh* ... / *Karfreitag* [Gedichte]. In: *Moderne Deutsche Lyrik*. Hg. v. Hans Benzmann. Leipzig: Reclam, ²[1907], S. 293-295 [*Stimme einer Toten* u.d.T. *Stimme der Toten* in: VG]; Leipzig: Reclam, ³[1913]: *Stimme einer Toten* / *Karfreitag*, S. 260f.

Menelaos und Helena. Ein Dialog. In: *Faust. Eine Rundschau* (Berlin), Jg. 1, 1921, H. 1, S. 10-13 [in: SD].

Lob Münchens. In: *Faust. Eine Rundschau* (Berlin), Jg. 1, 1921, H. 1, S. 49f. [in: VDI].

Kalauer für die Gebildeten unter seinen Verächtern. In: *Das Tage-Buch* (Berlin), Jg. 2, H. 49, 10.12.1921, S. 1523f. (unter der Rubrik *Glossen*) [Teile daraus in: EZG, *Anregende Beispiele*].

Mohn. Novelle. In: *Die Dame* (Berlin), Jg. 49, 1921/22, H. 6, Ende Dezember 1921, S. 2, 25f., 28, 30 u. 32 [in: IDL].

Das Modell / *Der Frühlingsdichter* / *Arie* / *Ein Tüchlein* ... / *Marianne I/II* / *Lied eines jungen Studenten an eine schöne Buhlerin* / *Hermine*. In: *Bänkelbuch. Neue deutsche Chansons*. Hg. v. Erich Singer. Leipzig, Wien, Zürich: E. P. Tal, 1922, S. 43-52; Neuausg. Köln, Berlin: Kiepenheuer & Witsch, 1953.

Damast und Moder. In: *Prager Presse* (Prag), Jg. 2, Nr. 1, 1.1.1922, Morgen-Ausg., Beil. *Dichtung und Welt*, Nr. 1, S. If. [in: IDL].

Nebenpersonen (Frau Menschenfresser / *Der siebente Zwerg* / *Der älteste Bruder)*. In: *Prager Presse* (Prag), Jg. 2, Nr. 50, 19.2.1922, Morgen-Ausg., Beil. *Dichtung und Welt*, Nr. 8, S. III [in: TLG].

Amor und Zephyr. Eine Molière-Anekdote. In: *Das Tage-Buch* (Berlin), Jg. 3, H. 8, 25.2.1922, S. 293-298 [in: TLG].

Die Radlampe. In: *Das Tage-Buch* (Berlin), Jg. 3, H. 12, 25.3.1922, S. 458-461 [in: LW, KP].

Amor und Zephir. Eine Molière-Anekdote. In: *Prager Tagblatt* (Prag), Jg. 47, Nr. 98, 27.4.1922, S. 2f. [in: TLG].

Mein Freund Wilhelm Schiller. In: *Berliner Tageblatt* (Berlin), Jg. 51, Nr. 416, 15.9. 1922, Abend-Ausg. [in: TLG].

„Kommandiert die Poesie". In: *Das Tage-Buch* (Berlin), Jg. 3, H. 37, 16.9.1922, S. 1325f. [in: VDI].

Tatü-tata (u.d.Ps. Schnellpfeffer). In: *Das Tage-Buch* (Berlin), Jg. 3, H. 39, 30.9. 1922, S. 1389 [in: VDI].

Genieße froh, was du nicht hast (u.d.Ps. Schnellpfeffer). In: *Das Tage-Buch* (Berlin), Jg. 3, H. 40, 7.10.1922, S. 1424-1427 [Anfangsteil später in: HB; in: VDI].

Die Not der Zeit. In: *8 Uhr-Abendblatt* (Berlin), Jg. 75, Nr. 251, 7.11.1922, S. 2 [u.d.T. *Alles für die Kinder* in: TLG].

Vatermord. In: *Das Tage-Buch* (Berlin), Jg. 3, H. 46, 18.11.1922, S. 1599f.

Das vierte Gebot. In: *8 Uhr-Abendblatt* (Berlin), Jg. 75, Nr. 274, 5.12.1922, S. 2 [in: TLG].

Ahasver und Veronica. In: *8 Uhr-Abendblatt* (Berlin), Jg. 76, Nr. 2, 3.1.1923, S. 2 [in: SD].

Zwei Wege. In: *8 Uhr-Abendblatt* (Berlin), Jg. 76, Nr. 12, 15.1.1923, S. 2 [in: TLG].

Pierrot und Don Juan. In: *8 Uhr-Abendblatt* (Berlin), Jg. 76, Nr. 38, 14.2.1923, S. 2 [in: SD].

Pantomime. Skizze. In: *Die Dame* (Berlin), Jg. 50, 1922/23, H. 10, Ende Februar 1923, S. 2-9 [in: TLG].

Mondscheinklage eines alten Herrn [Gedicht]. In: *Die Dame* (Berlin), Jg. 50, 1922/23, H. 11, Mitte März 1923, S. 2 [in: TLG].

Lied nach der Verhandlung [Gedicht]. In: *Das Tage-Buch* (Berlin), Jg. 4, H. 17, 28.4.1923, S. 601.

Der Doppelgänger. In: *Deutsche Zeitung Bohemia* (Prag), Jg. 96, Nr. 99, 29.4.1923, 2. Ausg., *Sonntags- und Modebeilage*, Nr. 17, S. 15 [u.d.T. *Ich sehe ähnlich* in: TLG].

Die Not der Zeit. In: *Deutsche Zeitung Bohemia* (Prag), Jg. 96, Nr. 104, 6.5.1923, 2. Ausg., *Sonntags- und Modebeilage*, Nr. 18, S. 15 [u.d.T. *Alles für die Kinder* in: TLG].

Der verlorene Sohn und der Steinklopfer. In: *Das Tage-Buch* (Berlin), Jg. 4, H. 20, 19.5.1923, S. 715-718 [in: SD].

Mein Freund Wilhelm Wieland. In: *Deutsche Zeitung Bohemia* (Prag), Jg. 96, Nr. 243, 18.10.1923, 2. Ausg., S. 3 [in leicht veränd. Fass. u.d.T. *Mein Freund Wilhelm Schiller* in: TLG].

Muß das sein? In: *Leipziger Tageblatt* (Leipzig), Jg. 117, Nr. 256, 28.10.1923, Beil. *Zum Sonntagmorgen*, S. 7 [u.d.T. *Die vernünftige Nephertete* in: TLG, KP].

Zwei Wege. In: *Pester Lloyd* (Budapest), Jg. 70, Nr. 259, 16.11.1923, Morgenbl., S. 1f. [in: TLG].

Die bezaubernde kleine Wohnung. In: *Prager Tagblatt* (Prag), Jg. 49, Nr. 18, 20.1. 1924, S. [17f.] [in: TLG].

Die bezaubernde kleine Wohnung. In: *Leipziger Tageblatt* (Leipzig), Jg. 118, Nr. 24, 27.1.1924, S. 13 [in: TLG].

Pantomime. In: *Pester Lloyd* (Budapest), Jg. 71, Nr. 34, 10.2.1924, Morgenbl., S. 1f. [in: TLG].

Priester und Knabe. In: *Vers und Prosa* (Berlin), Jg. 1, H. 2, 15.2.1924, S. 57-59 [in: SD].

Der trauliche Vollbart. In: *B.Z. am Mittag* (Berlin), Jg. 47, Nr. 126, 8.5.1924, 1. Beibl., S. [1f.] [in: TLG].

Der Mann mit dem Vollbart. Ein Reiseabenteuer. In: *Leipziger Tageblatt* (Leipzig), Jg. 118, Nr. 117, 13.5.1924, S. 3 [u.d.T. *Der trauliche Vollbart* in: TLG].

Freundesrat. In: *8 Uhr-Abendblatt* (Berlin), Jg. 77, Nr. 159, 9.7.1924, 1. Beibl., S. 3.

Die Barmherzige. In: *8 Uhr-Abendblatt* (Berlin), Jg. 77, Nr. 172, 24.7.1924, 1. Beibl., S. 1f. [in: TLG].

Kartenschlägerin. In: *Berliner Tageblatt* (Berlin), Jg. 53, Nr. 353, 26.7.1924, Abend-Ausg., S. [2f.] [in: TLG].

Heldenbraut. In: *Vossische Zeitung* (Berlin), Nr. 358, 30.7.1924, Morgen-Ausg., S. [2f.] [in: TLG].

Das Wanderlied. In: *B.Z. am Mittag* (Berlin), Jg. 47, Nr. 210, 2.8.1924, 1. Beibl., S. [1f.] [in etwas veränd. Fass. u.d.T. *Sommer?* in: EZG].

Der Scheidungsgrund. In: *Der Die Das* (Leipzig), Jg. 1 (1924/25), Nr. 10, 15.8.1924, S. 609f. [u.d.T. *Die bezaubernde kleine Wohnung* in: TLG].

Scheidungsgrund. In: *Prager Tagblatt* (Prag), Jg. 49, Nr. 206, 31.8.1924, S. [26] [u.d.T. *Die bezaubernde kleine Wohnung* in: TLG].

Bekenntnisse eines Hilflosen (*Ich sehe ähnlich* [in: TLG] / *Der Ausländer* [in: EZG] / *Beim Zahnarzt*). In: *Danziger Zeitung* (Danzig), Jg. 67, Nr. 303, 31.10.1924, S. [2].

Die Witwe von Ephesos. Erster Auftritt. In: *Vers und Prosa* (Berlin), Jg. 1, H. 11, 15.11.1924, S. 388-395 [in: WE].

Kinder aus ihrer Klasse. In: *Leipziger Tageblatt* (Leipzig), Jg. 119, Nr. 28, 28.1.1925 [in: TLG].

Bekenntnisse eines Hilflosen (*Ich sehe ähnlich* [in: TLG] / *Der Ausländer* [in: EZG] / *Beim Zahnarzt*). In: *Leipziger Tageblatt* (Leipzig), Jg. 119, Nr. 57, 26.2.1925.

Die verliebte Lokomotive. In: *Danziger Zeitung* (Danzig), Jg. 68, Nr. 109, 20.4.1925, S. [3] [in: TLG].

Die verliebte Lokomotive. In: *Dresdner Neueste Nachrichten* (Dresden), Jg. 33, Nr. 97, 26.4.1925, Beil. *Der Sonntag* [in: TLG].

Die gefährliche Reise. Ein Reiseabenteuer. In: *Danziger Zeitung* (Danzig), Jg. 68, Nr. 123, 4.5.1925, S. [2] [u.d.T. *Der trauliche Vollbart* in: TLG].

Die verliebte Lokomotive. In: *Badische Presse* (Karlsruhe), Jg. 41, Nr. 232, 20.5.1925, Abend-Ausg., S. 2 [in: TLG].

Brief über Casanova. In: *Das Tage-Buch* (Berlin), Jg. 6, H. 21, 23.5.1925, S. 759-761 [in: TLG].

Die Barmherzige. In: *Danziger Zeitung* (Danzig), Jg. 68, Nr. 143, 24.5.1925, S. [2] [in: TLG].

Die gefährliche Reise. In: *Sonntagsblatt der Solothurner Zeitung* (Solothurn), Nr. 22, 31.5.1925, S. 88 [u.d.T. *Der trauliche Vollbart* in: TLG].

Die bezaubernde kleine Wohnung. In: *Danziger Zeitung* (Danzig), Jg. 68, Nr. 151, 2.6.1925, S. [3] [in: TLG].

Der älteste Bruder. In: *Danziger Zeitung* (Danzig), Jg. 68, Nr. 158, 9.6.1925, S. [2] [in: TLG].

„Die unvergleichliche Telephonistin". In: *Hamburger Echo* (Hamburg), Jg. 52, Nr. 171, 23.6.1925, S. [2] [in: EZG].

Die gefährliche Reise. In: *Leipziger Tageblattt* (Leipzig), Jg. 119, Nr. 184, 5.7.1925 [u.d.T. *Der trauliche Vollbart* in: TLG].

Die gefährliche Reise. In: *Prager Tagblatt* (Prag), Jg. 50, Nr. 156, 5.7.1925, S. [19f.] [u.d.T. *Der trauliche Vollbart* in: TLG].

Der siebente Zwerg. In: *Danziger Zeitung* (Danzig), Jg. 68, Nr. 185, 6.7.1925, S. [2] [in: TLG].

Die gefährliche Reise. Ein Reiseabenteuer. In: *Westfälische Zeitung. Bielefelder Tageblatt* (Bielefeld), Jg. 115, Nr. 174, 29.7.1925, Beil. *Die Welt der Frau*, S. [1] [u.d.T. *Der trauliche Vollbart* in: TLG].

Die Barmherzige. In: *Leipziger Tageblatt* (Leipzig), Jg. 119, Nr. 212, 2.8.1925 [in: TLG].

Die Barmherzige. In: *Prager Tagblatt* (Prag), Jg. 50, Nr. 179, 2.8.1925, S. [17] [in: TLG].

Die Kartenschlägerin. In: *Leipziger Tageblatt* (Leipzig), Jg. 119, Nr. 261, 20.9.1925 [in: TLG].

Kartenschlägerin. In: *Danziger Zeitung* (Danzig), Jg. 68, Nr. 248, 7.9.1925, S. [2] [in: TLG].

Kartenschlägerin. In: *Prager Tagblatt* (Prag), Jg. 50, Nr. 220, 20.9.1925, *Unterhaltungs-Beilage* [in: TLG].

Muß das sein? In: *Danziger Zeitung* (Danzig), Jg. 68, Nr. 299, 28.10.1925, 2. Bl., S. [1] [u.d.T. *Die vernünftige Nephertete* in: TLG, KP].

Kinder aus ihrer Klasse. In: *Danziger Zeitung* (Danzig), Jg. 68, Nr. 329, 27.11.1925, 2. Bl., S. [1] [in: TLG].

Zwischen den Spiegeln. In: *Neue Leipziger Zeitung* (Leipzig), Nr. 329, 29.11.1925 [in: TLG].

Mein Freund Wilhelm Schiller. In: *Heidelberger Tageblatt* (Heidelberg), Jg. 43, Nr. 287, 9.12.1925, S. 2 [in: TLG].

Die verliebte Lokomotive. In: *Casseler Volksblatt* (Kassel), Jg. 35, Nr. 290, 12.12.1925, 5. Beil., S. 1 [in: TLG].

Zwischen den Spiegeln. In: *Prager Tagblatt* (Prag), Jg. 50, Nr. 290, 13.12.1925, *Unterhaltungs-Beilage* [in: TLG].

Kinder aus ihrer Klasse. In: *Die Propyläen.* Beil. zur *Münchener Zeitung* (München), Jg. 23, H. 14, 31.12.1925, S. 110f. [in: TLG].

Teigwaren (*Die Barmherzige / Ich sehe ähnlich*). In: *Die Jahresernte. Auswahl jüngster deutscher Dichtung.* Hg. v. Will Vesper. Leipzig: Avenarius, Jg. 4 (1926), S. 140-144 [in: TLG].

Die „Füße" von Degas. In: *Königsberger Hartungsche Zeitung* (Königsberg), Nr. 1, 1.1. 1926, Morgenblatt, 3. Bl., S. [2].

Die „Füße" von Degas. In: *Neue Badische Landeszeitung* (Mannheim), Nr. 5, 4.1. 1926.

Die „Füße" von Degas. In: *Leipziger Neueste Nachrichten* (Leipzig), Nr. 7, 7.1.1926.

Die „Füße" von Degas. In: *Danziger Zeitung* (Danzig), Jg. 69, Nr. 10, 10.1.1926, 2. Bl., S. [1].

Die „Füsse" von Degas [anonym]. In: *Das Tage-Buch* (Berlin), Jg. 7, H. 4, 23.1.1926, S. 152f.

Ein Wiedersehen. In: *8 Uhr-Abendblatt* (Berlin), Jg. 79, Nr. 29, 4.2.1926, 2. Beil. [in: NF].

Die „Füße" von Degas. In: *Volks-Zeitung für das Vogtland* (Plauen), Jg. 8, Nr. 37, 13.2.1926, Beil., S. [2].

Nachfeier. In: *8 Uhr-Abendblatt* (Berlin), Jg. 79, Nr. 48, 26.2.1926, 1. Beil. [in: NF].

Niemayer. In: *Deutsche Zeitung Bohemia* (Prag), Jg. 99, Nr. 63, 14.3.1926, S. 14f. [in: NF].

Ein Wiedersehen. In: *Neue Badische Landeszeitung* (Mannheim), Nr. 160, 28.3.1926 [in: NF].

Die unvergleichliche Telephonistin. In: *8 Uhr-Abendblatt* (Berlin), Jg. 79, Nr. 78, 3.4. 1926, 2. Beil. [in: EZG].

Wickinger und Wicken. In: *B.Z. am Mittag* (Berlin), Jg. 49, Nr. 94, 7.4.1926, 1. Beibl., S. [2f.].

Wider die Einstellung. In: *Das Tage-Buch* (Berlin), Jg. 7, H. 16, 17.4.1926, S. 636 [u.d.T. *Intermezzo* in: NF].

Die unvergleichliche Telephonistin. In: *Deutsche Zeitung Bohemia* (Prag), Jg. 99, Nr. 113, 13.5.1926, S. 4f. [in: EZG].

Nachfeier. In: *Prager Presse* (Prag), Jg. 6, Nr. 134, 16.5.1926, Morgen-Ausg., Beil. *Dichtung und Welt*, Nr. 20, S. III [in: NF].

Die unvergleichliche Telephonistin. In: *Thüringer Allgemeine Zeitung* (Erfurt), Jg. 77, Nr. 135, 16.5.1926 [in: EZG].

Die unvergleichliche Telephonistin. In: *Die Propyläen. Beil. zur Münchener Zeitung* (München), Jg. 23, H. 34, 21.5.1926, S. 271f. [in: EZG].

Der trauliche Vollbart. In: *National-Zeitung* (Basel), Jg. 84, Nr. 235, 25.5.1926, Abendbl., S. 1 [in: TLG].

Historische Anekdoten. Für die Gebildeten unter ihren Verächtern. In: *Danziger Zeitung* (Danzig), Jg. 69, Nr. 146, 28.5.1926, S. [2] [Teile daraus in: EZG, *Anregende Beispiele*].

Eva und Eveline. In: *Das Tage-Buch* (Berlin), Jg. 7, H. 22, 29.5.1926, S. 764f. [in: TLG].

Amerikanische Liebeskunst. In: *Prager Tagblatt* (Prag), Jg. 51, Nr. 128, 30.5.1926, *Unterhaltungs-Blatt*, S. I [in: TLG].

Ein Liebhaber der Wirklichkeit. In: *8 Uhr-Abendblatt* (Berlin), Jg. 79, Nr. 123, 31.5. 1926, 1. Beil. [in: EZG].

Frau Prause. In: *Prager Tagblatt* (Prag), Jg. 51, Nr. 134, 6.6.1926, *Unterhaltungs-Blatt*, S. If. [in: TLG].

Die verliebte Lokomotive. In: *Der Mittag* (Düsseldorf), Jg. 7, Nr. 130, 7.6.1926, S. 3 [in: TLG].

Historische Anekdoten für die Gebildeten unter ihren Verächtern. In: *Stuttgarter Neues Tagblatt* (Stuttgart), Jg. 83, Nr. 266, 11.6.1926, *Unterhaltungsblatt*, S. 2 [Teile daraus in: EZG, *Anregende Beispiele*].

Eva und Eveline. In: *Sonntagsblatt der New Yorker Volkszeitung* (New York), Jg. 49, Nr. 24, 13.6.1926, Section II, S. 9 [in: TLG].

Die unvergleichliche Telephonistin [mit 3 Ill.]. In: *Danziger Zeitung* (Danzig), Jg. 69, Nr. 162, 13.6.1926, 2. Bl., S. [1] [in: EZG].

Der älteste Bruder. In: *Badische Presse* (Karlsruhe), Jg. 42, Nr. 270, 15.6.1926, Abend-Ausg., S. 2 [in: TLG].

Historische Anekdoten für die Gebildeten unter ihren Verächtern. In: *Neue Badische Landeszeitung* (Mannheim), Nr. 297, 15.6.1926 [Teile daraus in: EZG, Anregende Beispiele].

Eva und Eveline. In: *Vorwärts. Wochenblatt der N. Y. Volkszeitung* (New York), Jg. 49, Nr. 25, 19.6.1926, Section II, S. 9 [in: TLG].

Historische Anekdoten für die Gebildeten unter ihren Verächtern. In: *Münchner Neueste Nachrichten* (München), Jg. 79, Nr. 168, 19.6.1926, S. 7 [Teile daraus in: EZG, Anregende Beispiele].

Historische Anekdoten für die Gebildeten unter ihren Verächtern. In: *Ostsee-Zeitung* (Stettin), Jg. 92, Nr. 173, 24.6.1926, S. [2] [Teile daraus in: EZG, Anregende Beispiele].

Wickinger und Wicken. In: *Danziger Volksstimme* (Danzig), Jg. 17, Nr. 152, 3.7.1926, Beil. *Für freie Stunden.*

Heldenbraut. In: *Prager Tagblatt* (Prag), Jg. 51, Nr. 162, 11.7.1926, Unterhaltungs-Blatt, S. II [in: TLG].

Historische Anekdoten. In: *Philadelphia Tagblatt* (Philadelphia), Jg. 46, Nr. 36, 11.7. 1926, Sonntags-Ausg., S. [11] [Teile daraus in: EZG, Anregende Beispiele].

Niemayer. In: *Danziger Volksstimme* (Danzig), Jg. 17, Nr. 161, 14.7.1926, S. [2] [in: NF].

Die verliebte Lokomotive. In: *Magdeburger General-Anzeiger* (Magdeburg), Jg. 50, Nr. 165, 17.7.1926, Beil. *Magdeburger Roman-Zeitung*, Nr. 29, S. 4 [in: TLG].

Die verliebte Lokomotive. In: *Magdeburgische Zeitung* (Magdeburg), Nr. 385, 1.8. 1926, 1. (Haupt-)Ausg., 4. Beil., S. 17 [in: TLG].

Die Füße von Degas. In: *Badische Presse* (Karlsruhe), Jg. 42, Nr. 352, 2.8.1926, Montags-Ausg., S. 2.

Ein Wiedersehen. In: *Badische Presse* (Karlsruhe), Jg. 42, Nr. 358, 5.8.1926, Abend-Ausg., S. 2 [in: NF].

Nachfeier. In: *National-Zeitung* (Basel), Jg. 84, Nr. 366, 10.8.1926, Morgenbl., S. 2 [in: NF].

Nachmittagsball im Moulin Rouge. In: *Das Tage-Buch* (Berlin), Jg. 7, H. 33, 14.8. 1926, S. 1210f. [als Teil v. *Vorschule des Journalismus* in: NF].

„Die unvergleichliche Telephonistin". In: *Heidelberger Tageblatt* (Heidelberg), Jg. 44, Nr. 189, 17.8.1926, S. 4 [in: EZG].

Ein Liebhaber der Wirklichkeit. In: *Hamburger Fremdenblatt* (Hamburg), Jg. 98, Nr. 229, 20.8.1926, Abend-Ausg., S. 1f. [in: EZG].

Freundesrat. In: *Neue Badische Landeszeitung* (Mannheim), Nr. 433, 27.8.1926.

Hetärengespräch. In: *Das Tage-Buch* (Berlin), Jg. 7, H. 35, 28.8.1926, S. 1282-1285 [in: NF].

Freundesrat. In: *Deutsche Zeitung Bohemia* (Prag), Jg. 99, Nr. 204, 29.8.1926, S. 4.

Ein Liebhaber der Wirklichkeit. In: *Dresdner Neueste Nachrichten* (Dresden), Jg. 34, Nr. 202, 29.8.1926, Beil. *Der Sonntag*, S. 18 [in: EZG].

Freundesrat. In: *Danziger Volksstimme* (Danzig), Jg. 17, Nr. 201, 30.8.1926, S. [2].

Das vierte Gebot. In: *Prager Tagblatt* (Prag), Jg. 51, Nr. 210, 5.9.1926, *Unterhaltungs-Blatt*, S. [2] [in: TLG].

Rundfahrt Berlin. In: *Magdeburgische Zeitung* (Magdeburg), Nr. 459, 10.9.1926, 1. (Haupt-)Ausg., 3. Beil., S. 13 [in veränd. Fass. als Teil v. *Rundfahrt* in: SIB; in: GVW].

Freundesrat. In: *Thüringer Allgemeine Zeitung* (Erfurt), Jg. 77, Nr. 253, 12.9.1926, S. [2].

Rundfahrt Berlin. In: *Breslauer Neueste Nachrichten* (Breslau), Jg. 39, Nr. 250, 12.9. 1926, II. Ausg., S. 2 [in veränd. Fass. als Teil v. *Rundfahrt* in: SIB; in: GVW].

Hetaeren-Gespräch. In: *New Yorker Volkszeitung* (New York), Jg. 49, Nr. 223, 17.9. 1926, S. 3 [in: NF].

Existence. In: *Das Tage-Buch* (Berlin), Jg. 7, H. 38, 18.9.1926, S. 1397-1401 [als Teil v. *Vorschule des Journalismus* in: NF].

Freundesrat. In: *Magdeburger General-Anzeiger* (Magdeburg), Jg. 50, Nr. 220, 19.9. 1926, 2. Beil., S. [2].

Ein Wiedersehen. In: *Heidelberger Tageblatt* (Heidelberg), Jg. 44, Nr. 220, 22.9.1926, S. 2 [in: NF].

Freundesrat. In: *Ostsee-Zeitung* (Stettin), Jg. 92, Nr. 264, 23.9.1926, S. [2].

Ein Wiedersehen. In: *Königsberger Allgemeine Zeitung* (Königsberg), Jg. 51, Nr. 452, 27.9.1926, Abend-Ausg. (Post-Ausg.), 2. Beil., *Unterhaltungs-Beilage*, S. [1f.] [in: NF].

Ein Wiedersehen. In: *Rhein-Mainische Volkszeitung und Handelsblatt* (Frankfurt/M.), Jg. 56, Nr. 231, 6.10.1926, Reichs-Ausg., S. 3 [in: NF].

Ein Wiedersehen. In: *National-Zeitung* (Basel), Jg. 84, Nr. 475, 12.10.1926, Abendbl., S. 1 [in: NF].

Historische Anekdoten für die Gebildeten unter ihren Verächtern. In: *Düsseldorfer Nachrichten* (Düsseldorf), Jg. 51, Nr. 528, 17.10.1926, Morgen-Ausg., S. [3] [Teile daraus in: EZG, *Anregende Beispiele*].

Wickinger und Wicken. In: *Heidelberger Tageblatt* (Heidelberg), Jg. 44, Nr. 243, 19.10.1926, S. 6.

Hermine [Gedicht]. In: *Prager Tagblatt* (Prag), Jg. 51, Nr. 273, 20.11.1926, Beil. *Die moderne Dame.*

Ein Wiedersehen. In: *Leipziger Volkszeitung* (Leipzig), Jg. 33, Nr. 272, 23.11.1926, 1. Beil., S. [4] [in: NF].

Historische Anekdoten für die Gebildeten unter ihren Verächtern. In: *Hessischer Volksfreund* (Darmstadt), Jg. 20, Nr. 279, 29.11.1926, Beil., S. [1] [Teile daraus in: EZG, *Anregende Beispiele*].

Wider die Einstellung. In: *Deutsche Zeitung Bohemia* (Prag), Jg. 99, Nr. 302, 24.12. 1926, S. 2 [u.d.T. *Intermezzo* in: NF].

Peterchen. In: *Drei Bücher der Liebe. Die schönsten Liebesgeschichten der Lebenden.* Bd. 1. Berlin: Ullstein, 1927, S. 25-51 [in: LW].

Zärtliche Arabeske. In: *Magdeburgische Zeitung* (Magdeburg), Nr. 1, 1.1.1927, 1. (Haupt-)Ausg., 1. Beil., S. 5 [erster Teil u.d.T. *Herbstnachmittag* in: NF; in: VDI].

Freundesrat. In: *Volks-Zeitung für das Vogtland* (Plauen), Jg. 9, Nr. 1, 3.1.1927, S. [2].

Niemeyer. In: *Kasseler Post* (Kassel), Jg. 45, Nr. 4, 5.1.1927, 2. Bl., S. [2] [u.d.T. *Niemayer* in: NF].

Zärtliche Arabeske. In: *Mainzer Anzeiger* (Mainz), Jg. 77, Nr. 5, 7.1.1927, 2. Bl., S. 9 [erster Teil u.d.T. *Herbstnachmittag* in: NF; in: VDI].

Freundesrat. In: *Kasseler Post* (Kassel), Jg. 45, Nr. 13, 14.1.1927, 2. Bl., S. [2].

Wider die Einstellung. In: *Dresdner Neueste Nachrichten* (Dresden), Jg. 35, Nr. 17, 21.1.1927, S. 2 [u.d.T. *Intermezzo* in: NF].

Wider die Einstellung. In: *Danziger Volksstimme* (Danzig), Jg. 18, Nr. 20, 25.1.1927, Beil. *Der Zeitgeist* [u.d.T. *Intermezzo* in: NF].

Rundfahrt Berlin. In: *Schwabenspiegel. Wochenschrift der „Württemberger Zeitung"* (Stuttgart), Jg. 21, Nr. 5, 1.2.1927, S. 35f. [in veränd. Fass. als Teil v. *Rundfahrt* in: SIB; in: GVW].

Wider die Einstellung. In: *Stuttgarter Neues Tagblatt* (Stuttgart), Jg. 84, Nr. 54, 3.2.1927, Abend-Ausg., S. 2 [u.d.T. *Intermezzo* in: NF].

Pariser Saturnalien. In: *Magdeburgische Zeitung* (Magdeburg), Nr. 66, 6.2.1927, 1. (Haupt-)Ausg., Beil., S. [1] [in: GVW].

Am Kamin. In: *Das Tage-Buch* (Berlin), Jg. 8, H. 7, 12.2.1927, S. 269f. [in: NF].

Die Frauen? In: *Deutsche Zeitung Bohemia* (Prag), Jg. 100, Nr. 36, 12.2.1927, S. 5 [zuvor veröffentl. u.d.T. *Zärtliche Arabeske* in: *Magdeburgische Zeitung*, 1.1. 1927; erster Teil u.d.T. *Herbstnachmittag* in: NF].

Die Frauen. In: *Der Mittag* (Düsseldorf), Jg. 8, Nr. 44, 22.2.1927, S. [3] [zuvor veröffentl. u.d.T. *Zärtliche Arabeske* in: *Magdeburgische Zeitung*, 1.1.1927; erster Teil u.d.T. *Herbstnachmittag* in: NF].

Wider die Einstellung. In: *Hamburger Anzeiger* (Hamburg), Jg. 40, Nr. 51, 2.3.1927, S. [2] [u.d.T. *Intermezzo* in: NF].

Muß das sein? In: *Kasseler Volksblatt* (Kassel), Jg. 37, Nr. 53, 4.3.1927, 2. Beil., S. [1] [u.d.T. *Die vernünftige Nephertete* in: TLG, KP].

Wider die Einstellung. In: *Ostsee-Zeitung* (Stettin), Jg. 93, Nr. 64, 6.3.1927, Beil. *Unterhaltung und Wissen*, S. [2] [u.d.T. *Intermezzo* in: NF].

Die Frauen? In: *Hamburger Anzeiger* (Hamburg), Jg. 40, Nr. 56, 8.3.1927, S. [2] [zuvor veröffentl. u.d.T. *Zärtliche Arabeske* in: *Magdeburgische Zeitung*, 1.1. 1927; erster Teil u.d.T. *Herbstnachmittag* in: NF].

Die Frauen? In: *Ostsee-Zeitung* (Stettin), Jg. 93, Nr. 82, 24.3.1927, S. [2] [zuvor veröffentl. u.d.T. *Zärtliche Arabeske* in: *Magdeburgische Zeitung*, 1.1.1927; erster Teil u.d.T. *Herbstnachmittag* in: NF].

Gobelin. In: *Frankfurter Zeitung* (Frankfurt/M.), Jg. 71, Nr. 268, 10.4.1927, 2. Morgenbl., Beil. *Für die Frau*, Jg. 2, Nr. 4, S. 4 u. 14f. [u.d.T. *An die Vergessene* in: NF, KP].

Wider die Einstellung. In: *Stadt-Anzeiger* (Köln), Nr. 186, 12.4.1927, Abend-Ausg., Beil. *Die Zeit*, Nr. 15 [u.d.T. *Intermezzo* in: NF].

Die Frauen. In: *Danziger Zeitung* (Danzig), Jg. 70, Nr. 106, 17.4.1927, S. [2] [zuvor veröffentl. u.d.T. *Zärtliche Arabeske* in: *Magdeburgische Zeitung*, 1.1.1927; erster Teil u.d.T. *Herbstnachmittag* in: NF].

Kleines Ostergelächter. In: *Magdeburgische Zeitung* (Magdeburg), Nr. 194, 17.4. 1927, 1. (Haupt-)Ausg., Beil., S. 5.

Wider die Einstellung. In: *Sächsisches Volksblatt* (Zwickau), Jg. 36, Nr. 104, 5.5.1927, Beil. *Dichtung und Wahrheit* [u.d.T. *Intermezzo* in: NF].

La butte rouge und der Mai. In: *8 Uhr-Abendblatt* (Berlin), Jg. 80, Nr. 109, 11.5.1927 [als Teil v. *Vorschule des Journalismus* in: NF].

Pariser Hotel. In: *Das Tage-Buch* (Berlin), Jg. 8, H. 23, 4.6.1927, S. 912f. [als Teil v. *Vorschule des Journalismus* in: NF].

Architekturen des Augenblicks (mit Fotos v. Germaine Krull, Paris). In: *Das Illustrierte Blatt. Frankfurter Illustrierte* (Frankfurt/M.), Jg. 15, Nr. 24, 11.6.1927, S. 618-620 [in: VDI, GVW].

Berliner Notizbuch. In: *Das Tage-Buch* (Berlin), Jg. 8, H. 24, 11.6.1927, S. 971f. [integr. in: AM; in: VDI, GVW].

Gobelin. In: *Vossische Zeitung* (Berlin), Nr. 308, 2.7.1927, Morgen-Ausg., Beil. *Das Unterhaltungsblatt*, Nr. 152, S. [2] [u.d.T. *An die Vergessene* in: NF, KP].

Das Wandern ist des Müllers Lust... In: *Danziger Volksstimme* (Danzig), Jg. 18, Nr. 165, 18.7.1927, S. [2] [in etwas veränd. Fass. u.d.T. *Sommer?* in: EZG].

Vorläufige Liste. In: *Sächsisches Volksblatt* (Zwickau), Jg. 36, Nr. 166, 19.7.1927, Beil. *Dichtung und Wahrheit* [Teile daraus in: EZG, abschl. Erzählerkommentar].

Spuk unterm Hochbahnbogen. In: *Das Tage-Buch* (Berlin), Jg. 8, H. 30, 23.7.1927, S. 1198f. [in: NF].

Vorläufige Liste. In: *Saarbrücker Zeitung* (Saarbrücken), Jg. 167, Nr. 210, 4.8.1927, 1. Beil., S. [1] [Teile daraus in: EZG, abschl. Erzählerkommentar].

Vorläufige Liste. In: *Danziger Volksstimme* (Danzig), Jg. 18, Nr. 182, 6.8.1927, Beil. *Für freie Stunden* [Teile daraus in: EZG, abschl. Erzählerkommentar].

Vorläufige Liste. In: *Der Tag* (Wien), Jg. 6, Nr. 1679, 6.8.1927, S. 4 [Teile daraus in: EZG, abschl. Erzählerkommentar].

Die verliebte Lokomotive. In: *Pilsner Tageblatt* (Pilsen), Jg. 28, Nr. 215, 7.8.1927, S. 2 [in: TLG].

Vorläufige Liste. In: *Thüringer Allgemeine Zeitung* (Erfurt), Jg. 78, Nr. 218, 9.8.1927, 1. Beibl., S. [2] [Teile daraus in: EZG, abschl. Erzählerkommentar].

Vorläufige Liste. In: *Dresdner Neueste Nachrichten* (Dresden), Jg. 35, Nr. 191, 17.8. 1927, S. 2 [Teile daraus in: EZG, abschl. Erzählerkommentar].

Mitri. In: *Jugend* (München), Jg. 32, Nr. 34, 20.8.1927, S. 737-740 [in: NF].

Doris im Regen. Eine Berliner Idylle. In: *Jugend* (München), Jg. 32, Nr. 37, 10.9.1927, S. 803-805 [in: NF].

Verliebter Spaziergang. In: *Die Dame* (Berlin), Jg. 55, 1927/28, H. 1, 1. Oktober-Heft 1927, S. 51-54 u. 56 [u.d.T. *Leichtes Berliner Frühlingsfieber* in: NF].

Hermine [Gedicht]. In: *Vorwärts!* (Milwaukee), Jg. 46, Nr. 41, 8.10.1927, S. 5.

Doris im Regen. Eine Berliner Idylle. In: *Magdeburgische Zeitung* (Magdeburg), Nr. 513, 9.10.1927, 1. (Haupt-)Ausg., 4. Beil., S. 18 [in: NF].

Mitri. In: *Sonntagsblatt der New Yorker Volkszeitung* (New York), Jg. 50, Nr. 41, 9.10.1927, Section II, S. 9 [in: NF].

Mitri. In: *Vorwärts. Wochenblatt der N. Y. Volkszeitung* (New York), Jg. 50, Nr. 42, 15.10.1927, Section II, S. 9 [in: NF].

Gobelin. In: *Kasseler Post* (Kassel), Jg. 45, Nr. 291, 22.10.1927, S. [2] [u.d.T. *An die Vergessene* in: NF, KP].

Doris im Regen. In: *Danziger Volksstimme* (Danzig), Jg. 18, Nr. 253, 29.10.1927, S. [2] [in: NF].

Mitri. In: *Düsseldorfer Nachrichten* (Düsseldorf), Jg. 52, Nr. 563, 6.11.1927, Ausg. A, Morgen-Ausg., Beil. *Beilage zu den Düsseldorfer Nachrichten,* S. [1] [in: NF].

Doris im Regen. Eine Berliner Idylle. In: *Stadt-Anzeiger* (Köln), Nr. 611, 3.12.1927, Morgen-Ausg., Beil. *Der Erzähler,* Nr. 47 [in: NF].

Vorläufige Liste. In: *National-Zeitung* (Basel), Jg. 85, 18.12.1927, Sonntagsbeil. *Der Basilisk,* Jg. 8, Nr. 51, 18.12.1927, S. [4] [Teile daraus in: EZG, abschl. Erzählerkommentar].

Verliebter Spaziergang. In: *Hannoverscher Kurier* (Hannover), Jg. 79, Nr. 610, 30.12. 1927, Abend-Ausg., S. [2] [u.d.T. *Leichtes Berliner Frühlingsfieber* in: NF].

Die bezaubernde Wohnung. In: *Drei Bücher des Lachens.* Bd. 2. Berlin: Ullstein, 1928, S. 131-137 [u.d.T. *Die bezaubernde kleine Wohnung* in: TLG].

Vorläufige Liste. In: *Kasseler Post* (Kassel), Jg. 46, Nr. 6, 6.1.1928, S. [2] [Teile daraus in: EZG, abschl. Erzählerkommentar].

Mitri. In: *Saarbrücker Zeitung* (Saarbrücken), Jg. 168, Nr. 15, 16.1.1928, S. [2] [in: NF].

Die Frauen? In: *Danziger Volksstimme* (Danzig), Jg. 19, Nr. 18, 21.1.1928, Beil. *Für freie Stunden* [zuvor veröffentl. u.d.T. *Zärtliche Arabeske* in: *Magdeburgische Zeitung,* 1.1.1927; erster Teil u.d.T. *Herbstnachmittag* in: NF].

Ungewißheit [Gedicht]. In: *Simplicissimus* (München), Jg. 32, Nr. 48, 27.2.1928, S. 655.

Mitri. In: *Mainzer Anzeiger* (Mainz), Jg. 78, Nr. 72, 24.3.1928, 3. Bl., S. 17 [in: NF].

Vier Gedichte (Wenn wir erscheinen / Erechtheus / Poseidon / Kalypso). In: *Die Literarische Welt* (Berlin), Jg. 4, Nr. 13, 30.3.1928, S. 3.

Karsamstagsgeschwätz. In: *Frankfurter Zeitung* (Frankfurt/M.), Jg. 72, Nr. 249, 1.4. 1928, 2. Morgenbl., Beil. *Für die Frau*, Jg. 3, Nr. 4, April 1928, S. 13f. [überarbeitete Fass. v. *Kleines Ostergelächter*, in: *Magdeburgische Zeitung*, 17.4.1927].

Doris im Regen. Eine Berliner Idylle. In: *Mainzer Anzeiger* (Mainz), Jg. 78, Nr. 82, 5.4.1928, 3. Bl., S. 17 [in: NF].

Die zweite Verszeile. In: *Die Literarische Welt* (Berlin), Jg. 4, Nr. 14/15, 5.4.1928, S. 4 [in: KP].

Verliebter Spaziergang. In: *Mainzer Anzeiger* (Mainz), Jg. 78, Nr. 83, 7.4.1928, 2. Bl., S. 11 [u.d.T. *Leichtes Berliner Frühlingsfieber* in: NF].

Sommerregen [Gedicht]. In: *Vossische Zeitung* (Berlin), Nr. 165, 12.7.1928, Post-Ausg., Beil. *Das Unterhaltungsblatt*, Nr. 161, S. [1]; auch in: *Vossische Zeitung* (Berlin), Nr. 325, 12.7.1928, Morgen-Ausg., Beil. *Das Unterhaltungsblatt*, Nr. 161, S. [1].

Sommerregen [Gedicht]. In: *New Yorker Volkszeitung* (New York), Jg. 51, Nr. 177, 25.7.1928, S. 5.

Spaziergänge in Berlin. Der Kreuzberg. In: *Vossische Zeitung* (Berlin), Nr. 181, 31.7. 1928, Post-Ausg., Beil. *Das Unterhaltungsblatt*, Nr. 177, S. [1f.] [u.d.T. *Der Kreuzberg* in: SIB]; auch in: *Vossische Zeitung* (Berlin), Nr. 357, 31.7.1928, Morgen-Ausg., Beil. *Das Unterhaltungsblatt*, Nr. 177, S. [1f.].

Die nicht auf dem Programm stehen. Erfolgshelfer im Varieté [mit 3 Ill. v. Krehan]. In: *Tempo* (Berlin), Jg. 1, Nr. 11, 2.9.1928, 1. Ausg. [in veränd. Fass. als Teil v. *Berlins Boulevard* in: SIB; in: VDI].

Die Paläste der Tiere. In: *Jugend* (München), Jg. 33, Nr. 40, 1.10.1928 (Sondernummer Zoo), S. 634f. [längere Fass. in: SIB].

„Zehn Fennije der Kleiderschrank" [Gedicht]. In: *Das Illustrierte Blatt. Frankfurter Illustrierte* (Frankfurt/M.), Jg. 16, Nr. 41, 13.10.1928, S. 1108 [als Teil v. *Nordwesten* in: SIB].

Doris im Regen. Eine Berliner Idylle. In: *Düsseldorfer Nachrichten* (Düsseldorf), Jg. 53, Nr. 548, 26.10.1928, Abend-Ausg., Beil. *Unterhaltungsblatt* [in: NF].

Grenzen der Kosmetik. In: *Kölnische Zeitung* (Köln), Nr. 599b, 30.10.1928, Abend-Ausg., Beil. *Unterhaltungsblatt*, Nr. 599, S. [1] [in: EZG].

Schönes, altes Theater! Zauberspiel im Osten Berlins. In: *Tempo* (Berlin), Jg. 1, Nr. 45, 1.11.1928, S. [9] [in etwas veränd. Fass. als Teil v. *Nach Osten* in: SIB].

Lebende Lieder in der Leipziger Straße. In: *Tempo* (Berlin), Jg. 1, Nr. 48, 5.11.1928, S. [9] [als Teil v. *Dönhoffplatz* in: SIB].

Die Paläste der Tiere. In: *Rheinisch-Westfälische Zeitung* (Essen), Jg. 191, Nr. 579, 10.11.1928, Abend-Ausg., S. [1] [längere Fass. in: SIB].

Die Galerie der tausend Gelegenheiten. Das Gesicht der neuen Passage. In: *Tempo* (Berlin), Jg. 1, Nr. 58, 16.11.1928, S. [6] [als Teil v. *Friedrichstadt* in: SIB].

Grenzen der Kosmetik. In: *Rigasche Rundschau* (Riga), Jg. 59, Nr. 262, 17.11.1928, S. 38 [in: EZG].

Bei den Kindern von Berlin O. Das Kasperle-Theater lebt noch! In: *Tempo* (Berlin), Jg. 1, Nr. 60, 19.11.1928, S. [10].

Grenzen der Kosmetik. In: *Deutsche Zeitung Bohemia* (Prag), Jg. 101, Nr. 281, 25.11. 1928, S. 15f. [in: EZG].

Grenzen der Kosmetik. In: *Argentinisches Tageblatt* (Buenos Aires), Jg. 40, Nr. 12020, 29.11.1928, S. 9 [in: EZG].

Hermes. Fragment. In: *Die Literarische Welt* (Berlin), Jg. 4, Nr. 48, 30.11.1928, S. 5f. [in: NF, KP].

Die nicht auf dem Programm stehen. Erfolgshelfer im Varieté. In: *Stadt-Anzeiger* (Köln), Nr. 617, 5.12.1928, Morgen-Ausg., Beil. *Die Zeit*, Nr. 49 [in veränd. Fass. als Teil v. *Berlins Boulevard* in: SIB; in: VDI].

Der Dôme und das Schicksal. In: *Die Kunstauktion* (Berlin), Jg. 2, Nr. 50, 9.12.1928, S. 11 [in: VDI].

Das Kasperle-Theater lebt noch! In: *Saarbrücker Zeitung* (Saarbrücken), Jg. 168, Nr. 340, 13.12.1928, S. [2] [zuvor veröffentl. u.d.T. *Bei den Kindern von Berlin O. Das Kasperle-Theater lebt noch!* in: *Tempo*, 19.11.1928].

Spazieren in Berlin. In: *Vossische Zeitung* (Berlin), Nr. 307, 25.12.1928, Post-Ausg., Beil. *Das Unterhaltungsblatt*, Nr. 302, S. [2f.] [in: SIB]; auch in: *Vossische Zeitung* (Berlin), Nr. 608, 25.12.1928, Morgen-Ausg., Beil. *Das Unterhaltungsblatt*, Nr. 302, S. [2f.].

Die vernünftige Nephertete. In: *Hier schreibt Berlin. Eine Anthologie von heute.* Hg. v. Herbert Günther. Berlin: Internationale Bibliothek, 1929, S. 160-165; Neu-ausg. München: List, 1963, S. 76-79 [in: TLG, KP].

Es bleibt am Bache immerdar / Die Knospe / Eine Liebesnacht / Viel weher ... / Buhlenscheidelied / Froschkönig. In: *Kristall der Zeit. Eine Auslese aus der deutschen Lyrik der letzten fünfzig Jahre.* Hg. v. Albert Soergel. Leipzig: Gustav Altenburg, [1929], S. 370-374 [in: VG].

Allerlei Leute im Museum [mit Zeichnungen v. Hans List]. In: *Illustrirte Zeitung* (Leipzig), Bd. 172, Nr. 4373, 3.1.1929, S. 24f. [u.d.T. *„Im Lande der Bildung"* in: EZG].

Öldruck-Statistik. In: *Das Tage-Buch* (Berlin), Jg. 10, H. 1, 5.1.1929, S. 33f. [als Teil v. *Etwas von der Arbeit* in: SIB; in: VDI].

Das Kasperle-Theater lebt noch. In: *Stadt-Anzeiger* (Köln), Nr. 14, 8.1.1929, Abend-Ausg., 1. Bl., S. [2] [zuvor veröffentl. u.d.T. *Bei den Kindern von Berlin O. Das Kasperle-Theater lebt noch!* in: *Tempo*, 19.11.1928].

Die nicht auf dem Programm stehen. Erfolgshelfer im Varieté. In: *Mainzer Anzeiger* (Mainz), Jg. 79, Nr. 16, 19.1.1929, 2. Bl., S. 9f. [in veränd. Fass. als Teil v. *Berlins Boulevard* in: SIB; in: VDI].

Die Paläste der Tiere. In: *Leipziger Neueste Nachrichten* (Leipzig), Nr. 19, 19.1.1929, S. 5 [längere Fass. in: SIB].

Das andre Berlin (mit Zeichnungen v. Hermann Dick). In: *Kölnische Zeitung* (Köln), Nr. 53b, 27.1.1929, 2. Sonntags-Ausg., Beil. *Die Reise*, S. [1] [Teile in: SIB, *Nach Osten* u. *Norden*].

Bannmeile von Paris. In: *Die Literarische Welt* (Berlin), Jg. 5, Nr. 5, 1.2.1929, S. 3f. [als Teil v. *Vorschule des Journalismus* in: NF; in: GVW].

Ein Wiedersehen. In: *8 Uhr-Abendblatt* (Berlin), Jg. 82, Nr. 29, 4.2.1929, 2. Beil. [in: NF].

Vorläufige Liste. In: *Lübecker Volksbote* (Lübeck), Jg. 36, Nr. 31, 6.2.1929, Beil. *Der Rote Eulenspiegel*, S. [1] [Teile daraus in: EZG, abschl. Erzählerkommentar].

Urahne, Großmutter, Mutter und Kind. In: *Jugend* (München), Jg. 34, Nr. 7, 9.2. 1929, S. 110 [in: EZG].

Die Verschönerungskur. In: *Neue Leipziger Zeitung* (Leipzig), Nr. 69, 10.3.1929, Unterhaltungsbeil., S. 33 [in leicht veränd. Fass. u.d.T. *Grenzen der Kosmetik* in: EZG].

An die Berlinerin. In: *Vogue* (Berlin), 13.3.1929, S. 25 [in: VDI, GVW].

Das Leibchen. In: *Das Tage-Buch* (Berlin), Jg. 10, H. 11, 16.3.1929, S. 445 [Teil v. *Urahne, Großmutter und Kind* in: EZG; in: VDI].

Fruchtlose Pfändung. In: *Berliner Tageblatt* (Berlin), Jg. 58, Nr. 144, 26.3.1929, Morgen-Ausg., 1. Beiblatt, S. [2] [in: VDI].

Nach Osten / ein Stück Berlin. In: *Die Literarische Welt* (Berlin), Jg. 5, Nr. 13/14, 28.3. 1929, S. 3f. [u.d.T. *Nach Osten* in: SIB].

Das Leibchen. In: *Czernowitzer Morgenblatt* (Czernowitz), Jg. 12, Nr. 3187, 31.3.
1929, S. 21 [Teil v. *Urahne, Großmutter, Mutter und Kind* in: EZG; in: VDI].

An die Berlinerin. In: *Magdeburgische Zeitung* (Magdeburg), Nr. 182, 4.4.1929, 1.
(Haupt-)Ausg., 4. Beil., S. 17f. [in: VDI, GVW].

An die Berlinerin. In: *Deutsche Zeitung Bohemia* (Prag), Jg. 102, Nr. 82, 6.4.1929,
S. 2f. [in: VDI, GVW].

Im Lande der Bildung. In: *Das Tage-Buch* (Berlin), Jg. 10, H. 14, 6.4.1929, S. 579f.
[in: EZG].

Bannmeile von Paris. In: *Kölner Tageblatt* (Köln), Jg. 67, Nr. 189, 15.4.1929, Abend-
Ausg., S. [2] [als Teil v. *Vorschule des Journalismus* in: NF; in: GVW].

Fruchtlose Pfändung. In: *Saarbrücker Zeitung* (Saarbrücken), Jg. 169, Nr. 104, 17.4.
1929, 1. Beil., S. [1] [in: VDI].

Spazieren in Berlin. Selbstanzeige. In: *Das Tage-Buch* (Berlin), Jg. 10, H. 21, 25.5.
1929, S. 867 u. 870.

Abschied vom Frühling. In: *Frankfurter Zeitung* (Frankfurt/M.), Jg. 73, Nr. 404,
2.6.1929, 2. Morgenbl., Beil. *Für die Frau*, Jg. 4, Nr. 6, Juni 1929, S. 8 [u.d.T. *An
den Frühling* in: EZG].

Spazieren in Berlin [mit einer redakt. Einl.]. In: *Düsseldorfer Nachrichten* (Düsseldorf), Jg. 54, Nr. 275, 3.6.1929, Morgen-Ausg., Beil. *Unterhaltungsblatt*
[in: SIB].

Titipu. Ein Brief. In: *Die Literarische Welt* (Berlin), Jg. 5, Nr. 23, 7.6.1929, S. 3f.
[in: NF].

Abschied vom Frühling. In: *Saarbrücker Zeitung* (Saarbrücken), Jg. 169, Nr. 154,
8.6.1929, S. [2] [u.d.T. *An den Frühling* in: EZG].

Der Zauberer und das möblierte Zimmer. In: *Das Tage-Buch* (Berlin), Jg. 10, H. 23,
8.6.1929, S. 955-960 [in: NF].

Abschied. In: *Deutsche Zeitung Bohemia* (Prag), Jg. 102, Nr. 135, 9.6.1929, S. 14
[u.d.T. *An den Frühling* in: EZG].

Abschied vom Frühling. In: *Kasseler Post* (Kassel), Jg. 47, Nr. 158, 10.6.1929, S. [2]
[u.d.T. *An den Frühling* in: EZG].

Abschied vom Frühling. In: *Magdeburgische Zeitung* (Magdeburg), Nr. 313, 11.6.
1929, 1. (Haupt-)Ausg., 2. Beil., S. 9 [u.d.T. *An den Frühling* in: EZG].

Abschied vom Frühling. In: *Badische Presse* (Karlsruhe), Jg. 45, Nr. 266, 12.6.1929,
Abend-Ausg., S. 3 [u.d.T. *An den Frühling* in: EZG].

Abschied vom Frühling. In: *Weser-Zeitung* (Bremen), Jg. 86, Nr. 345A, 12.6.1929, Abend-Ausg., Beil. *Die bunte Truhe* [u.d.T. *An den Frühling* in: EZG].

Alfonso mißt (u.d.K. f.h.). In: *Breslauer Neueste Nachrichten* (Breslau), Jg. 42, Nr. 159, 14.6.1929, II. Ausg., S. 2f. [in: VDI].

Alfonso mißt. In: *Das Tage-Buch* (Berlin), Jg. 10, H. 24, 15.6.1929, S. 1003 [in: VDI].

Berliner Filmbörse. In: *Deutsche Zeitung Bohemia* (Prag), Jg. 102, Nr. 140, 15.6.1929, S. 3f. [veränd. Fass. *An den Frühling* in: EZG; u.d.T. *Filmbörse* in: ZBS, PÜS, GVW].

Eine gefährliche Straße [mit Fotografien v. Umbo]. In: *Das Illustrierte Blatt. Frankfurter Illustrierte* (Frankfurt/M.), Jg. 17, Nr. 24, 15.6.1929, S. 686-688 [in veränd. Fass. als Teil v. *Etwas von der Arbeit* in: SIB]

Leichtes Berliner Frühlingsfieber. In: *Berliner Börsen-Courier* (Berlin), Jg. 61, Nr. 273, 15.6.1929, Morgen-Ausg., 1. Beil., S. 7 [in: NF, KP].

Ein Wiedersehen. In: *Neue Leipziger Zeitung* (Leipzig), Nr. 171, 20.6.1929, S. 2 [in: NF].

Ein Wiedersehen. In: *Neue Zeit* (Berlin), Jg. 59, Nr. 174, 26.6.1929, 2. Beil., S. [2] [in: NF].

Nachfeier (Intermezzo / Wider die Einstellung / Herbstnachmittag). In: *Prager Presse* (Prag), Jg. 9, Nr. 174, 27.6.1929, S. 4 [in: NF].

Versuch mit Wien. In: *Das Tage-Buch* (Berlin), Jg. 10, H. 26, 29.6.1929, S. 1077-1083 [in: KP].

Warum reise ich gerne? Antwort auf eine Umfrage. In: *Frankfurter Zeitung* (Frankfurt/M.), Jg. 73, 30.6.1929, Beil. *Für die Frau,* Jg. 4, Nr. 7, S. 4.

Der Zauberer und das möblierte Zimmer. In: *Sonntagsblatt der New Yorker Volkszeitung* (New York), Jg. 52, Nr. 26, 30.6.1929, Section II, S. 8f. [in: NF].

Besuch im Büro. In: *B.Z. am Mittag* (Berlin), 4.7.1929 [in: EZG].

Grenzen der Kosmetik. In: *Mainzer Anzeiger* (Mainz), Jg. 79, Nr. 153, 4.7.1929, 2. Bl., S. 9 [in: EZG].

Das rheinische Mädchen aus Wendisch-Rietz. In: *Deutsche Zeitung Bohemia* (Prag), Jg. 102, Nr. 157, 6.7.1929, S. 15f. [in: ZBS, PÜS, GVW].

Der Zauberer und das möblierte Zimmer. In: *Vorwärts. Wochenblatt der N. Y. Volkszeitung* (New York), Jg. 52, Nr. 27, 6.7.1929, Section II, S. 8f. [in: NF].

Filmbörse. In: *Magdeburger General-Anzeiger* (Magdeburg), Jg. 53, Nr. 166, 19.7.1929, 2. Beil., S. [1] [in: ZBS, PÜS, GVW].

Besuch im Büro. In: *Rigasche Rundschau* (Riga), Jg. 62, Nr. 160, 20.7.1929, Unterhaltungs-Beil., Nr. 29 [in: EZG].

Fruchtlose Pfändung. In: *Neue Leipziger Zeitung* (Leipzig), Nr. 202, 21.7.1929, S. 2 [in: VDI].

Das Kasperle-Theater lebt noch! In: *Mainzer Anzeiger* (Mainz), Jg. 79, Nr. 171, 25.7.1929, 2. Bl., S. 10 [zuvor veröffentl. u.d.T. *Bei den Kindern von Berlin O. Das Kasperle-Theater lebt noch!* in: *Tempo*, 19.11.1928].

Spuk unterm Hochbahnbogen. In: *Volks-Zeitung für das Vogtland* (Plauen), Jg. 11, Nr. 171, 25.7.1929, Beil. *Leben, Wissen, Kunst* [in: NF].

Ball für die ältere Jugend. In: *Berliner Montagspost* (Berlin), Nr. 28, 29.7.1929, 1. Beil., S. [4] [in etwas veränd. Fass. als Teil v. *Von der Lebenslust* in: SIB].

Ein Wiedersehen. In: *Deutsche Zeitung Bohemia* (Prag), Jg. 102, Nr. 176, 30.7.1929, S. 3 [in: NF].

Das Kasperle-Theater lebt noch! In: *Rhein-Mainische Volkszeitung* (Frankfurt/M.), Jg. 59, Nr. 175, 31.7.1929, Reichs-Ausg., S. [1] [zuvor veröffentl. u.d.T. *Bei den Kindern von Berlin O. Das Kasperle-Theater lebt noch!* in: *Tempo*, 19.11.1928].

Spazieren in Berlin (*Aus dem alten Westen* / *Die Kaiser Wilhelm-Gedächtnis-Kirche* / *Der Kreuzberg*). In: *Magdeburgische Zeitung* (Magdeburg), 1.8.1929, 2. Ausg. [in: SIB].

Zwischenspiel im Zeitungsviertel. In: *Berliner Herold* (Berlin), Jg. 25, Nr. 31, 4.-10.8. 1929, S. [1f.] [u.d.T. *Zeitungsviertel* in: SIB].

Das rheinische Mädchen aus Wendisch-Rietz. In: *Neue Leipziger Zeitung* (Leipzig), Nr. 233, 21.8.1929, S. 2 [in: ZBS, PÜS, GVW].

Hafenpause. In: *Frankfurter Zeitung* (Frankfurt/M.), Jg. 74, Nr. 651, 1.9.1929, 2. Morgenbl., Beil. *Bäder-Blatt: Reise Städte Landschaft*, S. 8 [in: VDI].

Ball für die ältere Jugend. In: *Danziger Neueste Nachrichten* (Danzig), Jg. 36, Nr. 207, 4.9.1929, S. 3 [in etwas veränd. Fass. als Teil v. *Von der Lebenslust* in: SIB].

Ball für die ältere Jugend. In: *Saarbrücker Zeitung* (Saarbrücken), Jg. 169, Nr. 271, 3.10.1929, 1. Beil., S. [1] [in etwas veränd. Fass. als Teil v. *Von der Lebenslust* in: SIB].

Gisela? Nein, die seh ich nicht mehr ... In: *Jugend* (München), Jg. 34, Nr. 41, 5.10. 1929, S. 650f. [in: EZG].

Filmbörse. In: *Kölner Tageblatt* (Köln), Jg. 67, Nr. 520, 13.10.1929, Morgen-Ausg., S. [5] [in: ZBS, PÜS, GVW].

Gisela? Nein – die seh ich nicht mehr. In: *Deutsche Zeitung Bohemia* (Prag), Jg. 102, Nr. 246, 20.10.1929, S. 4f. [u.d.T. *Gisela? Nein, die seh ich nicht mehr* in: EZG].

Gisela? Nein – die seh ich nicht mehr. In: *Magdeburgische Zeitung* (Magdeburg), 20.10.1929, Unterhaltungs-Beil. [u.d.T. *Gisela? Nein, die seh ich nicht mehr* in: EZG].

Besuch im Büro. In: *Mainzer Anzeiger* (Mainz), Jg. 79, Nr. 246, 22.10.1929, 2. Bl., S. 9 [in: EZG].

Bagatelle. In: *Frankfurter Zeitung* (Frankfurt/M.), Jg. 74, Nr. 841, 10.11.1929, 2. Morgenbl., Beil. *Für die Frau*, Jg. 4, Nr. 11, November 1929, S. 13f.

Das Kasperle-Theater lebt noch. In: *Sächsisches Volksblatt* (Zwickau), Jg. 38, Nr. 280, 3.12.1929, Beil. *Dichtung und Wahrheit* [zuvor veröffentl. u.d.T. *Bei den Kindern von Berlin O. Das Kasperle-Theater lebt noch!* in: *Tempo*, 19.11.1928].

Spaziergang mit einem Wölfchen. In: *Hannoverscher Kurier* (Hannover), Jg. 81, Nr. 575, 8.12.1929, Morgen-Ausg., Beil., S. [1f.].

Verwaiste Gegenstände. In: *Münchner Illustrierte Presse* (München), Jg. 6, Nr. 50, 15.12.1929, S. 1742-1744 [in: VDI].

Filmbörse. Die andere Seite der Herrlichkeit. In: *Der Mittag* (Düsseldorf), Jg. 10, Nr. 300, 24.12.1929, Beil. *Film und Buntbühne* [u.d.T. *Filmbörse* in: ZBS, PÜS, GVW].

Der Frühlingsdichter / Arie / Das Modell / Lied eines jungen Studenten an eine schöne Buhlerin / Hermine / Ungewissheit / Mondscheinklage eines alten Herrn / Bekenntnis einer Chansonette / Die muntere Mörderin. In: *Bänkelbuch. Neue deutsche Chansons.* Hg. v. Erich Singer. 3. Aufl., 16.-18. Tsd., Wien, Leipzig: E. P. Tal, 1930, S. 43-54.

Gisela? Nein – die seh ich nicht mehr. In: *Argentinisches Wochenblatt* (Buenos Aires), Jg. 52, Nr. 2709, 4.1.1930, Beil. *Hüben und Drüben*, Jg. 27, Nr. 2709, S. 4 [u.d.T. *Gisela? Nein, die seh ich nicht mehr* in: EZG].

Gisela? Nein – die seh ich nicht mehr. In: *Argentinisches Tageblatt* (Buenos Aires), Jg. 42, Nr. 12350, 5.1.1930, Beil. *Hüben und Drüben*, Jg. 27, Nr. 2709, S. 4 [u.d.T. *Gisela? Nein, die seh ich nicht mehr* in: EZG].

Hafenpause. In: *Mainzer Anzeiger* (Mainz), Jg. 80, Nr. 16, 20.1.1930, 2. Bl., S. 10 [in: VDI].

Das rheinische Mädchen. In: *Kasseler Post* (Kassel), Jg. 48, Nr. 30, 30.1.1930, 2. Bl. [u.d.T. *Das rheinische Mädchen aus Wendisch-Rietz* in: ZBS, PÜS, GVW].

Planken im Sand [mit 5 Zeichnungen v. Magnus Zeller]. In: *Die Neue Linie* (Leipzig, Berlin), Jg. 1, 1929/30, H. 6, Februar 1930, S. 14-16 [in: EZG].

Künstlerfest. In: *Hamburgischer Correspondent* (Hamburg), Jg. 200, Nr. 70, 11.2. 1930, Abend-Ausg., S. [7] [u.d.T. *Nachfeier* in: NF].

Ball für die ältere Jugend. In: *Rheinisch-Westfälische Zeitung* (Essen), Jg. 193, Nr. 79, 12.2.1930, Abend-Ausg., S. [1] [in etwas veränd. Fass. als Teil v. *Von der Lebenslust* in: SIB].

„Das Wandern ist des Müllers Lust". In: *Mainzer Anzeiger* (Mainz), Jg. 80, Nr. 38, 14.2.1930, 2. Bl., S. 10 [in etwas veränd. Fass. u.d.T. *Sommer?* in: EZG].

An die Berlinerin. In: *Der Tag* (Wien), Jg. 9, Nr. 2553, 23.3.1930, S. 6 [in: VDI, GVW].

Vom Backofen, von den Überschuhen und dem Schweinchen. In: *Die Propyläen. Beil. zur Münchener Zeitung* (München), Jg. 27, H. 26, 28.3.1930, S. 201 [Teil als Erzählerkommentar in: EZG; in: VDI].

Karsamstags-Geplauder. In: *Der Tag* (Wien), Jg. 9, Nr. 2576, 19.4.1930, S. 6 [zuvor veröffentl. u.d.T. *Karsamstagsgeschwätz* in: *Frankfurter Zeitung*, 1.4.1928, Beil. *Für die Frau*, Jg. 3, Nr. 4].

Heimweh nach der Mark. In: *Die Grüne Post* (Berlin), Nr. 17, 27.4.1930, S. 11 [in: VDI].

Frühstück mit einer Verkäuferin. In: *Die Dame* (Berlin), Jg. 57, 1929/30, H. 16, 1. Mai-Heft 1930, Beil. *Die losen Blätter*, Nr. 16, S. 249f.

Vom Backofen, von den Ueberschuhen und dem Schweinchen. In: *Rheinisch-Westfälische Zeitung* (Essen), Jg. 193, Nr. 221, 1.5.1930, Abend-Ausg., S. [1] [Teil als Erzählerkommentar in: EZG; in: VDI].

Mitgenommen in eine Modenschau. In: *Frankfurter Zeitung* (Frankfurt/M.), Jg. 74, Nr. 349, 11.5.1930, 2. Morgenbl., Beil. *Für die Frau*, Jg. 5, Nr. 5, S. 8 [in veränd. Fass. integr. in: AM].

Vom Backofen, von den Überschuhen und dem Schweinchen. In: *Hannoverscher Kurier* (Hannover), Jg. 82, Nr. 219, 11.5.1930, Morgen-Ausg., Beil. [Teil als Erzählerkommentar in: EZG; in: VDI].

Gisela? Nein – die seh' ich nicht mehr. In: *Mainzer Anzeiger* (Mainz), Jg. 80, Nr. 135, 12.6.1930, 2. Bl., S. 10 [u.d.T. *Gisela? Nein, die seh ich nicht mehr* in: EZG].

Frühstück mit einer Verkäuferin. In: *Düsseldorfer Nachrichten* (Düsseldorf), Jg. 55, Nr. 304, 18.6.1930, Ausg. A, Morgen-Ausg., Beil. *Unterhaltungsblatt.*

Consuelos Sommerreise. In: *Der Tag* (Wien), Jg. 9, Nr. 2624, 20.6.1930, S. 6 [u.d.T. *Sommer?* in: EZG].

Mitgenommen in eine Modeschau. In: *Argentinisches Tageblatt* (Buenos Aires), Jg. 42, Nr. 12504, 6.7.1930, Beil. *Hüben und Drüben*, Jg. 27, Nr. 2735, S. 6 [in veränd. Fass. integr. in: AM].

Auf der Filmbörse. In: *Der Tag* (Wien), Jg. 9, Nr. 2642, 9.7.1930, S. 6 [u.d.T. *Filmbörse* in: ZBS, PÜS, GVW].

Tanz Aller mit Allen. Paris tanzt. In: *8 Uhr-Abendblatt* (Berlin), Jg. 83, Nr. 164, 17.7. 1930, 1. Beibl., S. [3].

Besuch im Büro. In: *Magdeburger General-Anzeiger* (Magdeburg), Jg. 54, Nr. 168, 22.7.1930, 2. Beil., S. [1] [in: EZG].

Versteigerung. In: *Mainzer Anzeiger* (Mainz), Jg. 80, Nr. 173, 28.7.1930, 2. Bl., S. 10 [u.d.T. *Verwaiste Gegenstände* zuvor veröffentl. in: *Münchner Illustrierte Presse*, 15.12.1929; in: VDI].

Pause in Paris. In: *Kölnische Zeitung* (Köln), Nr. 422, 4.8.1930, Abend-Ausg., S. [2] [in: VDI].

Doris im Regen. In: *Hamburgischer Correspondent* (Hamburg), Jg. 200, Nr. 405, 31.8.1930, Morgen-Ausg., 1. Beil., S. 5 [in: NF].

Pause in Paris. In: *Breslauer Neueste Nachrichten* (Breslau), Jg. 43, Nr. 237, 31.8. 1930, II. Ausg., S. 2 [in: VDI].

Mannequin-Lied [Gedicht]. In: *Das Tage-Buch* (Berlin), Jg. 11, H. 36, 6.9.1930, S. 1446.

Frühstück mit einer Verkäuferin. In: *Weser-Zeitung* (Bremen), Jg. 87, Nr. 553A, 20.9.1930, Abend-Ausg., Beil. *Blinklichter.*

Ein Garten voll Weltgeschichte. In: *Die Literarische Welt* (Berlin), Jg. 6, Nr. 40, 3.10.1930, S. 3f.

Vom Backofen, von den Ueberschuhen und vom Schweinchen. In: *Mainzer Anzeiger* (Mainz), Jg. 80, Nr. 241, 17.10.1930, 2. Bl., S. 10 [Teil als Erzählerkommentar in: EZG; in: VDI].

Mitgenommen in eine Modeschau. In: *Deutsche Zeitung Bohemia* (Prag), Jg. 103, Nr. 257, 1.11.1930, S. 21 [in veränd. Fass. integr. in: AM; in: VDI].

Briefpapier. In: *Frankfurter Zeitung* (Frankfurt/M.), Beil. *Für die Frau*, Jg. 5, Nr. 11, November 1930, S. 13 [in: VDI].

Clarior in adversis (u.d.K. f.h.). In: *Das Tage-Buch* (Berlin), Jg. 11, H. 46, 15.11.1930, S. 1847.

Unsere fleißigen Mädchen. In: *Frankfurter Zeitung* (Frankfurt/M.), Jg. 75, Nr. 857, 16.11.1930, 2. Morgenbl., Beil. *Reiseblatt: Städte Bäder Landschaft*, S. [1] [Teile daraus in: SIB, *Etwas von der Arbeit*; in: VDI].

Doris im Regen. In: *Neue Zeit* (Berlin), Jg. 60, Nr. 322, 22.11.1930, Beil. „*Neue Zeit".* *Tägliche Roman-Beilage* [in: NF].

Aus alten Pariser Gassen. In: *Die Literarische Welt* (Berlin), Jg. 6, Nr. 48, 28.11.1930, S. 3f.

Briefpapier. In: *Deutsche Zeitung Bohemia* (Prag), Jg. 103, Nr. 281, 30.11.1930, Sonntagsbeil., S. 16 [in: VDI].

Herberge und Heimat. Bilder aus Berlin. In: *Atlantis. Länder, Völker, Reisen* (Berlin, Zürich), Jg. 2, H. 12, Dezember 1930, S. 705-709 [in: GVW].

Des deutschen Buches kurioser Tändel-Markt. Wie solches auf der neunzehnhundertdreißiger großen Weihnachtswiese von den Herrn Editores sive Verleger selbst feilgeboten und ausgeschrien wird (Redaktion zu einem Sammelartikel). In: *Die Literarische Welt* (Berlin), Jg. 6, Nr. 49, 5.12.1930, S. 3-31.

Unsere fleißigen Mädchen. In: *Breslauer Neueste Nachrichten* (Breslau), Jg. 43, Nr. 334, 7.12.1930, II. Ausg., S. 2 [Teile daraus in: SIB, *Etwas von der Arbeit*; in: VDI].

Die fleißigen Mädchen. In: *Deutsche Zeitung Bohemia* (Prag), Jg. 103, Nr. 289, 10.12. 1930, S. 3 [zuvor veröffentl. u.d.T. *Unsere fleißigen Mädchen* in: *Frankfurter Zeitung*, 16.11.1930; Teile daraus in: SIB, *Etwas von der Arbeit*].

Unsere fleißigen Mädchen. In: *Holsteinischer Courier* (Neumünster), Jg. 59, Nr. 298, 20.12.1930, Beil. *Zwischen Arbeit und Feierabend* [Teile daraus in: SIB, *Etwas von der Arbeit*; in: VDI].

Die fleißigen Mädchen. In: *General-Anzeiger* (Frankfurt/M.), Jg. 55, Nr. 299, 22.12. 1930, S. 3 [zuvor veröffentl. u.d.T. *Unsere fleißigen Mädchen* in: *Frankfurter Zeitung*, 16.11.1930; Teile daraus in: SIB, *Etwas von der Arbeit*; in: VDI].

Briefpapier. In: *Breslauer Neueste Nachrichten* (Breslau), Jg. 43, Nr. 350, 23.12.1930, II. Ausg., S. 3 [in: VDI].

Briefpapier. In: *Deutsche Zeitung Bohemia* (Prag), Jg. 103, Nr. 302, 25.12.1930, S. 3 [in: VDI].

Der Verdächtige. In: *Menschen auf der Straße. Zweiundvierzig Variationen über ein einfaches Thema.* Stuttgart: J. Engelhorns Nachf., 1931, S. 38-42 [in: SIB, KP].

Vorwort zu *Berliner Gedichte.* Hg. v. Kurt Lubasch u. Emil F. Tuchmann. Berlin: Privatdruck, 1931; Neuausg. Berlin: Rütten & Loening, 1987.

Briefpapier. In: *Holsteinischer Courier* (Neumünster), Jg. 60, Nr. 16, 20.1.1931, Beil. *Courier-Beilage für den Feierabend*, Nr. 2 [in: VDI].

Feuerzauber in Paris. In: *Hamburgischer Correspondent* (Hamburg), Jg. 201, Nr. 75, 13.2.1931, Morgen-Ausg., S. 2 [u.d.T. *Am Kamin* in: NF].

Feuerzauber in Paris. Geschichten am Kamin. In: *Neue Zeit* (Berlin), Jg. 61, Nr. 45, 14.2.1931, S. [2] [u.d.T. *Am Kamin* in: NF].

Briefpapier. In: *Mainzer Anzeiger* (Mainz), Jg. 81, Nr. 47, 25.2.1931, 2. Bl., S. 10 [in: VDI].

Unsere fleißigen Mädchen. In: *Hannoverscher Kurier* (Hannover), Jg. 83, Nr. 109, 6.3.1931, Morgen-Ausg., Beil. [Teile daraus in: SIB, *Etwas von der Arbeit*; in: VDI].

Feuerzauber in Paris. In: *Der Wiener Tag* (Wien), Jg. 10, Nr. 2848, 11.3.1931, S. 6 [u.d.T. *Am Kamin* in: NF].

Filmbörse. In: *Jugend* (München), Jg. 36, Nr. 15, 7.4.1931, S. 226f. [in: ZBS, PÜS, GVW].

Der Frühling und das Theater. In: *Tempo* (Berlin), Jg. 4, Nr. 85, 13.4.1931, S. 5 [u.d.T. *An den Frühling* in: EZG].

Das rheinische Mädchen aus Wendisch-Rietz. In: *Danziger Volksstimme* (Danzig), Jg. 22, Nr. 96, 25.4.1931, Beil. *D.V. am Sonntag*, Nr.13, S. [2] [in: ZBS, PÜS, GVW].

Mitri. In: *Der Republikaner* (Mulhouse), Jg. 30, Nr. 103, 5.5.1931, 2. Bl., S. [4] [in: NF].

Unsere fleißigen Mädchen. In: *Mainzer Anzeiger* (Mainz), Jg. 81, Nr. 106, 7.5.1931, 2. Bl., S. 10 [Teile daraus in: SIB, *Etwas von der Arbeit*; in: VDI].

Pfingsten 1896. In: *Frankfurter Zeitung* (Frankfurt/M.), Jg. 75, Nr. 363, 17.5.1931, 2. Morgenbl., Beil. *Für die Frau*, Jg. 6, Nr. 6 [in: EZG, KP].

Pfingstfieber. In: *Die Literarische Welt* (Berlin), Jg. 7, Nr. 21, 22.5.1931, S. 3 [in: EZG, KP].

Gisela? Nein, die seh ich nicht mehr … In: *Saarbrücker Zeitung* (Saarbrücken), Jg. 171, Nr. 140, 24.5.1931, S. [2] [in: EZG].

Besuch im Büro. In: *Die Propyläen.* Beil. zur *Münchener Zeitung* (München), Jg. 28, H. 35, 29.5.1931, S. 279 [in: EZG].

Filmbörse. In: *Argentinisches Tageblatt* (Buenos Aires), Jg. 43, Nr. 12781, 31.5.1931, Beil. *Hüben und Drüben*, Jg. 28, Nr. 1405, S. 4f. [in: ZBS, PÜS, GVW].

Abschied vom Frühling. In: *Rheinisch-Westfälische Zeitung* (Essen), Jg. 194, Nr. 293, 11.6.1931, Abend-Ausg., S. [1] [u.d.T. *An den Frühling* in: EZG].

Stadtsommer. In: *Die Literarische Welt* (Berlin), Jg. 7, Nr. 27/28, 3.7.1931, S. 7 [Teil v. *Sommer?* in: EZG; in: KP, GVW].

Hyänenkind. In: *Frankfurter Zeitung* (Frankfurt/M.), Jg. 75, Nr. 494, 6.7.1931, Morgenbl., S. 1.

Hyänenkind. In: *Magdeburgische Zeitung* (Magdeburg), Nr. 394, 22.7.1931, 1. (Haupt-)Ausg., 1. Beil., S. 6.

Vielleicht ein Volkslied. In: *Frankfurter Zeitung* (Frankfurt/M.), Jg. 76, Nr. 586, 8.8. 1931, Abendbl., S. 1 [in veränd. Fass. integr. in: AM].

Lied von der Arbeitslosigkeit. In: *Der Montag Morgen* (Berlin), Jg. 9, Nr. 34, 31.8. 1931, Ausg. A, S. 5 [zuvor in etwas gekürzter Fass. veröffentl. u.d.T. *Vielleicht ein Volkslied*; in: VDI].

Vielleicht ein Volkslied. In: *Saarbrücker Zeitung* (Saarbrücken), Jg. 171, Nr. 238, 1.9. 1931, S. [2] [in veränd. Fass. integr. in: AM].

Vielleicht ein Volkslied. In: *Neckar-Zeitung* (Heilbronn), Jg. 188, Nr. 205, 3.9.1931, S. 2 [in veränd. Fass. integr. in: AM].

Berliner Familie 1931. In: *Das Illustrierte Blatt. Frankfurter Illustrierte.* (Frankfurt/M.), Jg. 19, Nr. 43, 29.10.1931, S. 1129f. [in: GVW].

Berliner Familie 1931. In: *Neckar-Zeitung* (Heilbronn), Jg. 188, Nr. 254, 30.10.1931, 3. Bl., S. 9 [in: GVW].

Berliner Familie 1931. In: *Rheinisch-Westfälische Zeitung* (Essen), Jg. 194, Nr. 530, 30.10.1931, Abend-Ausg., S. [1] [in: GVW].

Erste Artischocke (Cynara cardunculus). In: *Frankfurter Zeitung* (Frankfurt/M.), Jg. 76, Nr. 909, 6.12.1931, 2. Morgenbl., Beil. *Für die Frau*, Jg. 6, Nr. 12, 1. Weihnachtsnr., S. 2 [in: EZG].

Lektüre unterm Weihnachtsbaum. In: *Die Literarische Welt* (Berlin), Jg. 7, Nr. 51/52, 17.12.1931, S. 3 [in: KP].

Lektüre unterm Weihnachtsbaum. In: *Prager Tagblatt* (Prag), Jg. 56, Nr. 297, 22.12. 1931, S. 2 [in: KP].

Grenzen der Kosmetik. In: *Chicago America-Herold* (Winona, Chicago), Jg. 59, Nr. 39, 1.1.1932, S. 10 [in: EZG].

Vom Backofen, von den Überschuhen und dem Schweinchen. In: *Die Literarische Welt* (Berlin), Jg. 8, Nr. 6, 5.2.1932, S. 3 [Teil als Erzählerkommentar in: EZG; in: VDI].

Das Leben ist doch schön! Von Weißbrot, Ueberschuhen und Herrn Rollets Schweinchen. In: *Thüringer Allgemeine Zeitung* (Erfurt), Jg. 83, Nr. 38, 14.2.1932, S. 3

[zuvor veröffentlicht u.d.T. *Vom Backofen, von den Überschuhen und dem Schweinchen*; Teil als Erzählerkommentar in: EZG; in: VDI].

Vorbemerkung zu Ulrich Hessel: *Brief aus Salem*. In: *Die Literarische Welt* (Berlin), Jg. 8, Nr. 8/9, 19.2.1932, S. 11.

Das Leben ist doch schön. In: *Rheinisch-Westfälische Zeitung* (Essen), Jg. 195, Nr. 105, 26.2.1932, Abend-Ausg., S. [1] [zuvor veröffentlicht u.d.T. *Vom Backofen, von den Überschuhen und dem Schweinchen*; Teil als Erzählerkommentar in: EZG; in: VDI].

Don Juans kleiner Bruder. In: *Frankfurter Zeitung* (Frankfurt/M.), Jg. 76, Nr. 178, 6.3.1932, 2. Morgenbl., Beil. *Für die Frau*, Jg. 7, Nr. 4 [u.d.T. *Ein Liebhaber der Wirklichkeit* in: EZG].

Im alten Westen. In: *Berliner Tageblatt* (Berlin), Jg. 61, Nr. 147, 27.3.1932, Morgen-Ausg. [in: GVW].

Marianne [Gedicht]. In: *Berliner Morgenpost* (Berlin), Nr. 81, 3.4.1932, Ausg. B, 1. Beil., S. [1].

Märkische Epistel. In: *Frankfurter Zeitung* (Frankfurt/M.), Jg. 76, Nr. 342, 8.5.1932, 2. Morgenbl., Beil. *Für die Frau*, Jg. 7, Nr. 8, S. 2 [in: GVW].

Pfingsten Achtzehnhundertsechsundneunzig. In: *General-Anzeiger* (Dortmund), Jg. 45, Nr. 133, 14.5.1932, Beil. *Pfingsten 1932*, S. [2] [in: EZG, KP].

Pfingstfieber. Kindheitserinnerungen. In: *Magdeburgische Zeitung* (Magdeburg), Nr. 263, 15.5.1932, 1. (Haupt-)Ausg., 4. Beil., S. 17 [in: EZG, KP].

Von der schwierigen Kunst spazieren zu gehen. In: *Die Literarische Welt* (Berlin), Jg. 8, Nr. 22, 27.5.1932, S. 3f. [in veränd. Fass. u.d.T. *Die Kunst spazieren zu gehn* in: EZG; in: KP].

Märkische Epistel. In: *Thüringer Allgemeine Zeitung* (Erfurt), Jg. 83, Nr. 131, 3.6. 1932, S. 3 [in: GVW].

Sommerliche Unterhaltungen über interessante Bücher (zus. m. Fritz Bieber u. Helmut Campe). In: *Die Literarische Welt* (Berlin), Jg. 8, Nr. 24/25, 10.6.1932, S. 5-15.

Sonnabendnovelle. In: *Vossische Zeitung* (Berlin), Nr. 292, 18.6.1932, Abend-Ausg., Beil. *Unterhaltungsblatt*, Nr. 168, S. [1f.] [in: EZG, KP].

Der gute Regen. In: *Frankfurter Zeitung* (Frankfurt/M.), Jg. 76, Nr. 453, 19.6.1932, 2. Morgenbl., Beil. *Für die Frau*, Jg. 7, Nr. 11, S. 1f. [in: EZG, KP].

Guter Regen. Betrachtsame Plauderei. In: *Magdeburgische Zeitung* (Magdeburg), Nr. 391, 19.7.1932, 1. (Haupt-)Ausg., 1. Beil., S. 6 [u.d.T. *Der gute Regen* in: EZG, KP].

Guter Regen. In: *Rheinisch-Westfälische Zeitung* (Essen), Jg. 195, Nr. 364, 19.7.1932, Abend-Ausg., S. [1] [u.d.T. *Der gute Regen* in: EZG, KP].

Planken im Sand. In: *Die Literarische Welt* (Berlin), Jg. 8, Nr. 33, 12.8.1932, S. 3-5 [in: EZG].

Sonnabendnovelle. In: *Argentinisches Wochenblatt* (Buenos Aires), Jg. 54, Nr. 2947, 27.8.1932, Beil. *Hüben und Drüben*, Jg. 29, Nr. 1470, S. 3f. [in: EZG, KP].

Sonnabendnovelle. In: *Argentinisches Tageblatt* (Buenos Aires), Jg. 44, Nr. 13174, 28.8.1932, Beil. *Hüben und Drüben*, Jg. 29, Nr. 1470, S. 3f. [in: EZG, KP].

Der Verdächtige. In: *Vossische Zeitung* (Berlin), Nr. 464, 27.9.1932, Abend-Ausg., Beil. *Unterhaltungsblatt*, Nr. 269, S. [1] [in: SIB, KP].

Hier bekommt jeder sein Buch geschenkt (Rahmengeschichte der Weihnachtsbeil.). In: *Die Literarische Welt* (Berlin), Jg. 8, Nr. 49, 25.11.1932, S. 5-10.

Geschichte des alten Mädchens. In: *Die Literarische Welt* (Berlin), Jg. 8, Nr. 49, 25.11. 1932, S. 9 [in: VDI].

Baumschmuck. In: *Frankfurter Zeitung* (Frankfurt/M.), Jg. 77, Nr. 945, 18.12.1932, 2. Morgenbl., Beil. *Für die Frau*, Jg. 7, Nr. 23 [in: EZG].

Christbaumschmuck (m. Zeichnungen v. Fritz Bieber). In: *Die Literarische Welt* (Berlin), Jg. 8, Nr. 53, 22.12.1932, S. 3 [u.d.T. *Baumschmuck* in: EZG].

Besuch im Büro. In: *Frankfurter Zeitung* (Frankfurt/M.), Jg. 77, Nr. 136, 19.2.1933, 2. Morgenbl., Beil. *Für die Frau*, Jg. 8, Nr. 3 [in: EZG].

Besuch im Büro. In: *Die Bühne. Zeitschrift für Theater und Gesellschaft* (Wien), Nr. 347, Erstes Märzheft 1933, S. 2 [in: EZG].

Besuch im Büro. In: *Morgenzeitung und Handelsblatt* (Mährisch-Ostrau), Jg. 21, Nr. 85, 26.3.1933, S. 19 [in: EZG].

Gisela. In: *Die Literarische Welt* (Berlin), Jg. 9, Nr. 13, 31.3.1933, S. 3f. [u.d.T. *Gisela? Nein, die seh ich nicht mehr* in: EZG].

Der Hase und seine Eier. In: *Frankfurter Zeitung* (Frankfurt/M.), Jg. 77, Nr. 269, 9.4. 1933, 2. Morgenbl., Beil. *Für die Frau*, Jg. 8, Nr. 6 (8.4.1933), S. 2 [zuvor veröffentl. u.d.T. *Karsamstagsgeschwätz* in: *Frankfurter Zeitung*, 1.4.1928, Beil. *Für die Frau*, Jg. 3, Nr. 4].

Die Kunst spazieren zu gehen. In: *Berliner Börsen-Courier* (Berlin), Jg. 65, Nr. 169, 9.4.1933, Morgen-Ausg., 2. Beil., S. 10 [u.d.T. *Die Kunst spazieren zu gehn* in: EZG].

Spazierengehen. In: *Berliner Tageblatt* (Berlin), Jg. 62, Nr. 166, 9.4.1933, Ausg. A, S. [13] [vollständ. Fass. u.d.T. *Die Kunst spazieren zu gehn* in: EZG].

Die Kunst, spazieren zu gehen. In: *Deutsche Zeitung Bohemia* (Prag), Jg. 106, Nr. 86, 11.4.1933, S. 4 [u.d.T. *Die Kunst spazieren zu gehn* in: EZG].

Persönliches über Sphinxe. In: *Berliner Tageblatt* (Berlin), Jg. 62, Nr. 274, 14.6.1933, Abend-Ausg., S. [2] [in: ZBSK, PÜS, GVW].

Der Lastträger von Bagdad. In: *Die Literarische Welt* (Berlin), Jg. 9, Nr. 25, 23.6.1933, S. 3 [in: KP].

Gisela. In: *Prager Tagblatt* (Prag), Jg. 58, Nr. 153, 2.7.1933, S. 3 [u.d.T. *Gisela? Nein, die seh ich nicht mehr* in: EZG].

Väter und Mütter. In: *Der Wiener Tag* (Wien), Jg. 12, Nr. 3638, 6.7.1933, S. 6 [u.d.T. *Hetärengespräch* in: NF].

Frierende Tänze. In: *Frankfurter Zeitung* (Frankfurt/M.), Jg. 78, Nr. 694, 17.9.1933, 2. Morgenbl., Beil. *Für die Frau*, Jg. 8, Nr. 15, S. 3 [in: GVW].

Niemayer. In: *Argentinisches Tageblatt* (Buenos Aires), Jg. 45, Nr. 13.586, 18.10. 1933, S. 16 [in: NF].

Heben Sie noch Briefe auf? Das Ergebnis einer Umfrage. In: *Berliner Tageblatt* (Berlin), Jg. 62, Nr. 509, 29.10.1933, Sonntags-Ausg., Beil. *Die Brücke*, Nr. 41, S. 2.

Interview in einer kleinen Konditorei. In: *Almanach der Schönheit. Für die Frau. Blätter der Frankfurter Zeitung.* Frankfurt/M. 1933, S. 16f.

Vom alten Münchner Fasching. In: *Frankfurter Zeitung* (Frankfurt/M.), Jg. 78, Nr. 76, 11.2.1934, 2. Morgenbl., Beil. *Für die Frau*, Jg. 9, Nr. 3, S. 3.

Wird er kommen? In: *Frankfurter Zeitung* (Frankfurt/M.), Jg. 78, Nr. 154, 25.3.1934, 2. Morgenbl., Beil. *Für die Frau*, Jg. 9, Nr. 6, S. 1 [in: ZBSK, PÜS, GVW].

Wird er kommen? In: *Argentinisches Wochenblatt* (Buenos Aires), Jg. 56, Nr. 3035, 5.5.1934, Beil. *Hüben und Drüben*, Jg. 31, Nr. 1558, S. 7 [in: ZBSK, PÜS, GVW].

Wird er kommen? In: *Argentinisches Tageblatt* (Buenos Aires), Jg. 46, Nr. 13.785, 6.5.1934, Beil. *Hüben und Drüben*, Jg. 31, Nr. 1558, S. 7 [in: ZBSK, PÜS, GVW].

Pfingsten Achtzehnhundertsechsundneunzig. In: *Argentinisches Wochenblatt* (Buenos Aires), Jg. 56, Nr. 3037, 19.5.1934, Beil. *Hüben und Drüben*, Jg. 31, Nr. 1560, S. 5 [in: EZG, KP].

Pfingsten Achtzehnhundertsechsundneunzig. In: *Argentinisches Tageblatt* (Buenos Aires), Jg. 46, Nr. 13.798, 20.5.1934, Beil. *Hüben und Drüben*, Jg. 31, Nr. 1560, S. 5 [in: EZG, KP].

Die Gliederpuppe [Gedicht]. In: *Die Dame* (Berlin), Jg. 61, 1934/35, H. 20, 1. Oktober-Heft 1934, S. 3.

Das Lederetui. In: *Die Dame* (Berlin), Jg. 61, 1934/35, H. 22, 1. November-Heft 1934, S. 4 u. 40.

Eine falsche Verbindung. In: *Berliner Tageblatt* (Berlin), Jg. 64, Nr. 117, 9.3.1935, Abend-Ausg., Beil. *Kunst und Unterhaltung.*

D-Zug-Dämmerung (u.d.K. f.h.). In: *Die Dame* (Berlin), Jg. 62, 1935/36, H. 11, 3. Mai-Heft 1935, S. 55-58.

Page und Königin (u.d.Ps. Stefan Ulrich). In: *Berliner Tageblatt* (Berlin), Jg. 64, Nr. 315, 6.7.1935, Morgen-Ausg. [zuvor in leicht veränd. Fass. veröffentl. als Teil v. *Aus alten Pariser Gassen* (*Hotel de Sens*) in: *Die Literarische Welt*, 28.11.1930; in: GVW].

Page und Königin. In: *Die Bühne* (Wien), Nr. 417, 1. Februarheft 1936, S. 12f. [in leicht veränd. Fass. veröffentl. als Teil v. *Aus alten Pariser Gassen* (*Hotel de Sens*) in: *Die Literarische Welt*, 28.11.1930; in: GVW].

Der Brief einer Frau. In: *Neues Wiener Abendblatt* (Wien), Nr. 289, 20.10.1936, S. 7 [zuvor veröffentl. u.d.T. *D-Zug-Dämmerung* in: *Die Dame*, Jg. 62, H. 11, Mai 1935].

Der Frühling und das Theater. In: *Die Bühne* (Wien), Nr. 444, 2. Märzheft 1937, S. 4f. [in etwas veränd. Fass. u.d.T. *An den Frühling* in: EZG].

Das Kind und die Wanduhr. In: Brief von Julie Rosenberg an Franz Hessel, 29.10. 1938 (Deutsches Literaturarchiv Marbach). Abgedruckt in: Magali Laure Nieradka: *Der Meister der leisen Töne. Biographie des Dichters Franz Hessel.* Oldenburg: Igel Verlag, 2003, S. 162f.

Page und Königin (u.d.Ps. Hesekiel). In: *Pariser Tageszeitung* (Paris), Jg. 3, Nr. 870, 18./19.12.1938, S. 4 [in leicht veränd. Fass. veröffentl. als Teil v. *Aus alten Pariser Gassen* (*Hotel de Sens*) in: *Die Literarische Welt*, 28.11.1930; in: GVW].

Das alte Dôme (u.d.Ps. Hesekiel). In: *Pariser Tageszeitung* (Paris), Jg. 4, Nr. 882, 2.1.1939, S. 4 [zuvor in etwas veränd. Fass. veröffentl. u.d.T. *Der Dôme und das Schicksal* in: *Die Kunstauktion*, 9.12.1928; in: GVW].

Der Hosenboden (u.d.Ps. Hesekiel). In: *Pariser Tageszeitung* (Paris), Jg. 4, Nr. 884, 4.1.1939, S. 4 [in: VDI, GVW].

Hotel Drouot (u.d.Ps. Hesekiel). In: *Pariser Tageszeitung* (Paris), Jg. 4, Nr. 890, 11.1.1939, S. 4 [zuvor veröffentl. u.d.T. *Verwaiste Gegenstände* in: *Münchner Illustrierte Presse*, 15.12.1929; in: GVW].

Die verliebte Lokomotive (u.d.Ps. Hesekiel). In: *Pariser Tageszeitung* (Paris), Jg. 4, Nr. 907, 31.1.1939, S. 4 [in: TLG].

Rue Mouffetard (u.d.Ps. Hesekiel). In: *Pariser Tageszeitung* (Paris), Jg. 4, Nr. 954, 26./27.3.1939, S. 3 [zuvor in veränd. Fass. veröffentl. als Teil v. *Aus alten Pariser Gassen (Mouffetard)* in: *Die Literarische Welt*, 28.11.1930; in: GVW].

„Der Zeigefinger von Paris" (u.d.K. h.). In: *Pariser Tageszeitung* (Paris), Jg. 4, Nr. 958, 31.3.1939, S. 3 [in: GVW].

Bagatelle (u.d.Ps. Hesekiel). In: *Pariser Tageszeitung* (Paris), Jg. 4, Nr. 984, 30.4./1.5.1939, S. 4 [zuvor in veränd. Fass. veröffentl. in: *Frankfurter Zeitung*, 10.11.1929; in: GVW].

Ein Garten voll Weltgeschichte (u.d.Ps. Hesekiel). In: *Pariser Tageszeitung* (Paris), Jg. 4, Nr. 1002, 21./22.5.1939, S. 3 [zuvor in etwas veränd. Fass. veröffentl. in: *Die Literarische Welt*, 3.10.1930; in: GVW].

Pariser Hotel (u.d.Ps. Hesekiel). In: *Pariser Tageszeitung* (Paris), Jg. 4, Nr. 1020, 11./12.6.1939, S. 4 [zuvor in veränd. Fass. veröffentl. in: *Das Tage-Buch*, 4.6. 1927, u. als Teil v. *Vorschule des Journalismus* in: NF; in: GVW].

Das Lederetui (u.d.Ps. Hesekiel). In: *Pariser Tageszeitung* (Paris), Jg. 4, Nr. 1044, 9./10.7.1939, S. 3 [in: VDI, GVW].

Hier tanzt man noch (u.d.Ps. Hesekiel). In: *Pariser Tageszeitung* (Paris), Jg. 4, Nr. 1049, 16./17.7.1939, S. 3 [Teile daraus zuvor veröffentl. u.d.T. *Tanz Aller mit Allen. Paris tanzt* in: *8 Uhr-Abendblatt*, 17.7.1930; in: VDI, GVW].

Pariser Hotel (u.d.Ps. Hesekiel). In: *Argentinisches Tageblatt* (Buenos Aires), Jg. 51, Nr. 15.718, 17.7.1939, S. 10 [zuvor in veränd. Fass. veröffentl. in: *Das Tage-Buch*, 4.6.1927, u. als Teil v. *Vorschule des Journalismus* in: NF; in: GVW].

Grenzen der Kosmetik (u.d.Ps. Hesekiel). In: *Pariser Tageszeitung* (Paris), Jg. 4, Nr. 1067, 6./7.8.1939, S. 4 [in: EZG].

Pause in Paris (u.d.Ps. Hesekiel). In: *Pariser Tageszeitung* (Paris), Jg. 4, Nr. 1073, 13./14.8.1939, S. 4 [zuvor veröffentl. in: *Kölnische Zeitung*, 4.8.1930; in: GVW].

Hier tanzt man noch (u.d.Ps. Hesekiel). In: *Argentinisches Tageblatt* (Buenos Aires), Jg. 51, Nr. 15.718, 31.8.1939, S. 10 [Teile daraus zuvor veröffentl. u.d.T. *Tanz Aller mit Allen. Paris tanzt* in: *8 Uhr-Abendblatt*, 17.7.1930; in: VDI, GVW].

Das Lederetui (u.d.Ps. Hesekiel). In: *Argentinisches Tageblatt* (Buenos Aires), Jg. 51, Nr. 15.719, 1.9.1939, S. 10 [in: VDI, GVW].

Grenzen der Kosmetik (u.d.Ps. Hesekiel). In: *Argentinisches Tageblatt* (Buenos Aires), Jg. 51, Nr. 15.735, 20.9.1939, S. 10 [in: EZG].

Das Modell / Bekenntnis einer Chansonette / Arie. In: *Herz an der Rampe. Ausgewählte Chansons, Songs und Dichtungen ähnlicher Art.* Hg. v. Hans Jahn u. Karl Kost. Buenos Aires: Editorial Cosmopolita, 1944, S. 29-31.

[Kurzer Auszug aus *Vorschule des Journalismus, Pariser Hotel*]. In: *Sie* (Berlin), Jg. 2, Nr. 19, 11.5.1947, S. 7.

Alles für die Kinder / Weinzwang / Die bezaubernde kleine Wohnung / Kinder aus ihrer Klasse. In: *Berliner Cocktail.* Hg. v. Rolf Italiaander u. Willy Haas. Wien, Hamburg: Zsolnay, 1957, S. 125-136 [in: TLG].

Das vierte Gebot. In: *Rowohlt Almanach 1908-1962.* Hg. v. Mara Hintermeier u. Fritz J. Raddatz. Reinbek b. Hamburg: Rowohlt, 1962, S. 184-186 [in: TLG].

Bekenntnis einer Chansonette / Hermine / Das Modell. In: *Rote Laterne, schwarzer Humor.* Hg. v. Elisabeth Pablé. Salzburg: Residenz, ²1964, S. 81-83.

Meditationen eines wartenden Feuilletonisten. In: *... und doch ist dies der alte Schauplatz noch ... Das Berliner Zeitungsviertel damals und heute* (*Sonderdruck für die Freunde unseres Hauses*). Berlin: Ullstein, 1965, S. 43 [gekürzte Fass. v. *Zeitungsviertel*, in: SIB].

Die verliebte Lokomotive. In: *Gute Geschichten – Böse Geschichten. Prosa des 20. Jahrhunderts.* Hg. v. Wolfram Dietrich. München: Kösel-Verlag, 1965, S. 369-371 [in: TLG].

Spazieren in Berlin. In: *Bauwelt* (Berlin), Jg. 59, H. 36, 2.9.1968, S. 1131 u. 1146 [u.d.T. *Ich lerne* in: SIB].

Rundfahrt / Dönhoffplatz / Dampfermusik / Von der Lebenslust / Etwas von der Arbeit. In: *Der Berliner zweifelt immer. Seine Stadt in Feuilletons von damals.* Hg. v. Heinz Knobloch. Berlin (Ost): Buchverlag Der Morgen, 1977, S. 401-431 [in: SIB].

Eva und Eveline. Ein Personenverzeichnis mit Anhang (mit einer Abb.). In: *Das Magazin* (Berlin), Jg. 27 (1980), H. 3 (März), S. 23f. [in: TLG].

Der Verdächtige / Dampfermusik / Hasenheide. In: *Berlin! Berlin! Ein literarischer Bilderbogen der letzten 150 Jahre.* Hg. v. Gustav Sichelschmidt. Tübingen: Edition Erdmann, 1980, S. 107-120 [in: SIB].

Dampfermusik. In: *Berlin. Stimmen einer Stadt. 99 Autoren – 100 Jahre an der Spree.* Hg. v. Ruth Greuner. Berlin (Ost): Buchverlag Der Morgen, ⁴1981 (Erstaufl. 1971), S. 185-188 [in: SIB].

Lektüre unterm Weihnachtsbaum. In: *Das Winterbuch. Gedichte und Prosa.* Hg. v. Hans Bender. Frankfurt/M.: Insel, 1983, S. 103f. [in: KP].

Das vierte Gebot. In: *Humor des 20. Jahrhunderts. Vierundvierzig Erzähler aus sieben Ländern und sieben Jahrzehnten.* Ausgew. v. Heinrich Maria Ledig-Rowohlt. Reinbek b. Hamburg: Rowohlt, 1984, S. 165-167 [in: TLG].

Lektüre unterm Weihnachtsbaum. In: *Von Dichtersesseln, Eselsohren, Schusterjungen und Leseratten. Ein lesenswertes Lesebuch.* Hg. v. Gunter Affholderbach u. Klaudia Strohmann. Siegen: Machwerk Verlag, 1985, S. 29f. [in: KP].

Pfingsten / Der gute Regen. In: *Das Sommerbuch. Gedichte und Prosa.* Hg. v. Hans Bender. Frankfurt/M.: Insel, 1985, S. 47-50, 98-101 [in: EZG, KP].

Der siebente Zwerg. In: *Im Garten der Phantasie. Kunstmärchen von Theodor Storm bis Max Frisch.* Hg. v. Edda u. Helmut Fensch. Berlin (Ost): Verlag Neues Leben, ²1986 (Erstaufl. 1985), S. 213f. [in: TLG].

An die Berlinerin (zus. m. Erika Mann: *An den Berliner*). In: *die tageszeitung* (Berlin), 7.4.1986 [in: VDI, GVW].

Die Kaisergalerie / Ende der Zwanziger / Verarbeiteter Marmor / Massives Verkehrshindernis. In: *Reise Textbuch Berlin.* Hg. v. Barbara u. Walter Laufenberg. München: Deutscher Taschenbuch Verlag, 1987, S. 72-75, 143, 169-171 [in: SIB].

Pariser Romanze. In: *C'est la vie! Impressionen – Frankreich en passant.* Hg. v. Alice Franck u. Guntram Vesper. Reinbek b. Hamburg: Rowohlt, 1989, S. 187-191 [Auszug aus: PR].

Letzte Heimkehr. In: *Letzte Heimkehr nach Paris. Franz Hessel und die Seinen im Exil.* Hg. v. Manfred Flügge. Berlin: Das Arsenal, 1989, S. 7-41.

Tagebuchnotizen (1928-1932) (Hg. u. m. Anm. vers. v. Karin Grund). In: *Juni. Magazin für Kultur & Politik* (Mönchengladbach), Jg. 3, 1989, Nr. 1, S. 36-49.

Alter Mann (Entwurf zum 3. Teil). In: *Juni. Magazin für Kultur & Politik* (Mönchengladbach), Jg. 3, 1989, Nr. 1, S. 51-55.

Budensuche. In: *Badische Zeitung* (Freiburg/Br.), Nr. 208, 9./10.9.1989, Beil. *BZ-Magazin*, S. 2 [Auszug aus: KDG].

Spazieren in Berlin. Beobachtungen im Jahr 1929. In: *Marginalien. Zeitschrift für Buchkunst und Bibliophilie* (Berlin, Weimar), H. 114, 1989, Beil. [Auszug aus: *Zeitungsviertel*, in: SIB].

Die Kunst spazieren zu gehn. In: *Spazieren muß ich unbedingt. Lob des Müßiggehens.* Hg. v. Axel Dornemann. Freiburg/Br., Basel, Wien: Herder, 1990, S. 9-13 [in: EZG].

Metropole Berlin, 1929. In: *du. Die Zeitschrift der Kultur* (Zürich), H. 7, Juli 1991, S. 16-18 [in: SIB].

Von der schwierigen Kunst spazieren zu gehen / Der Verdächtige / Berlins Boulevard. In: *Der Spaziergang. Ein literarisches Lesebuch.* Hg. v. Angelika Wellmann. Hildesheim, Zürich, New York: Olms, 1992, S. 237-244 [u.d.T. *Die Kunst spazieren zu gehn* in: EZG], S. 275-289 [in: SIB].

Der Landwehrkanal. In: *Die Sprache der Landschaft.* Hg. v. Carmen Schäfer u. Wolfgang Storch. Stuttgart, Weimar: Metzler, 1993, S. 135-140 [in: SIB].

[Auszug aus *Nach Osten*]. In: *Treffpunkt Scheunenviertel. Leben im Schtetl.* Hg. v. Ingrid Kirschey-Feix. Berlin: Verlag Neues Leben, 1993, S. 71-73 [in: SIB].

Nichtarisch ist mein Schätzelein ... [Gedicht]. In: Manfred Flügge: *Gesprungene Liebe. Die wahre Geschichte zu „Jules und Jim".* Berlin: Aufbau-Verlag, 1993, S. 215.

Wunschtraum Marlene. In: Richard Mentele: *Auf Liebe eingestellt. Marlene Dietrich's schöne Kunst.* Bensheim, Düsseldorf: Bollmann, 1993, S. 19-31 [gekürzte Fass. v. MD].

Passagen. In: GVW, S. 107-109.

Pariser Kaleidoskop (aus dem geplanten Buch *Frauen und Städte*). In: *du. Die Zeitschrift der Kultur* (Zürich), H. 3, März 1995, S. 12.

Pariser Kaleidoskop. In: *Genieße froh, was du nicht hast. Der Flaneur Franz Hessel.* Hg. v. Michael Opitz u. Jörg Plath. Würzburg: Königshausen & Neumann, 1997, S. 215-217.

An die Berlinerin. In: *An die Berlinerin. Eine literarische Liebeserklärung in Vers und Prosa.* Hg. v. Moritz Rinke. Berlin: Fannei & Walz, 1998, S. 42-45.

Es ragt aus den zerschlissenen geweben ... [Gedicht]. In: Ernest Wichner u. Herbert Wiesner: *Franz Hessel – Nur was uns anschaut, sehen wir* (Ausstellungsbuch). Berlin: Literaturhaus, 1998, S. 13.

[Auszug aus *Pariser Romanze*]. In: *Paris liegt an der Seine. Bilder einer Stadt.* Hg. v. Susanne Gretter. Frankfurt/M.: Suhrkamp, 1999, S. 141-147.

An die Berlinerin / Von der schwierigen Kunst spazieren zu gehen / Der Verdächtige. In: *die horen. Zeitschrift für Literatur, Kunst und Kritik* (Bremerhaven), Jg. 45, 2000, Bd. 4, H. 200, S. 13f., 46-49, 119-121.

Die Kunst spazieren zu gehen. In: *Stint. Zeitschrift für Literatur* (Bremen), Jg. 14, 2000, Nr. 28, S. 107-112 [u.d.T. *Die Kunst spazieren zu gehn* in: EZG].

Lob Münchens (mit 2 Abb.). In: *Literatur in Bayern* (München), Sonderheft: *„Moser in Bayern". Anläßlich der Emeritierung und des 65. Geburtstages von Dietz-Rüdiger Moser,* (März 2004), S. 29f. [in: VDI].

Hermine [Gedicht]. In: *Ich habe dich beim Namen gerufen. Eine Anthologie deutscher Namenspoesie aus vier Jahrhunderten.* Hg. v. Margaux de Weck. Frankfurt/M.: Eichborn, 2007, S. 144.

Weinzwang. In: Dieter Grube: *Berlin im Licht der Nacht / Berlin by Night.* Berlin: Parthas, 2007, S. 62-65 [in: TLG].

Ein Flaneur in Berlin. In: *Flaneure. Begegnungen auf dem Trottoir.* Hg. v. Stefanie Proske. Frankfurt/M., Zürich, Wien: Edition Büchergilde, 2010, S. 88-94 [u.d.T. *Der Verdächtige* in: SIB].

So lang noch Untern Linden ... [mit Ill.]. In: *Die Welt* (Berlin), 16.4.2011, Beil. *Die Literarische Welt,* Nr. 15, S. 4 [in: SIB].

Von der schwierigen Kunst spazieren zu gehen. In: Carl-Peter Steinmann: *Sonntagsspaziergänge. Entdeckungen in Friedrichshagen, Kreuzberg, Mitte, Nikolassee, Schöneberg, Weißensee.* Berlin: Transit Buchverlag, 2011, S. 7f. [u.d.T. *Die Kunst spazieren zu gehn* in: EZG].

Der Verdächtige. In: *Das Blättchen. Zweiwochenschrift für Politik, Kunst und Wirtschaft* (Berlin), Jg. 14, H. 8 (18.4.2011), S. 17-19 [in: SIB, KP].

Die Kunst spazierenzugehen. In: *Berlin literarisch.* Hg. v. Jürgen Engler. Berlin: Aufbau Taschenbuch, 2012, S. 229-235 [u.d.T. *Die Kunst spazieren zu gehn* in: EZG].

Hermine [Gedicht]. In: *Lass uns mit dem Feuer spielen. Die hundert schönsten Liebesgedichte.* Hg. v. Tobias Lehmkuhl. Berlin: Aufbau-Verlag, 2013, S. 36.

c) Kritiken

Renée Sintenis. In: Fritz Gurlitt: *Das graphische Jahr.* Berlin: Fritz Gurlitt Verlag, 1921, S. [123].

Wilhelm Speyer: Schwermut der Jahreszeiten. In: *Das Tage-Buch* (Berlin), Jg. 3, H. 41, 14.10.1922, S. 1456.

Die Schießbude. Zur Aufführung im Theater am Kurfürstendamm [Pantomime v. Karl Vollmoeller]. In: *Das Tage-Buch* (Berlin), Jg. 3, H. 43, 28.10.1922, S. 1506f.

Wilhelm Speyer: Schwermut der Jahreszeiten. In: *Der Neue Merkur,* Sonderheft *Rheinland,* Jg. 6, H. 7/8, November 1922, S. VI.

Die Briefe der Madame Dubarry. In: *8 Uhr-Abendblatt* (Berlin), Jg. 75, Nr. 255, 11.11.1922, S. 2 [Nachdr. in: Jörg Plath: *Liebhaber der Großstadt. Ästhetische Konzeptionen im Werk Franz Hessels.* Paderborn: Igel Verlag, 1994, S. 152f.].

Honoré de Balzac: Modeste Mignon (u.d.K. f.h.). In: *Das Tage-Buch* (Berlin), Jg. 4, H. 3, 20.1.1923, S. 101.

Rudolf Borchardt: Die geliebte Kleinigkeit. In: *Das Tage-Buch* (Berlin), Jg. 4, H. 44, 3.11.1923, S. 1551f.

Ernst Weiß: Daniel (u.d.K. f.h.). In: *Das Tage-Buch* (Berlin), Jg. 5, H. 33, 16.8.1924, S. 1159f.

Honoré de Balzac († 18. August 1850). In: *Westfälische Zeitung. Bielefelder Tageblatt* (Bielefeld), Jg. 115, Nr. 189, 15.8.1925, Beil. *Welt und Wissen*, S. [1f.].

Honoré de Balzac. In: *Dresdner Neueste Nachrichten* (Dresden), Jg. 33, Nr. 191, 16.8. 1925, S. 2.

Honoré de Balzac. † 18. August 1850. In: *Danziger Zeitung* (Danzig), Jg. 68, Nr. 228, 18.8.1925, S. [2].

Albert Ehrenstein: Lukian (u.d.K. f.h.). In: *Das Tage-Buch* (Berlin), Jg. 6, H. 44, 31.10.1925, S. 1651.

Commerce [Zeitschrift mit Texten europäischer Literatur, hg. v. Paul Valéry, Léon-Paul Fargue u. Valéry Larbaud]. In: *Die Literarische Welt* (Berlin), Jg. 2, Nr. 9, 26.2.1926, S. 8.

Der Geiger von Florenz. Ufa-Film. In: *Die Literarische Welt* (Berlin), Jg. 2, Nr. 13, 26.3.1926, S. 3 [in: VDI].

Die Gräfin [Rez. v. Franziska zu Reventlow: *Gesammelte Werke*]. In: *Die Literarische Welt* (Berlin), Jg. 2, Nr. 16, 16.4.1926, S. 5.

Franziska Gräfin zu Reventlow. In: *Frankfurter Zeitung* (Frankfurt/M.), Jg. 71, Nr. 699, 19.9.1926, 2. Morgenbl., Beil. *Für die Frau*, Jg. 1, Nr. 7, S. 7.

Zeichnungen aus Jules Pascins Skizzenbuch Florida 1905. In: *Frankfurter Zeitung* (Frankfurt/M.), Jg. 71, Nr. 794, 24.10.1926, 2. Morgenbl., Beil. *Für die Frau*, Jg. 1, Nr. 9, S. 6.

Max Brod: Die Frau, nach der man sich sehnt. In: *Die Literarische Welt* (Berlin), Jg. 3, Nr. 42, 21.10.1927, S. 5.

Johann Jakob Bachofen: Urreligion und antike Symbole. In: *Reclams Universum* (Leipzig), Jg. 44, H. 9, 24.11.1927.

André Gide: Die Falschmünzer. In: *Die Dame* (Berlin), Jg. 55, 1927/28, H. 7, 3. Dezember-Heft 1927, Beil. *Die losen Blätter*, Nr. 7, S. 112.

Hans Leip: Der Nigger auf Scharnhörn (u.d.K. F.H.). In: *Die Literarische Welt* (Berlin), Jg. 3, Nr. 49, 9.12.1927, S. 14.

Arnolt Bronnen: Film und Leben Barbara La Marr. In: *Die Literarische Welt* (Berlin), Jg. 3, Nr. 50, 16.12.1927, S. 7f.

Albrecht Schaeffer: Die Geschichte der Brüder Chamade. In: *Die Dame* (Berlin), Jg. 55, 1927/28, H. 10, 1. Februar-Heft 1928, Beil. *Die losen Blätter*, Nr. 10, S. 159.

Walter Benjamin: Einbahnstraße. In: *Das Tage-Buch* (Berlin), Jg. 9, H. 9, 3.3.1928, S. 361f.

Fritz Stahl: Paris, eine Stadt als Kunstwerk. In: *Die Literarische Welt* (Berlin), Jg. 4, Nr. 10, 9.3.1928, S. 6.

Arnolt Bronnen: Film und Leben Barbara La Marr. In: *Weltstimmen* (Stuttgart), Jg. 2, H. 2, April 1928, S. 41-46.

Zeichnungen von Frau Jack von Reppert-Bismarck [Bildunterschriften]. In: *Vogue* (Berlin), Juli 1928, S. 34f.

Lou Andreas-Salomé: Rainer Maria Rilke. In: *Die Literarische Welt* (Berlin), Jg. 4, Nr. 31, 3.8.1928, S. 5.

Marcel Proust: Im Schatten der jungen Mädchen. In: *Weltstimmen* (Stuttgart), Jg. 2, H. 6, August 1928, S. 204-208.

John Dos Passos: Manhattan Transfer. Der Roman einer Stadt. In: *Weltstimmen* (Stuttgart), Jg. 2, H. 7, September 1928, S. 241-246.

Fred Hildenbrandt: Großes schönes Berlin (u.d.K. F.H.). In: *Die Literarische Welt* (Berlin), Jg. 4, Nr. 42, 19.10.1928, S. 6.

Heinrich Spiero: Fontane (u.d.K. F.H.). In: *Die Literarische Welt* (Berlin), Jg. 4, Nr. 44, 2.11.1928, S. 6.

Czardasklänge in Moabit. Operettenpremiere auf der Liebhaberbühne. In: *Tempo* (Berlin), Jg. 1, Nr. 54, 12.11.1928, 1. Ausg., S. [9f.] [in veränd. Fass. als Teil v. *Nordwesten* in: SIB].

Adolf Behne / Sasha Stone: Berlin in Bildern (u.d.K. F.H.). In: *Die Literarische Welt* (Berlin), Jg. 4, Nr. 46, 16.11.1928, S. 6.

Albrecht Schaeffer: Mitternacht (u.d.K. F.H.). In: *Die Literarische Welt* (Berlin), Jg. 4, Nr. 46, 16.11.1928, S. 6.

Briefe der Gräfin Franziska zu Reventlow (u.d.K. F.H.). In: *Die Literarische Welt* (Berlin), Jg. 4, Nr. 49, 7.12.1928, S. 11.

Martin Beradt: Leidenschaft und List (u.d.K. F.H.). In: *Das Tage-Buch* (Berlin), Jg. 9, H. 49, 8.12.1928, S. 2126f.

Otto Stoessl: Das Haus Erath. In: *Das Tage-Buch* (Berlin), Jg. 9, H. 50, 15.12.1928, S. 2194.

Auferstehung von Lemkes sel. Witwe. Im Titania-Palast. In: *Tempo* (Berlin), Jg. 1, Nr. 92, 29.12.1928, S. [9].

Francis Jammes: Der Rosenkranzroman (u.d.K. f.H.). In: *Die Literarische Welt* (Berlin), Jg. 5, Nr. 2, 11.1.1929, S. 5f.

Mario von Bucowich: Berlin (u.d.K. f.H.). In: *Die Literarische Welt* (Berlin), Jg. 5, Nr. 13/14, 28.3.1929, Osterbeil., S. 8.

Briefe der Gräfin Franziska zu Reventlow. In: *Mitteilungen für die Abonnenten des Deutschen Buch-Clubs, Hamburg* (Hamburg), Jg. 2, H. 4, April 1929, S. 7.

Besuch bei Jack von Reppert-Bismarck [mit Ill.]. In: *Die Wochenschau. Westdeutsche Illustrierte Zeitung der Düsseldorfer Nachrichten* (Düsseldorf), Nr. 25, 23.6.1929, S. 20f.

Ein Epilog [zum Tod von Hugo v. Hofmannsthal]. In: *Magdeburgische Zeitung* (Magdeburg), Nr. 389, 19.7.1929, 1. (Haupt-)Ausg., 2. Beil., S. 10.

Intimes China. Cheng Tscheng: Meine Mutter. In: *Die Literarische Welt* (Berlin), Jg. 5, Nr. 30, 26.7.1929, S. 5.

Gruß an Knut Hamsun (Beitrag zu einem Sammelartikel). In: *Die Literarische Welt* (Berlin), Jg. 5, Nr. 31, 2.8.1929, S. 1.

Volksbücher vom sterbenden Rittertum. Hg. v. Dr. Heinz Kindermann (u.d.K. F.H.). In: *Die Literarische Welt* (Berlin), Jg. 5, Nr. 38, 20.9.1929, S. 6.

André Gide: Die Schule der Frauen (u.d.K. f.H.). In: *Die Literarische Welt* (Berlin), Jg. 5, Nr. 44, 1.11.1929, S. 5.

Die Bergner im Film. In: *Film-Photos wie noch nie*. Hg. v. Edmund Bucher u. Albrecht Kindt. Gießen: Kindt & Bucher, 1929, S. 27 (Neudr. Köln: Walther König, 1978) [zuvor veröffentl. u.d.T. *Der Geiger von Florenz* in: *Die Literarische Welt*, 26.3.1926].

Stefan Großmann. In: *Tempo* (Berlin), Jg. 3, Nr. 5, 7.1.1930; ebenso in: *Apollo, Brunnenstraße*. Volksbühne. Theater am Bülowplatz, 13.1.1930 [Theaterzettel zur Aufführung].

Jack von Reppert-Bismarck. In: *Frankfurter Zeitung* (Frankfurt/M.), Jg. 74, Nr. 202, 16.3.1930, 2. Morgenbl., Beil. *Für die Frau*, Jg. 5, Nr. 3.

André Gide: Stirb und werde / Die Schule der Frauen. In: *Die Dame* (Berlin), Jg. 57, 1929/30, H. 14, 1. April-Heft 1930, Beil. *Die losen Blätter*, Nr. 14, S. 224.

Dr. Franz Leppmann: 1000 Worte Deutsch, ein Sprachführer für Nachdenkliche (u.d.K. f.H.). In: *Die Literarische Welt* (Berlin), Jg. 6, Nr. 31, 1.8.1930, S. 6.

Margarete Koeppke. In: *Frankfurter Zeitung* (Frankfurt/M.), Jg. 75, Nr. 743, 5.10.1930, 2. Morgenbl., Beil. *Für die Frau*, Jg. 5, Nr. 10, S. 7.

Um Krinoline und Tournüre. In: *Frankfurter Zeitung* (Frankfurt/M.), Jg. 75, Nr. 751, 8.10.1930, Abendblatt, S. 1.

Landschaft des Kindes. Zu Adalbert Stifters hundertfünfundzwanzigstem Geburtstag. In: *Die Literarische Welt* (Berlin), Jg. 6, Nr. 42, 17.10.1930, S. 3f.

Ein Liebespaar [Rez. v. Ernest Hemingway: *In einem andern Land*]. In: *8 Uhr-Abendblatt* (Berlin), Jg. 83, Nr. 249, 24.10.1930, 1. Beibl., S. [3].

Die größte Mietskasernenstadt der Welt [Rez. v. Werner Hegemann: *Das steinerne Berlin*]. In: *Die Literarische Welt* (Berlin), Jg. 6, Nr. 46, 14.11.1930, S. 5f.

Margaret Goldsmith: Ein Fremder in Paris (u.d.K. f.H.). In: *Die Literarische Welt* (Berlin), Jg. 6, Nr. 46, 14.11.1930, S. 7.

John Galsworthy: Der Patrizier. In: *Reclams Universum* (Leipzig), Jg. 47, H. 8, 20.11.1930.

Heinrich Hauser: Die letzten Segelschiffe / Rudyard Kipling: Fischerjungs (u.d.K. F.H.). In: *Die Literarische Welt* (Berlin), Jg. 6, Nr. 47, 21.11.1930, S. 5f.

Stefan Großmann: Ich war begeistert. In: *Die Literarische Welt* (Berlin), Jg. 6, Nr. 48, 28.11.1930, S. 5.

Rut Landshoff: Die Vielen und der Eine. In: *8 Uhr-Abendblatt* (Berlin), 13.12.1930, 4. Beibl.

Rabindranath Tagore: Aus indischer Seele. In: *Reclams Universum* (Leipzig), Jg. 47, H. 14, 2.1.1931.

Georg Hermann: November achtzehn. In: *Die Literarische Welt* (Berlin), Jg. 7, Nr. 2, 9.1.1931, S. 5.

John Galsworthy: Auf der Forsyte-Börse. In: *Reclams Universum* (Leipzig), Jg. 47, H. 16, 15.1.1931.

Adam Kuckhoff: Scherry (u.d.K. f.H.). In: *Die Literarische Welt* (Berlin), Jg. 7, Nr. 4, 23.1.1931, S. 5.

Hermann Stegemann: Die letzten Tage des Marschalls von Sachsen (u.d.K. f.H.). In: *Die Literarische Welt* (Berlin), Jg. 7, Nr. 6, 6.2.1931, S. 6.

Marlene Dietrichs neuer Film. In: *Berliner Börsen-Courier* (Berlin), Jg. 63, Nr. 197, 29.4.1931, Morgen-Ausg., 1. Beil., S. 5 [in: MD].

Herbert George Wells: Der Diktator oder Mr. Parham wird allmächtig. In: *Reclams Universum* (Leipzig), Jg. 47, H. 36, 4.6.1931.

Liam O'Flaherty: Herr Gilhooley (u.d.K. F.H.). In: *Die Literarische Welt* (Berlin), Jg. 7, Nr. 23, 5.6.1931, S. 8.

Hugh Walpole: Jeremy und sein Hund. In: *Reclams Universum* (Leipzig), Jg. 47, H. 47, 20.8.1931.

Herbert George Wells: Einstweilen. In: *Reclams Universum* (Leipzig), Jg. 47, H. 48, 27.8.1931.

René Schickele: Der Wolf in der Hürde. In: *Die Literarische Welt* (Berlin), Jg. 7, Nr. 44, 30.10.1931, S. 5f.

Arthur Schnitzler: Flucht in die Finsternis (u.d.K. f.H.). In: *Die Literarische Welt* (Berlin), Jg. 7, Nr. 47, 20.11.1931, S. 6.

Walter Muschg: Gotthelf. Die Geheimnisse des Erzählers. In: *Die Literarische Welt* (Berlin), Jg. 7, Nr. 50, 11.12.1931, S. 5.

Gertrud von Le Fort: Die Letzte am Schafott (u.d.K. F.H.). In: *Die Literarische Welt* (Berlin), Jg. 7, Nr. 50, 11.12.1931, S. 7.

Sir Galahad: Mütter und Amazonen (u.d.K. F.H.). In: *Die Literarische Welt* (Berlin), Jg. 8, Nr. 1, 1.1.1932, S. 5.

Axel Munthe: Das Buch von San Michele. In: *Reclams Universum* (Leipzig), Jg. 48, H. 15, 7.1.1932, S. 594.

E. A. Rheinhardt: Josephine. In: *Die Literarische Welt* (Berlin), Jg. 8, Nr. 19/20, 6.5.1932, S. 11.

Johannes V. Jensen: Der Gletscher, mit einer Vorgeschichte: Das verlorene Land. In: *Berliner Tageblatt* (Berlin), Jg. 61, Nr. 276, 12.6.1932, Morgen-Ausg., 6. Beibl. (*Literatur der Zeit*), S. [1].

Sommerlektüre. Ratschläge über neue Bücher. In: *Der Montag Morgen* (Berlin), Jg. 10, Nr. 26, 27.6.1932, Ausg. B, S. 7.

Jules Romains: Jemand stirbt. In: *Die Literarische Welt* (Berlin), Jg. 8, Nr. 27, 1.7.1932, S. 5.

Fräulein Tschang. Ein chinesisches Mädchen von heute. In: *Reclams Universum* (Leipzig), Jg. 48, H. 42, 14.7.1932, S. 1570.

John Dos Passos: Auf den Trümmern. Roman zweier Kontinente. In: *Weltstimmen* (Stuttgart), Jg. 6, H. 8, August 1932, S. 334-340.

Werner Bergengruen: Baedeker des Herzens. In: *Die Literarische Welt* (Berlin), Jg. 8, Nr. 34, 19.8.1932, S. 5.

Liam O'Flaherty: Verdammtes Gold (u.d.K. f.H.). In: *Die Literarische Welt* (Berlin), Jg. 8, Nr. 36/37, 2.9.1932, S. 9.

Jacques Chardonne: Eva oder das unterbrochene Tagebuch (u.d.K. f.H.). In: *Die Literarische Welt* (Berlin), Jg. 8, Nr. 44, 28.10.1932, S. 5.

René Schickele: Himmlische Landschaft. In: *Die Literarische Welt* (Berlin), Jg. 8, Nr. 50, 2.12.1932, S. 5.

Wilhelm Speyer: Sommer in Italien. In: *Die Literarische Welt* (Berlin), Jg. 9, Nr. 3, 20.1.1933, S. 5.

Julius Meier-Graefe: Der Vater (u.d.K. f.H.). In: *Die Literarische Welt* (Berlin), Jg. 9, Nr. 6/7, 10.2.1933, S. 9.

John Galsworthy: Blühende Wildnis. In: *Reclams Universum* (Leipzig), Jg. 49, H. 23, 9.3.1933, S. 880.

Antoine de Saint-Exupéry: Nachtflug (u.d.K. f.H.). In: *Die Literarische Welt* (Berlin), Jg. 9, Nr. 11/12, 17.3.1933, S. 11f.

„Seid nur fromm, wie der Grieche war" – Ein Motto zum Werk der Renée Sintenis. In: *Frankfurter Zeitung* (Frankfurt/M.), Jg. 77, Nr. 357, 14.5.1933, 2. Morgenbl., Beil. *Für die Frau*, Jg. 8, Nr. 8.

„Klingende Gefäße" [über die Keramikkünstlerin Auguste Papendiek]. In: *Frankfurter Zeitung* (Frankfurt/M.), Jg. 78, Nr. 796, 5.11.1933, 2. Morgenbl., Beil. *Für die Frau*, Jg. 8, Nr. 18.

d) Übersetzungen

Stendhal: *Eine Geldheirat* (*Gesammelte Werke*: *Novellen*, Bd. 2). München: Georg Müller, 1921 (enth. u.a. *Ernestine oder die Entstehung der Liebe* u. *Vanina Vanini*, übers. v. Franz Hessel).

Stendhal: *Über die Liebe*. München: Georg Müller, 1921.

Honoré de Balzac: *Buch der Mystik. Erzählungen*. Berlin: Rowohlt, [1924] (enth. neben Übers. v. Else v. Hollander u. Emmi Hirschberg die Erzählung *Seraphita*, nach einer zeitgen. Übers. bearb. v. Franz Hessel).

Honoré de Balzac: *Junggesellenwirtschaft*. Berlin: Rowohlt, 1924.

Charles Baudelaire: *An die viel zu Frohe*. In: *Vers und Prosa* (Berlin), Jg. 1, H. 8, 15.8.1924, S. 274.

Giacomo Casanova: *Erinnerungen*. 10 Bde. Übers. u. hg. v. Franz Hessel u. Ignaz Jezower. Berlin: Rowohlt, 1925.

Giacomo Casanova: *Die Sängerin braucht einen Vetter* (zus. m. Ignaz Jezower). In: *Das Tage-Buch*, Jg. 6, H. 9, 28.2.1925, S. 311-314.

Marcel Proust: *Im Schatten der jungen Mädchen*. Berlin: Die Schmiede, 1926 (zus. m. Walter Benjamin).

Die Akademierede Paul Valérys über Anatole France (u.d.K. F.H.). In: *Die Literarische Welt* (Berlin), Jg. 3, Nr. 28, 15.7.1927, S. 1.

Yvette Guilbert: *Lied meines Lebens. Erinnerungen* (Vorw. v. Alfred Polgar). Berlin: Rowohlt, 1928.

Henri Pierre Roché: *Don Juan und die Kathedrale.* In: *Die Literarische Welt* (Berlin), Jg. 4, Nr. 14/15, 5.4.1928, Osterbeil., S. 1f.

André Mycho: *Die Schäferinnenstunde.* In: *Saarbrücker Zeitung* (Saarbrücken), Jg. 168, Nr. 344, 17.12.1928, S. [2].

Clémenceau spricht. Unterhaltungen mit seinem Sekretär Jean Martet. Berlin: Rowohlt, 1930 (zus. m. Paul Mayer).

Marcel Proust: *Die Herzogin von Guermantes.* 2 Bde. München: Piper, 1930 (zus. m. Walter Benjamin).

Joseph Haydn: *Kanzonetten und Lieder. Für eine Singstimme mit Klavier. 12 englische Kanzonetten und 2 Lieder mit deutscher Übersetzung von Karl Wolfskehl und Franz Hessel. 21 deutsche Lieder.* Hg. v. Ludwig Landshoff. Leipzig: Peters, 1931.

Joseph Haydn: *Nelson-Arie. Gesang von der Schlacht am Nil. Lines from the Battle of the Nile. Klavierausgabe. Englischer Text von Mrs. Knight. Deutsch von Franz Hessel und Ludwig Landshoff.* Hg. u. instrument. v. Ludwig Landshoff. Berlin: Adler, 1931.

Marcel Arland: *Heilige Ordnung.* Berlin: Rowohlt, 1932.

Albert Cohen: *Solal.* Berlin: Drei Masken, 1932 (zus. m. Hans Kauders).

Guiseppe Verdi: *Ausgewählte Opern-Arien für Tenor* (Arien Nr. 3, 4, 6, 8, 9, 10 u. 19 übers. v. Franz Hessel). Hg. v. Kurt Soldan. Leipzig: Peters, [1933].

Guiseppe Verdi: *Opern-Arien für Sopran*, Bd. 1 u. 2 (Arien Nr. 1-3, 5-14 in Bd. 1, Nr. 5 in Bd. 2 übers. v. Franz Hessel). Hg. v. Kurt Soldan. Leipzig: Peters, [1933].

Guiseppe Verdi: *Opern-Arien für Bariton* (Arien Nr. 4, 9 u. 15 übers. v. Franz Hessel). Hg. v. Kurt Soldan. Leipzig: Peters, [1933].

Guiseppe Verdi: *Opern-Arien für Baß* (Arien Nr. 1-10 u. 12 übers. v. Franz Hessel). Hg. v. Kurt Soldan. Leipzig: Peters, [1934].

Julien Green: *Der Geisterseher.* Leipzig, Mährisch-Ostrau: Kittl, 1934.

Honoré de Balzac: *Vater Goriot.* Berlin: Rowohlt, 1935 (o. Angabe d. Übersetzers; Neuausg. Berlin: Deutsche Buch-Gemeinschaft, 1949, m. Übersetzerangabe).

Jules Romains: *Die guten Willens sind.* 7 Bde. Berlin: Rowohlt, 1935-38.

Jules Romains: *Reich der Liebe*. In: *Europäische Revue* (Berlin), Jg. 12, 1936, S. 568-577.

Jules Romains: *Junge Liebe*. In: *Die Bühne* (Wien), Nr. 421, Erstes Aprilheft 1936, S. 54f. [Vorabdruck aus: Jules Romains: *Junge Liebe*, Bd. 3 v. *Die guten Willens sind*].

Jules Romains: *Draußen und drinnen*. In: *Deutsche Zeitung Bohemia* (Prag), Jg. 110, Nr. 6, 7.1.1937, S. 5 [Vorabdruck aus: Jules Romains: *Die Hochmütigen*, Bd. 5 v. *Die guten Willens sind*].

Jean Giono: *Bergschlacht*. Stockholm: Bermann-Fischer, 1939 (Überarbeitung der Übersetzung v. Ruth Gerull-Kardás; Hessel wird als Übersetzer allerdings nicht genannt).

Yvette Guilbert: *Gebt mir eine Bühne*. In: *Chanson – mein Leben. Aus den Erinnerungen großer Interpreten*. Hg. v. Frauke Deißner-Jenssen. Berlin (Ost): Henschelverlag Kunst und Gesellschaft, 1975, S. 19-54 [Auszug aus: Yvette Guilbert: *Lied meines Lebens. Aus dem Französischen übers. v. Franz Hessel. Berlin: Rowohlt, 1928*].

Yvette Guilbert: *Toulouse-Lautrec*. In: *Lynkeus. Dichtung – Kunst – Kritik* (Wien), Nr. 35/36, März/April 1986, S. 39-42 [Auszug aus: Yvette Guilbert: *Lied meines Lebens. Aus dem Französischen übers. v. Franz Hessel. Berlin: Rowohlt, 1928*].

e) Herausgegebene Schriften

Der Schwabinger Beobachter (München), H. 1-3, April/Mai 1904; neu hg. v. Rolf von Hoerschelmann. München: Oldenbourg, [1941].

Vers und Prosa. Eine Monatsschrift (Berlin), Jg. 1, 1924, H. 1-12.

Honoré de Balzac: *Ausgewählte Werke*. Zsgest. v. Franz Hessel. Mit e. Einl. v. Emil Ludwig. 5 Bde. Leipzig: Fikentscher, [1926].

Neue Beiträge zur Rowohlt-Forschung. Auf Grund der jüngsten Ausgrabungen mit Hilfe namhafter Gelehrter zusammengestellt (u.d.Ps. Fürchtegott Hesekiel). Berlin: Privatdruck, 1933.

INHALT

Die Werkausgabe

Franz Hessel: Sämtliche Werke in fünf Bänden.
Herausgegeben von Hartmut Vollmer und Bernd Witte.
2. aktualisierte und ergänzte Auflage.
Hamburg: Igel Verlag, 2013, 2132 Seiten, 219,- €

ISBN 978-3-86815-580-8

Band 1: Romane

Herausgegeben und mit einem Nachwort versehen von
Bernd Witte
468 S., 46,90 €, ISBN 978-3-86815-581-5

Band 2: Prosasammlungen

Herausgegeben und mit einem Nachwort versehen von
Karin Grund-Ferroud
468 S., 46,90 €, ISBN 978-3-86815-582-2

Band 3: Städte und Porträts

Herausgegeben und mit einem Nachwort versehen von
Bernhard Echte
416 S., 44,90 €, ISBN 978-3-86815-583-9

Band 4: Lyrik und Dramatik

Herausgegeben und mit einem Nachwort versehen von
Andreas Thomasberger und Hartmut Vollmer
368 S., 42,90 €, ISBN 978-3-86815-584-6

Band 5: Verstreute Prosa, Kritiken

Herausgegeben und mit einem Nachwort versehen von
Hartmut Vollmer
412 S., 42,90 €, ISBN 978-3-86815-585-3

LITERATUR

.